HISTOIRE
DE FRANCE

I

IMPRIMERIE E. FLAMMARION, 26, RUE RACINE, PARIS.

ŒUVRES COMPLÈTES DE J. MICHELET

HISTOIRE DE FRANCE

MOYEN AGE

ÉDITION DÉFINITIVE, REVUE ET CORRIGÉE

TOME PREMIER

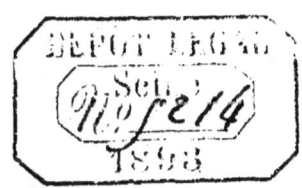

PARIS

ERNEST FLAMMARION, ÉDITEUR

26, RUE RACINE, PRÈS L'ODÉON

Tous droits réservés.

PRÉFACE DE 1869

Cette œuvre laborieuse d'environ quarante ans fut conçue d'un moment, de l'éclair de Juillet. Dans ces jours mémorables, une grande lumière se fit, et j'aperçus la France.

Elle avait des annales, et non point une histoire. Des hommes éminents l'avaient étudiée, surtout au point de vue politique. Nul n'avait pénétré dans l'infini détail des développements divers de son activité (religieuse, économique, artistique, etc.). Nul ne l'avait encore embrassée du regard dans l'unité vivante des éléments naturels et géographiques qui l'ont constituée. Le premier je la vis comme une âme et une personne.

L'illustre Sismondi, ce persévérant travailleur, honnête et judicieux, dans ses annales politiques s'élève rarement aux vues d'ensemble. Et, d'autre part, il n'entre guère dans les recherches érudites. Lui-même avoue loyalement qu'écrivant à Genève il n'avait sous la main ni les actes ni les manuscrits.

Au reste, jusqu'en 1830 (même jusqu'en 1836), aucun des historiens remarquables de cette époque n'avait senti encore le besoin de chercher les faits hors des livres imprimés, aux sources primitives, la plupart inédites alors, aux manuscrits de nos bibliothèques, aux documents de nos archives.

Cette noble pléiade historique qui, de 1820 à 1830, jette un si grand éclat, MM. de Barante, Guizot, Mignet, Thiers, Augustin Thierry, envisagea l'histoire par des points de vue spéciaux et divers. Tel fut préoccupé de l'élément de race, tel des institutions, etc., sans voir peut-être assez combien ces choses s'isolent difficilement, combien chacune d'elles réagit sur les autres. La race, par exemple, reste-t-elle identique sans subir l'influence des mœurs changeantes? Les institutions peuvent-elles s'étudier suffisamment sans tenir compte de l'histoire des idées, de mille circonstances sociales dont elles surgissent? Ces spécialités ont toujours quelque chose d'un peu artificiel, qui prétend éclaircir, et pourtant peut donner de faux profils, nous tromper sur l'ensemble, en dérober l'harmonie supérieure.

La vie a une condition souveraine et bien exigeante. Elle n'est véritablement la vie qu'autant qu'elle est complète. Ses organes sont tous solidaires et ils n'agissent que d'ensemble. Nos fonctions se lient, se supposent l'une l'autre. Qu'une seule manque, et rien ne vit plus. On croyait autrefois pouvoir par le scalpel isoler, suivre à part chacun de nos systèmes; cela ne se peut pas, car tout influe sur tout.

Ainsi, ou tout, ou rien. Pour retrouver la vie historique, il faudrait patiemment la suivre en toutes ses voies, toutes ses formes, tous ses éléments. Mais il faudrait aussi, d'une passion plus grande encore, refaire et rétablir le jeu de tout cela, l'action réciproque de ces forces diverses, dans un puissant mouvement qui redeviendrait la vie même.

Un maître dont j'ai eu, non le génie sans doute, mais la violente volonté, Géricault, entrant dans le Louvre (dans le Louvre d'alors où tout l'art de l'Europe se trouvait réuni), ne parut pas troublé. Il dit : « C'est bien! je m'en vais le refaire. » En rapides ébauches qu'il n'a jamais signées, il allait saisissant et s'appropriant tout. Et, sans 1815, il eût tenu parole. Telles sont les passions, les furies du bel âge.

Plus compliqué encore, plus effrayant était mon problème historique posé comme *résurrection de la vie intégrale,* non pas dans ses surfaces, mais dans ses organismes intérieurs et profonds. Nul homme sage n'y eût songé. Par bonheur, je ne l'étais pas.

Dans le brillant matin de Juillet, sa vaste espérance, sa puissante électricité, cette entreprise surhumaine n'effraya pas un jeune cœur. Nul obstacle à certaines heures. Tout se simplifie par la flamme. Mille choses embrouillées s'y résolvent, y retrouvent leurs vrais rapports, et (s'harmonisant) s'illuminent. Bien des ressorts, inertes et lourds s'ils gisent à part, roulent d'eux-mêmes, s'ils sont replacés dans l'ensemble.

Telle fut ma foi du moins, et cet acte de foi, quelle que fût ma faiblesse, agit. Ce mouvement immense s'ébranla sous mes yeux. Ces forces variées, et de nature et d'art, se cherchèrent, s'arrangèrent, malaisément d'abord. Les membres du grand corps, peuples, races, contrées, s'agencèrent de la mer au Rhin, au Rhône, aux Alpes, et les siècles marchèrent de la Gaule à la France.

Tous, amis, ennemis, dirent « que c'était vivant ». Mais quels sont les vrais signes bien certains de la vie ? Par certaine dextérité, on obtient de l'animation, une sorte de chaleur. Parfois le galvanisme semble dépasser la vie même par ses bonds, ses efforts, des contrastes heurtés, des surprises, de petits miracles. La vraie vie a un signe tout différent, sa continuité. Née d'un jet, elle dure, et croît placidement, lentement, *uno tenore.* Son unité n'est pas celle d'une petite pièce en cinq actes, mais (dans un développement souvent immense) l'harmonique identité d'âme.

La plus sévère critique, si elle juge l'ensemble de mon livre, n'y méconnaîtra pas ces hautes conditions de la vie. Il n'a été nullement précipité, brusqué; il a eu, tout au moins, le mérite de la lenteur. Du premier au dernier volume, la méthode est la même; telle est en un mot dans ma *Géographie,* telle en mon *Louis XV,* et telle en ma *Révolution.* Ce qui n'est pas moins rare dans un travail de tant d'années, c'est que la forme et la couleur s'y soutiennent. Mêmes qualités, mêmes défauts. Si ceux-ci avaient disparu, l'œuvre serait hétérogène, discolore, elle aurait perdu sa personnalité. Telle quelle, il vaut mieux qu'elle reste harmonique et un tout vivant.

Lorsque je commençai, un livre de génie existait, Celui de Thierry. Sagace et pénétrant, délicat interprète, grand ciseleur, admirable ouvrier, mais trop asservi à un maître. Ce maître, ce tyran, c'est le point de vue exclusif, systématique, de la perpétuité des races. Ce qui fait, au total, la beauté de ce grand livre, c'est qu'avec ce système, qu'on croirait fataliste, partout on sent respirer en dessous un cœur ému contre la force fatale, l'invasion, tout plein de l'âme nationale et du droit de la liberté.

Je l'ai aimé beaucoup et admiré. Cependant, le dirai-je? ni le matériel, ni le spirituel, ne me suffisait dans son livre.

Le matériel, la race, le peuple qui la continue, me paraissaient avoir besoin qu'on mît dessous une bonne forte base, la terre, qui les portât et les nourrît. Sans une base géographique, le peuple, l'acteur historique, semble marcher en l'air comme dans les peintures chinoises où le sol manque. Et notez que ce sol n'est pas seulement le théâtre de l'action. Par la nourriture, le climat, etc., il y influe de cent manières. Tel le nid, tel l'oiseau. Telle la patrie, tel l'homme.

La race, élément fort et dominant aux temps barbares, avant le grand travail des nations, est moins sensible, est faible, effacée presque, à mesure que chacune s'élabore, se personnifie. L'illustre M. Mill dit fort bien : « Pour se dispenser de l'étude des influences morales et sociales, ce serait un moyen trop aisé que d'attribuer les différences de caractère, de conduite, à des différences naturelles indestructibles [1]. »

Contre ceux qui poursuivent cet élément de race et l'exagèrent aux temps modernes, je dégageai de l'histoire elle-même un fait moral énorme et trop peu remarqué. C'est le puissant *travail de soi sur soi*, où la France, par son progrès propre, va transformant tous ses éléments bruts. De l'élément romain municipal, des tribus allemandes, du clan celtique, annulés, disparus, nous avons tiré à la longue des résultats tout autres, et contraires même, en grande partie, à tout ce qui les précéda.

La vie a sur elle-même une action de personnel enfantement, qui, de matériaux préexistants, nous crée des choses absolument nouvelles. Du pain, des fruits, que j'ai mangés, je fais du sang rouge

---

1. C'est le point principal sur lequel je diffère de mon savant ami, M. Henri Martin. Du reste, ce dissentiment ne diminue en rien mon estime sympathique pour sa grande et très belle Histoire, si instructive, si riche de recherches et d'idées. Il a été infiniment utile pour raviver la tradition nationale, trop effacée, que deux histoires qui s'aident, se suppléent l'une l'autre, aient paru simultanément.

et salé qui ne rappelle en rien ces aliments d'où je les tire. — Ainsi va la vie historique, ainsi va chaque peuple se faisant, s'engendrant, broyant, amalgamant des éléments, qui y restent sans doute à l'état obscur et confus, mais sont bien peu de chose relativement à ce que fit le long travail de la grande âme.

La France a fait la France, et l'élément fatal de race m'y semble secondaire. Elle est fille de sa liberté. Dans le progrès humain, la part essentielle est à la force vive, qu'on appelle homme. *L'homme est son propre Prométhée.*

En résumé, l'histoire, telle que je la voyais en ces hommes éminents (et plusieurs admirables) qui la représentaient, me paraissait encore faible en ses deux méthodes :

Trop peu matérielle, tenant compte des races, non du sol, du climat, des aliments, de tant de circonstances physiques et physiologiques.

Trop peu spirituelle, parlant des lois, des actes politiques, non des idées, des mœurs, non du grand mouvement progressif, intérieur, de l'âme nationale.

Surtout peu curieuse du menu détail érudit, où le meilleur, peut-être, restait enfoui aux sources inédites.

Ma vie fut en ce livre, elle a passé en lui. Il a été mon seul événement. Mais cette identité du livre et de l'auteur n'a-t-elle pas un danger? L'œuvre n'est-elle pas colorée des sentiments, du temps, de celui qui l'a faite?

C'est ce qu'on voit toujours. Nul portrait si exact, si conforme au modèle, que l'artiste n'y mette un peu de lui. Nos maîtres en histoire ne se sont pas soustraits à cette loi. Tacite, en son Tibère, se peint aussi avec l'étouffement de son temps, « les quinze longues années » de silence. Thierry, en nous contant Klodowig, Guillaume et sa conquête, a le souffle intérieur, l'émotion de la France envahie récemment, et son opposition au règne qui semblait celui de l'étranger.

Si c'est là un défaut, il nous faut avouer qu'il nous rend bien service. L'historien qui en est dépourvu, qui entreprend de s'effacer en écrivant, de ne pas être, de suivre par derrière la chronique contemporaine (comme Barante a fait pour Froissart), n'est point du tout historien. Le vieux chroniqueur, très charmant, est absolument incapable de dire à son pauvre valet, qui va sur ses talons, ce que c'est que le grand, le sombre, le terrible quatorzième siècle. Pour le savoir, il faut toutes nos forces d'analyse et d'érudition, il faut un grand engin qui perce les mystères, inaccessibles à ce conteur. Quel engin, quel moyen? La personnalité moderne, si puissante et tant agrandie.

En pénétrant l'objet de plus en plus, on l'aime, et dès lors on regarde avec un intérêt croissant. Le cœur, ému à la seconde vue, voit mille choses invisibles au peuple indifférent. L'histoire, l'historien, se mêlent en ce regard. Est-ce un bien? est-ce un mal? Là s'opère une chose que l'on n'a point décrite et que nous devons révéler :

C'est que l'histoire, dans le progrès du temps, fait l'historien bien plus qu'elle n'est faite par lui. Mon livre m'a créé. C'est moi qui fus son œuvre. Ce fils a fait son père. S'il est sorti de moi d'abord, de mon orage (trouble encore) de jeunesse, il m'a rendu bien plus en force et en lumière, même en chaleur féconde, en puissance réelle de ressusciter le passé. Si nous nous ressemblons, c'est bien. Les traits qu'il a de moi sont en grande partie ceux que je lui devais, que j'ai tenus de lui.

Ma destinée m'a bien favorisé. J'ai eu deux choses assez rares, et qui ont fait cette œuvre.

D'abord la liberté, qui en a été l'âme.

Puis des devoirs utiles qui, en ralentissant, en retardant l'exécution, la firent plus réfléchie, plus forte, lui donnèrent la solidité, les robustes bases du temps.

J'étais libre par la solitude, la pauvreté et la simplicité de vie, libre par mon enseignement. Sous le ministère Martignac (un court moment de libéralité), on s'avisa de refaire l'École normale, et M. Letronne, que l'on consulta, me fit donner l'enseignement de la philosophie et de l'histoire. Mon *Précis*, mon *Vico*, publiés en 1827, lui paraissaient des titres suffisants. Ce double enseignement que j'eus encore plus tard au Collège de France, m'ouvrait un infini de liberté. Mon domaine sans bornes comprenait tout fait, toute idée.

Je n'eus de maître que Vico. Son principe de la force vive, de l'*humanité qui se crée*, fit et mon livre et mon enseignement.

Je restai à bonne distance des doctrinaires, majestueux, stériles, et du grand torrent romantique de « l'art pour l'art ». J'avais mon monde en moi. En moi j'avais ma vie, mes renouvellements et ma fécondité; mais mes dangers aussi. Quels? mon cœur, ma jeunesse, ma méthode elle-même, et la condition nouvelle imposée à l'histoire : non plus de raconter seulement ou juger, mais d'*évoquer, refaire, ressusciter* les âges. Avoir assez de flamme pour réchauffer des cendres refroidies si longtemps, c'était le premier point, non sans péril. Mais le second, plus périlleux peut-être, c'était d'être en commerce intime avec ces morts ressuscités, qui sait? d'être enfin un des leurs?

Mes premières pages après Juillet, écrites sur les pavés brûlants, étaient un regard sur le monde, l'histoire universelle, comme combat de la liberté, sa victoire incessante sur le monde fatal, bref comme un Juillet éternel.

Ce petit livre, d'un incroyable élan, d'un vol rapide, procédait à la fois (comme j'ai fait toujours) par deux ailes, Nature et Esprit, deux interprétations du grand mouvement général. Ma méthode y était déjà. J'y disais en 1830 ce que j'ai dit (dans la *Sorcière*) de Satan, nom bizarre de la liberté jeune encore, militante d'abord, négative, mais créatrice plus tard, de plus en plus féconde.

Jouffroy venait d'articuler en 1829 le mot essentiel de la Restauration : « Comment les dogmes finissent. » En Juillet, l'Église se trouva désertée. Aucun libre penseur n'aurait douté alors que la prophétie de Montesquieu sur la mort du catholicisme, ne dût bientôt être accomplie.

J'étais sous ce rapport l'homme peut-être le plus

libre du monde, ayant eu le rare avantage de ne pas subir la funeste éducation qui surprend les âmes avant l'âge, et d'abord les chloroformise. L'Église était pour moi un monde étranger, de curiosité pure, comme eût été la lune. Ce que je savais le mieux de cet astre pâli, c'est que ses jours étaient comptés, qu'il avait peu à vivre. Mais qui succéderait? C'était la question. Elle était embrouillée du choléra moral qui suivit de si près Juillet, le désillusionnement, la perte des hautes espérances. On se rua en bas. Le roman, le théâtre éclatèrent en laideurs hardies. Le talent abondait, mais la brutalité grossière; non pas l'orgie féconde des vieux cultes de la nature qui ont eu sa grandeur, mais un emportement voulu de matérialité stérile. Beaucoup d'enflure, et peu dessous.

Le texte originaire qui précéda Juillet avait été *Honneur à l'Industrie,* nouvelle reine du monde, qui dompte, subjugue la matière. — Après Juillet, cela fut retourné : la matière, à son tour, subjugua l'énergie humaine.

Ce dernier fait n'est pas rare dans l'histoire. Rien de plus vieux que cette idée du droit de la matière qui veut avoir son tour. Mais ce qui la rendait choquante chez les Saint-Simoniens, c'était la laideur d'un Janus [1], conservant dans ce culte l'imitation servile de l'institution catholique.

A une séance solennelle où nous fûmes invités, Quinet et moi, nous vîmes avec admiration dans cette religion de la banque un retour singulier de ce qu'on disait abolir. Nous vîmes un clergé et un pape; nous vîmes le prédicateur recevoir de ce pape par l'imposition des mains la transmission de la Grâce. Il dit : « A bas la croix! » Mais elle était présente par les formes sacerdotales, autoritaires, du moyen âge. La vieille religion que l'on disait combattre, on la renouvelait en ce qu'elle a de pire; confession, direction, rien n'y manquait. Les *capuccini* revenaient, banquiers, industriels. La suavité fade d'un nouveau Molinos faisait adorer le Gésù.

Qu'on supprimât le moyen âge, à la bonne heure. Mais c'est qu'on le volait. Cela me parut fort. En rentrant, d'un élan aveugle et généreux, j'écrivis un mot vif pour ce mourant qu'on pillait pendant l'agonie. Ces lignes juvéniles, étourdies si l'on veut, mais sans doute excusables comme mou-

---

[1]. Ceci ne touche en rien la candeur des individus. Il y avait des hommes admirables, les Bazard, les Barrault, les Carnot, les Charton, les D'Eichthal, les Lemonnier, etc.

vement du cœur, n'allaient guère dans mon petit livre inspiré de Juillet et de la Liberté, de sa victoire sur le clergé. Elles détonnaient fort à côté de Satan, que ce livre présente comme un mythe de la liberté. N'importe. Elles y sont, et me font rire encore. De telles contradictions apparentes n'embarrassaient guère un jeune artiste, de foi arrêtée, mais candide, et sans calcul, sentant peu le péril d'être tendre pour l'ennemi.

J'étais artiste et écrivain alors, bien plus qu'historien. Il y paraît aux deux premiers volumes (*France du moyen âge*). On n'avait pas encore publié tous les documents qui ont éclairé ces ténèbres, l'abîme de ces longues misères. Le grand effet d'ensemble qui en sortait pour moi était celui d'une harmonie lugubre, symphonie colossale, dont les dissonances innombrables frappaient encore peu mon oreille. C'est un défaut très grave. Le cri de la Raison par Abailard, l'immense mouvement de 1200, si cruellement étouffé, y sont trop peu sentis, trop immolés à l'effet artistique de la grande unité.

Et pourtant aujourd'hui, ayant traversé tant d'années, des âges, des mondes différents, en relisant ce livre, et voyant très bien ses défauts, je dis :

« On ne peut y toucher. »

Il fut écrit dans une solitude, une liberté, une pureté, une haute tension d'esprit, rares, vraiment singulières. Sa candeur, sa passion, l'énorme quantité de vie qui l'anime, plaident pour lui auprès de moi, le soutiennent devant mon regard. La droiture de la jeunesse se sent dans les erreurs même. Les grands résultats généraux y sont, au total, obtenus. Pour la première fois paraît l'âme de la France en sa vive personnalité, et non moins en pleine lumière l'impuissance de l'Église.

Impuissance radicale et constatée deux fois.

On voit, au premier volume, l'Église, reine sous Dagobert et sous les Carlovingiens, ne pouvoir rien pour le monde, rien pour l'ordre social (an 1000).

On voit, au second volume, comment ayant fait un roi prêtre, un roi abbé, chanoine, son fils aîné, le roi de France, elle écrase ses ennemis (1200), étouffe le libre esprit, n'opère nulle réforme morale. Enfin éclipsée, dépassée par saint Louis, elle est (avant 1300) subordonnée, dominée par l'État.

Voilà la part certaine du réel dans ces deux volumes. Mais dans celle du mirage, de l'illusion poétique, peut-on dire que tout soit faux? non.

Celle-ci exprime l'idée qu'un tel âge avait de lui-même, dit ce qu'il songea et voulut. Elle le représente au vrai dans son aspiration, la tristesse profonde, la rêverie qui le retient devant l'Église, pleurant sous sa niche de pierre, soupirant, attendant ce qui ne vient jamais.

Il fallait bien retrouver cette idée que le moyen âge eut de lui, refaire son élan, son désir, son âme, avant de le juger. Qui devait retrouver son âme ? Apparemment nos grands écrivains qui tous eurent l'éducation catholique. Comment donc se fait-il que ces génies, si bien préparés à cela, aient tourné autour de l'Église sans y entrer, pour ainsi dire, sans pénétrer à ce qui fut dedans ? Les uns cherchent aux échos des parvis ou des cloîtres des motifs à leurs mélodies. D'autres, d'un grand effort et d'un puissant ciseau, fouillent les ornements, arment les tours, les combles, de masques redoutables, de gnomes, de diables grimaçants. Mais l'Église elle-même, ce n'est pas tout cela. Refaisons-la d'abord.

Le singulier est là : c'est que le seul qui eût assez d'amour pour recréer, refaire ce monde intérieur de l'Église, c'est celui qu'elle n'éleva point, *celui qui jamais n'y communia*, qui n'eut de foi que l'humanité même, nul credo imposé, rien que le libre esprit.

Celui-ci aborda la morte chose avec un sens humain, ayant le très grand avantage de n'avoir pas passé par le prêtre, les lourdes formules qui enterrèrent le moyen âge. L'incantation d'un rituel fini, n'aurait rien fait. Tout serait resté froide cendre. Et d'autre part si l'histoire fût venue dans sa sévérité critique, dans l'absolue justice, je ne sais si ces morts auraient osé revivre. Ils se seraient plutôt cachés dans leurs tombeaux.

J'avais une belle maladie qui assombrit ma jeunesse, mais bien propre à l'historien. J'aimais la mort. J'avais vécu neuf ans à la porte du Père-Lachaise, alors ma seule promenade. Puis j'habitai vers la Bièvre, au milieu de grands jardins de couvents, autres sépulcres. Je menais une vie que le monde aurait pu dire enterrée, n'ayant de société que celle du passé, et pour amis les peuples ensevelis. Refaisant leur légende, je réveillais en eux mille choses évanouies. Certains chants de nourrice dont j'avais le secret, étaient d'un effet sûr. A l'accent ils croyaient que j'étais un des leurs. Le don que saint Louis demanda et n'obtint pas, je l'eus : « le don des larmes ».

Don puissant, très fécond. Tous ceux que j'ai pleurés, peuples et dieux, revivaient. Cette magie naïve avait une efficacité d'évocation presque infaillible. On avait par exemple épelé, déchiffré l'Égypte, fouillé ses tombes, non retrouvé son âme. Le climat pour les uns, pour d'autres tels symboles de subtilité vaine, c'était l'explication. Moi je l'ai prise au cœur d'Isis, dans les douleurs du peuple, l'éternel deuil et l'éternelle blessure de la famille du fellah, dans sa vie incertaine, dans les captivités, les razzias d'Afrique, le grand commerce d'hommes, de Nubie en Syrie. L'homme enlevé au loin, lié aux durs travaux, l'*homme fait arbre* ou attaché à l'arbre, cloué, mutilé, démembré, c'est l'universelle Passion de tant de dieux (Osiris, Adonis, Iacchus, Atys, etc.). Que de Christs, et que de Calvaires ! que de complaintes funèbres ! Que de pleurs sur tout le chemin (Voy. la petite *Bible*, 1864).

Je n'ai eu nul autre art en 1833. Une larme, une seule jetée aux fondements de l'église gothique, suffit pour l'évoquer. Quelque chose en jaillit d'humain, le sang de la légende, et, par ce jet puissant, tout monta vers le ciel. Du dedans au dehors, tout ressortit en fleurs, — de pierre ? non, mais des fleurs de vie. — Les sculpter? approcher le fer et le ciseau? j'en aurais eu horreur et j'aurais cru en voir sortir du sang !

Voulez-vous bien savoir pourquoi j'étais si tendre pour ces dieux? c'est qu'ils meurent. Tous à leur tour s'en vont. Chacun, tout comme nous, ayant reçu un peu l'eau lustrale et les pleurs, descend aux pyramides, aux hypogées, aux catacombes. Hélas! qu'en revient-il? Qu'*après trois jours* (chacun de trois mille ans), un léger souffle en puisse reparaître, je ne le nierai pas. L'âme Indienne n'est pas absente de la terre ; elle y revient par la tendresse qu'elle eut pour toute vie. L'Égypte a eu en ce monde toujours un bel écho dans l'amour de la mort et l'espoir d'immortalité. La fine âme Chrétienne, en ses suavités, ne peut jamais sans doute s'exhaler sans retour. Sa légende a péri, mais ce n'est pas assez. Il lui faut dépouiller la terrible injustice (la Grâce, l'Arbitraire), qui est le nœud, le cœur, le vrai fond de son dogme. C'est dur, mais il lui faut mourir en cela même, accepter franchement sa pénitence, sa purification, et l'expiation de la mort.

Des sages me disaient : « Ce n'est pas sans danger de vivre à ce point-là dans cette intimité de l'autre monde. Tous les morts sont si bons! Toutes ces figures pacifiées et devenues si douces, ont des puissances étranges de fantastique illusion. Vous allez parmi elles prendre d'étranges rêves et qui sait? des attachements. Qui vit trop là, en devient blême. On risque d'y trouver la blanche Fiancée, si pâle et si charmante, qui boit le sang de votre cœur ! Faites au moins comme Énée, qui ne s'y aventure que l'épée à la main pour chasser ces images, ne pas être pris de trop près (*ferro diverberat umbras*). »

L'épée ! triste conseil. Quoi ! j'aurais durement, quand ces images aimées venaient à moi pour vivre, moi je les aurais écartées ! Quelle funeste sagesse !... Oh ! que les philosophes ignorent parfaitement le vrai fond de l'artiste, le talisman secret qui fait la force de l'histoire, lui permet de passer, repasser à travers les morts !

Sachez donc, ignorants, que, sans épée, sans armes, sans quereller ces âmes confiantes qui réclament la résurrection, l'art, en les accueillant, en leur rendant le souffle, l'art pourtant garde en lui sa lucidité tout entière. Je ne dis nullement l'*ironie* où beaucoup ont mis le fond de l'art, mais la forte dualité qui fait qu'en les aimant, il n'en voit pas moins bien ce qu'elles sont, « que ce sont des morts ».

Les plus grands artistes du monde, les génies qui si tendrement regardent la nature, me permettront ici une bien humble comparaison. Avez-vous vu parfois le sérieux touchant de la jeune enfant, innocente, et cependant émue de sa maternité future, qui berce l'œuvre de ses mains, de son baiser l'anime, lui dit du cœur : Ma fille!... Si vous y touchez durement, elle se trouble et elle crie. Et cela n'empêche pas qu'au fond elle ne sache quel est cet être qu'elle anime, fait parler, raisonner, vivifie de son âme.

Petite image et grande chose. Voilà justement l'art en sa conception. Telle est sa condition essentielle de fécondité. C'est l'amour, mais c'est le sourire. C'est ce sourire aimant qui crée.

Si le sourire est dépassé, si l'ironie commence, la dure critique et la logique, alors la vie a froid, se retire, se contracte, et l'on ne produit rien du tout. Les faibles, les stériles, qui, en voulant produire, mêlent à leur triste enfant des *quoique*, des *nisi*, ces graves imbéciles ignorent qu'au froid milieu nulle vie ne surgira; de leur néant glacé sortira... le néant.

La mort peut apparaître au moment de l'amour, dans l'élan créateur. Mais que ce soit alors dans l'infinie tendresse, les larmes et la pitié (c'est de l'amour encore). Aux moments très émus où je couvai, refis la vie de l'Église chrétienne, j'énonçai sans détour la sentence de sa mort prochaine, j'en étais attendri. La recréant par l'art, je dis à la malade ce que demande à Dieu Ézéchias. Rien de plus. Conclure que je suis catholique! quoi de plus insensé! Le croyant ne dit pas cet office des morts sur un agonisant qu'il croit être éternel.

Ces deux volumes réussirent et furent acceptés du public. J'avais posé le premier la France comme une personne. Moins exclusif que Thierry, et subordonnant les races, j'avais marqué fortement le principe géographique des influences locales, et, d'autre part, le travail général de la nation qui se crée, se fait elle-même. J'avais dans mon aveugle élan pour le gothique, fait germer du sang la pierre, et l'Église fleurir, monter comme la fleur des légendes. Cela plut. Moins à moi. Il y avait une grande flamme. J'y trouvai trop de subtil, trop d'esprit, trop de système.

Quatre ans entiers s'écoulèrent avant le troisième volume (qui commence vers 1300). En le préparant j'essayai de m'étendre, de m'approfondir, d'être plus *humain*, plus simple. Je m'assis pour quelque temps dans la maison de Luther, recueillant ses propos de table, tant de paroles mâles et fortes, touchantes, qui échappaient à ce bonhomme héroïque (1834). Mais rien ne me servit plus que le livre de Grimm, ses *Antiquités du droit allemand*.

Livre bien difficile, où, dans tous les dialectes, tous les âges de cette langue, sont exposés les symboles, les formules dont les Allemagnes si diverses ont consacré les grands actes de la vie humaine (naissance, mariage et mort, testament, vente, hommage, etc.). Je raconterai un jour la passion incroyable avec laquelle j'entrepris de comprendre et traduire ce livre. Je ne m'y renfermai pas. De nation à nation, j'allai ramassant partout, j'allai de l'Indus à l'Irlande, des Védas et de Zoroastre jusqu'à nous, thésaurisant ces formules primitives où l'humanité révèle si naïvement tant de choses intimes et profondes (1837).

Cela me fit un autre homme. Une transformation étrange s'opéra en moi; il me semblait que, jusque-là âpre et subtil, j'étais vieux, et que peu à peu, sous l'influence de la jeune humanité, moi aussi je devenais jeune. Rafraîchi de ces eaux vives, mon cœur fut un jardin de fleurs, comme dans la rosée du matin. Oh! l'aurore! oh! la douce enfance! oh! bonne nature naturelle! quelle santé cela fit en moi, après les dessèchements de ma subtilité mystique! comme elle m'apparut maigre, cette poésie byzantine, malade et stérile, étique! Je la ménageais encore. Mais qu'elle me semblait pauvre en présence de l'humanité! Je la possédais, celle-ci, je la tenais, je l'embrassais et dans le détail si riche de sa variété sans bornes (feuillue comme les forêts de l'Inde où chaque arbre est une forêt) et, en regardant de haut, je voyais son harmonie douce, clémente, qui n'étouffe rien; je saisissais le divin de son adorable unité.

Si richement abreuvé, alimenté de la nature, augmentant dans ma substance, j'eus un immense accroissement de solidité dans mon art, et (le dirai-je? mais c'est vrai) un accroissement de bonté, l'insouciance, l'ignorance absolue des concurrences, par suite une vaste sympathie pour l'homme (que je ne voyais guère), pour la société, le monde (que je ne fréquentais jamais).

J'avais la sécurité d'un corps devenu ferme et fort où la bonne nourriture a changé et remplacé par atome et molécule tout ce qui fut faible d'abord. Je n'étais pas même effleuré des malveillances doctrinaires. Non moins indifférent étais-je aux embûches des catholiques. Tout ce que j'accumulais (sans y songer, sans le vouloir), ces faits certains, innombrables, ces montagnes de vérité qui, dans mon travail persistant, montaient, s'exhaussaient chaque jour, tout cela se trouvait contre eux. Nul d'entre eux n'eût pu deviner la solide, la profonde base que j'y trouvais, telle que je n'avais ni besoin, ni idée de polémique. Ma force me faisait ma paix. Il leur eût fallu dix mille ans pour comprendre que ce qui leur semblait faiblesse, le doux *sens humain*, pacifique, qui allait croissant en moi, était justement ma force et ce qui m'éloignait d'eux[1].

Les salons demi-catholiques, bâtards, dans la fade atmosphère des amis de Chateaubriand, auraient été pour moi peut-être un piège plus dangereux. Le bon et aimable Ballanche, puis M. de Lamartine, plusieurs fois voulurent me conduire à l'Abbaye-aux-Bois. Je sentais parfaitement qu'un tel milieu, où tout était ménagement, convenance, m'aurait trop civilisé. Je n'avais qu'une seule force, ma virginité sauvage d'opinion, et la libre allure d'un art à moi et nouveau. Il eût bien fallu s'arranger, se faire plus modéré, plus sage qu'il

---

1. Comme ils odorent très bien la mort, les moments où l'âme blessée peut mollir, au moment où j'avais fait une perte sensible de famille, un d'eux, séduisant et fin, vint me voir et me tâta. Je fus surpris, confondu de l'idée qu'il eût pu croire avoir quelque prise sur moi, qu'il dît qu'on pouvait s'entendre, ayant entre soi des nuances, etc. Je lui dis ces propres paroles : « Monseigneur, avez-vous été parfois sur la mer de glace? — Oui. — Vous avez vu telle fente, sur laquelle d'un bord à l'autre on peut parler, converser? — Oui. — Mais vous n'avez pas vu que cette fente est un abîme... Et telle, Monseigneur, si profonde, qu'à travers la glace et la terre, elle descend sans que jamais on en ait trouvé le fond. Elle va jusqu'au centre du globe, s'en va traversant le globe, et se perd dans l'infini. »

ne me convenait de l'être. Les salons ont été pour moi dès ce moment très hostiles. Doctrinaires et catholiques m'y ont constamment fait la guerre, m'attaquant peu dans le détail, me louant pour me détruire et m'ôter toute autorité : « C'est un écrivain, un poète, un homme d'imagination. » Cela commença au moment où le premier, sortant l'histoire du vague dont ils se contentaient, je la fondai sur les actes, les manuscrits, l'enquête immense de mille documents variés.

Aucun historien que je sache, avant mon troisième volume (chose facile à vérifier), n'avait fait usage des pièces inédites. Cela commença par l'emploi que je fis, dans mon histoire, du mystérieux registre de l'*Interrogatoire du Temple*, enfermé quatre cents ans, caché, muré, interdit sous les peines les plus graves au Trésor de la Cathédrale, que les Harlay en tirèrent, qui vint à Saint-Germain-des-Prés, puis à la Bibliothèque. La Chronique, alors inédite, de Duguesclin m'aida aussi. L'énorme dépôt des Archives me fournissait une foule d'actes à l'appui de ces manuscrits, et pour bien d'autres sujets. C'est la première fois que l'histoire eut une base si sérieuse (1837).

Que serais-je devenu, dans ce quatorzième siècle, si, m'attachant aux procédés de mes prédécesseurs les plus illustres, je m'étais fait le docile interprète de la narration du temps, son traducteur servile? Entrant aux siècles riches en actes et en pièces authentiques, l'histoire devient majeure, maîtresse de la chronique qu'elle domine, épure et juge. Armée de documents certains qu'ignora cette chronique, l'histoire, pour ainsi dire, la tient sur ses genoux comme un petit enfant dont elle écoute volontiers le babil, mais qu'il lui faut souvent reprendre et démentir.

Un exemple suffit pour me faire bien comprendre, celui que j'indiquais plus haut. Dans l'agréable histoire où M. de Barante suit si fidèlement, pas à pas, nos conteurs, Froissart, etc., il semble qu'il ne peut pas beaucoup se tromper en s'attachant à ces contemporains. Puis en voyant les actes, les documents divers, alors si dispersés, aujourd'hui réunis, on reconnaît que la chronique méconnut, ignora les grands aspects du temps. C'est un siècle déjà financier et légiste sous forme féodale. C'est souvent Pathelin sous le masque d'Arthur. L'avènement de l'or, du juif, le tissage des Flandres, le dominant commerce des laines en Angleterre et en Flandre, c'est ce qui permit aux Anglais de vaincre par des troupes régulières, en partie mercenaires, soldées. La révolution *écono-*

mique rendit seule possible la révolution *militaire*, qui, par le rude échec de la chevalerie féodale, prépara, amena la révolution *politique*. Les tournois de Froissart, Monstrelet et la Toison d'or sont peu dans tout cela. C'est le petit côté.

A partir de ce temps (1837) j'ai donné, de volume en volume, l'indication, et souvent des extraits de manuscrits dont je signalai l'importance et qu'on a publiés plus tard.

Avec de tels appuis, supérieurs à toute chronique, l'histoire va grave et forte, avec autorité. Mais indépendamment de ces instruments propres, les actes et les pièces, des secours infinis lui arrivent de toutes parts. — Littérature et art, commerce, mille révélations indirectes lui viennent et de profil lui éclairent le récit central. — Elle entre dans un positif assuré par les divers contrôles que donnent toutes ces formes diverses de notre activité.

Ici encore je suis obligé de le dire, j'étais seul. — On ne donnait guère que l'histoire politique, les actes de gouvernement, quelque peu des institutions. On ne tenait nul compte de ce qui accompagne, explique, fonde en partie cette histoire politique, les circonstances sociales, économiques, industrielles, celles de la littérature et de l'idée.

Ce troisième volume (1300-1400) prend un siècle par tous ces aspects. Il n'est pas sans défauts. Il ne dit pas comment 1300 a été l'expiation de 1200, comment Boniface VIII a payé pour Innocent III. Il est sévère et trop pour les légistes, pour les hommes intrépides, qui souffletèrent l'idole par la main albigeoise du vaillant Nogaret. Mais il est, ce volume, neuf et fort, en tirant l'histoire surtout de la *Révolution économique,* de l'avènement de l'or, du juif et de Satan (roi des trésors cachés). Il donne fortement le caractère très *mercantile* du temps.

Comment l'Angleterre et la Flandre furent mariées par la laine et le drap, comment l'Angleterre but la Flandre, s'imprégna d'elle, attirant à tout prix les tisserands chassés par les brutalités de la maison de Bourgogne : c'est le grand fait. L'Angleterre enrichie nous bat à Crécy, Poitiers et Azincourt, par des troupes réglées, qui enterrent la chevalerie. Grande révolution sociale.

La peste noire, la danse de Saint-Gui, les flagellants, et le sabbat, ces carnavals du désespoir, poussent le peuple, abandonné, sans chef, à agir pour lui-même. Le génie de la France en son Danton d'alors. Marcel, en son Paris, ses États généraux, éclate inattendu dans sa constitution, admirable de précocité, — ajournée, effacée par la petite sagesse négative de Charles V. Rien n'est guéri. Aggravé, au contraire, le mal arrive à son haut paroxysme, la furieuse folie de Charles VI.

J'ai défini l'histoire *Résurrection*. Si cela fut jamais, c'est au quatrième volume (le *Charles VI*). Peut-être, en vérité, c'est trop. Ce fut fait d'un jet de douleur, avec l'emportement de cette âme d'alors, sauvage, charnelle et violente, cruelle et tendre, furieuse. Comme dans la *Sorcière*, plusieurs endroits sont diaboliques. Les morts y dansent, — non pour rire comme dans les ironies d'Holbein, — mais dans une douloureuse frénésie que l'on partage, qu'on gagne presque à regarder. Cela tournoie d'une vitesse étonnante, d'une fuite terrible. Et l'on ne respire pas. Point de halte, nulle diversion. Partout la continuité d'une basse, émue, profonde; dessous, je ne sais quoi roule, un sourd tonnerre du cœur.

A travers tant de sombres choses, on tombe à une grande lumière, — la mort qui trône au Louvre, — dans un Paris désert, la mort réelle de la France sous la figure de l'Anglais, de Lancastre.

Le roi des prêtres Henri, damné pharisien, nous dit : « que nous n'avons péri qu'à cause de nos péchés ».

Je ne lui réponds pas; que ce soient les Anglais qui lui répondent eux-mêmes.

Ils disent qu'avant Azincourt, chaque Anglais avisa à son salut, se confessa ; les Français s'embrassèrent, se pardonnèrent et oublièrent leurs haines.

Ils disent qu'en Espagne où Français, Anglais guerroyaient, ceux-ci mourant de faim, les Français les nourrirent. — Je m'en tiens à cela : c'est le parti de Dieu.

La plus grande légende de nos temps va venir. On la voit dans un germe effrayant surgir vers 1360, et rayonner sublime, charmante, attendrissante, en 1430 (3ᵉ et 5ᵉ volumes).

On avait entrevu la ville et les communes. Mais la campagne? qui la sait avant le quatorzième siècle? Ce grand monde de ténèbres, ces masses innombrables, ignorées, cela perce un matin. Dans le tome troisième (d'érudition surtout), je n'étais pas en garde, ne m'attendais à rien, quand la figure de *Jacques*, dressée sur le sillon, me barra le chemin ; figure monstrueuse et terrible. Une contraction du cœur convulsive eut lieu en moi... Grand Dieu! c'est là mon père? l'homme du moyen âge ?... « Oui... Voilà comme on m'a fait! Voilà mille ans de douleurs!... » Ces douleurs, à l'instant je les sentis qui remontaient en moi du fond des temps... C'était lui, c'est moi (même âme et même personne) qui avions souffert tout cela... De ces mille ans, une larme me vint, brûlante, pesante comme un monde, qui a percé la page. Nul (ami, ennemi) n'y passa sans pleurer.

L'aspect était terrible, et la voix était douce. Ma douleur s'en accrut. Sous ce masque effrayant était une âme humaine. Mystère profond, cruel. On ne le comprend pas sans remonter un peu.

Saint François, un enfant qui ne sait ce qu'il dit, et n'en parle que mieux, dit à ceux qui demandent quel est l'auteur de l'*Imitatio* : « L'auteur, c'est le Saint-Esprit. »

« Le Saint-Esprit, dit Joachim de Flore, c'est celui *dont le règne arrive, après le règne de Jésus.* »

C'est l'esprit d'union, d'amour, enfin sorti de l'étouffement de la légende. Les libres associations de confréries, de communes, furent la plupart sous cette invocation. Tel fut, en 1200, à l'époque albigeoise, le culte et des communes, et des chevaliers du Midi, culte d'esprit nouveau que l'Église noya dans des torrents de sang.

L'Esprit, faible colombe, semble périr alors, s'évanouir. Il est dès ce moment dans l'air, et se respirera partout.

Même en ce petit livre, monastique et dévot, de l'*Imitatio*, vous trouvez des passages d'absolue solitude où manifestement l'Esprit remplace tout, où l'on ne voit plus rien, ni prêtre ni Église. Si l'on entend ses voix intérieures aux couvents, combien plus aux forêts, dans la libre Église sans bornes! — L'Esprit, du fond des chênes, parlait quand Jeanne d'Arc l'entendit, tressaillit, dit tendrement : « Mes voix! »

Voix saintes, voix de la conscience, qu'elle porte avec elle aux batailles, aux prisons, contre l'Anglais, contre l'Église. Là le monde est changé. A la résignation passive du chrétien (si utile aux tyrans), succède l'héroïque tendresse qui prend à cœur nos maux, qui veut mettre ici bas la justice de Dieu, qui agit, qui combat, qui sauve et qui guérit.

Qui a fait ce miracle, contraire à l'Évangile? un amour supérieur, *l'amour dans l'action*, l'amour jusqu'à la mort, « la pitié qui estoit au royaume de France ».

Le spectacle est divin lorsque sur l'échafaud, l'enfant, abandonnée et seule, contre le prêtre-roi, la meurtrière Église, maintient en pleines flammes son Église intérieure, et s'envole en disant : « Mes voix ! »

Ce point est un de ceux où je dois observer combien mon histoire, accusée si légèrement « de poésie, de passion », a gardé au contraire la fermeté et la lucidité, même aux sujets touchants où il serait peut-être excusable de s'aveugler. Tous ont flotté ici, vu, à travers les larmes, la flamme du bûcher. Ému sans doute aussi, j'ai vu clair cependant et j'ai remarqué deux choses :

1° L'innocente héroïne a fait, sans s'en douter, bien plus que délivrer la France, elle a délivré l'avenir en posant le type nouveau, contraire à la passivité chrétienne. Le moderne héros, *c'est le héros de l'action.* La funeste doctrine, que notre ami Renan a trop louée encore, la liberté passive, intérieure, occupée de son propre salut, qui livre au Mal le monde, l'abandonne au Tyran, cette doctrine expire au bûcher de Rouen, et sous forme mystique s'entrevoit la Révolution.

2° J'ai dans ce grand récit pratiqué et montré une chose nouvelle, dont les jeunes pourront profiter : c'est que la *méthode historique* est souvent l'opposé de l'*art proprement littéraire.*—L'écrivain occupé d'augmenter les effets, de mettre les choses en saillie, presque toujours aime à surprendre, à saisir le lecteur, à lui faire crier : « Ah! »; il est heureux si le fait naturel apparaît un miracle. — Tout au contraire l'historien a pour spéciale mission d'expliquer ce qui paraît miracle, de l'entourer des précédents, des circonstances qui l'amènent, de le ramener à la nature. Ici, je dois le dire, j'y ai eu du mérite. En admirant, aimant cette personnalité sublime, j'ai montré à quel point elle était naturelle.

Le sublime n'est point hors nature; c'est au contraire le point où la nature est le plus elle-même, en sa hauteur, profondeur naturelle. Aux quatorzième et quinzième siècles, dans l'excès des misères, dans ces extrémités terribles, le cœur grandit. La foule est un héros. Il y eut dans ces temps nombre de Jeanne d'Arc, au moins pour l'intrépidité. J'en rencontre beaucoup sur ma route : exemple, ce paysan du quatorzième siècle, le Grand Ferré; exemple, au quinzième, Jeanne Hachette qui défend et sauve Beauvais. Ces figures de héros naïfs m'apparaissent souvent de profil dans les histoires de nos communes.

J'ai dit tout simplement les choses. Du moment que les Anglais perdirent leur grand soutien, le duc de Bourgogne, ils furent très faibles. Au contraire, les Français ralliant les forces armées, aguerries du Midi, se trouvèrent extrêmement forts. Mais cela n'avait pas d'accord. La personnalité charmante de cette jeune paysanne, d'un cœur tendre, ému, gai (l'héroïque gaieté éclate dans toutes ses réponses), fut un centre et réunit tout. Elle agit justement parce qu'elle n'avait nul art, nulle thaumaturgie, point de féerie, point de miracle. Tout son charme est l'humanité. Il n'a pas d'ailes, ce pauvre ange; il est peuple, il est faible, il est nous, il est tout le monde.

Dans les galeries solitaires des Archives où j'errai vingt années, dans ce profond silence, des murmures cependant venaient à mon oreille. Les souffrances lointaines de tant d'âmes étouffées dans ces vieux âges se plaignaient à voix basse. L'austère réalité réclamait contre l'art, et lui disait parfois des choses amères : « A quoi t'amuses-tu? Es-tu un Walter Scott pour conter longuement le détail pittoresque, les grasses tables de Philippe-le-Bon, le vain vœu du Faisan? Sais-tu que nos martyrs depuis quatre cents ans t'attendent? Sais-tu que les vaillants de Courtrai, de Rosebecque, n'ont pas le monument que leur devait l'histoire? » Les chroniqueurs gagés, le chapelain Froissart, le bavard Monstrelet ne leur suffisent pas. C'est dans la ferme foi, l'espoir en la justice qu'ils ont donné leur vie. Ils auraient droit de dire : « Histoire ! compte avec nous. Tes créanciers te somment ! Nous avons accepté la mort pour une ligne de toi. »

Que leur devais-je? raconter leurs combats, me placer dans leurs rangs, me mettre de moitié aux victoires, aux défaites? Ce n'était pas assez. Pendant les dix années de persévérance acharnée où je refis la lutte des Communes du Nord, j'entrepris beaucoup plus. Je repris tout de fond en comble pour leur rendre leur vie, leurs arts, surtout leur droit.

Le droit d'abord qu'avaient sur la contrée, ces villes, c'était le plus sacré des droits, d'avoir fait la terre même, de l'avoir prise sur les eaux, d'avoir par les canaux fait la vie, la défense, la circulation du pays. Elles firent et créèrent. Leurs maîtres ont détruit. Ce monde si vivant alors, qu'il est pâle aujourd'hui ! Qu'est-ce que la Belgique tout entière devant Gand, devant Bruges, devant cette Liège d'alors, dont chacune lançait des armées?

Je plongeai dans le peuple. Pendant qu'Olivier de la Marche, Chastellain, se prélassent aux repas de la Toison d'or, moi je sondai les caves où fermenta la Flandre, ces masses de mystiques et vaillants ouvriers. Leurs fortes *Amitiés* (ils nommaient ainsi la commune), leurs *Franches Vérités* (ils nommaient ainsi l'assemblée), je leur refis tout pieusement; n'oubliant pas leurs cloches, et leur carillon fraternel. Je remis dans sa tour mon grand ami de bronze, ce redouté Rœlandt, dont la voix solennelle, entendue de dix lieues, fit trembler Jean-sans-Peur, Charles-le-Téméraire.

Un point très capital que les contemporains négligent et nos modernes, c'est de distinguer fortement, de caractériser la personnalité spéciale de chaque ville. Cela pourtant est le réel, le charme de ce pays si varié. Je m'y suis attaché; ce m'était une religion de leur refaire leur âme à chacune, ces vieilles et chères villes, et cela ne se peut qu'en marquant fortement comme chaque industrie et chaque genre de vie créaient une race d'ouvriers. J'ai mis Gand bien à part, ses dévots, vaillants tisserands, profonde ruche de combats. A part, l'aimable et grande Bruges, les dix-sept nations de ses marchands, les trois cents peintres qui lui firent une Italie dans une ville. Et le Pompeïes de la Flandre, Ypres, aujourd'hui déserte, qui lui garde son vrai monument, la prodigieuse halle où furent tous les métiers, cette cathédrale du travail où tout bon travailleur doit ôter son chapeau.

L'incendie de Dinand, la fin cruelle de Liège, ferment cette histoire des Communes par une navrante tragédie. Moi-même enfant de Meuse par ma mère, j'ai mis là un intérêt de famille. Ces pauvres Frances, perdues dans les Ardennes, entre des peuples hostiles et des langues opposées, m'émouvaient fort. J'ai rendu aux Liégeois le grand rénovateur Van Eyck, qui changea la peinture. J'ai trouvé, exhumé des cendres de Dinand, ses arts perdus, si chers au moyen âge, arts humbles, si touchants, qui pour toute l'Europe furent les bons serviteurs, les amis du foyer.

Comment remercier mes amis, mes vengeurs, les bons chroniqueurs suisses, qui par bonheur arrivent avec leurs cors, leurs lances à la grande chasse de Morat, forcent le sanglier, cette bête cruelle, Charles-le-Téméraire? Leurs récits sont des chants de gaieté héroïque. C'est un plaisir de voir cette effroyable enflure, piquée, tout à coup aplatie. On est pour Louis XI incontestablement dans sa lutte de ruse contre l'orgueil barbare, la brutalité féodale. C'est le Renard qui prend au filet le faux lion. L'esprit au moins triomphe. La fine et ferme prose de Comines a raison de la grosse rhétorique, de la chevalerie contrefaite. Une ironie, mesquine encore et de malice, digne des fabliaux, est ici dans l'histoire. Demain forte et puissante, elle sera féconde aux grands jours de la Renaissance.

Ce bon roi Louis XI m'arrêta très longtemps. Mon quinzième siècle sortit tout entier des actes, des pièces. Le très vaste travail de Legrand oblige cependant de vérifier ses copies, souvent fort peu exactes, sur les originaux (Gaignières, etc.), un travail de grande patience.

J'entrai par Louis XI aux siècles monarchiques. J'allais m'y engager quand un hasard me fit bien réfléchir. Un jour, passant à Reims, je vis en grand détail la magnifique cathédrale, la splendide église du Sacre.

La corniche intérieure où l'on peut circuler dans l'église à 80 pieds de hauteur, la fait voir ravissante, de richesse fleurie, d'un alléluia permanent. Dans l'immensité vide on croit toujours entendre la grande clameur officielle, ce qu'on disait la voix du peuple. On croit voir aux fenêtres les oiseaux qu'on lâchait, quand le clergé, oignant le roi, faisait le pacte du trône et de l'Église. Ressortant au dehors sur les voûtes dans la vue immense qui embrasse toute la Champagne, j'arrivai au dernier petit clocher, juste au-dessus du chœur. Là un spectacle étrange m'étonna fort. La ronde tour avait une guirlande de suppliciés. Tel a la corde au cou. Tel a perdu l'oreille. Les mutilés y sont plus tristes que les morts. Combien ils ont raison! quel effrayant contraste! Quoi! l'église des fêtes, cette mariée, pour collier de noces, a pris ce lugubre ornement! Ce pilori du peuple est placé au-dessus de l'autel. Mais ses pleurs n'ont-ils pu, à travers les voûtes, tomber sur la tête des rois! Onction redoutable de la Révolution, de la colère de Dieu! « Je ne comprendrai pas les siècles monarchiques, si d'abord, avant tout, je n'établis en moi l'âme et la foi du peuple. » Je m'adressai cela, et, après *Louis XI*, j'écrivis la *Révolution* (1845-1853).

On fut surpris, mais rien n'était plus sage. Après maintes épreuves que j'ai contées ailleurs et où je vis de près l'autre rivage, mort et rené, je fis la *Renaissance* avec des forces centuplées. Quand je rentrai, que je me retournai, revis mon moyen âge, cette mer superbe de sottises, une hilarité violente me prit, et au seizième, au dix-septième siècle, je fis une terrible fête. Rabelais et Voltaire ont ri dans leur tombeau. Les dieux crevés, les rois pourris ont apparu sans voile. La fade histoire du convenu, cette prude honteuse dont on se contentait, a disparu. De Médicis à Louis XIV une autopsie sévère a caractérisé ce gouvernement de cadavres (1855-1868).

Une telle histoire était sûre d'un succès, de blesser tout ami du faux. Mais c'est beaucoup de monde surtout le monde autorisé. Prêtres et royalistes aboyèrent. Les doctrinaires s'efforçaient de sourire.

Cela lui fait très peu, à cette histoire patiente. Elle est forte, solide, bien assise, et elle attendra.

Dans mes Préfaces successives, et dans mes Éclaircissements, on pourra voir, de volume en volume les fondements qui sont dessous, l'énorme base d'actes et de manuscrits, d'imprimés rares, etc., sur laquelle elle porte[1].

Voilà comment quarante ans ont passé. Je ne

---

1. Je ne veux pas anticiper ici. D'un mot ou deux seulement, je puis dire : c'est ce livre, « ce livre d'un poète et d'un homme d'imagination », qui, par des pièces décisives, a dit à tous ce qui leur importait :

Aux protestants, le fait très capital de la Saint-Barthélemi sue quinze jours d'avance à Bruxelles (papiers Granvelle, 10 août). Puis, tant de faits sur la Révocation, qu'ils avaient bien peu éclaircie.

Aux royalistes, tout un monde de curieux faits anecdotiques; exemple, la légende du *Masque de fer* et la sagesse de leur reine. Les lettres de Franklin (en 1863) ont donné là-dessus le secret d'après Richelieu, prouvé que seul j'avais raison.

Aux financiers, le système de Law (inexpliqué par M. Thiers en 1826) se trouve enfin à jour et par les manuscrits et par l'histoire des Bourses de Paris et de Londres.

Pour la Révolution, que dire? La mienne est sortie tout entière m'en doutais guère lorsque je commençai. Je croyais faire un abrégé de quelques volumes, peut-être en quatre ans, en six ans. Mais on n'abrège que ce qui est bien connu. Et ni moi, ni personne alors ne savait cette histoire.

Après mes deux premiers volumes seulement, j'entrevis dans ses perspectives immenses cette *terra incognita*. Je dis : « Il faut dix ans »... Non, mais vingt, mais trente... Et le chemin allait s'allongeant devant moi. Je ne m'en plaignais pas. Aux voyages de découvertes, le cœur s'étend, grandit, ne voit plus que le but. On s'oublie tout à fait. Il m'en advint ainsi. Poussant toujours plus loin dans ma poursuite ardente, je me perdis de vue, je m'absentai de moi. J'ai passé à côté du monde, et j'ai pris l'histoire pour la vie.

La voici écoulée. Je ne regrette rien. Je ne demande rien. Eh! que demanderais-je, chère France, avec qui j'ai vécu, que je quitte à si grand regret! Dans quelle communauté j'ai passé avec toi quarante années (dix siècles)! Que d'heures passionnées, nobles, austères, nous eûmes en-

---

des trois grands corps d'archives de ces temps qu'on a à Paris. Louis Blanc (malgré son mérite, son talent que j'honore) put-il la deviner? Put-il la faire à Londres avec quelques brochures? J'ai bien de la peine à le croire. — Lisez au reste et comparez.

semble, souvent l'hiver même, avant l'aube! Que de jours de labeur et d'études au fond des Archives! Je travaillais pour toi, j'allais, venais, cherchais, écrivais. Je donnais chaque jour de moi-même tout, peut-être encore plus. Le lendemain matin, te trouvant à ma table, je me croyais le même, fort de ta vie puissante et de ta jeunesse éternelle.

Mais comment ayant eu ce bonheur singulier d'une telle société, ayant longues années vécu de ta grande âme, n'ai-je pas profité plus en moi? Ah! c'est que pour te refaire tout cela il m'a fallu reprendre ce long cours de misère, de cruelle aventure, de cent choses morbides et fatales. J'ai bu trop d'amertumes. J'ai avalé trop de fléaux, trop de vipères et trop de rois.

Eh bien! ma grande France, s'il a fallu pour retrouver ta vie, qu'un homme se donnât, passât et repassât tant de fois le fleuve des morts, il s'en console, te remercie encore. Et son plus grand chagrin, c'est qu'il faut te quitter ici.

Paris, 1869.

TABLE DE LA PRÉFACE DE 1869

	Pages.
L'Histoire, jusqu'en 1830, suivit des points de vue spéciaux, surtout le point de vue politique..	ii
Cette œuvre, commencée en 1830, fut la première histoire où l'on essaya d'embrasser, dans toute sa variété, l'activité humaine (religieuse, économique, artistique, etc.).	iv
Elle s'est accomplie en quarante ans, avec la continuité harmonique qui est propre aux choses vivantes.	v
Au point de vue des races, dominant chez Thierry, elle ajouta la terre, la géographie, etc.	vi
Elle montra combien ces éléments matériels sont dominés par le travail moral que tout peuple opère sur soi. . . .	vii
La France a fait la France. *L'homme est son propre Prométhée* (Vico).	viii
Toute ma vie fut mêlée à cette œuvre, mais cette œuvre à mesure faisait ma vie elle-même.	*ibid.*
Conditions que j'y apportai : la liberté, le temps. Mon libre enseignement favorisa, retarda le travail, en prolongea l'incubation.	x
Mon élan de Juillet 1830 fut non moins contraire au vieux principe que mes livres récents de 1862, 1864, 1869. .	xii
Mes contradictions apparentes de 1831-1832; mon éloignement des écoles de ce temps et de son choléra moral.	xii

TABLE DE LA PRÉFACE DE 1869

Pages.

Les deux premiers volumes, trop favorables au moyen âge, montrèrent pourtant l'impuissance de l'Église, qui, vers l'an 1000, n'aboutit qu'au chaos, et avant 1300 est primée par le Roi, l'État, les jurisconsultes.   XV

L'Histoire, comme évocation et *Résurrection*. L'art vivant pour refaire les dieux morts, avant leur *jugement*. D'une larme je refis le gothique (1833).   XIX

Avant le troisième volume, pendant quatre ans (1833-1837) je m'étendis, m'humanisai, par Luther et par Grimm, la poésie du droit primitif.   XXIII

Le sens *humain* fit ma force et ma paix, mon insouciance des critiques, de la petite guerre des doctrinaires, des catholiques.   XXIV

Mon troisième volume (en 1837) fonda l'histoire sérieusement sur les actes et les manuscrits.   XXVI

L'Histoire domina la chronique, établit ce que les contemporains ne voyaient nullement au quatorzième siècle, comment la révolution *économique* (l'avènement de l'or, etc.) amène la révolution *militaire*, qui à son tour amène la révolution *politique* (1360-1400). . . .   XXVIII

L'emportement violent du Résurrectionisme dans le *Charles VI*. Excès de cette méthode.   XXXI

L'avènement du Saint-Esprit, patron des confréries, des communes, successeur du dieu légendaire, de Jésus. . .   XXXII

L'apparition de Jacques au quatorzième siècle, qui au quinzième se transfigure en Jeanne.   XXXII

Lucidité critique que j'ai gardée dans la sublime histoire de Jeanne.   XXXIV

La *méthode historique* n'est nullement l'*art littéraire*. Celui-ci veut l'effet et cherche le miracle. L'histoire, tout au contraire, explique, supprime le miracle, montre que le sublime n'est rien que la nature.   XXXV

Huit années de travail donnèrent surtout l'histoire des communes du Nord, des Flandres, etc. On essaya de refaire, non seulement leurs luttes et leurs guerres, mais le droit, l'industrie, le génie spécial de chaque ville.   XXXVII

Après le *Louis XI*, j'ajournai les trois derniers siècles du gouvernement monarchique; je me créai un phare,

	Pages.
une lumière; j'écrivis la *Révolution* (en huit années, 1845-1853)........................	XLI
Fortifié et éclairé par elle, je revins à la *Renaissance* et à la Royauté moderne (treize années, 1855-1868)....	*ibid.*
Cette histoire, jusqu'ici la plus complète, s'étend jusqu'en 1795. Dans ses Préfaces successives et les Éclaircissements de chaque volume, elle donne la critique des sources où elle a puisé..................	*ibid.*
Adieu de l'auteur à la France................	XLIII

Ce travail de trente ans sera terminé cette année, 1861. Au moment où il s'achève, il convenait d'en relier toutes les parties dans l'unité qu'a cherchée et voulue l'auteur.

Ce livre a une âme. C'est avant tout ce qu'il revendique. La présente édition la fera mieux sentir.

Deux écueils se présentaient pour la réimpression :

Une refonte qui eût altéré le caractère et l'individualité morale du livre et l'eût changé comme œuvre d'art;

Une préoccupation trop étroite de la littéralité qui eût laissé subsister des erreurs inévitables au début et que l'auteur a signalées dans les volumes subséquents.

L'unité de pensée qui nous a soutenu pendant ce

long travail indiquait la seule marche à suivre. Il fallait en faire saillir l'âme, en dégager plus nettement la doctrine.

Il a suffi de supprimer çà et là quelques généralisations prématurées; l'allure du récit est devenue plus vive et plus décidée; l'art y a gagné sans aucune altération sensible du détail.

Quant aux additions (peu nombreuses) qui ont renouvelé certaines parties, quand elles ne sont pas marquées dans le texte, elles ont été sommairement indiquées dans les notes et à l'appendice.

Un remaniement considérable a été opéré dans les notes. On a rejeté à l'appendice les preuves, les citations de textes, les indications de noms d'auteurs. En désencombrant le texte de ces pièces à l'appui, en donnant au récit plus de relief et d'indépendance, il importait de conserver à part une érudition qui fait la solidité de cette histoire, sortie (en si grande partie) des Archives et des dépôts de manuscrits. On n'a laissé comme notes au bas des pages que ce qui a paru le complément nécessaire du texte.

Pour le moyen âge surtout, qui a été systématiquement obscurci, il est indispensable de démasquer des erreurs intéressées, de faire éclater la vérité des faits par le témoignage même des contemporains.

Ces pièces justificatives, sorte d'étais et de contreforts de notre édifice historique, pourraient disparaître à mesure que l'éducation du public s'identifiera davantage avec les progrès même de la critique et de la science.

Tout ceci touche surtout les deux premiers volumes. Quant aux quatre suivants (quatorzième et quinzième siècle), la présente édition a reproduit les précédentes, en les enrichissant de quelques additions dues aux publications récentes.

Cette édition pouvait s'appeler la quatrième, si l'on n'eût eu égard qu'aux volumes qui ont été réimprimés trois fois. Plusieurs ne l'ont été que deux, mais à grand nombre. Cette diversité nous décide à ne lui donner aucun chiffre.

HISTOIRE DE FRANCE

LIVRE PREMIER

CELTES. — IBÈRES. — ROMAINS.

CHAPITRE PREMIER

Celtes et Ibères.

« Le caractère commun de toute la race gallique, dit Strabon d'après le philosophe Posidonius, c'est qu'elle est irritable et folle de guerre, prompte au combat, du reste simple et sans malignité. Si on les irrite, ils marchent ensemble droit à l'ennemi, et l'attaquent de front, sans s'informer d'autre chose. Aussi, par la ruse, on en vient aisément à bout; on les attire au combat quand on veut, où l'on veut, peu importent les motifs; ils sont toujours prêts, n'eussent-ils d'autre arme que leur force et leur audace. Toutefois, par la persuasion, ils se laissent amener sans peine aux choses utiles; ils sont susceptibles de culture et d'instruction littéraire. Forts de leur haute taille et de leur nombre, ils s'assemblent aisément en grande foule, simples qu'ils sont et spontanés, prenant volontiers en main la cause de celui qu'on opprime. » Tel est le premier regard de la philosophie sur la plus sympathique et la plus perfectible des races humaines.

Le génie de ces Galls ou Celtes n'est d'abord autre chose que mouvement, attaque et conquête; c'est par la guerre que se mêlent et se rapprochent les nations antiques. Peuple de guerre et de bruit, ils courent le monde l'épée à la main, moins, ce semble, par avidité que par un vague et vain désir de voir, de savoir, d'agir; brisant, détruisant, faute de pouvoir produire encore. Ce sont les enfants du monde naissant; de grands corps mous, blancs et blonds; de l'élan, peu de force et d'haleine; jovialité féroce, espoir immense. Vains, n'ayant rien encore rencontré qui tînt devant eux, ils voulurent aller voir ce que c'était que cet Alexandre, ce conquérant de l'Asie, devant la face duquel les rois s'évanouissaient d'effroi [1]. Que craignez-vous? leur demanda l'homme terrible. Que le ciel ne tombe, dirent-ils; il n'en eut pas d'autre réponse. Le ciel lui-même ne les effrayait guère; ils lui lançaient des flèches quand il tonnait. Si l'Océan même se

---

1. Longtemps même après la mort d'Alexandre, Cassandre, devenu roi de Macédoine, se promenait un jour à Delphes, et examinait les statues; ayant aperçu tout à coup celle d'Alexandre, il en fut tellement saisi qu'il frissonna de tout son corps, et fut frappé d'un étourdissement. (Plutarque.)

débordait et venait à eux, ils ne refusaient pas le combat, et marchaient à lui l'épée à la main. C'était leur point d'honneur de ne jamais reculer; ils s'obstinaient souvent à rester sous un toit embrasé. Aucune nation ne faisait meilleur marché de sa vie. On en voyait qui, pour quelque argent, pour un peu de vin, s'engageaient à mourir; ils montaient sur une estrade, distribuaient à leurs amis le vin ou l'argent, se couchaient sur leurs boucliers, et tendaient la gorge.

Leurs banquets ne se terminaient guère sans bataille. La cuisse de la bête appartenait au plus brave, et chacun voulait être le plus brave. Leur plus grand plaisir, après celui de se battre, c'était d'entourer l'étranger, de le faire asseoir bon gré mal gré avec eux, de lui faire dire les histoires des terres lointaines. Ces barbares étaient insatiablement avides et curieux; ils faisaient *la presse* des étrangers, les enlevaient des marchés et des routes, et les forçaient de parler. Euxmêmes parleurs terribles, infatigables, abondants en figures, solennels et burlesquement graves dans leur prononciation gutturale, c'était une affaire dans leurs assemblées que de maintenir la parole à l'orateur au milieu des interruptions. Il fallait qu'un homme chargé de commander le silence marchât l'épée à la main sur l'interrupteur; à la troisième sommation, il lui coupait un bon morceau de son vêtement, de façon qu'il ne pût porter le reste [1].

---

1. *App.* 1.

Une autre race, celle des Ibères, paraît de bonne heure dans le midi de la Gaule, à côté des Galls, et même avant eux. Ces Ibères, dont le type et la langue se sont conservés dans les montagnes des Basques, étaient un peuple d'un génie médiocre, laborieux, agriculteur, mineur, attaché à la terre, pour en tirer les métaux et le blé. Rien n'indique qu'ils aient été primitivement aussi belliqueux qu'ils ont pu le devenir, lorsque, foulés dans les Pyrénées par les conquérants du midi et du nord, se trouvant malgré eux gardiens des défilés, ils ont été tant de fois traversés, froissés, durcis par la guerre. La tyrannie des Romains a pu une fois les pousser dans un désespoir héroïque ; mais généralement leur courage a été celui de la résistance [1], comme le courage des Gaulois celui de l'attaque. Les Ibères ne semblent pas avoir eu, comme eux, le goût des expéditions lointaines, des guerres aventureuses. Des tribus ibériennes émigrèrent, mais malgré elles, poussées par des peuples plus puissants.

Les Galls et les Ibères formaient un parfait contraste. Ceux-ci, avec leurs vêtements de poil noir et leurs bottes tissues de cheveux ; les Galls, couverts de tissus éclatants, amis des couleurs voyantes et variées, comme le plaid des modernes gaëls de l'Écosse, ou bien à peu près nus, chargeant leurs blanches poitrines et leurs membres gigantesques de massives

---

[1]. Il ne faut pas confondre les Ibères avec leurs voisins les Cantabres. M. W. de Humboldt a établi cette distinction dans son admirable petit livre sur la langue des Basques. Voyez les Éclaircissements.

chaînes d'or. Les Ibères étaient divisés en petites tribus montagnardes, qui, dit Strabon, ne se liguent guère entre elles, par un excès de confiance dans leurs forces. Les Galls, au contraire, s'associaient volontiers en grandes hordes, campant en grands villages dans de grandes plaines tout ouvertes, se liant volontiers avec les étrangers, familiers avec les inconnus, parleurs, rieurs, orateurs ; se mêlant avec tous et en tout, dissolus par légèreté, se roulant à l'aveugle, au hasard, dans des plaisirs infâmes[1] (la brutalité de l'ivrognerie appartient plutôt aux Germains); toutes les qualités, tous les vices d'une sympathie rapide. Il ne fallait pas trop se fier à ces joyeux compagnons. Ils ont aimé de bonne heure à *gaber*, comme on disait au moyen âge. La parole n'avait pour eux rien de sérieux. Ils promettaient, puis riaient, et tout était dit. (*Ridendo fidem frangere*. Tit.-Liv.).

Les Galls ne se contentèrent pas de refouler les Ibères jusqu'aux Pyrénées, ils franchirent ces montagnes, et s'établirent aux deux angles sud-ouest et nord-ouest de la péninsule sous leur propre nom; au centre, se mêlant aux vaincus, ils prirent les noms de Celtibériens et de Lusitaniens.

Alors, ou peut-être antérieurement, les tribus ibériennes des Sicanes et des Ligures[2] passèrent d'Espagne en Gaule et en Italie ; mais en Italie, comme en Espagne, les Galls les attaquèrent. Ceux-ci franchirent les Alpes sous le nom d'Ambra (vaillants), resserrèrent

---

1. *App.* 2.
2. Ibériens des montagnes. W. de Humboldt. Voy. les Éclaircissements.

les Ligures sur la côte montagneuse du Rhône à l'Arno, et poussèrent les Sicanes jusqu'en Calabre et jusqu'en Sicile.

Dans les deux péninsules, les Celtes vainqueurs se mêlèrent avec les habitants des plaines centrales, tandis que les Ibères vaincus se maintenaient aux extrémités, en Ligurie et en Sicile, aux Pyrénées et dans la Bétique. Les Galls-Ambra d'Italie occupaient toute la vallée du Pô, et s'étendaient dans la péninsule jusqu'à l'embouchure du Tibre. Ils furent soumis, dans la suite, par les Rasena ou Étrusques, dont l'empire fut plus tard resserré entre la Macra, le Tibre et l'Apennin, par de nouvelles émigrations celtiques.

Tel était l'aspect du monde gallique. Cet élément, jeune, mou et flottant, fut de bonne heure, en Italie et en Espagne, altéré par le mélange des indigènes. En Gaule, il eût roulé longtemps dans le flux et le reflux de la barbarie ; il fallait qu'un élément nouveau, venu du dehors, lui apportât un principe de stabilité, une idée sociale.

Deux peuples étaient à la tête de la civilisation dans cette haute antiquité, les Grecs et les Phéniciens. L'Hercule de Tyr allait alors par toutes les mers, achetant, enlevant à chaque contrée ses plus précieux produits. Il ne négligea point le grenat fin de la côte des Gaules, le corail des îles d'Hyères ; il s'informa des mines précieuses que recelaient alors à fleur de terre les Pyrénées, les Cévennes et les Alpes. Il vint et revint, et finit par s'établir. Attaqué par les fils de Neptune, Albion et Ligur (ces deux mots signifient *montagnard*[1]), il aurait succombé si Jupiter n'eût suppléé ses flèches épuisées par une pluie de pierres. Ces pierres couvrent encore la plaine de la Crau, en Provence. Le dieu vainqueur fonda Nemausus (Nîmes), remonta le Rhône et la Saône, tua dans son repaire le brigand Tauriske qui infestait les routes, et bâtit Alesia sur le territoire Éduen (pays d'Autun). Avant son départ, il fonda la voie qui traversait le Col de Tende, et conduisait d'Italie par la Gaule en Espagne; c'est sur ces premières assises que les Romains bâtirent la *Via* Aurélia et la Domitia.

Ici, comme ailleurs, les Phéniciens ne firent que frayer la route aux Grecs. Les Doriens de Rhodes succédèrent aux Phéniciens, et furent eux-mêmes supplantés par les Ioniens de Phocée. Ceux-ci fondèrent Marseille. Cette ville, jetée si loin de la Grèce, subsista par miracle. Sur terre, elle était entourée de puissantes tribus gauloises et liguriennes qui ne lui laissaient pas prendre un pouce de terre sans combat. Sur mer, elle rencontrait les grandes flottes des Étrusques et des Carthaginois, qui avaient organisé sur les côtes le plus sanguinaire monopole; l'étranger qui commerçait en Sardaigne devait être noyé. Tout réussit aux Marseillais; ils eurent la joie de voir, sans tirer l'épée, la marine étrusque détruite en une bataille par les Syracusains; puis l'Étrurie, la Sicile, Carthage, tous les États commerçants annulés par Rome. Carthage, en tombant, laissa une place

---

1. *Alb*, montagne, dans la langue gaélique. — *Gor*, élevé, en basque.

immense que Marseille eût bien enviée, mais il n'appartenait pas de reprendre un tel rôle à l'humble alliée de Rome, à une cité sans territoire, à un peuple d'un génie honnête et économe, mais plus mercantile que politique, qui, au lieu de gagner et s'adjoindre les barbares du voisinage, fut toujours en guerre avec eux. Telles furent toutefois la bonne conduite et la persévérance des Massaliotes, qu'ils étendirent leurs établissements le long de la Méditerranée, depuis les Alpes maritimes jusqu'au cap Saint-Martin, c'est-à-dire jusqu'aux premières colonies carthaginoises. Ils fondèrent Monaco, Nice, Antibes, Éaube, Saint-Gilles, Agde, Ampurias, Denia et quelques autres villes.

Pendant que la Grèce commençait la civilisation du littoral méridional, la Gaule du Nord recevait la sienne des Celtes eux-mêmes. Une nouvelle tribu celtique, celle des Kymry (*Cimmerii?*)[1], vint s'ajouter à celle des Galls. Les nouveaux venus, qui s'établirent principalement au centre de la France, sur la Seine et la Loire, avaient, ce semble, plus de sérieux et de suite dans les idées; moins indisciplinables, ils étaient gouvernés par une corporation sacerdotale, celle des druides. La religion primitive des Galls, que le druidisme kymrique vint remplacer, était une religion de la nature, grossière sans doute encore, et bien loin de la forme systématique qu'elle put prendre dans la suite chez les gaëls d'Irlande[2]. Celle des druides kymriques, autant que nous pouvons

---

1. *App.* 3.
2. Voy. les Éclaircissements.

l'entrevoir à travers les sèches indications des auteurs anciens, et dans les traditions fort altérées des Kymry modernes du pays de Galles, avait une tendance morale beaucoup plus élevée; ils enseignaient l'immortalité de l'âme. Toutefois le génie de cette race était trop matérialiste pour que de telles doctrines y portassent leurs fruits de bonne heure. Les druides ne purent la faire sortir de la vie de clan; le principe matériel, l'influence des chefs militaires subsista à côté de la domination sacerdotale. La Gaule kymrique ne fut qu'imparfaitement organisée. La Gaule gallique ne le fut pas du tout : elle échappa aux druides, et, par le Rhin, par les Alpes, elle déborda sur le monde.

C'est à cette époque que l'histoire place les voyages de Sigovèse et Bellovèse, neveux du roi des Bituriges, Ambigat, qui auraient conduit les Galls en Germanie et en Italie. Ils allèrent, sans autre guide que les oiseaux dont ils observaient le vol. Dans une autre tradition, c'est un mari jaloux, un Aruns étrusque, qui, pour se venger, fait goûter du vin aux barbares. Le vin leur parut bon, et ils le suivirent au pays de la vigne. Ces premiers émigrants, Édues, Arvernes et Bituriges (peuples galliques de Bourgogne, d'Auvergne, de Berry), s'établissent en Lombardie malgré les Étrusques, et prennent le nom de *Is-Ambra*[1], is-ombriens, insubriens, synonyme de Galls; c'était le nom de ces anciens Galls ou *Ambra*, Umbriens, que les Étrusques avaient assujettis. Leurs frères, les

---

1. Is-Ombria, Basse-Ombrie.

Aulerces, Carnutes et Cénomans (Manceaux et Chartrains), viennent ensuite sous un chef appelé l'*Ouragan*, se font un établissement aux dépens des Étrusques de Vénétie, et fondent Brixia et Vérone. Enfin les Kymry, jaloux des conquêtes des Galls, passent les Alpes à leur tour; mais la place est prise dans la vallée du Pô; il faut qu'ils aillent jusqu'à l'Adriatique, ils fondent Bologne et Senagallia, ou plutôt ils s'établissent dans les villes que les Étrusques avaient déjà fondées. Les Galls étaient étrangers à l'idée de la cité, mesurée, figurée d'après des notions religieuses et astronomiques. Leurs villes n'étaient que de grands villages ouverts, comme *Mediolanum* (Milan). Le monde gallique est le monde de la tribu[1]; le monde étrusco-romain, celui de la cité.

Voilà la tribu et la cité en présence dans ce champ clos de l'Italie. D'abord la tribu a l'avantage; les Étrusques sont resserrés dans l'Étrurie proprement dite, et les Gaulois les y suivent bientôt. Ils passent l'Apennin, avec leurs yeux bleus, leurs moustaches fauves, leurs colliers d'or sur leurs blanches épaules, ils viennent défiler devant les murailles cyclopéennes des Étrusques épouvantés. Ils arrivent devant Clusium, et demandent des terres. On sait qu'en cette occasion les Romains intervinrent pour les Étrusques, leurs anciens ennemis, et qu'une terreur panique livra Rome aux Gaulois. Ils furent bien étonnés, dit Tite-Live, de trouver la ville déserte; plus étonnés

---

1. Quelques savants ont même douté que leurs *oppida*, au temps de César, fussent autre chose que des lieux de refuge.

encore de voir aux portes des maisons les vieillards qui siégeaient majestueusement en attendant la mort; les Gaulois se familiarisèrent peu à peu avec ces figures immobiles qui leur avaient imposé d'abord; un d'eux s'avisa, dans sa jovialité barbare, de caresser la barbe d'un de ces fiers sénateurs, qui répondit par un coup de bâton. Ce fut le signal du massacre.

La jeunesse, qui s'était enfermée dans le Capitole, résista quelque temps, et finit par payer rançon. C'est du moins la tradition la plus probable. Les Romains ont préféré l'autre. Tite-Live assure que Camille vengea sa patrie par une victoire, et massacra les Gaulois sur les ruines qu'ils avaient faites. Ce qui est plus sûr, c'est qu'ils restèrent dix-sept ans dans le Latium, à Tibur même, à la porte de Rome. Tite-Live appelle Tibur *arcem gallici belli*. C'est dans cet intervalle qu'auraient eu lieu les duels héroïques de Valérius Corvus et de Manlius Torquatus contre des géants gaulois. Les dieux s'en mêlèrent : un corbeau sacré donna la victoire à Valérius; Manlius arracha le collier (*torquis*) à l'insolent qui avait défié les Romains. Longtemps après c'était une image populaire; on voyait sur le *bouclier cimbrique*, devenu une enseigne de boutique, la figure du barbare qui gonflait les joues et tirait la langue.

La cité devait l'emporter sur la tribu, l'Italie sur la Gaule. Les Gaulois, chassés du Latium, continuèrent les guerres, mais comme mercenaires au service de l'Étrurie. Ils prirent part, avec les Étrusques et les Samnites, à ces terribles batailles de Sentinum et du lac Vadimon, qui assurèrent à Rome la domination de l'Italie, et par suite celle du monde. Ils y montrèrent leur vaine et brutale audace, combattant tout nus contre des gens bien armés, heurtant à grand bruit de leurs chars de guerre les masses impénétrables des légions, opposant au terrible *pilum* de mauvais sabres qui ployaient au premier coup. C'est l'histoire commune de toutes les batailles gauloises. Jamais ils ne se corrigèrent. Il fallut toutefois de grands efforts aux Romains, et le dévouement de Décius. A la fin, ils pénétrèrent à leur tour chez les Gaulois, reprirent la rançon du Capitole, et placèrent une colonie dans le bourg principal des Sénonais vaincus, à Séna sur l'Adriatique. Toute cette tribu fut exterminée, de façon qu'il ne resta pas un des fils de ceux qui se vantaient d'avoir brûlé Rome.

Ces revers des Gaulois d'Italie doivent peut-être trouver leur explication dans la part que leurs meilleurs guerriers auraient prise à la grande migration des Gaulois transalpins, vers la Grèce et l'Asie (an 281). Notre Gaule était comme ce vase de la mythologie galloise, où bout et déborde incessamment la vie; elle recevait par torrents la barbarie du Nord, pour la verser aux nations du Midi. Après l'invasion druidique des Kymry, elle avait subi l'invasion guerrière des Belges ou *Bolg*. Ceux-ci, les plus impétueux des Celtes, comme les Irlandais leurs descendants[1], avaient, de la Belgique, percé leur route à travers les Galls et les

---

1. *App.* 4.

Kymry jusqu'au Midi, jusqu'à Toulouse, et s'étaient établis en Languedoc sous les noms d'Arécomiques et de Tectosages. C'est de là qu'ils prirent leur chemin vers une conquête nouvelle. Galls, Kymry, quelques Germains même, descendirent avec eux la vallée du Danube. Cette nuée alla s'abattre sur la Macédoine. Le monde de la cité antique, qui se fortifiait en Italie par les progrès de Rome, s'était brisé en Grèce depuis Alexandre. Toutefois cette petite Grèce était si forte d'art et de nature, si dense, si serrée de villes et de montagnes, qu'on n'y entrait guère impunément. La Grèce est faite comme un piège à trois fonds. Vous pouvez entrer et vous trouver pris en Macédoine, puis en Thessalie, puis entre les Thermopyles et l'Isthme.

Les barbares envahirent avec succès la Thrace et la Macédoine, y firent d'épouvantables ravages, passèrent encore les Thermopyles, et vinrent échouer contre la roche sacrée de Delphes. Le dieu défendit son temple; il suffit d'un orage et des quartiers de roches que roulèrent les assiégés pour mettre les Gaulois en déroute. Gorgés de vin et de nourriture, ils étaient déjà vaincus par leurs propres excès. Une terreur panique les saisit dans la nuit. Leur brenn, ou chef, leur recommanda, pour faciliter leur retraite, de brûler leurs chariots et d'égorger leurs dix mille blessés[1]. Puis il but d'autant et se poignarda. Mais les siens ne purent jamais se tirer de tant de montagnes

---

1. *App.* 5.

et de passages difficiles au milieu d'une population acharnée.

D'autres Gaulois mêlés de Germains, les Tectosages, Trocmes et Tolistoboïes, eurent plus de succès au delà du Bosphore. Ils se jetèrent dans cette grande Asie, au milieu des querelles des successeurs d'Alexandre; le roi de Bithynie, Nicomède, et les villes grecques qui se soutenaient avec peine contre les Séleucides, achetèrent le secours des Gaulois, secours intéressé et funeste, comme on le vit bientôt. Ces hôtes terribles se partagèrent l'Asie Mineure à piller et à rançonner : aux Trocmes, l'Hellespont; aux Tolistoboïes, les côtes de la mer Égée; le midi, aux Tectosages. Voilà nos Gaulois retournés au berceau des Kymry, non loin du Bosphore cimmérien; les voilà établis sur les ruines de Troie, et dans les montagnes de l'Asie Mineure, où les Français mèneront la croisade tant de siècles après, sous le drapeau de Godefroi de Bouillon et de Louis le Jeune.

Pendant que ces Gaulois se gorgent et s'engraissent dans la molle Asie, les autres vont partout, cherchant fortune. Qui veut un courage aveugle et du sang à bon marché achète des Gaulois; prolifique et belliqueuse nation, qui suffit à tant d'armées et de guerres. Tous les successeurs d'Alexandre ont des Gaulois, Pyrrhus surtout, l'homme des aventures et des succès avortés. Carthage en a aussi dans la première guerre punique. Elle les paya mal, comme on sait[1];

---

1. Elle en livra quatre mille aux Romains.

et ils eurent grande part à cette horrible guerre des Mercenaires. Le Gaulois Autarite fut un des chefs révoltés.

Rome profita des embarras de Carthage et de l'entr'acte des deux guerres puniques pour accabler les Ligures et les Gaulois d'Italie.

« Les Liguriens, cachés au pied des Alpes, entre le Var et la Macra, dans des lieux hérissés de buissons sauvages, étaient plus difficiles à trouver qu'à vaincre; race d'hommes agiles et infatigables[1], peuples moins guerriers que brigands, qui mettaient leur confiance dans la vitesse de leur fuite et la profondeur de leurs retraites. Tous ces farouches montagnards, Salyens, Décéates, Euburiates, Oxibiens, Ingaunes, échappèrent longtemps aux armes romaines. Enfin le consul Fulvius incendia leurs repaires, Bébius les fit descendre dans la plaine, et Posthumius les désarma, leur laissant à peine du fer pour labourer leurs champs (238-233 avant J.-C.). »

Depuis un demi-siècle que Rome avait exterminé le peuple des Sénons, le souvenir de ce terrible événement ne s'était point effacé chez les Gaulois. Deux rois des Boïes (pays de Bologne), At et Gall, avaient essayé d'armer le peuple pour s'emparer de la colonie romaine d'Ariminum; ils avaient appelés d'au delà des Alpes des Gaulois mercenaires. Plutôt que d'entrer en guerre contre Rome, les Boïes tuèrent les deux chefs et massacrèrent leurs alliés. Rome, inquiète des mouvements

---

1. *App.* 6.

qui avaient lieu chez les Gaulois, les irrita en défendant tout commerce avec eux, surtout celui des armes. Leur mécontentement fut porté au comble par une proposition du tribun Flaminius. Il demanda que les terres conquises sur les Sénons depuis cinquante ans fussent enfin colonisées et partagées au peuple. Les Boïes, qui savaient par la fondation d'Ariminum tout ce qu'il en coûtait d'avoir les Romains pour voisins, se repentirent de n'avoir pas pris l'offensive, et voulurent former une ligue entre toutes les nations du nord de l'Italie. Mais les Vénètes, peuple slave, ennemis des Gaulois, refusèrent d'entrer dans la ligue; les Ligures étaient épuisés, les Cénomans secrètement vendus aux Romains. Les Boïes et les Insubres (Bologne et Milan), restés seuls, furent obligés d'appeler d'au delà des Alpes des Gésates, des *Gaisda*, hommes armés de gais ou épieux, qui se mettaient volontiers à la solde des riches tribus gauloises de l'Italie. On entraîna à force d'argent et de promesses leurs chefs Anéroeste et Concolitan.

Les Romains, instruits de tout par les Cénomans, s'alarmèrent de cette ligue. Le Sénat fit consulter les livres sibyllins, et l'on y lut avec effroi que deux fois les Gaulois devaient prendre possession de Rome. On crut détourner ce malheur en enterrant tout vifs deux Gaulois, un homme et une femme, au milieu même de Rome, dans le marché aux bœufs. De cette manière, les Gaulois avaient *pris possession du sol de Rome*, et l'oracle se trouvait accompli ou éludé. La terreur de Rome avait gagné l'Italie entière; tous les peuples de cette contrée se croyaient également menacés par une effroyable invasion de barbares. Les chefs gaulois avaient tiré de leurs temples les drapeaux relevés d'or qu'ils appelaient les *immobiles;* ils avaient juré solennellement et fait jurer à leurs soldats qu'ils ne détacheraient pas leurs baudriers avant d'être montés au Capitole. Ils entraînaient tout sur leur passage, troupeaux, laboureurs garrottés, qu'ils faisaient marcher sous le fouet; ils emportaient jusqu'aux meubles des maisons. Toute la population de l'Italie centrale et méridionale se leva spontanément pour arrêter un pareil fléau, et sept cent soixante-dix mille soldats se tinrent prêts à suivre, s'il le fallait, les aigles de Rome.

Des trois armées romaines, l'une devait garder les passages des Apennins qui conduisent en Étrurie. Mais déjà les Gaulois étaient au cœur de ce pays et à trois journées de Rome (225). Craignant d'être enfermés entre la ville et l'armée, les barbares revinrent sur leurs pas, tuèrent six mille hommes aux Romains qui les poursuivaient, et ils les auraient détruits si la seconde armée ne se fût réunie à la première. Ils s'éloignèrent alors pour mettre leur butin en sûreté; déjà ils s'étaient retirés jusqu'à la hauteur du cap Télamone, lorsque, par un étonnant hasard, une troisième armée romaine, qui revenait de la Sardaigne, débarqua près du camp des Gaulois, qui se trouvèrent enfermés. Ils firent face des deux côtés à la fois. Les Gésates, par bravade, mirent bas tout vêtement, se placèrent nus au premier rang avec leurs armes et leurs boucliers. Les Romains furent un instant intimidés du bizarre spectacle et du tumulte que présentait l'armée barbare. « Outre une foule de cors et de trompettes qui ne cessaient de sonner, il s'éleva tout à coup un tel concert de hurlements, que non seulement les hommes et les instruments, mais la terre même et les lieux d'alentour semblaient à l'envi pousser des cris. Il y avait encore quelque chose d'effrayant dans la contenance et les gestes de ces corps gigantesques qui se montraient aux premiers rangs, sans autres vêtements que leurs armes; on n'en voyait aucun qui ne fût paré de chaînes, de colliers et de bracelets d'or. » L'infériorité des armes gauloises donna l'avantage aux Romains; le sabre gaulois ne frappait que de taille, et il était de si mauvaise trempe qu'il pliait au premier coup.

Les Boïes ayant été soumis par suite de cette victoire, les légions passèrent le Pô pour la première fois, et entrèrent dans le pays des Insubriens. Le fougueux Flaminius y aurait péri, s'il n'eût trompé les barbares par un traité, jusqu'à ce qu'il se trouvât en force. Rappelé par le sénat, qui ne l'aimait pas et qui prétendait que sa nomination était illégale, il voulut vaincre ou mourir, rompit le pont derrière lui et remporta sur les Insubriens une victoire signalée. C'est alors qu'il ouvrit les lettres où le sénat lui présageait une défaite de la part des dieux.

Son successeur, Marcellus, était un brave soldat. Il tua en combat singulier le brenn Virdumar, et consacra à Jupiter Férétrien les secondes dépouilles *opimes* (depuis Romulus). Les Insubriens furent réduits (222), et la domination des Romains s'étendit sur toute l'Italie jusqu'aux Alpes.

Tandis que Rome croit tenir sous elle les Gaulois d'Italie terrassés, voilà qu'Hannibal arrive et les relève. Le rusé Carthaginois en tira bon parti. Il les place au premier rang, leur fait passer, bon gré, mal gré, les marais d'Étrurie : les Numides les poussent l'épée dans les reins. Ils ne s'en battent pas moins bien à Trasimène, à Cannes. Hannibal gagne ces grandes batailles avec le sang des Gaulois[1]. Une fois qu'ils lui manquent, lorsqu'il se trouve isolé d'eux dans le midi de l'Italie, il ne peut plus se mouvoir. Cette Gaule italienne était si vivace, qu'après les revers d'Hannibal elle remue encore sous Hasdrubal, sous Magon, sous Hamilcar. Il fallut trente ans de guerre (201-170), et la trahison des Cénomans, pour consommer la ruine des Boïes et des Insubriens (Bologne et Milan). Encore les Boïes émigrèrent-ils plutôt que de se soumettre ; les débris de leur cent douze tribus se levèrent en masse et allèrent s'établir sur les bords du Danube, au confluent de ce fleuve et de la Save. Rome déclara solennellement que *l'Italie était fermée aux Gaulois*. Cette dernière et terrible lutte eut lieu pendant les guerres de Rome contre Philippe et Antiochus. Les Grecs s'imaginaient alors qu'ils étaient la grande pensée de Rome ; ils ne savaient pas qu'elle n'employait contre eux que la moindre partie de ses forces. Ce fut

---

1. Voy. mon *Histoire romaine*.

assez de deux légions pour renverser Philippe et Antiochus ; tandis que, pendant plusieurs années de suite, on envoya les deux consuls, les deux armées consulaires, contre les obscures peuplades des Boïes et des Insubriens. Rome roidit ses bras contre la Gaule et l'Espagne ; il lui suffit de toucher du doigt les successeurs d'Alexandre pour les faire tomber.

Avant de sortir de l'Asie, elle abattit le seul peuple qui eût pu y renouveler la guerre. Les Galates, établis en Phrygie depuis un siècle, s'y étaient enrichis aux dépens de tous les peuples voisins, sur lesquels ils levaient des tributs. Ils avaient entassé les dépouilles de l'Asie Mineure dans leurs retraites du mont Olympe. Un fait caractérise l'opulence et le faste de ces barbares. Un de leurs chefs ou tétrarques publia que, pendant une année entière, il tiendrait table ouverte à tout venant ; et non seulement il traita la foule qui venait des villes et des campagnes voisines, mais il faisait arrêter et retenir les voyageurs jusqu'à ce qu'ils se fussent assis à sa table.

Quoique la plupart d'entre les Galates eussent refusé de secourir Antiochus, le préteur Manlius attaqua leurs trois tribus (Trocmes, Tolistoboïes, Tectosages), et les força dans leurs montagnes avec des armes de trait, auxquelles les Gaulois, habitués à combattre avec le sabre et la lance, n'opposaient guère que des cailloux. Manlius leur fit rendre les terres enlevées aux alliés de Rome, les obligea de renoncer au brigandage, et leur imposa l'alliance d'Eumène, qui devait les contenir.

Ce n'était pas assez que les Gaulois fussent vaincus dans leurs colonies d'Italie et d'Asie, si les Romains ne pénétraient dans la Gaule, ce foyer des invasions barbares. Ils y furent appelés d'abord par leurs alliés, les Grecs de Marseille, toujours en guerre avec les Gaulois et les Ligures du voisinage. Rome avait besoin d'être maîtresse de l'entrée occidentale de l'Italie qu'occupaient les Ligures du côté de la mer. Elle attaqua les tribus dont Marseille se plaignait, puis celles dont Marseille ne se plaignait pas. Elle donna la terre aux Marseillais, et garda les postes militaires, celui d'Aix, entre autres, où Sextius fonda la colonie d'*Aquæ Sextiæ*. De là elle regarda dans les Gaules.

Deux vastes confédérations partageaient ce pays : d'une part les Édues, peuple que nous verrons plus loin étroitement uni avec les tribus des Carnutes, des Parisii, des Senones, etc. ; d'autre part, les Arvernes et les Allobroges. Les premiers semblent être les gens de la plaine, les Kymry, soumis à l'influence sacerdotale, le parti de la civilisation; les autres, montagnards de l'Auvergne et des Alpes, sont les anciens Galls, autrefois resserrés dans les montagnes par l'invasion kymrique, mais redevenus prépondérants par leur barbarie même et leur attachement à la vie de clan.

Les clans d'Auvergne étaient alors réunis sous un chef ou roi nommé Bituit. Ces montagnards se croyaient invincibles. Bituit envoya aux généraux romains une solennelle ambassade pour réclamer la liberté d'un des chefs prisonniers : on y voyait sa meute royale composée d'énormes dogues tirés à grands frais de la Belgique et de la Bretagne ; l'ambassadeur, superbement vêtu, était environné d'une troupe de jeunes cavaliers éclatants d'or et de pourpre ; à son côté se tenait un barde, la *rotte* en main, chantant par intervalles la gloire du roi, celle de la nation arverne et les exploits de l'ambassadeur.

Les Édues virent avec plaisir l'invasion romaine. Les Marseillais s'entremirent, et leur obtinrent le titre d'*alliés et amis du peuple romain*. Marseille avait introduit les Romains dans le midi des Gaules ; les Édues leur ouvrirent la Celtique ou Gaule centrale, et plus tard les Remi la Belgique.

Les ennemis de Rome se hâtèrent avec la précipitation gallique et furent vaincus séparément sur les bords du Rhône. Le char d'argent de Bituit et sa meute de combat ne lui servirent pas de grand'chose. Les Arvernes seuls étaient pourtant deux cent mille, mais ils furent effrayés par les éléphants des Romains. Bituit avait dit avant la bataille, en voyant la petite armée romaine resserrée en légions : « Il n'y en a pas là pour un repas de mes chiens. »

Rome mit la main sur les Allobroges, les déclara ses sujets, s'assurant ainsi de la porte des Alpes. Le proconsul Domitius restaura la voie phénicienne, et l'appela *Domitia*. Les consuls qui suivirent n'eurent qu'à pousser vers le couchant, entre Marseille et les Arvernes (années 120-118). Ils s'acheminèrent vers les Pyrénées, et fondèrent presque à l'entrée de l'Espagne une puissante colonie, *Narbo Martius*, Narbonne. Ce fut la seconde colonie romaine hors de l'Italie (la première avait été envoyée à Carthage). Jointe à la mer par de prodigieux travaux, elle eut, à l'imitation de la métropole, son capitole, son sénat, ses thermes, son amphithéâtre. Ce fut la Rome gauloise, et la rivale de Marseille. Les Romains ne voulaient plus que leur influence dans les Gaules dépendît de leur ancienne alliée.

Ils s'établissaient paisiblement dans ces contrées, lorsqu'un événement imprévu, immense, effroyable, comme un cataclysme du globe, faillit tout emporter, et l'Italie elle-même. Ce monde barbare que Rome avait rembarré dans le Nord d'une si rude main, il existait pourtant. Ces Kymry qu'elle avait exterminés à Bologne et Senagallia, ils avaient des frères dans la Germanie. Gaulois et Allemands, Kymry et Teutons, fuyant, dit-on, devant un débordement de la Baltique, se mirent à descendre vers le Midi. Ils avaient ravagé toute l'Illyrie, battu, aux portes de l'Italie, un général romain qui voulait leur interdire le Norique, et tourné les Alpes par l'Helvétie, dont les principales populations, Ombriens ou Ambrons, Tigurins (Zurich) et Tughènes (Zug), grossirent leur horde. Tous ensemble pénétrèrent dans la Gaule, au nombre de trois cent mille guerriers; leurs familles, vieillards, femmes et enfants, suivaient dans des chariots. Au nord de la Gaule, ils retrouvèrent d'anciennes tribus cimbriques, et leur laissèrent, dit-on, en dépôt une partie de leur butin. Mais la Gaule centrale fut dévastée, brûlée, affamée sur leur passage. Les populations des campagnes se réfugièrent dans les villes pour laisser passer le torrent, et furent réduites à une telle disette, qu'on essaya de se nourrir de chair humaine. Les barbares, parvenus au bord du Rhône, apprirent que de l'autre côté du fleuve c'était encore l'empire romain, dont ils avaient déjà rencontré les frontières en Illyrie, en Thrace, en Macédoine. L'immensité du grand empire du Midi les frappa d'un respect superstitieux ; avec cette simple bonne foi de la race germanique, ils dirent au magistrat de la province, M. Silanus, que *si Rome leur donnait des terres, ils se battraient volontiers pour elle.* Silanus répondit fièrement que Rome n'avait que faire de leurs services, passa le Rhône, et se fit battre. Le consul P. Cassius, qui vint ensuite défendre la province, fut tué ; Scaurus, son lieutenant, fut pris, et l'armée passa sous le joug des Helvètes, non loin du lac de Genève. Les barbares enhardis voulaient franchir les Alpes. Ils agitaient seulement si les Romains seraient réduits en esclavage, ou exterminés. Dans leurs bruyants débats, ils s'avisèrent d'interroger Scaurus, leur prisonnier. Sa réponse hardie les mit en fureur, et l'un d'eux le perça de son épée. Toutefois, ils réfléchirent, et ajournèrent le passage des Alpes. Les paroles de Scaurus furent peut-être le salut de l'Italie.

Les Gaulois Tectosages de Tolosa, unis aux Cimbres par une origine commune, les appelaient contre les Romains, dont ils avaient secoué le joug. La marche des Cimbres fut trop lente. Le consul C. Servilius

Cépion pénétra dans la ville et la saccagea. L'or et l'argent rapportés jadis par les Tectosages du pillage de Delphes, celui des mines des Pyrénées, celui que la piété des Gaulois clouait dans un temple de la ville, ou jetait dans un lac voisin, avaient fait de Tolosa la plus riche ville des Gaules. Cépion en tira, dit-on, cent dix mille livres pesant d'or et quinze cent mille d'argent. Il dirigea ce trésor sur Marseille, et le fit enlever sur la route par des gens à lui, qui massacrèrent l'escorte. Ce brigandage ne profita pas. Tous ceux qui avaient touché cette proie funeste finirent misérablement ; et quand on voulait désigner un homme dévoué à une fatalité implacable, on disait : *Il a de l'or de Tolosa.*

D'abord Cépion, jaloux d'un collègue inférieur par la naissance, veut camper et combattre séparément. Il insulte les députés que les barbares envoyaient à l'autre consul. Ceux-ci, bouillants de fureur, dévouent solennellement aux dieux tout ce qui tombera entre leurs mains. De quatre-vingt mille soldats, de quarante mille esclaves ou valets d'armée, il n'échappa, dit-on, que dix hommes. Cépion fut des dix. Les barbares tinrent religieusement leur serment ; ils tuèrent dans les deux camps tout être vivant, ramassèrent les armes, et jetèrent l'or et l'argent, les chevaux même dans le Rhône.

Cette journée, aussi terrible que celle de Cannes, leur ouvrait l'Italie. La fortune de Rome les arrêta dans la Province et les détourna vers les Pyrénées. De là, les Cimbres se répandirent sur toute l'Espagne, tandis que le reste des barbares les attendait dans la Gaule.

Pendant qu'ils perdent ainsi le temps et vont se briser contre les montagnes et l'opiniâtre courage des Celtibériens, Rome épouvantée avait appelé Marius de l'Afrique. Il ne fallait pas moins que l'homme d'Arpinum, en qui tous les Italiens voyaient un des leurs, pour rassurer l'Italie et l'armer unanimement contre les barbares. Ce dur soldat, presque aussi terrible aux siens qu'à l'ennemi, farouche comme les Cimbres qu'il allait combattre, fut, pour Rome, un dieu sauveur. Pendant quatre ans que l'on attendit les barbares, le peuple, ni même le sénat, ne put se décider à nommer un autre consul que Marius. Arrivé dans la Province, il endurcit d'abord ses soldats par de prodigieux travaux. Il leur fit creuser la *Fossa Mariana*, qui facilitait ses communications avec la mer, et permettait aux navires d'éviter l'embouchure du Rhône, barré par les sables. En même temps, il accablait les Tectosages et s'assurait de la fidélité de la Province avant que les barbares se remissent en mouvement.

Enfin ceux-ci se dirigèrent vers l'Italie, le seul pays de l'Occident qui eût encore échappé à leurs ravages. Mais la difficulté de nourrir une si grande multitude les obligea de se séparer. Les Cimbres et les Tigurins tournèrent par l'Helvétie et le Norique; les Ambrons et les Teutons, par un chemin plus direct, devaient passer sur le ventre aux légions de

Marius, pénétrer en Italie par les Alpes maritimes et retrouver les Cimbres aux bords du Pó.

Dans le camp retranché d'où il les observait, d'abord près d'Arles, puis sous les murs d'*Aquæ Sextiæ* (Aix), Marius leur refusa obstinément la bataille. Il voulait habituer les siens à voir ces barbares, avec leur taille énorme, leurs yeux farouches, leurs armes et leurs vêtements bizarres. Leur roi Teutobochus franchissait d'un saut quatre et même six chevaux mis de front; quand il fut conduit en triomphe à Rome, il était plus haut que les trophées. Les barbares, défilant devant les retranchements, défiaient les Romains par mille outrages : *N'avez-vous rien à dire à vos femmes?* disaient-ils, *nous serons bientôt auprès d'elles*. Un jour, un de ces géants du Nord vint jusqu'aux portes du camp provoquer Marius lui-même. Le général lui fit répondre que, s'il était las de la vie, il n'avait qu'à s'aller pendre; et comme le Teuton insistait, il lui envoya un gladiateur. Ainsi il arrêtait l'impatience des siens; et cependant il savait ce qui se passait dans leur camp par le jeune Sertorius, qui parlait leur langue, et se mêlait à eux sous l'habit gaulois.

Marius, pour faire plus vivement souhaiter la bataille à ses soldats, avait placé son camp sur une colline sans eau qui dominait un fleuve. « Vous êtes des hommes, leur dit-il, vous aurez de l'eau pour du sang. » Le combat s'engagea en effet bientôt aux bords du fleuve. Les Ambrons, qui étaient seuls dans cette première action, étonnèrent d'abord les Romains par leurs cris de guerre qu'ils faisaient retentir comme un mugissement dans leurs boucliers : *Ambrons! Ambrons!* Les Romains vainquirent pourtant, mais ils furent repoussés du camp par les femmes des Ambrons; elles s'armèrent pour défendre leur liberté et leurs enfants, et elles frappaient du haut de leurs chariots sans distinction d'amis ni d'ennemis. Toute la nuit les barbares pleurèrent leurs morts avec des hurlements sauvages qui, répétés par les échos des montagnes et du fleuve, portaient l'épouvante dans l'âme même des vainqueurs. Le surlendemain, Marius les attira par sa cavalerie à une nouvelle action. Les Ambrons-Teutons, emportés par leur courage, traversèrent la rivière et furent écrasés dans son lit. Un corps de trois mille Romains les prit par derrière, et décida leur défaite. Selon l'évaluation la plus modérée, le nombre des barbares pris ou tués fut de cent mille. La vallée, engraissée de leur sang, devint célèbre par sa fertilité. Les habitants du pays n'enfermaient, n'étayaient leurs vignes qu'avec des os de morts. Le village de *Pourrières* rappelle encore aujourd'hui le nom donné à la plaine : *Campi putridi*, champ de la putréfaction. Quant au butin, l'armée le donna tout entier à Marius, qui, après un sacrifice solennel, le brûla en l'honneur des dieux. Une pyramide fut élevée à Marius, un temple à la Victoire. L'église de Sainte-Victoire, qui remplaça le temple, reçut jusqu'à la Révolution française une procession annuelle, dont l'usage ne s'était jamais interrompu. La pyramide subsista jusqu'au quinzième siècle; et

Pourrières avait pris pour armoiries le triomphe de Marius représenté sur un des bas-reliefs dont ce monument était orné.

Cependant les Cimbres, ayant passé les Alpes Noriques, étaient descendus dans la vallée de l'Adige. Les soldats de Catulus ne les voyaient qu'avec terreur se jouer, presque nus, au milieu des glaces, et se laisser glisser sur leurs boucliers du haut des Alpes à travers les précipices. Catulus, général méthodique, se croyait en sûreté derrière l'Adige couvert par un petit fort. Il pensait que les ennemis s'amuseraient à le forcer. Ils entassèrent des roches, jetèrent toute une forêt par-dessus, et passèrent. Les Romains s'enfuirent et ne s'arrêtèrent que derrière le Pô. Les Cimbres ne songeaient pas à les poursuivre. En attendant l'arrivée des Teutons, ils jouirent du ciel et du sol italiens, et se laissèrent vaincre aux douceurs de la belle et molle contrée. Le vin, le pain, tout était nouveau pour ces barbares, ils fondaient sous le soleil du Midi et sous l'action de la civilisation plus énervante encore.

Marius eut le temps de joindre son collègue. Il reçut des députés des Cimbres, qui voulaient gagner du temps : *Donnez-nous*, disaient-ils, *des terres pour nous et pour nos frères les Teutons.* — *Laissez-là vos frères*, répondit Marius, *ils ont des terres. Nous leur en avons donné qu'ils garderont éternellement.* Et comme les Cimbres le menaçaient de l'arrivée des Teutons : *Ils sont ici*, dit-il, *il ne serait pas bien de partir sans les saluer*, et il fit amener les captifs. Les Cimbres ayant demandé quel jour et en quel lieu il voulait combattre *pour savoir à qui serait l'Italie*, il leur donna rendez-vous pour le troisième jour dans un champ, près de Verceil.

Marius s'était placé de manière à tourner contre l'ennemi le vent, la poussière et les rayons ardents d'un soleil de juillet. L'infanterie des Cimbres formait un énorme carré, dont les premiers rangs étaient liés tous ensemble avec des chaînes de fer. Leur cavalerie, forte de quinze mille hommes, était effrayante à voir, avec ses casques chargés de mufles d'animaux sauvages, et surmontés d'ailes d'oiseaux. Le camp et l'armée barbares occupaient une lieue en longueur. Au commencement, l'aile où se tenait Marius, ayant cru voir fuir la cavalerie ennemie, s'élança à sa poursuite, et s'égara dans la poussière, tandis que l'infanterie ennemie, semblable aux vagues d'une mer immense, venait se briser sur le centre où se tenaient Catulus et Sylla, et alors tout se perdit dans une nuée de poudre. La poussière et le soleil méritèrent le principal honneur de la victoire (101).

Restait le camp barbare, les femmes et les enfants des vaincus. D'abord, revêtues d'habits de deuil, elles supplièrent qu'on leur promît de les respecter, et qu'on les donnât pour esclaves aux prêtresses romaines du feu (le culte des éléments existait dans la Germanie). Puis, voyant leur prière reçue avec dérision, elles pourvurent elles-mêmes à leur liberté. Le mariage chez ces peuples était chose sérieuse. Les présents symboliques des noces, les bœufs attelés, les armes, le coursier de guerre, annonçaient assez à la vierge qu'elle devenait la compagne des périls de l'homme, qu'ils étaient unis dans une même destinée, à la vie et à la mort (*sic vivendum, sic pereundum*, Tacit.). C'est à son épouse que le guerrier rapportait ses blessures après la bataille (*ad matres et conjuges vulnera referunt; nec illæ numerare aut exigere plagas pavent*). Elle les comptait, les sondait sans pâlir; car la mort ne devait point les séparer. Ainsi, dans les poèmes scandinaves, Brunhild se brûle sur le corps de Siegfrid. D'abord les femmes des Cimbres affranchirent leurs enfants par la mort; elles les étranglèrent ou les jetèrent sous les roues des chariots. Puis elles se pendaient, s'attachaient par un nœud coulant aux cornes des bœufs, et les piquaient ensuite pour se faire écraser. Les chiens de la horde défendirent leurs cadavres; il fallut les exterminer à coups de flèches.

Ainsi s'évanouit cette terrible apparition du Nord, qui avait jeté tant d'épouvante dans l'Italie. Le mot *cimbrique* resta synonyme de *fort* et de *terrible*. Toutefois Rome ne sentit point le génie héroïque de ces nations, qui devaient un jour la détruire; elle crut à son éternité. Les prisonniers qu'on put faire sur les Cimbres furent distribués aux villes comme esclaves publics, ou dévoués aux combats de gladiateurs.

Marius fit ciseler sur son bouclier la figure d'un Gaulois tirant la langue, image populaire à Rome dès le temps de Torquatus. Le peuple l'appela le troisième fondateur de Rome, après Romulus et Camille. On faisait des libations au nom de Marius, comme en l'honneur de Bacchus ou de Jupiter. Lui-même, enivré de sa victoire sur les barbares du Nord et du Midi, sur la Germanie et sur les *Indes Africaines*, ne buvait plus que dans cette coupe à deux anses où, selon la tradition, Bacchus avait bu après sa victoire des Indes [1].

1. *App.* 7.

CHAPITRE II

État de la Gaule dans le siècle qui précède la conquête. — Druidisme. — Conquête de César (58-51 avant J.-C.).

Ce grand événement de l'invasion cimbrique n'eut qu'une influence fort indirecte sur les destinées de la Gaule, qui en fut le principal théâtre. Les Kymry-Teutons étaient trop barbares pour s'incorporer avec les tribus gauloises que le druidisme avait déjà tirées de leur grossièreté primitive. Examinons avec quelque détail cette religion druidique [1] qui commença la culture morale de la Gaule, prépara l'invasion romaine, et fraya la voie au christianisme. Elle devait avoir atteint tout son développement, toute sa maturité dans le siècle qui précéda la conquête de César; peut-être même penchait-elle vers son déclin; l'influence politique des druides avait du moins diminué.

1. Ce sujet a été renouvelé par le progrès des études celtiques et l'interprétation remarquable de MM. J. Reynaud, Henri Martin, Gatien-Arnoult (1860).

Il semble que les Galls aient d'abord adoré des objets matériels, des phénomènes, des agents de la nature : lacs, fontaines, pierres, arbres, vents, en particulier le *Kirk*. Ce culte grossier fut, avec le temps, élevé et généralisé. Ces êtres, ces phénomènes eurent leurs génies ; il en fut de même des lieux et des tribus. De là, le dieu *Tarann*, esprit du tonnerre ; *Vosège*, déification des Vosges ; *Pennin*, des Alpes ; *Arduinne*, des Ardennes. De là le *Génie des Arvernes* ; *Bibracte*, déesse et cité des Édues ; *Aventia*, chez les Helvètes ; *Nemausus* (Nîmes) chez les Arécomikes, etc., etc.

Par un degré d'abstraction de plus, les forces générales de la nature, celles de l'âme humaine et de la société furent aussi déifiées. *Tarann* devint le dieu du ciel, le moteur et l'arbitre du monde. Le soleil, sous le nom de *Bel* ou *Belen*, fit naître les plantes salutaires et présida à la médecine ; *Heus* ou *Hesus* à la guerre ; *Teutatès* au commerce et à l'industrie ; l'éloquence même et la poésie eurent leur symbole dans *Ogmius*, armé comme Hercule de la massue et de l'arc, et entraînant après lui des hommes attachés par l'oreille à des chaînes d'or et d'ambre qui sortaient de sa bouche[1].

On voit qu'il y a ici quelque analogie avec l'Olympe des Grecs et des Romains[2]. La ressemblance se changea en identité, lorsque la Gaule, soumise à la domination de Rome, eut subi, quelques années seulement, l'influence des idées romaines. Alors le polythéisme gaulois, honoré et favorisé par les empereurs, finit par

---

1. *App.* 8. — 2. Cæsar.

se fondre dans celui de l'Italie, tandis que le druidisme, ses mystères, sa doctrine, son sacerdoce, furent cruellement proscrits.

Les druides enseignaient que la matière et l'esprit sont éternels, que la substance de l'univers reste inaltérable sous la perpétuelle variation des phénomènes où domine tour à tour l'influence de l'eau et du feu; qu'enfin l'âme humaine est soumise à la métempsycose. A ce dernier dogme se rattachait l'idée morale de peines et de récompenses; ils considéraient les degrés de transmigration inférieurs à la condition humaine comme des états d'épreuves et de châtiment. Ils avaient même un *autre monde*[1], un monde de bonheur. L'âme y conservait son identité, ses passions, ses habitudes. Aux funérailles, on brûlait des lettres que le mort devait lire ou remettre à d'autres morts. Souvent même ils prêtaient de l'argent à rembourser dans l'autre vie.

Ces deux notions combinées de la métempsycose et d'une vie future faisaient la base du système des druides. Mais leur science ne se bornait pas là; ils étaient de plus métaphysiciens, physiciens, médecins, sorciers, et surtout astronomes. Leur année se composait de lunaisons, ce qui fit dire aux Romains que les Gaulois mesuraient le temps par nuits et non par

---

1. Voy., à la fin du volume, les éclaircissements sur les traditions religieuses des Gallois et des Irlandais. J'ai rapporté ces traditions; toutes récentes qu'elles peuvent paraître, elles portent un caractère profondément indigène. Le mythe du castor et du lac a bien l'air d'être né à l'époque où nos contrées occidentales étaient encore couvertes de forêts et de marécages.

jours; ils expliquaient cet usage par l'origine infernale de ce peuple, et sa descendance du dieu Pluton. La médecine druidique était uniquement fondée sur la magie. Il fallait cueillir le *Samolus* à jeun et de la main gauche, l'arracher de terre sans le regarder, et le jeter de même dans les réservoirs où les bestiaux allaient boire; c'était un préservatif contre leurs maladies. On se préparait à la récolte de la sélage par des ablutions et une offrande de pain et de vin; on partait nu-pieds, habillé de blanc; sitôt qu'on avait aperçu la plante, on se baissait comme par hasard, et, glissant la main droite sous son bras gauche, on l'arrachait sans jamais employer le fer, puis on l'enveloppait d'un linge qui ne devait servir qu'une fois. Autre cérémonial pour la verveine. Mais le remède universel, la panacée, comme l'appelaient les druides, c'était le fameux *gui*. Ils le croyaient semé sur le chêne par une main divine, et trouvaient dans l'union de leur arbre sacré avec la verdure éternelle du gui un vivant symbole du dogme de l'immortalité. On le cueillait en hiver, à l'époque de la floraison, lorsque la plante est le plus visible, et que ses longs rameaux verts, ses feuilles et les touffes jaunes de ses fleurs, enlacés à l'arbre dépouillé, présentent seuls l'image de la vie, au milieu d'une nature morte et stérile.

C'était le sixième jour de la lune que le gui devait être coupé; un druide en robe blanche montait sur l'arbre, une serpe d'or à la main, et tranchait la racine de la plante, que d'autres druides recevaient dans une saie blanche; car il ne fallait pas qu'elle touchât la terre. Alors on immolait deux taureaux blancs dont les cornes étaient liées pour la première fois.

Les druides prédisaient l'avenir d'après le vol des oiseaux et l'inspection des entrailles des victimes. Ils fabriquaient aussi des talismans, comme les chapelets d'ambre que les guerriers portaient sur eux dans les batailles, et qu'on retrouve souvent à leur côté dans les tombeaux. Mais nul talisman n'égalait *l'œuf de serpent*[1]. Ces idées d'œuf et de serpent rappellent l'œuf cosmogonique des mythologies orientales, ainsi que la métempsycose et l'éternelle rénovation dont le serpent était l'emblème.

Des magiciennes et des prophétesses étaient affiliées à l'ordre des druides, mais sans en partager les prérogatives. Leur institut leur imposait des lois bizarres et contradictoires; ici la prêtresse ne pouvait dévoiler l'avenir qu'à l'homme qui l'avait profanée; là elle se vouait à une virginité perpétuelle; ailleurs, quoique mariée, elle était astreinte à de longs célibats. Quelquefois ces femmes devaient assister à des sacrifices nocturnes, toutes nues, le corps teint de noir, les cheveux en désordre, s'agitant dans des transports frénétiques. La plupart habitaient des écueils sauvages, au milieu des tempêtes de l'archipel armoricain. A Séna (Sein) était l'oracle célèbre des neuf vierges terribles appelées *Sènes* du nom de leur île. Pour avoir le droit de les consulter, il fallait être

---

1. *App.* 9.

marin et encore avoir fait le trajet dans ce seul but. Ces vierges connaissaient l'avenir; elles guérissaient les maux incurables; elles prédisaient et faisaient la tempête.

Les prêtresses des Nannetes, à l'embouchure de la Loire, habitaient un des îlots de ce fleuve. Quoiqu'elles fussent mariées, nul homme n'osait approcher de leur demeure; c'étaient elles qui, à des époques prescrites, venaient visiter leurs maris sur le continent. Parties de l'île à la nuit close, sur de légères barques qu'elles conduisaient elles-mêmes, elles passaient la nuit dans des cabanes préparées pour les recevoir; mais, dès que l'aube commençait à paraître, s'arrachant des bras de leurs époux, elles couraient à leurs nacelles, et regagnaient leur solitude à force de rames. Chaque année, elles devaient, dans l'intervalle d'une nuit à l'autre, couronnées de lierre et de vert feuillage, abattre et reconstruire le toit de leur temple. Si l'une d'elles par malheur laissait tomber à terre quelque chose de ses matériaux sacrés, elle était perdue; ses compagnes se précipitaient sur elle avec d'horribles cris, la déchiraient, et semaient çà et là ses chairs sanglantes. Les Grecs crurent retrouver dans ces rites le culte de Bacchus; ils assimilèrent aussi aux orgies de Samothrace d'autres orgies druidiques célébrées dans une île voisine de la Bretagne d'où les navigateurs entendaient avec effroi, de la pleine mer, des cris furieux et le bruit des cymbales barbares.

La religion druidique avait sinon institué, du moins

adopté et maintenu les sacrifices humains. Les prêtres perçaient la victime au-dessus du diaphragme, et tiraient leurs pronostics de la pose dans laquelle elle tombait, des convulsions de ses membres, de l'abondance et de la couleur de son sang; quelquefois ils la crucifiaient à des poteaux dans l'intérieur des temples, ou faisaient pleuvoir sur elle, jusqu'à la mort, une nuée de flèches et de dards. Souvent aussi on élevait un colosse en osier ou en foin, on le remplissait d'hommes vivants, un prêtre y jetait une torche allumée, et tout disparaissait bientôt dans des flots de fumée et de flamme. Ces horribles offrandes étaient sans doute remplacées souvent par des dons votifs. Ils jetaient des lingots d'or et d'argent dans les lacs, ou les clouaient dans les temples.

Un mot sur la hiérarchie. Elle comprenait trois ordres distincts. L'ordre inférieur était celui des bardes, qui conservaient dans leur mémoire les généalogies des clans, et chantaient sur la *rotte* les exploits des chefs et les traditions nationales; puis venait le sacerdoce proprement dit, composé des ovates et des druides. Les ovates étaient chargés de la partie extérieure du culte et de la célébration des sacrifices. Ils étudiaient spécialement les sciences naturelles appliquées à la religion, l'astronomie, la divination, etc. Interprètes des druides, aucun acte civil ou religieux ne pouvait s'accomplir sans leur ministère.

Les druides, ou *hommes des chênes*[1], étaient le cou-

1. *Derw* (kymrique), *Deru* (armoricain), *Dair* (gaélique) : *chêne*.

ronnement de la hiérarchie. En eux résidaient la puissance et la science. Théologie, morale, législation, toute haute connaissance était leur privilège. L'ordre des druides était électif. L'initiation, mêlée de sévères épreuves, au fond des bois ou des cavernes, durait quelquefois vingt années, il fallait apprendre de mémoire toute science sacerdotale; car ils n'écrivaient rien, du moins jusqu'à l'époque où ils purent se servir des caractères grecs.

L'assemblée la plus solennelle des druides se tenait une fois l'an sur le territoire des Carnutes, dans un lieu consacré, qui passait pour le point central de toute la Gaule; on y accourait des provinces les plus éloignées. Les druides sortaient alors de leurs solitudes, siégeaient au milieu du peuple et rendaient leurs jugements. Là sans doute ils choisissaient le druide suprême, qui devait veiller au maintien de l'institution. Il n'était pas rare que l'élection de ce chef excitât la guerre civile.

Quand même le druidisme n'eût pas été affaibli par ces divisions, la vie solitaire à laquelle la plupart des membres de l'ordre semblent s'être voués devaient le rendre peu propre à agir puissamment sur le peuple. Ce n'était pas d'ailleurs ici comme en Égypte une population agglomérée sur une étroite ligne. Les Gaulois étaient dispersés dans les forêts, dans les marais qui couvraient leur sauvage pays, au milieu des hasards d'une vie barbare et guerrière. Le druidisme n'eut pas assez de prise sur ces populations disséminées, isolées. Elles lui échappèrent de bonne heure.

Ainsi, lorsque César envahit la Gaule[1], elle semblait convaincue d'impuissance pour s'organiser elle-même. Le vieil esprit de clan, l'indisciplinabilité guerrière, que le druidisme semblait devoir comprimer, avait repris vigueur; seulement la différence des forces avait établi une sorte de hiérarchie entre les tribus; certaines étaient clientes des autres; comme les Carnutes des Rhèmes, les Sénons des Édues, etc. (Chartres, Reims, Sens, Autun).

Des villes s'étaient formées, espèces d'asiles au milieu de cette vie de guerre. Mais tous les cultivateurs étaient serfs, et César pouvait dire : Il n'y a que deux ordres en Gaule, les druides et les cavaliers (*equites*). Les druides étaient les plus faibles. C'est un druide des Édues qui appela les Romains.

J'ai parlé ailleurs de ce prodigieux César et des motifs qui l'avaient décidé à quitter si longtemps Rome pour la Gaule, à s'exiler pour revenir maître. L'Italie était épuisée, l'Espagne indisciplinable; il fallait la Gaule pour asservir le monde. J'aurais voulu voir cette blanche et pâle figure, fanée avant l'âge par les débauches de Rome, cet homme délicat et épileptique, marchant sous les pluies de la Gaule, à la tête des légions, traversant nos fleuves à la nage; ou bien à cheval entre les litières où ses secrétaires étaient portés, dictant quatre, six lettres à la fois, remuant Rome du fond de la Belgique, exterminant sur son chemin deux millions d'hommes[2] et domptant en dix

---

1. *App.* 10.
2. Onze cent quatre-vingt-douze mille hommes avant les guerres civiles. (Pline.)

années la Gaule, le Rhin et l'Océan du Nord (58-49).

Ce chaos barbare et belliqueux de la Gaule était une superbe matière pour un tel génie. De toutes parts, les tribus gauloises appelaient alors l'étranger. Le druidisme affaibli semble avoir dominé dans les deux Bretagnes et dans les bassins de la Seine et de la Loire. Au midi, les Arvernes et toutes les populations ibériennes de l'Aquitaine étaient généralement restés fidèles à leurs chefs héréditaires. Dans la Celtique même, les druides n'avaient pu résister au vieil esprit de clan qu'en favorisant la formation d'une population libre dans les grandes villes, dont les chefs ou patrons étaient du moins électifs, comme les druides. Ainsi deux factions partageaient tous les États gaulois; celle de l'hérédité ou des chefs de clans, celle de l'élection, ou des druides et des chefs temporaires du peuple des villes [1]. A la tête de la seconde se trouvaient les Édues; à la tête de la première, les Arvernes et les Séquanes. Ainsi commençait dès lors l'opposition de la Bourgogne (Édues) et de la Franche-Comté (Séquanes). Les Séquanes, opprimés par les Édues qui leur fermaient la Saône et arrêtaient leur grand commerce de porcs, appelèrent de la Germanie des tribus étrangères au druidisme, qu'on nommait du nom commun de Suèves. Ces barbares ne demandaient pas mieux. Ils passèrent le Rhin, sous la conduite d'un Arioviste, battirent les Édues, et leur imposèrent un tribut; mais ils traitèrent plus mal

---

1. *Veir-go-breith,* gaël, homme pour le jugement. *App.* II.

encore les Séquanes qui les avaient appelés; ils leur prirent le tiers de leurs terres, selon l'usage des conquérants germains, et ils en voulaient encore autant. Alors Édues et Séquanes, rapprochés par le malheur, cherchèrent d'autres secours étrangers. Deux frères étaient tout-puissants parmi les Édues. Dumnorix, enrichi par les impôts et les péages dont il se faisait donner le monopole de gré ou de force, s'était rendu cher au petit peuple des villes et aspirait à la tyrannie; il se lia avec les Gaulois helvétiens, épousa une Helvétienne, et engagea ce peuple à quitter ses vallées stériles pour les riches plaines de la Gaule. L'autre frère, qui était druide, titre vraisemblablement identique avec celui de divitiac que César lui donne comme nom propre, chercha pour son pays des libérateurs moins barbares. Il se rendit à Rome, et implora l'assistance du sénat, qui avait appelé les Édues *parents et amis du peuple romain*. Mais le chef des Suèves envoya de son côté, et trouva le moyen de se faire donner aussi le titre d'ami de Rome. L'invasion imminente des Helvètes obligeait probablement le sénat à s'unir avec Arioviste.

Ces montagnards avaient fait depuis trois ans de tels préparatifs, qu'on voyait bien qu'ils voulaient s'interdire à jamais le retour. Ils avaient brûlé leurs douze villes et leurs quatre cents villages, détruit les meubles et les provisions qu'ils ne pouvaient emporter. On disait qu'ils voulaient percer à travers toute la Gaule, et s'établir à l'occident, dans le pays des Santones (Saintes). Sans doute ils espéraient trouver plus de repos sur les bords du grand Océan qu'en leur rude Helvétie, autour de laquelle venaient se rencontrer et se combattre toutes les nations de l'ancien monde, Galls, Cimbres, Teutons, Suèves, Romains. En comptant les femmes et les enfants, ils étaient au nombre de trois cent soixante-dix-huit mille. Ce cortège embarrassant leur faisait préférer le chemin de la province romaine. Ils y trouvèrent à l'entrée, vers Genève, César qui leur barra le chemin, et les amusa assez longtemps pour élever du lac au Jura un mur de dix mille pas et de seize pieds de haut. Il leur fallut donc s'engager par les âpres vallées du Jura, traverser le pays des Séquanes, et remonter la Saône. César les atteignit comme ils passaient le fleuve, attaqua la tribu des Tigurins, isolée des autres, et l'extermina. Manquant de vivres par la mauvaise volonté de l'Édue Dumnorix et du parti qui avait appelé les Helvètes, il fut obligé de se détourner vers Bibracte (Autun). Les Helvètes crurent qu'il fuyait, et le poursuivirent à leur tour. César, ainsi placé entre des ennemis et des alliés malveillants, se tira d'affaire par une victoire sanglante. Les Helvètes, atteints de nouveau dans leur fuite vers le Rhin, furent obligés de rendre les armes, et de s'engager à retourner dans leur pays. Six mille d'entre eux, qui s'enfuirent la nuit pour échapper à cette honte, furent ramenés par la cavalerie romaine, et, dit César, *traités en ennemis*.

Ce n'était rien d'avoir repoussé les Helvètes, si les Suèves envahissaient la Gaule. Les migrations étaient continuelles : déjà cent vingt mille guerriers étaient passés. *La Gaule allait devenir Germanie.* César parut céder aux prières des Séquanes et des Édues opprimés par les barbares. Le même druide qui avait sollicité les secours de Rome guida César vers Arioviste et se chargea d'explorer le chemin. Le chef des Suèves avait obtenu de César lui-même, dans son consulat, le titre d'allié du peuple romain; il s'étonna d'être attaqué par lui : « Ceci, disait le barbare, est ma Gaule à moi; vous avez la vôtre... si vous me laissez en repos, vous y gagnerez; je ferai toutes les guerres que vous voudrez, sans peine ni péril pour vous... Ignorez-vous quels hommes sont les Germains? voilà plus de quatorze ans que nous n'avons dormi sous un toit [1]. » Ces paroles ne faisaient que trop d'impression sur l'armée romaine : tout ce qu'on rapportait de la taille et de la férocité de ces géants du Nord épouvantait les petits hommes du Midi. On ne voyait dans le camp que gens qui faisaient leur testament. César leur en fit honte : « Si vous m'abandonnez, dit-il, j'irai toujours : il me suffit de la dixième légion. » Il les mène ensuite à Besançon, s'en empare, pénètre jusqu'au camp des barbares non loin du Rhin, les force de combattre, quoiqu'ils eussent voulu attendre la nouvelle lune, et les détruit dans une furieuse bataille : presque tout ce qui échappa périt dans le Rhin.

Les Gaulois du Nord, Belges et autres, jugèrent, non sans vraisemblance, que, si les Romains avaient chassé les Suèves, ce n'était que pour leur succéder

---

[1]. César rassure ses soldats en leur rappelant que dans la guerre de Spartacus ils ont déjà battu les Germains.

dans la domination des Gaules. Ils formèrent une vaste coalition, et César saisit ce prétexte pour pénétrer dans la Belgique. Il emmenait comme guide et interprète le divitiac des Édues [1]; il était appelé par les Sénons, anciens vassaux des Édues, par les Rhèmes, suzerains du pays druidique des Carnutes. Vraisemblablement, ces tribus vouées au druidisme, ou du moins au parti populaire, voyaient avec plaisir arriver l'ami des druides, et comptaient l'opposer aux Belges septentrionaux, leurs féroces voisins. C'est ainsi que, cinq siècles après, le clergé catholique des Gaules favorisa l'invasion des Francs contre les Visigoths et les Bourguignons ariens.

C'était pourtant une sombre et décourageante perspective pour un général moins hardi, que cette guerre dans les plaines bourbeuses, dans les forêts vierges de la Seine et de la Meuse. Comme les conquérants de l'Amérique, César était souvent obligé de se frayer une route la hache à la main, de jeter des ponts sur les marais, d'avancer avec ses légions, tantôt sur terre ferme, tantôt à gué ou à la nage. Les Belges entrelaçaient les arbres de leurs forêts, comme ceux de l'Amérique le sont naturellement par les lianes. Mais les Pizarre et les Cortez, avec une telle supériorité d'armes, faisaient la guerre à coup sûr; et qu'étaient-ce que les Péruviens en comparaison de ces dures et colériques populations des Bellovaques et des

---

1. C'est déjà ce divitiac qui a exploré le chemin quand César marchait contre les Suèves. — Les Germains n'ont pas de druides, dit César. Ils étaient, à ce qu'il semble, les protecteurs du parti antidruidique dans les Gaules.

Nerviens (Picardie, Hainaut-Flandre), qui venaient par cent mille attaquer César? Les Bellovaques et les Suessions s'accommodèrent par l'entremise du divitiac des Édues [1]. Mais les Nerviens, soutenus par les Atrebates et les Veromandui, surprirent l'armée romaine en marche, au bord de la Sambre, dans la profondeur de leurs forêts, et se crurent au moment de la détruire. César fut obligé de saisir une enseigne et de se porter lui-même en avant : ce brave peuple fut exterminé. Leurs alliés, les Cimbres qui occupaient Aduat (Namur?), effrayés des ouvrages dont César entourait leur ville, feignirent de se rendre, jetèrent une partie de leurs armes du haut des murs, et avec le reste attaquèrent les Romains. César en vendit comme esclaves cinquante-trois mille.

Ne cachant plus alors le projet de soumettre la Gaule, il entreprit la réduction de toutes les tribus des rivages. Il perça les forêts et les marécages des Ménapes et des Morins (Zélande et Gueldre, Gand, Bruges, Boulogne); un de ses lieutenants soumit les Unelles, Éburoviens et Lexoviens (Coutances, Évreux, Lisieux); un autre, le jeune Crassus, conquit l'Aquitaine, quoique les barbares eussent appelé d'Espagne les vieux compagnons de Sertorius [2]. César lui-même attaqua les Vénètes et autres tribus de notre Bretagne. Ce peuple amphibie n'habitait ni sur la terre ni

---

1. Jusqu'à l'expédition de Bretagne, nous voyons le divitiac des Édues accompagner partout César, qui sans doute leur faisait croire qu'il rétablirait dans la Belgique l'influence du parti éduen, c'est-à-dire druidique et populaire. — 2. Cæsar.

sur les eaux; leurs forts, dans des presqu'îles inondées et abandonnées tour à tour par le flux, ne pouvaient être assiégés ni par terre ni par mer. Les Vénètes communiquaient sans cesse avec l'autre Bretagne, et en tiraient des secours. Pour les réduire, il fallait être maître de la mer. Rien ne rebutait César. Il fit des vaisseaux, il fit des matelots, leur apprit à fixer les navires bretons en les accrochant avec des mains de fer et fauchant leurs cordages. Il traita durement ce peuple dur; mais la petite Bretagne ne pouvait être vaincue que dans la grande. César résolut d'y passer.

Le monde barbare de l'Occident qu'il avait entrepris de dompter était triple. La Gaule, entre la Bretagne et la Germanie, était en rapport avec l'une et l'autre. Les Cimbri se trouvaient dans les trois pays; les Helvii et les Boii dans la Germanie et dans la Gaule; les Parisii et les Atrebates gaulois existaient aussi en Bretagne. Dans les discordes de la Gaule, les Bretons semblent avoir été pour le parti druidique, comme les Germains pour celui des chefs de clans. César frappa les deux partis et au dedans et au dehors; il passa l'Océan, il passa le Rhin.

Deux grandes tribus germaniques, les Usipiens et les Teuctères, fatigués au nord par les incursions des Suèves comme les Helvètes l'avaient été au midi, venaient de passer aussi dans la Gaule (55). César les arrêta, et, sous prétexte que, pendant les pourparlers, il avait été attaqué par leur jeunesse, il fondit sur eux à l'improviste, et les massacra tous. Pour inspirer plus de terreur aux Germains, il alla chercher ces terribles Suèves, près desquels aucune nation n'osait habiter; en dix jours il jeta un pont sur le Rhin, non loin de Cologne, malgré la largeur et l'impétuosité de ce fleuve immense. Après avoir fouillé en vain les forêts des Suèves, il repassa le Rhin, traversa toute la Gaule, et la même année s'embarqua pour la Bretagne. Lorsqu'on apprit à Rome ces marches prodigieuses, plus étonnantes encore que des victoires, tant d'audace et une si effrayante rapidité, un cri d'admiration s'éleva. On décréta vingt jours de supplications aux dieux. *Au prix des exploits de César*, disait Cicéron, *qu'a fait Marius?*

Lorsque César voulut passer dans la grande Bretagne, il ne put obtenir des Gaulois aucun renseignement sur l'île sacrée. L'Édue Dumnorix déclara que la religion lui défendait de suivre César; il essaya de s'enfuir, mais le Romain, qui connaissait son génie remuant, le fit poursuivre avec ordre de le ramener mort ou vif; il fut tué en se défendant.

La malveillance des Gaulois faillit être funeste à César dans cette expédition. D'abord ils lui laissèrent ignorer les difficultés du débarquement. Les hauts navires qu'on employait sur l'Océan tiraient beaucoup d'eau et ne pouvaient approcher du rivage. Il fallait que le soldat se précipitât dans cette mer profonde, et qu'il se formât en bataille au milieu des flots. Les barbares dont la grève était couverte avaient trop d'avantage. Mais les machines de siège vinrent au secours et nettoyèrent le rivage par une grêle de pierres et de traits. Cependant l'équinoxe approchait;

c'était la pleine lune, le moment des grandes marées. En une nuit la flotte romaine fut brisée, ou mise hors hors de service. Les barbares, qui dans le premier étonnement avaient donné des otages à César, essayèrent de surprendre son camp. Vigoureusement repoussés, ils offrirent encore de se soumettre. César leur ordonna de livrer des otages deux fois plus nombreux; mais ses vaisseaux étaient réparés, il partit la même nuit sans attendre leur réponse. Quelques jours de plus, la saison ne lui eût guère permis le retour.

L'année suivante, nous le voyons presque en même temps en Illyrie, à Trèves et en Bretagne. Il n'y a que les esprits de nos vieilles légendes qui aient jamais voyagé ainsi. Cette fois, il était conduit en Bretagne par un chef fugitif du pays qui avait imploré son secours. Il ne se retira pas sans avoir mis en fuite les Bretons, assiégé le roi Caswallawn dans l'enceinte marécageuse où il avait rassemblé ses hommes et ses bestiaux. Il écrivit à Rome qu'il avait imposé un tribut à la Bretagne, et y envoya en grande quantité les perles de peu de valeur qu'on recueillait sur les côtes.

Depuis cette invasion dans l'île sacrée, César n'eut plus d'amis chez les Gaulois. La nécessité d'acheter Rome aux dépens des Gaules, de gorger tant d'amis qui lui avaient fait continuer le commandement pour cinq années, avait poussé le conquérant aux mesures les plus violentes. Selon un historien, il dépouillait les lieux sacrés, mettait des villes au pillage sans qu'elles l'eussent mérité[1]. Partout il établissait des

---

1. Sæpius ob prædam quam ob delictum. (Suétone.)

chefs dévoués aux Romains et renversait le gouvernement populaire. La Gaule payait cher l'union, le calme et la culture dont la domination romaine devait lui faire connaître les bienfaits.

La disette obligeant César de disperser ses troupes, l'insurrection éclate partout. Les Éburons massacrent une légion, en assiègent une autre. César, pour délivrer celle-ci, passe avec huit mille hommes à travers soixante mille Gaulois. L'année suivante il assemble à Lutèce les états de la Gaule. Mais les Nerviens et les Trévires, les Sénonais et les Carnutes n'y paraissent pas. César les attaque séparément et les accable tous. Il passe une seconde fois le Rhin, pour intimider les Germains qui voudraient venir au secours. Puis il frappe à la fois les deux partis qui divisaient la Gaule; il effraye les Sénonais, parti druidique et populaire(?), par la mort d'Acco, leur chef, qu'il fait solennellement juger et mettre à mort; il accable les Éburons, parti barbare et ami des Germains, en chassant leur intrépide Ambiorix dans toute la forêt d'Ardennes, et les livrant tous aux tribus gauloises qui connaissaient mieux leurs retraites dans les bois et les marais, et qui vinrent, avec une lâche avidité, prendre part à cette curée. Les légions fermaient de toute part ce malheureux pays et empêchaient que personne pût échapper.

Ces barbaries réconcilièrent toute la Gaule contre César (52). Les druides et les chefs des clans se trouvèrent d'accord pour la première fois. Les Édues même étaient, au moins secrètement, contre leur ancien ami. Le signal partit de la terre druidique des Carnutes, de Genabum. Répété par des cris à travers les champs et les villages, il parvint le soir même à cent cinquante milles, chez les Arvernes, autrefois ennemis du parti druidique et populaire, aujourd'hui ses alliés. Le vercingétorix (général en chef) de la confédération fut un jeune Arverne, intrépide et ardent. Son père, l'homme le plus puissant des Gaules dans son temps, avait été brûlé, comme coupable d'aspirer à la royauté. Héritier de sa vaste clientèle, le jeune homme repoussa toujours les avances de César et ne cessa dans les assemblées, dans les fêtes religieuses, d'animer ses compatriotes contre les Romains. Il appela aux armes jusqu'aux serfs des campagnes, et déclara que les lâches seraient brûlés vifs; les fautes moins graves devaient être punies de la perte des oreilles ou des yeux.

Le plan du général gaulois était d'attaquer à la fois la Province au midi, au nord les quartiers des légions. César, qui était en Italie, devina tout, prévint tout. Il passa les Alpes, assura la Province, franchit les Cévennes à travers six pieds de neige, et apparut tout à coup chez les Arvernes. Le chef gaulois, déjà parti pour le Nord, fut contraint de revenir; ses compatriotes avaient hâte de défendre leurs familles. C'était tout ce que voulait César; il quitte son armée, sous prétexte de faire des levées chez les Allobroges, remonte le Rhône, la Saône, sans se faire connaître, par les frontières des Édues, rejoint et rallie ses légions. Pendant que le vercingétorix croit l'attirer en assiégeant la ville éduenne de Gergovie (Moulins), César massacre tout dans Genabum. Les Gaulois accourent, et c'est pour assister à la prise de Noviodunum.

Alors le vercingétorix déclare aux siens qu'il n'y a point de salut s'ils ne parviennent à affamer l'armée romaine; le seul moyen pour cela est de brûler eux-mêmes leurs villes. Ils accomplissent héroïquement cette cruelle résolution. Vingt cités des Bituriges furent brûlées par leurs habitants. Mais, quand ils en vinrent à la grande Agendicum (Bourges), les habitants embrassèrent les genoux du vercingétorix, et le supplièrent de ne pas ruiner la plus belle ville des Gaules. Ces ménagements firent leur malheur. La ville périt de même, mais par César, qui la prit avec de prodigieux efforts.

Cependant les Édues s'étaient déclarés contre César, qui, se trouvant sans cavalerie par leur défection, fut obligé de faire venir des Germains pour les remplacer. Labienus, lieutenant de César, eût été accablé dans le Nord, s'il ne s'était dégagé par une victoire (entre Lutèce et Melun). César lui-même échoua au siège de Gergovie des Arvernes. Ses affaires allaient si mal, qu'il voulait gagner la Province romaine. L'armée des Gaulois le poursuivit et l'atteignit. Ils avaient juré de ne point revoir leur maison, leur famille, leurs femmes et leurs enfants, qu'ils n'eussent au moins deux fois traversé les lignes ennemies. Le combat fut terrible; César fut obligé de payer de sa personne, il fut presque pris, et son épée resta entre les mains des ennemis. Cependant un mouvement de la cavalerie germaine au service de César jeta une terreur panique dans les rangs des Gaulois, et décida la victoire.

Ces esprits mobiles tombèrent alors dans un tel découragement, que leur chef ne put les rassurer qu'en se retranchant sous les murs d'Alésia, ville forte située au haut d'une montagne (dans l'Auxois). Bientôt atteint par César, il renvoya ses cavaliers, les chargea de répandre par toute la Gaule qu'il avait des vivres pour trente jours seulement, et d'amener à son secours tous ceux qui pouvaient porter les armes. En effet, César n'hésita point d'assiéger cette grande armée. Il entoura la ville et le camp gaulois d'ouvrages prodigieux : d'abord trois fossés, chacun de quinze ou vingt pieds de large et d'autant de profondeur; un rempart de douze pieds ; huit rangs de petits fossés, dont le fond était hérissé de pieux et couvert de branchages et de feuilles; des palissades de cinq rangs d'arbres, entrelaçant leurs branches. Ces ouvrages étaient répétés du côté de la campagne, et prolongés dans un circuit de quinze milles. Tout cela fut terminé en moins de cinq semaines, et par moins de soixante mille hommes.

La Gaule entière vint s'y briser. Les efforts désespérés des assiégés réduits à une horrible famine, ceux de deux cent cinquante mille Gaulois qui attaquaient les Romains du côté de la campagne, échouèrent également. Les assiégés virent avec désespoir leurs alliés, tournés par la cavalerie de César, s'enfuir et se disperser. Le vercingétorix, conservant seul une âme ferme au milieu du désespoir des siens, se désigna et se livra comme l'auteur de toute la guerre. Il monta sur son cheval de bataille, revêtit sa plus riche armure, et, après avoir tourné en cercle autour du tribunal de César, il jeta son épée, son javelot et son casque aux pieds du Romain sans dire un seul mot.

L'année suivante, tous les peuples de la Gaule essayèrent encore de résister partiellement, et d'user les forces de l'ennemi qu'ils n'avaient pu vaincre. La seule Uxellodunum (Cap-de-Nac, dans le Quercy?) arrêta longtemps César. L'exemple était dangereux; il n'avait pas de temps à perdre en Gaule; la guerre civile pouvait commencer à chaque instant en Italie; il était perdu s'il fallait consumer des mois entiers devant chaque bicoque. Il fit alors, pour effrayer les Gaulois, une chose atroce, dont les Romains, du reste, n'avaient que trop souvent donné l'exemple : il fit couper le poing à tous les prisonniers.

Dès ce moment, il changea de conduite à l'égard des Gaulois : il fit montre envers eux d'une grande douceur; il les ménagea pour les tributs au point d'exciter la jalousie de la Province. Le tribut fut même déguisé sous le nom honorable de *solde militaire*. Il engagea à tout prix leurs meilleurs guerriers dans ses légions; il en composa une légion tout entière, dont les soldats portaient une alouette sur leur casque, et qu'on appelait pour cette raison l'*Alauda*. Sous cet emblème tout national de la vigilance matinale et de la vive gaieté, ces intrépides soldats passèrent les Alpes en chantant, et jusqu'à Pharsale poursuivirent de leurs bruyants défis les taciturnes légions de Pompée. L'alouette gauloise, conduite par l'aigle romaine, prit Rome pour la seconde fois, et s'associa aux triomphes de la guerre civile. La Gaule garda, pour consolation de sa liberté, l'épée que César avait perdue dans la dernière guerre. Les soldats romains voulaient l'arracher du temple où les Gaulois l'avaient suspendue : Laissez-la, dit César en souriant, elle est sacrée.

CHAPITRE III

La Gaule sous l'Empire. — Décadence de l'Empire. — Gaule chrétienne.

Alexandre et César ont eu cela de commun d'être aimés, pleurés des vaincus, et de périr de la main des leurs[1]. De tels hommes n'ont point de patrie ; ils appartiennent au monde.

César n'avait pas détruit la liberté (elle avait péri depuis longtemps), mais plutôt compromis la nationalité romaine. Les Romains avaient vu avec honte et douleur une armée gauloise sous les aigles, des sénateurs gaulois siégeant entre Cicéron et Brutus. Dans la réalité, c'étaient les vaincus qui avaient le profit de la victoire[2]. Si César eût vécu, toutes les nations barbares eussent probablement rempli les armées et le

---

1. Si l'on veut qu'Alexandre n'ait pas péri par le poison, on ne peut nier du moins qu'il fut peu regretté des Macédoniens. Sa famille fut exterminée en peu d'années.
2. Les Romains, dit saint Augustin, n'ont nui aux vaincus que par le sang qu'ils ont versé. Ils vivaient sous les lois qu'ils imposaient aux autres. Tous les sujets de l'Empire sont devenus citoyens...

sénat. Déjà il avait pris une garde espagnole, et l'Espagnol Balbus était un de ses principaux conseillers [1].

Antoine essaya d'imiter César. Il entreprit de transporter à Alexandrie le siège de l'Empire, il adopta le costume et les mœurs des vaincus. Octave ne prévalut contre lui qu'en se déclarant l'homme de la patrie, le vengeur de la nationalité violée. Il chassa les Gaulois du sénat, augmenta les tributs de la Gaule [2]. Il y fonda une Rome, *Valentia* (c'était un des noms mystérieux de la ville éternelle). Il y conduisit plusieurs colonies militaires, à Orange, Fréjus, Carpentras, Aix, Apt, Vienne, etc. Une foule de villes devinrent de nom et de priviléges *Augustales*, comme plusieurs étaient devenues *Juliennes* sous César [3]. Enfin, au mépris de tant de cités illustres et antiques, il désigna pour siège de l'administration la ville toute récente de Lyon, colonie de Vienne, et, dès sa naissance, ennemie de sa mère. Cette ville, si favorablement située au confluent de la Saône et du Rhône, presque adossée aux Alpes, voisine de la Loire, voisine de la mer par l'impétuosité de son fleuve qui y porte tout d'un trait, surveillait la Narbonnaise et la Celtique, et semblait un œil de l'Italie ouvert sur toutes les Gaules.

C'est à Lyon, à Aisnay, à la pointe de la Saône et

---

[1]. C'est lui qui conseilla à César de rester assis quand le sénat, en corps, se présenta devant lui. Voy. mon *Histoire romaine*.

[2]. Il établit, au détroit de la Manche, des douanes sur l'ivoire, l'ambre et le verre. (Strabon.)

[3]. *App.* 12.

du Rhône, que soixante cités gauloises élevèrent l'autel d'Auguste, sous les yeux de son beau-fils Drusus. Auguste prit place parmi les divinités du pays. D'autres autels lui furent dressés à Saintes, à Arles, à Narbonne, etc. La vieille religion gallique s'associa volontiers au paganisme romain. Auguste avait bâti un temple au dieu Kirk, personnification de ce vent violent qui souffle dans la Narbonnaise, et sur un même autel on lut dans une double inscription les noms des divinités gauloises et romaines; Mars-Camul; Diane-Arduinna, Belen-Apollon; Rome mit Hésus et Néhalénia au nombre des dieux indigètes.

Cependant le druidisme résista longtemps à l'influence romaine; là se réfugia la nationalité des Gaules. Auguste essaya du moins de modifier cette religion sanguinaire. Il défendit les sacrifices humains, et toléra seulement de légères libations de sang.

La lutte du druidisme ne put être étrangère au soulèvement des Gaules, sous Tibère, quoique l'histoire lui donne pour cause le poids des impôts, augmenté par l'usure. Le chef de la révolte était vraisemblablement un Édue, Julius Sacrovir; les Édues étaient, comme je l'ai dit, un peuple druidique, et le nom de *sacrovir* n'est peut-être qu'une traduction de *druide*. Les Belges furent aussi entraînés par Julius Florus [1].

« Les cités gauloises, fatiguées de l'énormité des dettes, essayèrent une rébellion, dont les plus ardents

---

1. Tacite, traduction de Burnouf.

promoteurs furent parmi les Trévires Julius Florus, chez les Édues Julius Sacrovir, tous deux d'une naissance distinguée, et issus d'aïeux à qui leurs belles actions avaient valu le droit de cité romaine. Dans de secrètes conférences, où ils réunissent les plus audacieux de leurs compatriotes, et ceux à qui l'indigence ou la crainte des supplices faisait un besoin de l'insurrection, ils conviennent que Florus soulèvera la Belgique, et Sacrovir les cités plus voisines de la sienne... Il y eut peu de cantons où ne fussent semés les germes de cette révolte. Les Andecaves et les Turoniens (Anjou, Touraine) éclatèrent les premiers. Le lieutenant Acilius Aviola fit marcher une cohorte qui tenait garnison à Lyon, et réduisit les Andecaves. Les Turoniens furent défaits par un corps de légionnaires que le même Aviola reçut de Visellius, gouverneur de la basse Germanie, et auquel se joignirent des nobles gaulois, qui cachaient ainsi leur défection pour se déclarer dans un moment plus favorable. On vit même Sacrovir se battre pour les Romains, la tête découverte, afin, disait-il, de montrer son courage ; mais les prisonniers assuraient qu'il avait voulu se mettre à l'abri des traits, en se faisant reconnaître. Tibère, consulté, méprisa cet avis, et son irrésolution nourrit l'incendie.

« Cependant Florus, poursuivant ses desseins, tente la fidélité d'une aile de cavalerie levée à Trèves et disciplinée à notre manière, et l'engage à commencer la guerre par le massacre des Romains établis dans le pays. Le plus grand nombre resta dans le devoir. Mais la foule des débiteurs et des clients de Florus prit les armes; et ils cherchaient à gagner la forêt d'Ardennes, lorsque des légions des deux armées de Visellius et de C. Silius, arrivant par des chemins opposés, leur fermèrent le passage. Détaché avec une troupe d'élite, Julius Indus, compatriote de Florus, et que sa haine pour ce chef animait à nous bien servir, dissipa cette multitude qui ne ressemblait pas encore à une armée. Florus, à la faveur de retraites inconnues, échappa quelque temps aux vainqueurs. Enfin, à la vue des soldats qui assiégeaient son asile, il se tua de sa propre main. Ainsi finit la révolte des Trévires.

« Celle des Édues fut plus difficile à réprimer, parce que cette nation était plus puissante et nos forces plus éloignées. Sacrovir, avec des cohortes régulières, s'était emparé d'Augustodunum (Autun), leur capitale, où les enfants de la noblesse gauloise étudiaient les arts libéraux : c'étaient des otages qui pouvaient attacher à sa fortune leurs familles et leurs proches. Il distribua aux habitants des armes fabriquées en secret. Bientôt il fut à la tête de quarante mille hommes, dont le cinquième était armé comme nos légionnaires : le reste avait des épieux, des coutelas et d'autres instruments de chasse. Il y joignit les esclaves destinés au métier de gladiateur, et que dans ce pays on nomme crupellaires. Une armure de fer les couvre tout entiers, et les rend impénétrables aux coups, si elle les gêne pour frapper eux-mêmes. Ces forces étaient accrues par le concours des autres Gaulois, qui, sans attendre que leurs cités se déclarassent, venaient offrir leurs personnes, et par la mésintelligence de nos deux généraux, qui se disputaient la conduite de cette guerre.

« Pendant ce temps, Silius s'avançait avec deux légions, précédées d'un corps d'auxiliaires, et ravageait les dernières bourgades des Séquanes (Franche-Comté), qui, voisines et alliées des Édues, avaient pris les armes avec eux. Bientôt il marche à grandes journées sur Augustodunum... A douze milles de cette ville, on découvrit dans une plaine les troupes de Sacrovir : il avait mis en première ligne ses hommes bardés de fer, ses cohortes sur les flancs, et par derrière les bandes à moitié armées. Les hommes de fer, dont l'armure était à l'épreuve de l'épée et du javelot, tinrent seuls quelques instants. Alors le soldat romain, saisissant la hache et la cognée, comme s'il voulait faire brèche à une muraille, fend l'armure et le corps qu'elle enveloppe ; d'autres, avec des leviers ou des fourches, renversent ces masses inertes, qui restaient gisantes comme des cadavres, sans force pour se relever. Sacrovir se retira d'abord à Augustodunum ; ensuite, craignant d'être livré, il se rendit, avec les plus fidèles de ses amis, à une maison de campagne voisine. Là, il se tua de sa propre main ; les autres s'ôtèrent mutuellement la vie, et la maison, à laquelle ils avaient mis le feu, leur servit à tous de bûcher. »

Auguste et Tibère, sévères administrateurs, et vrais

Romains, avaient en quelque sorte resserré l'unité de l'Empire, compromise par César, en éloignant du gouvernement les provinciaux, les barbares. Leurs successeurs, Caligula, Claude et Néron adoptèrent une marche tout opposée. Ils descendaient d'Antoine, de l'ami des barbares; ils suivirent l'exemple de leur aïeul; déjà le père de Caligula, Germanicus, avait affecté de l'imiter. Caligula, né, selon Pline, à Trèves, élevé au milieu des armées de Germanie et de Syrie, montra pour Rome un mépris incroyable. Une partie des folies que les Romains lui reprochèrent trouve en ceci son explication; son règne violent et furieux fut une dérision, une parodie de tout ce qu'on avait révéré. Époux de ses sœurs, comme les rois de l'Orient, il n'attendit pas sa mort pour être adoré; il se fit dieu dès son vivant; Alexandre, son héros, s'était contenté d'être fils d'un dieu. Il arracha le diadème au Jupiter romain, et se le mit lui-même [1]. Il affubla son cheval des ornements du consulat. Il vendit à Lyon pièce à pièce tous les meubles de sa famille, abdiquant ainsi ses aïeux, et prostituant leurs souvenirs. Lui-même voulut remplir l'office d'huissier-priseur et de vendeur à l'encan, faisant valoir chaque objet, et les faisant monter bien au delà de leur prix : « Ce vase, disait-il, était à mon aïeul Antoine; Auguste le conquit à la bataille d'Actium. » Puis, il institua à l'autel d'Auguste des jeux burlesques et terribles, des combats

---

1. Un Gaulois le contemplait en silence. « Que vois-tu donc en moi? lui dit Caligula. — Un magnifique radotage. » L'empereur ne le fit pas punir; ce n'était qu'un cordonnier. (Dion Cassius.)

d'éloquence, où le vaincu devait effacer ses écrits avec la langue, ou se laisser jeter dans le Rhône. Sans doute, ces jeux étaient renouvelés de quelque rite antique. Nous savons que c'était l'usage des Gaulois et des Germains de précipiter les vaincus comme victimes, hommes et chevaux. On observait la manière dont ils tourbillonnaient, pour en tirer des présages de l'avenir. Les Cimbres vainqueurs traitèrent ainsi tous ceux qu'ils trouvèrent dans les camps de Cépion et de Manlius. Aujourd'hui encore la tradition désigne le pont du Rhône d'où les taureaux étaient précipités [1].

Caligula avait près de lui les Gaulois les plus illustres (Valérius Asiaticus et Domitius Afer); Claude était Gaulois lui-même. Né à Lyon, élevé loin des affaires par Auguste et Tibère, qui se défiaient de ses singulières distractions, il avait vieilli dans la solitude et la culture des lettres, lorsque les soldats le proclamèrent malgré lui. Jamais prince ne choqua davantage les Romains et ne s'éloigna plus de leurs goûts et de leurs habitudes; son bégaiement barbare, sa préférence pour la langue grecque, ses continuelles citations d'Homère, tout en lui leur prêtait à rire; aussi laissa-t-il l'Empire aux mains des affranchis qui l'entouraient. Ces esclaves, élevés avec tant de soin dans les palais des grands de Rome, pouvaient fort bien, quoi qu'en dise Tacite, être plus dignes de régner que leurs maîtres. Le règne de Claude fut une

---

1. Il fit construire le phare qui éclairait le passage entre la Gaule et la Bretagne. On a cru, dans les temps modernes, en démêler quelques restes.

sorte de réaction des esclaves; ils gouvernèrent à leur tour, et les choses n'en allèrent pas plus mal. Les plans de César furent suivis; le port d'Ostie fut creusé, l'enceinte de Rome reculée, le dessèchement du lac Fucin entrepris, l'aqueduc de Caligula continué, les Bretons domptés en seize jours, et leur roi pardonné. A l'autorité tyrannique des grands de Rome, qui régnaient dans les provinces comme préteurs ou proconsuls, on opposa les procurateurs du prince, gens de rien, dont la responsabilité était d'autant plus sûre, et dont les excès pouvaient être plus aisément réprimés.

Tel fut le gouvernement des affranchis sous Claude : d'autant moins national qu'il était plus *humain*. Lui-même ne cachait point sa prédilection pour les provinciaux. Il écrivit l'histoire des races vaincues, celle des Étrusques, de Tyr et Carthage, réparant ainsi la longue injustice de Rome. Il institua pour lire annuellement ces histoires un lecteur et une chaire au Musée d'Alexandrie; ne pouvant plus sauver ces peuples, il essayait d'en sauver la mémoire. La sienne eût mérité d'être mieux traitée; quels qu'aient été son incurie, sa faiblesse, son abrutissement même, dans ses dernières années, l'histoire pardonnera beaucoup à celui qui se déclara le protecteur des esclaves, défendit aux maîtres de les tuer, et essaya d'empêcher qu'on ne les exposât vieux et malades, pour mourir de faim, dans l'île du Tibre.

Si Claude eût vécu, il eût, dit Suétone, donné la cité à tout l'Occident, aux Grecs, aux Espagnols, aux

Bretons et aux Gaulois, d'abord aux Édues. Il rouvrit le sénat à ceux-ci, comme avait fait César. Le discours qu'il prononça en cette occasion, et que l'on conserve encore à Lyon sur des tables de bronze, est le premier monument authentique de notre histoire nationale, le titre de notre admission dans cette grande initiation du monde.

En même temps, il poursuivait le culte sanguinaire des druides. Proscrits dans la Gaule, ils durent se réfugier en Bretagne; il alla les forcer lui-même dans ce dernier asile; ses lieutenants déclarèrent province romaine les pays qui forment le bassin de la Tamise, et laissèrent dans l'ouest, à Camulodunum, une nombreuse colonie militaire. Les légions avançaient toujours à l'ouest, renversant les autels, détruisant les vieilles forêts, et sous Néron le druidisme se trouva acculé dans la petite île de Mona. Suétonius Paulinus l'y suivit : en vain les vierges sacrées accouraient sur le rivage comme des furies, en habits de deuil, échevelées, et secouant des flambeaux; il força le passage, égorgea tout ce qui tomba entre ses mains, druides, prêtresses, soldats, et se fit jour dans ces forêts où le sang humain avait tant de fois coulé.

Cependant les Bretons s'étaient soulevés derrière l'armée romaine ; à leur tête, leur reine, la fameuse Boadicée, qui avait à venger d'intolérables outrages ; ils avaient exterminé les vétérans de Camulodunum et toute l'infanterie d'une légion. Suétonius revint sur ses pas et rassembla froidement son armée, abandonnant la défense des villes et livrant les alliés de Rome à l'aveugle rage des barbares ; ils égorgèrent soixante-dix mille hommes, mais il les écrasa en bataille rangée ; il tua jusqu'aux chevaux. Après lui, Céréalis et Frontinus poursuivirent la conquête du Nord. Sous Domitien, le beau-père de Tacite, Agricola, acheva la réduction, et commença la civilisation de la Bretagne.

Néron fut favorable à la Gaule, il conçut le projet d'unir l'Océan à la Méditerranée par un canal qui aurait été tiré de la Moselle à la Saône. Il soulagea Lyon, incendié sous son règne. Aussi dans les guerres civiles qui accompagnèrent sa chute, cette ville lui resta fidèle. Le principal auteur de cette révolution fut l'Aquitain Vindex, alors propréteur de la Gaule. Cet homme, « plein d'audace pour les grandes choses, » excita Galba en Espagne, gagna Virginius, général des légions de Germanie. Mais avant que cet accord fût connu des deux armées, elles s'attaquèrent avec un grand carnage. Vindex se tua de désespoir. La Gaule prit encore parti pour Vitellius ; les légions de Germanie avec lesquelles il vainquit Othon et prit Rome se composaient en grande partie de Germains, de Bataves et de Gaulois. Rien d'étonnant si la Gaule vit avec douleur la victoire de Vespasien. Un chef batave, nommé Civilis, borgne comme Annibal et Sertorius, comme eux ennemi de Rome, saisit cette occasion. Outragé par les Romains, il avait juré de ne couper sa barbe et ses cheveux que lorsqu'il serait vengé. Il tailla en pièces les soldats de Vitellius, et vit un instant tous les Bataves, tous les Belges, se déclarer pour lui. Il était encouragé par la fameuse Velléda, que révéraient les Germains comme inspirée des dieux, ou plutôt comme si elle eût été un dieu elle-même. C'est à elle qu'on envoya les captifs, et les Romains réclamèrent son arbitrage entre eux et Civilis. D'autre part, les druides de la Gaule, si longtemps persécutés, sortirent de leurs retraites, et se montrèrent au peuple. Ils avaient ouï dire que le Capitole avait été brûlé dans la guerre civile. Ils proclamèrent que l'empire romain avait péri avec ce gage d'éternité, que l'empire des Gaules allait lui succéder [1].

Telle était pourtant la force du lien qui unissait ces peuples à Rome, que l'ennemi des Romains crut plus sûr d'attaquer d'abord les troupes de Vitellius au nom de Vespasien. Le chef des Gaulois, Julius Sabinus, se disait fils du conquérant des Gaules, et se faisait appeler César. Aussi ne fallut-il pas même une armée romaine pour détruire ce parti inconséquent; il suffit des Gaulois restés fidèles. La vieille jalousie des Séquanes se réveilla contre les Édues. Ils défirent Sabinus. On sait le dévouement de sa femme, la vertueuse Éponine. Elle s'enferma avec lui dans le souterrain où il s'était réfugié; ils y eurent, ils y élevèrent des enfants. Au bout de dix ans, ils furent enfin découverts; elle se présenta devant l'empereur Vespasien, entourée de cette famille infortunée qui voyait le jour pour la première fois. La cruelle politique de l'empereur fut inexorable.

---

[1]. Tacit. *Hist.*, l. IV., c. 51. Fatali nunc igne signum cœlestis iræ datum, et possessionem rerum humanarum transalpinis gentibus portendi, superstitione vanâ Druidæ canebant.

La guerre fut plus sérieuse dans la Belgique et la Batavie. Toutefois, la Belgique se soumit encore ; la Batavie résista dans ses marais. Le général romain Céréalis, deux fois surpris, deux fois vainqueur, finit la guerre en gagnant Velléda et Civilis. Celui-ci prétendit n'avoir pas pris originairement les armes contre Rome, mais seulement contre Vitellius, et pour Vespasien.

Cette guerre ne fit que montrer combien la Gaule était déjà romaine. Aucune province, en effet, n'avait plus promptement, plus avidement reçu l'influence des vainqueurs [1]. Dès le premier aspect, les deux contrées, les deux peuples avaient semblé moins se connaître que se revoir et se retrouver. Ils s'étaient précipités l'un vers l'autre. Les Romains fréquentaient les écoles de Marseille, cette petite Grèce [2], plus sobre et plus modeste que l'autre [3], et qui se trouvait à leur porte. Les Gaulois passaient les Alpes en foule, et non seulement avec César sous les aigles des légions, mais comme médecins [4], comme rhéteurs. C'est déjà le génie de Montpellier, de Bordeaux, Aix, Toulouse, etc. ; tendance toute positive, toute pratique ; peu de philosophes. Ces Gaulois du Midi (il ne peut s'agir encore de ceux du Nord), vifs, intrigants, tels que nous les voyons toujours, devaient faire fortune et comme beaux parleurs et comme mimes : ils donnèrent à Rome son Roscius. Cependant ils réussissaient dans

---

1. *App.* 13. — 2. *App.* 14. — 3. *App.* 15.
4. Pline en cite trois qui eurent une vogue prodigieuse au premier siècle ; l'un d'eux donna un million pour réparer les fortifications de sa ville natale.

des genres plus sérieux. Un Gaulois, Trogue-Pompée, écrit la première histoire universelle ; un Gaulois, Pétronius Arbiter[1], crée le genre du roman. D'autres rivalisent avec les plus grands poètes de Rome ; nommons seulement Varro Atacinus, des environs de Carcassonne, et Cornélius Gallus, natif de Fréjus, ami de Virgile. Le vrai génie de la France, le génie oratoire, éclatait en même temps. Cette jeune puissance de la parole gauloise domina, dès sa naissance, Rome elle-même. Les Romains prirent volontiers des Gaulois pour maîtres, même dans leur propre langue. Le premier rhéteur à Rome fut le Gaulois Gnipho (M. Antonius). Abandonné à sa naissance, esclave à Alexandrie, affranchi, dépouillé par Sylla, il se livra d'autant plus à son génie. Mais la carrière de l'éloquence politique était fermée à un malheureux affranchi gaulois. Il ne put exercer son talent qu'en déclamant publiquement aux jours de marché. Il établit sa chaire dans la maison même de Jules César. Il y forma à l'éloquence les deux grands orateurs du temps, César lui-même et Cicéron.

La victoire de César, qui ouvrit Rome aux Gaulois, leur permit de parler en leur propre nom, et d'entrer dans la carrière politique. Nous voyons, sous Tibère, les Montanus au premier rang des orateurs, et pour la liberté et pour le génie. Caligula, qui se piquait d'éloquence, eut deux Gaulois éloquents pour amis. L'un, Valérius Asiaticus, natif de Vienne, honnête homme,

---

1. Né près de Marseille.

selon Tacite, finit par conspirer contre lui, et périt sous Claude par les artifices de Messaline, comme coupable d'une popularité ambitieuse dans les Gaules. L'autre, Domitius Afer, de Nîmes, consul sous Caligula, éloquent, corrompu, fougueux accusateur, mourut d'indigestion. La capricieuse émulation de Caligula avait failli lui être funeste, comme celle de Néron le fut à Lucain. L'empereur apporte un jour un discours au sénat; cette pièce fort travaillée, où il espérait s'être surpassé lui-même, n'était rien moins qu'un acte d'accusation contre Domitius, et il concluait à la mort. Le Gaulois, sans se troubler, parut moins frappé de son danger que de l'éloquence de l'empereur. Il s'avoua vaincu, déclara qu'il n'oserait plus ouvrir la bouche après un tel discours, et éleva une statue à Caligula. Celui-ci n'exigea plus sa mort; il lui suffisait de son silence.

Dans l'art gaulois, dès sa naissance, il y eut quelque chose d'impétueux, d'exagéré, de tragique, comme disaient les anciens. Cette tendance fut remarquable dans ses premiers essais. Le Gaulois Zénodore, qui se plaisait à sculpter de petites figures et des vases avec la plus délicieuse délicatesse, éleva dans la ville des Arvernes le colosse du Mercure gaulois. Néron, qui aimait le grand, le prodigieux, le fit venir à Rome pour élever au pied du Capitole sa statue haute de cent vingt pieds, cette statue qu'on voyait du mont Albano. Ainsi une main gauloise donnait à l'art cet essor vers le gigantesque, cette ambition de l'infini, qui devait plus tard élancer les voûtes de nos cathédrales.

Égale de l'Italie pour l'art et la littérature, la Gaule ne tarda pas à influer d'une manière plus directe sur les destinées de l'empire. Sous César, sous Claude, elle avait donné des sénateurs à Rome; sous Caligula, un consul. L'Aquitain Vindex précipita Néron, éleva Galba; le Toulousain Bec[1] (Antonius Primus), ami de Martial et poète lui-même, donna l'Empire à Vespasien; le Provençal Agricola soumit la Bretagne à Domitien; enfin d'une famille de Nîmes sortit le meilleur empereur que Rome ait eu, le pieux Antonin, successeur des deux Espagnols Trajan et Adrien, père adoptif de l'Espagnol[2] Marc Aurèle. Le caractère sophistique de tous ces empereurs philosophes et rhéteurs tient à leurs liaisons avec la Gaule, au moins autant qu'à leur prédilection pour la Grèce. Adrien avait pour ami le sophiste d'Arles Favorinus, le maître d'Aulu-Gelle, cet homme bizarre qui écrivit un livre contre Épictète, un éloge de la laideur, un panégyrique de la fièvre quarte. Le principal maître de Marc-Aurèle fut le Gaulois M. Cornelius Fronto, qui, d'après leur correspondance, paraît l'avoir dirigé bien au delà de l'âge où l'on suit les leçons des rhéteurs.

Gaulois par sa naissance[3], Syrien par sa mère, Africain par son père, Caracalla présente ce discordant mélange de races et d'idées qu'offrait l'Empire à cette époque. En un même homme, la fougue du Nord, la

---

1. Ou *Becco*. Suétone : Id valet gallinacei rostrum. — *Beck* (Armor.), *Big* (Cymr.), *Gob* (Gaël.).
2. Leurs familles, du moins, étaient originaires d'Espagne.
3. Né à Lyon.

férocité du Midi, la bizarrerie des croyances orientales, c'est un monstre, une Chimère. Après l'époque philosophique et sophistique des Antonins, la grande pensée de l'Orient, la pensée de César et d'Antoine s'était réveillée, ce mauvais rêve qui jeta dans le délire tant d'empereurs, et Caligula, et Néron, et Commode; tous possédés, dans la vieillesse du monde, du jeune souvenir d'Alexandre et d'Hercule. Caligula, Commode, Caracalla, semblent s'être crus des incarnations de ces deux héros. Ainsi les califes fatemites et les modernes lamas du Thibet se sont révérés eux-mêmes comme dieux. Cette idée, si ridicule au point de vue grec et occidental, n'avait rien de surprenant pour les sujets orientaux de l'Empire, Égyptiens et Syriens. Si les empereurs devenaient dieux après leur mort, ils pouvaient fort bien l'être de leur vivant.

Au premier siècle de l'Empire, la Gaule avait fait des empereurs, au second elle avait fourni des empereurs gaulois, au troisième elle essaya de se séparer de l'Empire qui s'écroulait, de former un empire gallo-romain. Les généraux qui, sous Gallien, prirent la pourpre dans la Gaule, et la gouvernèrent avec gloire, paraissent avoir été presque tous des hommes supérieurs. Le premier, Posthumius, fut surnommé le restaurateur des Gaules[1]. Il avait composé son armée, en grande partie, de troupes gauloises et franciques. Il fut tué par ses soldats pour leur avoir refusé le pillage de Mayence, qui s'était révoltée contre lui. Je donne

1. *App.* 16.

ailleurs l'histoire de ses successeurs, de l'armurier Marius, de Victorinus et Victoria, la *Mère des Légions*, enfin de Tétricus, qu'Aurélien eut la gloire de traîner derrière son char avec la reine de Palmyre[1]. Quoique ces événements aient eu la Gaule pour théâtre, ils appartiennent moins à l'histoire du pays qu'à celle des armées qui l'occupaient.

La plupart de ces empereurs provinciaux, de ces *tyrans*, comme on les appelait, furent de grands hommes; ceux qui leur succédèrent et qui rétablirent l'unité de l'Empire, les Aurélien, les Probus, furent plus grands encore. Et cependant l'Empire s'écroulait dans leurs mains. Ce ne sont pas les barbares qu'il en faut accuser; l'invasion des Cimbres sous la République avait été plus formidable que celles du temps de l'Empire. Ce n'est pas même aux vices des princes qu'il faut s'en prendre. Les plus coupables, comme hommes, ne furent pas les plus odieux. Souvent les provinces respirèrent sous ces princes cruels qui versaient à flots le sang des grands de Rome. L'administration de Tibère fut sage et économe, celle de Claude douce et indulgente. Néron lui-même fut regretté du peuple, et pendant longtemps son tombeau était toujours couronné de fleurs nouvelles[2]. Sous Vespasien, un faux Néron fut suivi avec enthousiasme dans la Grèce et l'Asie. Le titre qui porta Hélagabal à l'Empire fut d'être cru petit-fils de Septime-Sévère et fils de Caracalla.

1. Voy. mon article Zénobie. (*Biog. univ.*) — 2. *App.* 17.

Sous les empereurs, les provinces n'eurent plus, comme sous la République, à changer tous les ans de gouverneurs. Dion fait remonter cette innovation à Auguste. Suétone en accuse la négligence de Tibère. Mais Josèphe dit expressément qu'il en agit ainsi « pour soulager les peuples ». En effet, celui qui restait dans une province finissait par la connaître, par y former quelques liens d'affection, d'humanité, qui modéraient la tyrannie. Ce ne fut plus, comme sous la République, un fermier impatient de faire sa main, pour aller jouir à Rome. On sait la fable du renard dont les mouches sucent le sang ; il refuse l'offre du hérisson qui veut l'en délivrer ; d'autres viendraient affamées, dit-il ; celles-ci sont soûles et gorgées.

Les procurateurs, hommes de rien, créatures du prince et responsables envers lui, eurent à craindre sa surveillance. S'enrichir, c'était tenter la cruauté d'un maître qui ne demandait pas mieux que d'être sévère par avidité.

Ce maître était un juge pour les grands et pour les petits. Les empereurs rendaient eux-mêmes la justice. Dans Tacite, un accusé qui craint les préjugés populaires veut être jugé par Tibère, comme supérieur à de tels bruits. Sous Tibère, sous Claude, des accusés échappent à la condamnation par un appel à l'empereur. Claude, pressé de juger dans une affaire où son intérêt était compromis, déclare qu'il jugera lui-même pour montrer dans sa propre cause combien il serait juste dans celle d'autrui ; personne, sans doute, n'aurait osé décider contre l'intérêt de l'empereur.

Domitien rendait la justice avec assiduité et intelligence ; souvent il cassait les sentences des centumvirs, suspects d'être influencés par l'intrigue[1]. Adrien consultait sur les causes soumises à son jugement, non ses amis, mais les jurisconsultes. Septime-Sévère lui-même, ce farouche soldat, ne se dispensa pas de ce devoir, et, dans le repos de sa villa, il jugeait et entrait volontiers dans le détail minutieux des affaires. Julien est de même cité pour son assiduité à remplir les fonctions de juge. Ce zèle des empereurs pour la justice civile balançait une grande partie des maux de l'Empire ; il devait inspirer une terreur salutaire aux magistrats oppresseurs, et remédier dans le détail à une infinité d'abus généraux.

Même sous les plus mauvais empereurs, le droit civil prit toujours d'heureux développements. Le jurisconsulte Nerva, aïeul de l'empereur de ce nom (disciple du républicain Labéon, l'ami de Brutus et le fondateur de l'école stoïcienne de jurisprudence), fut le conseiller de Tibère. Papinien et Ulpien fleurirent au temps de Caracalla et d'Hélagabal, comme Dumoulin, l'Hôpital, Brisson, sous Henri II, Charles IX et Henri III. Le droit civil, se rapprochant de plus en plus de l'équité naturelle, et par conséquent du sens commun des nations, devint le plus fort lien de l'Empire et la compensation de la tyrannie politique.

Cette tyrannie des princes, celle des magistrats bien autrement onéreuse, n'étaient pas la cause principale

---

1. *App.* 18.

de la ruine de l'Empire. Le mal réel qui le minait ne tenait ni au gouvernement ni à l'administration. S'il eût été simplement de nature administrative, tant de grands et bons empereurs y eussent remédié. Mais c'était un mal social, et rien ne pouvait en tarir la source, à moins qu'une société nouvelle ne vînt remplacer la société antique. Ce mal était l'esclavage; les autres maux de l'Empire, au moins pour la plupart, la fiscalité dévorante, l'exigence toujours croissante du gouvernement militaire, n'en étaient, comme on va le voir, qu'une suite, un effet direct ou indirect. L'esclavage n'était point un résultat du gouvernement impérial. Nous le trouvons partout chez les nations antiques. Tous les auteurs nous le montrent en Gaule avant la conquête romaine. S'il nous apparaît plus terrible et plus désastreux dans l'Empire, c'est d'abord que l'époque romaine nous est mieux connue que celles qui précèdent. Ensuite, le système antique étant fondé sur la guerre, sur la conquête de l'homme (l'industrie est la conquête de la nature), ce système devait, de guerre en guerre, de proscription en proscription, de servitude en servitude, aboutir vers la fin à une dépopulation effroyable. Tel peuple de l'antiquité pouvait, comme ces sauvages d'Amérique, se vanter d'avoir mangé cinquante nations.

J'ai déjà indiqué dans mon *Histoire romaine* comment, la classe des petits cultivateurs ayant peu à peu disparu, les grands propriétaires, qui leur succédèrent, y suppléèrent par les esclaves. Ces esclaves s'usaient rapidement par la rigueur des travaux qu'on leur imposait; ils disparurent bientôt à leur tour. Appartenant en grande partie aux nations civilisées de l'antiquité, Grecs, Syriens, Carthaginois, ils avaient cultivé les arts pour leurs maîtres. Les nouveaux esclaves qu'on leur substitua[1], Thraces, Germains, Scythes, purent tout au plus imiter grossièrement les modèles que les premiers avaient laissés. D'imitation en imitation, tous les objets qui demandaient quelque industrie devinrent de plus en plus grossiers. Les hommes capables de les confectionner, se trouvant aussi de plus en plus rares, les produits de leur travail enchérirent chaque jour. Dans la même proportion devaient augmenter les salaires de tous ceux qu'employait l'État. Le pauvre soldat qui payait la livre de viande cinquante sous[2] de

1. On a trouvé à Antibes l'inscription suivante :

D. M.
PVERI SEPTENTRI
ONIS ANNO XII QUI
ANTIPOLI IN THEATRO
BIDVO SALTAVIT ET PLA
CVIT.

« Aux mânes de l'enfant Septentrion, âgé de douze ans, qui parut deux jours au théâtre d'Antibes, dansa et plut. » Ce pauvre enfant est évidemment un de ces esclaves qu'on élevait pour les louer à grand prix aux entrepreneurs de spectacles, et qui périssaient victimes d'une éducation barbare. Je ne connais rien de plus tragique que cette inscription dans sa brièveté, rien qui fasse mieux sentir la dureté du monde romain... « Parut deux jours au théâtre d'Antibes, dansa et plut. » Pas un regret. N'est-ce pas là en effet une destinée bien remplie! Nulle mention de parents; l'esclave était sans famille. C'est encore une singularité qu'on lui ait élevé un tombeau. Mais les Romains en élevaient souvent à leurs joujoux brisés. Néron bâtit un monument « aux mânes d'un vase de cristal ».

2. Voy. M. Moreau de Jonnès, Tableau du prix moyen des denrées d'après l'édit de Dioclétien retrouvé à Stratonicé : Une paire de *caligæ* (la plus grossière chaussure) coûtait 22 fr. 50 c.; la livre de viande de bœuf ou de mouton, 2 fr. 50 c.; de porc, 3 fr. 60 c.; le vin de dernière qualité, 1 fr. 80 c. le litre; une oie grasse, 45 fr.; un lièvre, 33 fr.; un poulet, 13 fr.; un cent d'huîtres, 22 fr., etc.

notre monnaie, et la plus grossière chaussure vingt-deux francs, ne devait-il pas être tenté de réclamer sans cesse de nouveaux adoucissements à sa misère et de faire des révolutions pour les obtenir? On a beaucoup déclamé contre la violence et l'avidité des soldats, qui, pour augmenter leur solde, faisaient et défaisaient les empereurs. On a accusé les exactions cruelles de Sévère, de Caracalla, des princes qui épuisaient le pays au profit du soldat. Mais a-t-on songé au prix excessif de tous les objets qu'il était obligé d'acheter sur une solde bien modique? Les légionnaires révoltés disent dans Tacite : « On estime à dix as par jour notre sang et notre vie. C'est là-dessus qu'il faut avoir des habits, des armes, des tentes; qu'il faut payer les congés qu'on obtient, et se racheter de la barbarie du centurion, etc.[1] »

Ce fut bien pis encore lorsque Dioclétien eut créé une autre armée, celle des fonctionnaires civils. Jusqu'à lui il existait un pouvoir militaire, un pouvoir judiciaire, trop souvent confondus. Il créa, ou du moins compléta le pouvoir administratif. Cette institution si nécessaire n'en fut pas moins à sa naissance une charge intolérable pour l'Empire déjà ruiné. La société antique, bien différente de la nôtre, ne renouvelait pas incessamment la richesse par l'industrie. Consommant toujours et ne produisant plus, depuis que les générations industrieuses avaient été détruites par l'esclavage, elle demandait toujours davantage à la

---

1. Tacite. — L'empereur finit par être obligé d'habiller et nourrir le soldat. (Lampride.)

terre, et les mains qui la cultivaient, cette terre, devenaient chaque jour plus rares et moins habiles.

Rien de plus terrible que le tableau que nous a laissé Lactance de cette lutte meurtrière entre le fisc affamé et la population impuissante qui pouvait souffrir, mourir, mais non payer. « Tellement grande était devenue la multitude de ceux qui recevaient en comparaison du nombre de ceux qui devaient payer, telle l'énormité des impôts, que les forces manquaient aux laboureurs, les champs devenaient déserts, et les cultures se changeaient en forêts... Je ne sais combien d'emplois et d'employés fondirent sur chaque province, sur chaque ville, *Magistri*, *Rationales*, vicaires des préfets. Tous ces gens-là ne connaissaient que condamnations, proscriptions, exactions; exactions, non pas fréquentes, mais perpétuelles, et dans les exactions d'intolérables outrages... Mais la calamité publique, le deuil universel, ce fut quand le fléau du cens ayant été lancé dans les provinces et les villes, les censiteurs se répandirent partout, bouleversèrent tout : vous auriez dit une invasion ennemie, une ville prise d'assaut. On mesurait les champs par mottes de terre, on comptait les arbres, les pieds de vigne. On inscrivait les bêtes, on enregistrait les hommes. On n'entendait que les fouets, les cris de la torture; l'esclave fidèle était torturé contre son maître, la femme contre son mari, le fils contre son père; et faute de témoignage, on les torturait pour déposer contre eux-mêmes; et quand ils cédaient, vaincus par la douleur, on écrivait ce qu'ils n'avaient pas dit. Point d'excuse pour la vieillesse ou la maladie; on apportait les malades, les infirmes. On estimait l'âge de chacun, on ajoutait des années aux enfants, on en ôtait aux vieillards; tout était plein de deuil et de consternation. Encore ne s'en rapportait-on pas à ces premiers agents; on en envoyait toujours d'autres pour trouver davantage, et les charges doublaient toujours, ceux-ci ne trouvant rien, mais ajoutant au hasard, pour ne pas paraître inutiles. Cependant les animaux diminuaient, les hommes mouraient, et l'on n'en payait pas moins l'impôt pour les morts[1]. »

Sur qui retombaient tant d'insultes et de vexations endurées par les hommes libres? Sur les esclaves, sur les colons ou cultivateurs dépendants, dont l'état devenait chaque jour plus voisin de l'esclavage. C'est à eux que les propriétaires rendaient tous les outrages, toutes les exactions dont les accablaient les agents impériaux. Leur misère et leur désespoir furent au comble à l'époque dont Lactance vient de nous tracer le tableau. Alors tous les serfs des Gaules prirent les armes sous le nom de *Bagaudes*[2]. En un instant ils furent maîtres de toutes les campagnes, brûlèrent plusieurs villes et exercèrent plus de ravages que n'auraient pu faire les barbares. Ils s'étaient choisi deux chefs, Ælianus et Amandus, qui, selon une tradition, étaient chrétiens. Il ne serait pas étonnant que cette réclamation des droits naturels de l'homme eût été en partie inspirée par la doctrine de l'égalité chrétienne.

1. *App.* 19. — 2. *App.* 20.

L'empereur Maximien accabla ces multitudes indisciplinées. La colonne de Cussy, en Bourgogne, semble avoir été le monument de sa victoire [1]; mais longtemps encore après, Eumène nous parle des Bagaudes dans un de ses panégyriques. Idace mentionne plusieurs fois les Bagaudes de l'Espagne [2]. Salvien surtout déplore leur infortune : « Dépouillés par des juges « de sang, ils avaient perdu les droits de la liberté « romaine; ils ont perdu le nom de Romains. Nous « leur imputons leur malheur, nous leur reprochons « ce nom que nous leur avons fait. Comment sont-ils « devenus *Bagaudes*, si ce n'est par notre tyrannie, « par la perversité des juges, par leurs proscriptions « et leurs rapines? »

Ces fugitifs contribuèrent sans doute à fortifier Carausius dans son usurpation de la Bretagne. Ce Ménapien (né près d'Anvers) avait été chargé d'arrêter avec une flotte les pirates francs qui passaient sans cesse en Bretagne; il les arrêtait, mais au retour, et profitait de leur butin. Découvert par Maximien, il se déclara indépendant en Bretagne, et resta pendant sept ans maître de cette province et du détroit.

L'avènement de Constantin et du christianisme fut une ère de joie et d'espérance. Né en Bretagne, comme son père, Constance Chlore [3], il était l'enfant, le nourrisson de la Bretagne et de la Gaule. Après la mort de son père, il réduisit le nombre de ceux qui payaient la capitation en Gaule de vingt-cinq mille à

---

1. Millin. — 2. Sous les rois Rechila et Théodoric. — 3. *App.* 21.

dix-huit-mille [1]. L'armée avec laquelle il vainquit Maxence devait appartenir en grande partie à cette dernière province.

Les lois de Constantin sont celles d'un chef de parti qui se présente à l'Empire comme un libérateur, un sauveur : « Loin ! s'écrie-t-il, loin du peuple les mains rapaces des agents fiscaux [2] ! tous ceux qui ont souffert de leurs concussions peuvent en instruire les présidents des provinces. Si ceux-ci dissimulent, nous permettons à tous d'adresser leurs plaintes à tous les comtes de province ou au préfet du prétoire, s'il est dans le voisinage, afin qu'instruit de tels brigandages, nous les fassions expier par les supplices qu'ils méritent. »

Ces paroles ranimèrent l'Empire. La vue seule de la croix triomphante consolait déjà les cœurs. Ce signe de l'égalité universelle donnait une vague et immense espérance. Tous croyaient arrivée la fin de leurs maux.

Cependant le christianisme ne pouvait rien aux souffrances matérielles de la société. Les empereurs chrétiens n'y remédièrent pas mieux que leurs prédécesseurs. Tous les essais qui furent faits n'aboutirent qu'à montrer l'impuissance définitive de la loi. Que pouvait-elle, en effet, sinon tourner dans un cercle sans issue ? Tantôt elle s'effrayait de la dépopulation, elle essayait d'adoucir le sort du colon, de le protéger contre le propriétaire [3], et le propriétaire criait qu'il ne

---

1. Eumène. Une grande partie du territoire d'Autun était sans culture.
2. *App.* 22. — 3. *App.* 23.

pouvait plus payer l'impôt; tantôt elle abandonnait le colon, le livrait au propriétaire, l'enfonçait dans l'esclavage, s'efforçait de l'enraciner à la terre; mais le malheureux mourait ou fuyait, et la terre devenait déserte. Dès le temps d'Auguste, la grandeur du mal avait provoqué des lois qui sacrifiaient tout à l'intérêt de la population, même la morale [1]. Pertinax avait assuré la propriété et l'immunité des impôts pour dix ans à ceux qui occuperaient les terres désertes en Italie, dans les provinces et chez les rois alliés [2]. Aurélien l'imita. Probus fut obligé de transplanter de la Germanie des hommes et des bœufs pour cultiver la Gaule [3]. Il fit replanter les vignes arrachées par Domitien. Maximien et Constance Chlore transportèrent des Francs et d'autres Germains dans les solitudes du Hainaut, de la Picardie, du pays de Langres; et cependant la dépopulation augmentait dans les villes, dans les campagnes. Quelques citoyens cessaient de payer l'impôt : ceux qui restaient payaient d'autant plus. Le fisc affamé et impitoyable s'en prenait de tout déficit aux curiales, aux magistrats municipaux.

Si l'on veut se donner le spectacle d'une agonie de peuple, il faut parcourir l'effroyable code par lequel l'Empire essaye de retenir le citoyen dans la cité qui l'écrase, qui s'écroule sur lui. Les malheureux curiales, les derniers qui eussent encore un patrimoine [4] dans l'appauvrissement général, sont déclarés les *esclaves*, les *serfs* de la chose publique. Ils ont l'honneur d'adminis-

---

1. *App.* 24. — 2. Hérodien. — 3. *App.* 25.
4. Au moins vingt-sept *jugera*.

trer la cité, de répartir l'impôt à leurs risques et périls ; tout ce qui manque est à leur compte[1]. Ils ont l'honneur de payer à l'empereur l'*aurum coronarium*. Ils sont l'*amplissime sénat* de la cité, l'*ordre très illustre* de la curie[2]. Toutefois ils sentent si peu leur bonheur, qu'ils cherchent sans cesse à y échapper. Le législateur est obligé d'inventer tous les jours des précautions nouvelles pour fermer, pour barricader la curie. Étranges magistrats, que la loi est obligée de garder à vue, pour ainsi dire, et d'attacher à leur chaise curule[3]. Elle leur interdit de s'absenter, d'habiter la campagne, de se faire soldats, de se faire prêtres ; ils ne peuvent entrer dans les ordres qu'en laissant leur bien à quelqu'un qui veuille bien être curiale à leur place. La loi ne les ménage pas : « Certains hommes lâches et paresseux désertent les devoirs de citoyens, etc., nous ne les libérerons qu'autant qu'ils mépriseront leur patrimoine. Convient-il que des esprits occupés de la contemplation divine conservent de l'attachement pour leurs biens ?... »

L'infortuné curiale n'a pas même l'espoir d'échapper par la mort à la servitude. La loi poursuit même ses fils. Sa charge est héréditaire. La loi exige qu'il se marie, qu'il lui engendre et lui élève des victimes.

1. Aussi ne disposent-ils pas librement de leur bien. Ils ne peuvent vendre sans autorisation. (Code Théodosien.) Le curiale qui n'a pas d'enfants ne peut disposer par testament que du quart de ses biens. Les trois autres quarts appartiennent à la curie.

2. Toutefois la loi est bonne et généreuse ; elle ne ferme la curie ni aux juifs ni aux bâtards. « Ce n'est point une tache pour l'ordre, parce qu'il lui importe d'être toujours au complet. » (Cod. Théod.) — 3. *App.* 26.

Les âmes tombèrent alors de découragement. Une inertie mortelle se répandit dans tout le corps social. Le peuple se coucha par terre de lassitude et de désespoir, comme la bête de somme se couche sous les coups, et refuse de se relever. En vain les empereurs essayèrent, par des offres d'immunités, d'exemptions, de rappeler le cultivateur sur son champ abandonné [1]. Rien n'y fit. Le désert s'étendit chaque jour. Au commencement du cinquième siècle, il y avait, dans l'*heureuse* Campanie, la meilleure province de tout l'Empire, cinq cent vingt-huit mille arpents en friche.

Tel fut l'effroi des empereurs à l'aspect de cette désolation, qu'ils essayèrent d'un moyen désespéré. Ils se hasardèrent à prononcer le mot de liberté. Gratien exhorta les provinces à former des assemblées, Honorius essaya d'organiser celles de la Gaule [2] : il engagea, pria, menaça, prononça des amendes contre ceux qui ne s'y rendraient pas. Tout fut inutile, rien ne réveilla le peuple engourdi sous la pesanteur de ses maux. Déjà il avait tourné ses regards d'un autre côté. Il ne s'inquiétait plus d'un empereur impuissant pour le bien comme pour le mal. Il n'implorait plus que la mort, tout au moins la mort sociale et l'invasion des barbares [3]. « Ils appellent l'ennemi, disent les auteurs du temps, ils ambitionnent la captivité... Nos frères qui se trouvent chez les barbares se gardent bien de revenir ; ils nous quitteraient plutôt pour aller les

---

1. *App.* 27. — 2. *App.* 28. —. 3. *App.* 29.

joindre ; et l'on est étonné que tous les pauvres n'en fassent pas autant, mais c'est qu'ils ne peuvent emporter avec eux leurs petites habitations. »

Viennent donc les barbares. La société antique est condamnée. Le long ouvrage de la conquête, de l'esclavage, de la dépopulation, est près de son terme. Est-ce à dire pourtant que tout cela se soit accompli en vain, que cette dévorante Rome ne laisse rien sur le sol gaulois d'où elle va se retirer ? Ce qui y reste d'elle est en effet immense. Elle y laisse l'organisation, l'administration. Elle y a fondé la *Cité ;* la Gaule n'avait auparavant que des villages, tout au plus des villes. Ces théâtres, ces cirques, ces aqueducs, ces voies que nous admirons encore, sont le durable symbole de la civilisation fondée par les Romains, la justification de leur conquête de la Gaule. Telle est la force de cette organisation, qu'alors même que la vie paraîtra s'en éloigner, alors que les barbares sembleront près de la détruire, ils la subiront malgré eux. Il leur faudra, bon gré, mal gré, habiter sous ces voûtes invincibles qu'ils ne peuvent ébranler ; ils courberont la tête, et recevront encore, tout vainqueurs qu'ils sont, la loi de Rome vaincue. Ce grand nom d'Empire, cette idée de l'égalité sous un monarque, si opposée au principe aristocratique de la Germanie, Rome l'a déposée sur cette terre. Les rois barbares vont en faire leur profit. Cultivée par l'Église, accueillie dans la tradition populaire, elle fera son chemin par Charlemagne et par saint Louis. Elle nous amènera peu à peu à l'anéantissement de l'aristocratie, à l'égalité, à l'équité des temps modernes.

Voilà pour l'ordre civil. Mais à côté de cet ordre un autre est établi, qui doit le recueillir et le sauver pendant la tempête de l'invasion barbare. Le titre romain de *defensor civitatis* va partout passer aux évêques. Dans la division des diocèses ecclésiastiques subsiste celle des diocèses impériaux. L'universalité impériale est détruite, mais l'universalité catholique apparaît. La primatie de Rome commence à poindre confuse et obscure[1]. Le monde du moyen âge se maintiendra et s'ordonnera par l'Église; sa hiérarchie naissante est un cadre sur lequel tout se place ou se modèle. A elle, l'ordre extérieur, et la vie intérieure. Celle-ci est surtout dans les moines. L'ordre de Saint-Benoît donne au monde ancien, usé par l'esclavage, le premier exemple du travail accompli par des mains libres[2]. Pour la première fois, le citoyen, humilié par la ruine de la cité, abaisse les regards sur cette terre qu'il avait méprisée. Cette grande innovation du travail libre et volontaire sera la base de l'existence moderne.

L'idée même de la personnalité libre, qui nous apparaissait confuse dans la barbarie guerrière des clans galliques, plus distincte dans le druidisme, dans sa doctrine d'immortalité, elle éclate au cinquième siècle. Le Breton[3] Pélage pose la loi de la philosophie

1. *App.* 30. — 2. *App.* 31.

3. Né, selon les uns dans notre Bretagne, selon d'autres dans les îles Britanniques, ce qui du reste ne change rien à la question. Il suffit qu'il ait appartenu à la race celtique.

celtique, la loi suivie par Jean-l'Érigène (l'Irlandais), le Breton Abailard et le Breton Descartes. Voyons comment fut amené ce grand événement. Nous ne pouvons l'expliquer qu'en esquissant l'histoire du christianisme gaulois.

Depuis que la Gaule, introduite par Rome dans la grande communauté des nations, avait pris part à la vie générale du monde, on pouvait craindre qu'elle ne s'oubliât elle-même, qu'elle ne devînt toute Grèce, tout Italie. Dans les villes gauloises on aurait en effet cherché la Gaule. Sous ces temples grecs, sous ces basiliques romaines, que devenait l'originalité du pays? Cependant hors des villes, et surtout en s'avançant vers le Nord, dans ces vastes contrées où les villes devenaient plus rares, la nationalité subsistait encore. Le druidisme proscrit s'était réfugié dans les campagnes, dans le peuple[1]. Pescennius Niger, pour plaire aux Gaulois, ressuscita, dit-on, de vieux mystères, qui sans doute étaient ceux du druidisme. Une femme druide promit l'empire à Dioclétien. Une autre, lorsque Alexandre Sévère préparait une nouvelle attaque contre l'île druidique, la Bretagne, se présenta sur son passage, et lui cria en langue gauloise : « Va, mais n'espère point la victoire, et ne te fie point à tes soldats. » La langue et la religion nationales n'avaient donc pas péri. Elles dormaient silencieuses sous la culture romaine, en attendant le christianisme.

Quand celui-ci parut au monde, quand il substitua

1. *App.* 32.

au Dieu-nature le Dieu-homme, et à la place de la triste ivresse des sens, dont l'ancien culte avait fatigué l'humanité, les sérieuses voluptés de l'âme et les joies du martyre, chaque peuple accueillit la nouvelle croyance selon son génie. La Gaule la reçut avidement, sembla la reconnaître et retrouver son bien. La place du druidisme était chaude encore : ce n'était pas chose nouvelle en Gaule que la croyance à l'immortalité de l'âme. Les druides aussi semblent avoir enseigné un médiateur. Aussi ces peuples se précipitèrent-ils dans le christianisme. Nulle part il ne compta plus de martyrs. Le Grec d'Asie, saint Pothin (ποθεινὸς, l'homme du désir?), disciple du plus mystique des apôtres, fonda la mystique Église de Lyon, métropole religieuse des Gaules[1]. On y montre encore les catacombes, et la hauteur où monta le sang des dix-huit mille martyrs. De ces martyrs, le plus glorieux fut une femme, une esclave (sainte Blandine).

Le christianisme se répandit plus lentement dans le Nord, surtout dans les campagnes. Au quatrième siècle encore, saint Martin y trouvait à convertir des peuplades entières, et des temples à renverser[2]. Cet ardent missionnaire devint comme un Dieu pour le peuple. L'Espagnol Maxime, qui avait conquis la Gaule avec une armée de Bretons, ne crut pouvoir s'affermir qu'en appelant saint Martin auprès de lui. L'impéra-

---

1. *App.* 33.
2. Quels temples? Je serais porté à croire qu'il s'agit ici de temples nationaux, de religions locales. Les Romains qui pénétrèrent dans le Nord ne peuvent, en si peu de temps, avoir inspiré aux indigènes un tel attachement pour leurs dieux. (Sulp. Sev., *Vita S. Martini.*) Voyez les Éclaircissements.

trice le servit à table. Dans sa vénération idolâtrique pour le saint homme elle allait jusqu'à ramasser et manger ses miettes. Ailleurs, on voit des vierges, dont il avait visité le monastère, baiser et lécher la place où il avait posé les mains. Sa route était partout marquée par des miracles. Mais ce qui recommande à jamais sa mémoire, c'est qu'il fit les derniers efforts pour sauver les hérétiques que Maxime voulait sacrifier au zèle sanguinaire des évêques[1]. Les pieuses fraudes ne lui coûtèrent rien : il trompa, il mentit, il compromit sa réputation de sainteté; pour nous, cette charité héroïque est le signe auquel nous le reconnaissons pour un saint.

Plaçons à côté de saint Martin l'archevêque de Milan, saint Ambroise, né à Trèves, et qu'on peut à ce titre compter pour Gaulois. On sait avec quelle hauteur ce prêtre intrépide ferma l'Église à Théodose, après le massacre de Thessalonique.

L'Église gauloise ne s'honora pas moins par la science que par le zèle et la charité. La même ardeur avec laquelle elle versait son sang pour le christianisme, elle la porta dans les controverses religieuses. L'Orient et la Grèce, d'où le christianisme était sorti, s'efforçaient de le ramener à eux, si je puis dire, et de le faire rentrer dans leur sein. D'un côté les sectes gnostiques et manichéennes le rapprochaient du parsisme; elles réclamaient part dans le gouvernement du monde pour Ahriman ou Satan, et voulaient obliger le Christ à composer avec le principe du mal. De

---

1. *App.* 34.

l'autre, les platoniciens faisaient du monde l'ouvrage d'un dieu inférieur; et les ariens, leurs disciples, voyaient dans le Fils un être dépendant du Père. Les manichéens auraient fait du christianisme une religion tout orientale, les ariens une pure philosophie. Les Pères de l'Église gauloise les attaquèrent également. Au troisième siècle, saint Irénée écrivit contre les gnostiques : *De l'Unité du gouvernement du monde.* Au quatrième, saint Hilaire de Poitiers soutint pour la consubstantialité du Fils et du Père une lutte héroïque, souffrit l'exil comme Athanase, et languit plusieurs années dans la Phrygie, tandis qu'Athanase se réfugiait à Trèves près de saint Maximin, évêque de cette ville, et natif aussi de Poitiers. Saint Jérôme n'a pas assez d'éloges pour saint Hilaire. Il trouve en lui la grâce hellénique et « la hauteur du cothurne gaulois ». Il l'appelle « le Rhône de la langue latine ». « L'Église chrétienne, dit-il encore, a grandi et crû à l'ombre de deux arbres, saint Hilaire et saint Cyprien (la Gaule et l'Afrique). »

Jusque-là l'Église gauloise suit le mouvement de l'Église universelle; elle s'y associe. La question du manichéisme est celle de Dieu et du monde; celle de l'arianisme est celle du Christ, de l'homme-Dieu. La polémique va descendre à l'homme même, et c'est alors que la Gaule prendra la parole en son nom. A l'époque même où elle vient de donner à Rome l'empereur auvergnat Avitus, où l'Auvergne sous les Ferreol et les Apollinaire[1] semble vouloir former une

---

1. Voyez les Éclaircissements.

puissance indépendante entre les Goths déjà établis au Midi, et les Francs qui vont venir du Nord; à cette époque, dis-je, la Gaule réclame aussi une existence indépendante dans la sphère de la pensée. Elle prononce par la bouche de Pélage ce grand nom de la Liberté humaine que l'Occident ne doit plus oublier.

Pourquoi y a-t-il du mal au monde? Voilà le point de départ de cette dispute[1]. Le manichéisme oriental répond : *Le mal est un dieu*, c'est-à-dire un principe inconnu. C'est ne rien répondre, et donner son ignorance pour explication. Le christianisme répond : Le mal est sorti de la liberté humaine, non pas de l'homme en général, mais de tel homme, d'Adam, que Dieu punit dans l'humanité qui en est sortie.

Cette solution ne satisfit qu'incomplètement les logiciens de l'école d'Alexandrie. Le grand Origène en souffrit cruellement. On sait que ce martyr volontaire, ne sachant comment échapper à la corruption innée de la nature humaine, eut recours au fer et se mutila. Il est plus facile de mutiler la chair que de mutiler la volonté. Ne pouvant se résigner à croire qu'une faute dure dans ceux qui ne l'ont pas commise, ne voulant point accuser Dieu, craignant de le trouver auteur du mal, et de rentrer ainsi dans le manichéisme, il aima mieux supposer que les âmes avaient péché dans une existence antérieure, et que les hommes étaient des anges tombés[2]. Si chaque homme est responsable pour lui-même, s'il est l'au-

---

1. *App.* 35. — 2. *App.* 36.

teur de sa chute, il faut qu'il le soit de son expiation, de sa rédemption, qu'il remonte à Dieu par la vertu. « Que Christ soit devenu Dieu, disait le disciple d'Origène, le maître de Pélage, l'audacieux Théodore de Mopsueste, je ne lui envie rien en cela; ce qu'il est devenu, je puis le devenir par les forces de ma nature. »

Cette doctrine, tout empreinte de l'héroïsme grec et de l'énergie stoïcienne, s'introduisit sans peine dans l'Occident, où elle fût née sans doute d'elle-même. Le génie celtique, qui est celui de l'individualité, sympathise profondément avec le génie grec. L'Église de Lyon fut fondée par les Grecs, ainsi que celle d'Irlande. Le clergé d'Irlande et d'Écosse n'eut pas d'autre langue pendant longtemps. Jean-le-Scot ou l'Irlandais renouvela les doctrines alexandrines au temps de Charles-le-Chauve. Nous suivrons ailleurs l'histoire de l'Église celtique.

L'homme qui proclama, au nom de cette Église, l'indépendance de la moralité humaine, ne nous est connu que par le surnom grec de *Pélagios* (l'Armoricain, c'est-à-dire l'homme des rivages de la mer [1]). On ne sait si c'était un laïque ou un moine. On avoue que sa vie était irréprochable. Son ennemi, saint Jérôme, représente ce champion de la liberté comme un géant; il lui attribue la taille, la force, les épaules

---

1. On l'appelait aussi Morgan (*môr*, mer, dans les langues celtiques). — Il avait eu pour maître l'origéniste Rufin, qui traduisit Origène en latin et publia pour sa défense une véhémente invective contre saint Jérôme. Ainsi Pélage recueille l'héritage d'Origène.

de Milon-le-Crotoniate. Il parlait avec peine, et pourtant sa parole était puissante [1]. Obligé par l'invasion des barbares de se réfugier dans l'Orient, il y enseigna ses doctrines, et fut attaqué par ses anciens amis, saint Jérôme et saint Augustin. Dans la réalité, Pélage, en niant le péché originel [2], rendait la rédemption inutile et supprimait le christianisme [3]. Saint Augustin, qui avait passé sa vie jusque-là à soutenir la liberté contre le fatalisme manichéen, en employa le reste à combattre la liberté, à la briser sous la grâce divine, au risque de l'anéantir. Le docteur africain fonda, dans ses écrits contre Pélage, ce fatalisme mystique, qui devait se reproduire tant de fois au moyen âge, surtout dans l'Allemagne, où il fut proclamé par Gotteschalk, Tauler, et tant d'autres, jusqu'à ce qu'il vainquît par Luther.

Ce n'était pas sans raison que le grand évêque d'Hippone, le chef de l'Église chrétienne, luttait si violemment contre Pélage. Réduire le christianisme à n'être qu'une philosophie, c'était le rendre moins puissant. Qu'eût servi le sec rationalisme des Pélagiens, à l'approche de l'invasion germanique? Ce n'était pas cette fière théorie de la liberté qu'il fallait prêcher aux conquérants de l'Empire, mais la dépen-

---

1. Saint Augustin.
2. Il ne peut y avoir de péché héréditaire, disait Pélage, car c'est la volonté seule qui constitue le péché. *App.* 37.
3. Origène, qui avait aussi nié le péché originel, avait pensé que l'incarnation était une pure allégorie. Du moins on le lui reprochait. Saint Augustin sentit bien la nécessité de cette conséquence. Voy. le traité : *De Naturâ et Gratiâ*.

dance de l'homme et la toute-puissance de Dieu.

Aussi le pélagianisme, accueilli d'abord avec faveur, et même par le pape de Rome, fut bientôt vaincu par la grâce. En vain il fit des concessions, et prit en Province la forme adoucie du semi-pélagianisme, essayant d'accorder et de faire concourir la liberté humaine et la grâce divine[1]. Malgré la sainteté du Breton Faustus[2], évêque de Riez, malgré le renom des évêques d'Arles, et la gloire de cet illustre monastère de Lérins[3], qui donna à l'Église douze archevêques, douze évêques et plus de cent martyrs, le

---

[1]. Le premier qui tenta cette conciliation difficile, ce fut le moine Jean Cassien, disciple de saint Jean Chrysostome, et qui plaida près du pape pour le tirer d'exil. Il avança que le premier mouvement vers le bien partait du libre arbitre, et que la grâce venait ensuite l'éclairer et le soutenir; il ne la crut pas, comme saint Augustin, gratuite et prévenante, mais seulement efficace. Il dédia un de ses livres à saint Honorat, qui avait, comme lui, visité la Grèce, et qui fonda Lérins, d'où devaient sortir les plus illustres défenseurs du semi-pélagianisme. La lutte s'engagea bientôt. Saint Prosper d'Aquitaine avait dénoncé à saint Augustin les écrits de Cassien, et tous deux s'étaient associés pour le combattre. Lérins leur opposa Vincent, et ce Faustus qui soutint contre Mamert Claudien la matérialité de l'âme, et qui écrivit, comme Cassien, contre Nestorius, etc. Arles et Marseille inclinaient au semi-pélagianisme. Le peuple d'Arles chassa son évêque, saint Héros, qui poursuivait Pélage, et choisit après lui saint Honorat; à saint Honorat succède saint Hilaire, son parent, qui soutint comme lui les opinions de Cassien, et fut comme lui enterré à Lérins, etc. Gennadius écrivit, au neuvième siècle, l'histoire du semi-pélagianisme.

[2]. En 447, saint Hilaire d'Arles l'oblige de s'asseoir, quoique simple prêtre, entre deux saints évêques, ceux de Fréjus et de Riez.

[3]. Lérins fut fondé par saint Honorat, dans le diocèse d'Antibes, à la fin du quatrième siècle. Saint Hilaire d'Arles, et saint Césaire, Sidonius de Clermont, Ennodius du Tésin, Honorat de Marseille, Faustus de Riez, appellent Lérins l'île bienheureuse, la terre des miracles, l'île des Saints (on donna aussi ce nom à l'Irlande), la demeure de ceux qui vivent en Christ, etc. — Lérins avait de grands rapports avec Saint-Victor de Marseille, fondé par Cassien, vers 410. — Les deux couvents furent une pépinière de libres penseurs.

mysticisme triompha. A l'approche des barbares, les disputes cessèrent, les écoles se fermèrent et se turent. C'était de foi, de simplicité, de patience que le monde avait alors besoin. Mais le germe était déposé, il devait fructifier dans son temps.

CHAPITRE IV

Récapitulation. — Systèmes divers. — Influence des races indigènes, des races étrangères. — Sources celtiques et latines de la langue française. — Destinée de la race celtique.

Le génie helléno-celtique s'est révélé par Pélage dans la philosophie religieuse; c'est celui du moi indépendant, de la personnalité libre. L'élément germanique, de nature toute différente, va venir lutter contre, l'obliger ainsi de se justifier, de se développer, de dégager tout ce qui est en lui. Le moyen âge est la lutte; le temps moderne est la victoire.

Mais avant d'amener les Allemands sur le sol de la Gaule, et d'assister à ce nouveau mélange, j'ai besoin de revenir sur tout ce qui précède, d'évaluer jusqu'à quel point les races diverses établies sur le sol gaulois avaient pu modifier le génie primitif de la contrée. de chercher pour combien ces races avaient contribué dans l'ensemble, quelle avait été la mise de chacune d'elles dans cette communauté, d'apprécier ce qui pouvait rester d'indigène sous tant d'éléments étrangers.

Divers systèmes ont été appliqués aux origines de la France.

Les uns nient l'influence étrangère; ils ne veulent point que la France doive rien à la langue, à la littérature, aux lois des peuples qui l'ont conquise. Que dis-je? s'il ne tenait qu'à eux, on retrouverait dans nos origines les origines du genre humain. Le Brigant et son disciple, La Tour d'Auvergne, le premier grenadier de la république, dérivent toutes les langues du Bas-Breton; intrépides et patriotes critiques, il ne leur suffit pas d'affranchir la France, ils voudraient lui conquérir le monde. Les historiens et les légistes sont moins audacieux. Cependant l'abbé Dubos ne veut point que la conquête de Clovis soit une conquête; Grosley affirme que notre Droit coutumier est antérieur à César.

D'autres esprits, moins chimériques peut-être, mais placés de même dans un point de vue exclusif et systématique, cherchent tout dans la tradition, dans les importations diverses du commerce ou de la conquête. Pour eux, notre langue française est une corruption du latin, notre droit une dégradation du droit romain ou germanique, nos traditions un simple écho des traditions étrangères. Ils donnent la moitié de la France à l'Allemagne, l'autre aux Romains; elle n'a rien à réclamer d'elle-même. Apparemment ces grands peuples celtiques, dont parle tant l'antiquité, c'était une race si abandonnée, si déshéritée de la nature, qu'elle aura disparu sans laisser trace. Cette Gaule, qui arma cinq cent mille hommes contre César, et qui paraît encore si peuplée sous l'Empire, elle a disparu tout entière, elle s'est fondue par le mélange de quelques légions romaines, ou des bandes de Clovis. Tous les Français du Nord descendent des Allemands, quoiqu'il y ait si peu d'allemand dans leur langue. La Gaule a péri, corps et biens, comme l'Atlantide. Tous les Celtes ont péri, et s'il en reste, ils n'échapperont pas aux traits de la critique moderne. Pinkerton ne les laisse pas reposer dans le tombeau; c'est un vrai Saxon acharné sur eux, comme l'Angleterre sur l'Irlande. Ils n'ont eu, dit-il, rien en propre, aucun génie original; tous les *gentlemen* descendent des Goths (ou des Saxons, ou des Scythes; c'est pour lui la même chose). Il voudrait, dans son amusante fureur, qu'on instituât des chaires de langue celtique « pour qu'on apprît à se moquer des Celtes ».

Nous ne sommes plus au temps où l'on pouvait choisir entre les deux systèmes, et se déclarer partisan exclusif du génie indigène, ou des influences extérieures. Des deux côtés, l'histoire et le bon sens résistent. Il est évident que les Français ne sont plus les Gaulois; on chercherait en vain, parmi nous, ces grands corps blancs et mous, ces géants enfants qui s'amusèrent à brûler Rome. D'autre part, le génie français est profondément distinct du génie romain ou germanique; ils sont impuissants pour l'expliquer.

Nous ne prétendons pas rejeter des faits incontestables; nul doute que notre patrie ne doive beaucoup à l'influence étrangère. Toutes les races du monde ont contribué pour doter cette Pandore.

La base originaire, celle qui a tout reçu, tout accepté, c'est cette jeune, molle et mobile race des Gaëls, bruyante, sensuelle et légère, prompte à apprendre, prompte à dédaigner, avide de choses nouvelles. Voilà l'élément primitif, l'élément perfectible.

Il faut à de tels enfants des précepteurs sévères. Ils en recevront et du Midi et du Nord. La mobilité sera fixée, la mollesse durcie et fortifiée; il faut que la raison s'ajoute à l'instinct, à l'élan la réflexion.

Au Midi apparaissent les Ibères de Ligurie et des Pyrénées, avec la dureté et la ruse de l'esprit montagnard, puis les colonies phéniciennes; longtemps après viendront les Sarrasins. Le midi de la France prend de bonne heure le génie mercantile des nations sémitiques. Les juifs du moyen âge s'y sont trouvés comme chez eux[1]. Les doctrines orientales y ont pris pied sans peine, à l'époque des Albigeois.

Du Nord, descendent de bonne heure les opiniâtres Kymry, ancêtres de nos Bretons et des Gallois d'Angleterre. Ceux-ci ne veulent point passer en vain sur la terre, il leur faut des monuments; ils dressent les aiguilles de Loc maria ker, et les alignements de Carnac; rudes et muettes pierres, impuissants essais de tradition que la postérité n'entendra pas. Leur druidisme parle de l'immortalité; mais il ne peut pas

---

[1]. Ils y ont été souvent maltraités, il est vrai, mais bien moins qu'ailleurs. Ils ont eu des écoles à Montpellier, et dans plusieurs autres villes de Languedoc et de Provence.

même fonder l'ordre dans la vie présente; il aura seulement décelé le germe moral qui est en l'homme barbare, comme le gui, perçant la neige, témoigne pendant l'hiver de la vie qui sommeille. Le génie guerrier l'emporte encore. Les Bolg descendent du Nord, l'ouragan traverse la Gaule, l'Allemagne, la Grèce, l'Asie Mineure; les Galls suivent, la Gaule déborde par le monde. C'est une vie, une sève exubérante, qui coule et se répand. Les Gallo-Belges ont l'emportement guerrier et la puissance prolifique des Bolg modernes de Belgique et d'Irlande. Mais l'impuissance sociale de l'Irlande et de la Belgique est déjà visible dans l'histoire des Gallo-Belges de l'antiquité. Leurs conquêtes sont sans résultat. La Gaule est convaincue d'impuissance pour l'acquisition comme pour l'organisation. La société naturelle et guerrière du clan prévaut sur la société élective et sacerdotale du druidisme. Le clan, fondé sur le principe d'une parenté vraie ou fictive, est la plus grossière des associations; le sang, la chair en est le lien; l'union du clan se résume en un chef, en un homme [1].

Il faut qu'une société commence, où l'homme se voue, non plus à l'homme, mais à une idée. D'abord, idée d'ordre civil. Les *agrimensores* romains viendront derrière les légions mesurer, arpenter, orienter selon leurs rites antiques, les colonies d'Aix, de Narbonne, de Lyon. La cité entre dans la Gaule, la Gaule entre

---

1. Indépendamment de ce lien commun, quelques-uns se voueront à cet homme qui les nourrit, qu'ils aiment. Ainsi prendront naissance les *dévoués* des Galls et des Aquitains. *App.* 38.

dans la cité. Ce grand César, après avoir désarmé la Gaule par cinquante batailles et la mort de quelques millions d'hommes, lui ouvre les légions et la fait entrer, à portes renversées, dans Rome et dans le sénat. Voilà les Gaulois-Romains qui deviennent orateurs, rhéteurs, juristes. Les voilà qui priment leurs maîtres, et enseignent le latin à Rome elle-même. Ils y apprennent, eux, l'égalité civile sous un chef militaire; ils apprennent ce qu'ils avaient déjà dans leur génie niveleur. Ne craignez pas qu'ils oublient jamais.

Toutefois la Gaule n'aura conscience de soi qu'après que l'esprit grec l'aura éveillée. Antonin le Pieux est de Nîmes. Rome a dit : la Cité. La Grèce stoïcienne dit par les Antonins : la Cité du monde. La Grèce chrétienne le dit bien mieux encore par saint Pothin et saint Irénée, qui, de Smyrne et de Patmos, apportent à Lyon le verbe de Christ. Verbe mystique, verbe d'amour, qui propose à l'homme fatigué de se reposer, de s'endormir en Dieu, comme Christ lui-même, au jour de la cène, posa la tête sur le sein de celui qu'il aimait. Mais il y a dans le génie kymrique, dans notre dur Occident, quelque chose qui repousse le mysticisme, qui se roidit contre la douce et absorbante parole, qui ne veut point se perdre au sein du Dieu moral que le christianisme lui apporte, pas plus qu'il n'a voulu subir le Dieu-nature des anciennes religions. Cette réclamation obstinée du moi, elle a pour organe Pélage, héritier du Grec Origène.

Si ces raisonneurs triomphaient, ils fonderaient la liberté avant que la société ne soit assise. Il faut de plus dociles auxiliaires à l'Église, qui va refaire un monde. Il faut que les Allemands viennent; quels que soient les maux de l'invasion, ils seconderont bientôt l'Église. Dès la seconde génération, ils sont à elle. Il lui suffit de les toucher, les voilà vaincus. Ils vont rester mille ans enchantés. *Courbe la tête, doux Sicambre...* Le Celte indocile n'a pas voulu la courber. Ces barbares, qui semblaient prêts à tout écraser, ils deviennent, qu'ils le sachent ou non, les dociles instruments de l'Église. Elle emploiera leurs jeunes bras pour forger le lien d'acier qui va unir la société moderne. Le marteau germanique de Thor et de Charles-Martel va servir à marteler, dompter, discipliner le génie rebelle de l'Occident.

Telle a été l'accumulation des races dans notre Gaule. Races sur races, peuples sur peuples; Galls, Kymry, Bolg, d'autre part Ibères, d'autres encore, Grecs, Romains; les Germains viennent les derniers. Cela dit, a-t-on dit la France? Presque tout est à dire encore. La France s'est faite elle-même de ces éléments dont tout autre mélange pouvait résulter. Les mêmes principes chimiques composent l'huile et le sucre. Les principes donnés, tout n'est pas donné; reste le mystère de l'existence propre et spéciale. Combien plus doit-on en tenir compte, quand il s'agit d'un mélange vivant et actif, comme une nation; d'un mélange susceptible de se travailler, de se modifier? Ce travail, ces modifications successives, par lesquels notre patrie va se transformant, c'est le sujet de l'histoire de France.

Ne nous exagérons donc ni l'élément primitif du génie celtique, ni les additions étrangères. Les Celtes y ont fait sans doute, Rome aussi, la Grèce aussi, les Germains encore. Mais qui a uni, fondu, dénaturé ces éléments, qui les a transmués, transfigurés, qui en a fait un corps, qui en a tiré notre France? La France elle-même, par ce travail intérieur, par ce mystérieux enfantement mêlé de nécessité et de liberté, dont l'histoire doit rendre compte. Le gland primitif est peu de chose en comparaison du chêne gigantesque qui en est sorti. Qu'il s'enorgueillisse, le chêne vivant qui s'est cultivé, qui s'est fait et se fait lui-même!

Et d'abord, est-ce aux Grecs qu'on veut rapporter la civilisation primitive des Gaules? On s'est évidemment exagéré l'influence de Marseille. Elle put introduire quelques mots grecs dans l'idiome celtique [1]; les Gaulois, faute d'écriture nationale, purent dans les occasions solennelles emprunter les caractères grecs [2]; mais le génie hellénique était trop dédaigneux des barbares pour gagner sur eux une influence réelle. Peu nombreux, traversant le pays avec défiance et seulement pour les besoins de leur commerce, les Grecs différaient trop des Gaulois, et de race et de langue; ils leur étaient trop supérieurs pour s'unir intimement avec eux. Il en était d'eux comme des Anglo-Américains à l'égard des sauvages leurs voisins; ceux-ci s'enfoncent dans les terres et disparaissent peu à peu, sans participer à cette civilisation dispro-

---

1. *App.* 39. — 2. Strabon.

portionnée, dont on avait voulu les pénétrer tout d'un coup.

C'est assez tard, et surtout par la philosophie, par la religion, que la Grèce a influé sur la Gaule. Elle a aidé Pélage, mais seulement à formuler ce qui était déjà dans le génie national. Puis, les barbares sont venus, et il a fallu des siècles pour que la Gaule ressuscitée se souvînt encore de la Grèce.

L'influence de Rome est plus directe; elle a laissé une trace plus forte dans les mœurs, dans le droit et dans la langue. C'est encore une opinion populaire que notre langue est toute latine. N'y a-t-il pas ici pourtant une étrange exagération?

Si nous en croyons les Romains, leur langue prévalut dans la Gaule[1], comme dans tout l'Empire. Les vaincus étaient censés avoir perdu leur langue, en même temps que leurs dieux. Les Romains ne voulaient pas savoir s'il existait d'autre langue que la leur. Leurs magistrats répondaient aux Grecs en latin. C'est en latin, dit le Digeste, que les préteurs doivent interpréter les lois.

Ainsi les Romains n'entendant plus que leur langue dans les tribunaux, les prétoires et les basiliques, s'imaginèrent avoir éteint l'idiome des vaincus. Toutefois plusieurs faits indiquent ce que l'on doit penser de cette prétendue universalité de la langue latine. Les Lyciens rebelles ayant envoyé un des leurs, qui était citoyen romain, pour demander grâce, il se trouva

---

1. *App.* 40.

que le citoyen ne savait pas la langue de la Cité[1]. Claude s'aperçut qu'il avait donné le gouvernement de la Grèce, une place si éminente, à un homme qui ne savait pas le latin. Strabon remarque que les tribus de la Bétique, que la plupart de celles de la Gaule méridionale, avaient adopté la langue latine; la chose n'était donc pas si commune, puisqu'il prend la peine de la remarquer. « J'ai appris le latin, dit saint Augustin, sans crainte ni châtiment, au milieu des caresses, des sourires et des jeux de mes nourrices. » C'est justement la méthode dont se félicite Montaigne. Il paraît que l'acquisition de cette langue était ordinairement plus pénible; autrement saint Augustin n'en ferait pas la remarque.

Que Martial se félicite de ce qu'à Vienne tout le monde avait son livre dans les mains; que saint Jérôme écrive en latin à des dames gauloises, saint Hilaire et saint Avitus à leurs sœurs, Sulpice Sévère à sa belle-mère; que Sidonius recommande aux femmes la lecture de saint Augustin, tout cela prouve uniquement ce dont personne n'est tenté de douter, c'est que les gens distingués du midi des Gaules, surtout dans les colonies romaines, comme Lyon, Vienne, Narbonne, parlaient le latin de préférence.

Quant à la masse du peuple, je parle surtout des Gaulois du Nord, il est difficile de supposer que les Romains aient envahi la Gaule en assez grand nombre pour lui faire abandonner l'idiome national. Les règles

---

[1]. Dion Cassius.

judicieuses posées par M. Abel Rémusat nous apprennent qu'en général une langue étrangère se mêle à la langue indigène en proportion du nombre de ceux qui l'apportent dans le pays. On peut même ajouter, dans le cas particulier qui nous occupe ici, que les Romains, enfermés dans les villes ou dans les quartiers de leurs légions, doivent avoir eu peu de rapports avec les cultivateurs esclaves, avec les colons demi-serfs qui étaient dispersés dans les campagnes. Parmi les hommes même des villes, parmi les gens distingués, dans le langage de ces faux Romains qui parvinrent aux dignités de l'Empire, nous trouvons des traces de l'idiome national. Le Provençal Cornélius Gallus, consul et préteur, employait le mot gaulois *casnar* pour *assectator puellæ;* Quintilien lui en fait reproche. Antonius Primus, ce Toulousain dont la victoire valut l'Empire à Vespasien, s'appelait originairement *Bec*, mot gaulois qui se retrouve dans tous les dialectes celtiques ainsi qu'en français. En 230, Septime-Sévère ordonne que les fidéicommis seront admis, non seulement en latin et en grec, mais aussi *linguâ gallicanâ*[1]. Nous avons vu plus haut une druidesse parler en *langue gauloise* à l'empereur Alexandre-Sévère. En 473, l'évêque de Clermont, Sidonius Apollinaris, remercie son beau-frère, le puissant Ecdicius, de ce qu'il a fait déposer à la noblesse arverne la rudesse du langage celtique.

Quelle était, dira-t-on, cette langue vulgaire des

---

1. *App.* 41.

Gaulois? Y a-t-il lieu de croire qu'elle ait été analogue aux dialectes gallois et breton, irlandais et écossais? On serait tenté de le penser. Les mots *Bec*, *Alp*, *bardd*, *derwidd* (druide); *argel* (souterrain), *trimarkisia* (trois cavaliers)[1]; une foule de noms de lieux indiqués dans les auteurs classiques, s'y retrouvent encore aujourd'hui sans changement.

Ces exemples suffisent pour rendre vraisemblable la perpétuité des langues celtiques et l'analogie des anciens dialectes gaulois avec ceux que parlent les populations modernes de Galles et Bretagne, d'Écosse et Irlande. L'induction ne semblera pas légère à ceux qui connaissent la prodigieuse obstination de ces peuples, leur attachement à leurs traditions anciennes et leur haine de l'étranger.

Un caractère remarquable de ces langues, c'est leur frappante analogie avec les langues latine et grecque. Le premier vers de l'*Énéide*, le *fiat lux* en latin et en grec, se trouvent être presque gallois et irlandais[2]. On serait tenté d'expliquer ces analogies par l'influence ecclésiastique, si elles ne portaient que sur les mots scientifiques ou relatifs au culte; mais vous les rencontrez également dans ceux qui se rapportent aux affections intimes ou aux circonstances de l'existence locale[3]. On les retrouve en même temps chez des peuples qui ont éprouvé fort inégalement l'influence des vainqueurs et celle de l'Église, dans des pays à peu près sans communication et placés dans des situa-

---

1. *App.* 42. — 2. *App.* 43. — 3. *App.* 44.

tions géographiques et politiques très diverses, par exemple, chez nos Bretons continentaux et chez les Irlandais insulaires.

Une langue si analogue au latin a pu fournir à la nôtre un nombre considérable de mots, qui, à la faveur de leur physionomie latine, ont été rapportés à la langue savante, à la langue du droit et de l'Église, plutôt qu'aux idiomes obscurs et méprisés des peuples vaincus. La langue française a mieux aimé se recommander de ses liaisons avec cette noble langue romaine que de sa parenté avec des sœurs moins brillantes. Toutefois, pour affirmer l'origine latine d'un mot, il faut pouvoir assurer que le même mot n'est pas encore plus rapproché des dialectes celtiques [1]. Peut-être devrait-on préférer cette dernière source, quand y a lieu d'hésiter entre l'une et l'autre; car apparemment les Gaulois ont été plus nombreux en Gaule que les Romains leurs vainqueurs. Je veux bien qu'on hésite encore, lorsque le mot français se trouve en latin et en breton seulement; à la rigueur, le breton et le français peuvent l'avoir reçu du latin. Mais quand ce mot se retrouve dans le dialecte gallois, frère du breton, il est très probable qu'il est indigène, et que le français l'a reçu du vieux celtique. La probabilité devient presque une certitude, quand ce mot existe en même temps dans les dialectes gaéliques de la haute Écosse et de l'Irlande. Un mot français qui se retrouve dans ces contrées lointaines et maintenant

---

1. *App.* 45.

si isolées de la France, doit remonter à une époque où la Gaule, la Grande-Bretagne et l'Irlande étaient encore sœurs, où elles avaient une population, une religion, une langue analogues, où l'union du monde celtique n'était pas rompue encore [1].

De tout ce qui précède, il suit nécessairement que l'élément romain n'est pas tout, à beaucoup près, dans notre langue. Or, la langue est la représentation fidèle du génie des peuples, l'expression de leur caractère, la révélation de leur existence intime, leur Verbe, pour ainsi dire. Si l'élément celtique a persisté dans la langue, il faut qu'il ait duré ailleurs encore [2], qu'il ait survécu dans les mœurs comme dans le langage, dans l'action comme dans la pensée.

J'ai parlé ailleurs de la ténacité celtique. Qu'on me permette d'y revenir encore, d'insister sur l'opiniâtre génie de ces peuples. Nous comprendrons mieux la France si nous caractérisons fortement le point d'où elle est partie. Les Celtes mixtes qu'on appelle Français, s'expliquent en partie par les Celtes purs, Bretons et Gallois, Écossais et Irlandais. Il me coûterait d'ailleurs de ne pas dire ici un adieu solennel à ces populations, dont l'invasion germanique doit isoler notre France. Qu'on me permette de m'arrêter et de dresser une pierre au carrefour où les peuples frères vont se séparer pour prendre des routes si diverses et suivre

---

1. *App.* 46.
2. Bien entendu (je m'en suis déjà expliqué) que les germes primitifs sont peu de chose en comparaison de tous les développements qu'en a tirés le travail spontané de la liberté humaine.

une destinée si opposée. Tandis que la France, subissant les longues et douloureuses initiations de l'invasion germanique et de la féodalité, va marcher du servage à la liberté et de la honte à la gloire, les vieilles populations celtiques, assises aux roches paternelles et dans la solitude de leurs îles, restent fidèles à la poétique indépendance de la vie barbare, jusqu'à ce que la tyrannie étrangère vienne les y surprendre. Voilà des siècles que l'Angleterre les y a en effet surprises, accablées. Elle frappe infatigablement sur elles, comme la vague brise à la pointe de Bretagne ou de Cornouailles. La triste et patiente Judée, qui comptait ses âges par ses *servitudes*, n'a pas été plus durement battue de l'Asie. Mais il y a une telle vertu dans le génie celtique, une telle puissance de vie en ces races, qu'elles durent sous l'outrage, et gardent leurs mœurs et leur langue.

Race de pierre[1], immuables comme leurs rudes monuments druidiques, qu'ils révèrent encore[2]. Le jeu des montagnards d'Écosse, c'est de soulever la roche sur la roche, et de bâtir un petit dolmen à l'imitation des dolmens antiques[3]. Le Galicien, qui émigre chaque année, laisse une pierre, et sa vie est repré-

---

1. Telle terre, telle race. L'idée de la délivrance, dit Turner, ravissait les Kymry dans leur sauvage pays de Galles, dans leur paradis de pierre; *stony Wales*, selon l'expression de Taliesin.
2. J. Logan : « Les Gaëls remarquent soigneusement que ceux qui ont porté la main sur les pierres druidiques n'ont jamais prospéré. »
3. Logan : CLACH CUID FIR, c'est lever une grosse pierre du poids de deux cents livres environ, et la mettre sur une autre d'environ quatre pieds de haut. Un jeune homme qui est capable de le faire est désormais compté pour un homme, et il peut alors porter un bonnet. — Ne semble-t-il pas que les cromlechs soient les jeux des géants?

sentée par un monceau[1]. Les highlanders vous disent en signe d'amitié : « J'ajouterai une pierre à votre *cairn* (monument funèbre)[2]. » Au dernier siècle, ils ont encore rétabli le tombeau d'Ossian, déplacé par l'impiété anglaise. La pierre monumentale d'Ossian (*clachan Ossian*) se trouvant dans la ligne d'une route militaire, le général Wade la fit enlever; on trouva dessous des restes humains avec douze fers de flèche. Les montagnards indignés vinrent, au nombre d'environ quatre-vingts, les recueillir, et ils les emportèrent, au son de la cornemuse, dans un cercle de larges pierres, au sommet d'un roc, dans les déserts du Glen-Amon occidental. La pierre, entourée de quatre autres plus petites et d'une espèce d'enclos, garde le nom de *cairn na huseoig*, le cairn de l'hirondelle[3].

Le duc d'Athol, descendant des rois de l'île de Man, siège encore aujourd'hui, le visage tourné vers le levant[4], sur le tertre du Tynwald. Naguère les églises servaient de tribunaux en Irlande[5]. La trace du culte du feu se trouve partout chez ces peuples, dans la langue, dans les croyances et les traditions[6]. Pour notre Bretagne, je rapporterai, au commencement du second volume, des faits nombreux qui prouvent quelle est la ténacité de l'esprit breton.

Il semble qu'une race qui ne changeait pas lorsque tout changeait autour d'elle eût dû vaincre par sa persistance seule, et finir par imposer son génie au monde. Le

---

1. Humboldt, *Recherches sur la langue des Basques.*
2. Logan. — 3. *Ibid.* — 4. Id. — 5. *App.* 47.
6. Voy. les Éclaircissements.

contraire est arrivé ; plus cette race s'est isolée, plus elle a conservé son originalité primitive, et plus elle a tombé et déchu. Rester original, se préserver de l'influence étrangère, repousser les idées des autres, c'est demeurer incomplet et faible. Voilà aussi ce qui a fait tout à la fois la grandeur et la faiblesse du peuple juif. Il n'a eu qu'une idée, l'a donnée aux nations, mais n'a presque rien reçu d'elles ; il est toujours resté lui, fort et borné, indestructible et humilié, ennemi du genre humain et son esclave éternel. Malheur à l'individualité obstinée qui veut être à soi seule, et refuse d'entrer dans la communauté du monde.

Le génie de nos Celtes, je parle surtout des Gaëls, est fort et fécond, et aussi fortement incliné à la matière, à la nature, au plaisir, à la sensualité. La génération et le plaisir de la génération tiennent grande place chez ces peuples. J'ai parlé ailleurs des mœurs des Gaëls antiques et de l'Irlande ; la France en tient beaucoup ; le *Vert galant* est le roi national. C'était chose commune au moyen âge en Bretagne d'avoir une douzaine de femmes [1]. Ces gens de guerre, qui se louaient partout [2], ne craignaient pas de faire des soldats. Partout chez les nations celtiques les bâtards succédaient, même comme rois, comme chefs de clan. La femme, objet du plaisir, simple jouet de volupté, ne semble pas avoir eu chez ces peuples la même dignité que chez les nations germaniques [3].

Ce génie matérialiste n'a pas permis aux Celtes de

---

1. *App.* 48. — 2. *App.* 49. — 3. *App.* 50.

céder aisément aux droits qui ne se fondent que sur une idée. Le droit d'aînesse leur est odieux. Ce droit n'est autre, originairement, que l'indivisibilité du foyer sacré, la perpétuité du dieu paternel[1]. Chez nos Celtes les parts sont égales entre les frères, comme également longues sont leurs épées. Vous ne leur feriez pas entendre aisément qu'un seul doive posséder. Cela est plus aisé chez la race germanique[2]; l'aîné pourra nourrir ses frères et ils se tiendront contents de garder leur petite place à la table et au foyer fraternel[3].

Cette loi de succession égale, qu'ils appellent le *gabailcine*[4], et que les Saxons ont pris d'eux, surtout dans le pays de Kent (*gavelkind*), impose à chaque génération une nécessité de partage, et change à chaque instant l'aspect de la propriété. Lorsque le possesseur commençait à bâtir, cultiver, améliorer, la mort l'emporte, divise, bouleverse, et c'est encore à recommencer. Le partage est aussi l'occasion d'une infinité de haines et de disputes. Ainsi cette loi de succession égale qui, dans une société mûre et assise, fait aujourd'hui la beauté et la force de notre France, c'était chez les populations barbares une cause continuelle de troubles, un obstacle invincible au progrès, une révolution éternelle. Les terres qui y étaient soumises sont

---

1. Dans l'Italie antique, DEIVEI PARENTES. Voy. la lettre de Cornélie à Caïus Gracchus.
2. *App.* 51.
3. Ou bien ils émigrent. De là, le *wargus* germanique, le *ver sacrum* des nations italiques. Le droit d'aînesse, qui équivaut souvent à la proscription, au bannissement des cadets, devient ainsi un principe fécond de colonies.
4. *App.* 52.

restées longtemps à demi incultes et en pâturages[1].

Quels qu'aient été les résultats, c'est une gloire pour nos Celtes d'avoir posé dans l'Occident la loi de l'égalité. Ce sentiment du droit personnel, cette vigoureuse réclamation du moi que nous avons signalée déjà dans la philosophie religieuse, dans Pélage, elle reparaît ici plus nettement encore. Elle nous donne en grande partie le secret des destinées des races celtiques. Tandis que les familles germaniques s'immobilisaient, que les biens s'y perpétuaient, que des agrégations se formaient par les héritages, les familles celtiques s'en allaient se divisant, se subdivisant, s'affaiblissant. Cette faiblesse tenait principalement à l'égalité, à l'équité des partages. Cette loi d'équité précoce a fait la ruine de ces races. Qu'elle soit leur gloire aussi, qu'elle leur vaille au moins la pitié et le respect des peuples auxquels elles ont de si bonne heure montré un tel idéal.

Cette tendance à l'égalité, au nivellement, qui en droit isolait les hommes, aurait eu besoin d'être balancée par une vive sympathie qui les rapprochât, de sorte que l'homme, affranchi de l'homme par l'équité de la loi, se rattachât à lui par un lien volontaire. C'est ce qui s'est vu à la longue dans notre France, et c'est là ce qui explique sa grandeur. Par là nous sommes une nation, tandis que les Celtes purs en sont restés au clan. La petite société du clan, formée par le lien grossier d'une parenté réelle ou fictive[2], s'est trouvée

---

1. *App.* 53. — 2. *App.* 54.

incapable de rien admettre au dehors, de se lier à rien d'étranger. Les dix mille hommes du clan des Campbell ont tous été cousins du chef[1], se sont tous appelés Campbell, et n'ont voulu rien connaître au delà ; à peine se sont-ils souvenus qu'ils étaient Écossais. Ce petit et sec noyau du clan s'est trouvé à jamais impropre à s'agréger. On ne peut guère bâtir avec des cailloux, le ciment ne s'y marie pas[2] ; au contraire la brique romaine a si bien pris au ciment, qu'aujourd'hui ciment et brique forment ensemble dans les monuments un seul morceau, un bloc indestructible.

Devenues chrétiennes, les populations celtiques devaient, ce semble, s'amollir, se rapprocher, se lier. Il n'en a pas été ainsi. L'Église celtique a participé de la nature du clan. Féconde et ardente d'abord, on eût dit qu'elle allait envahir l'Occident. Les doctrines pélagiennes avaient été avidement reçues en Provence, mais ce fut pour y mourir. Plus tard encore, au milieu des invasions allemandes qui arrivent de l'Orient, nous voyons l'Église celtique s'ébranler de l'Occident, de l'Irlande. D'intrépides et ardents missionnaires abordent, animés de dialectique et de poésie. Rien de plus bizarrement poétique que les barbares odyssées de ces saints aventuriers, de ces oiseaux voyageurs qui vien-

---

1. Aussi l'obéissance de ces cousins n'est-elle pas sans indépendance et sans fierté. Un proverbe celtique dit : « Plus forts que le laird sont ses vassaux. » (Logan.) — *App.* 55.

2. Proverbe breton : Cent pays, cent modes ; cent paroisses, cent églises :

Kant brot, kant kis ;
Kant parrez, kant illis.

Proverbe gallois : Deux Welches ne resteront pas en bon accord.

nent s'abattre sur la Gaule, avant, après saint Colomban ; l'élan est immense, le résultat petit. L'étincelle tombe en vain sur ce monde tout trempé du déluge de la barbarie germanique. Saint Colomban, dit le biographe contemporain, eut l'idée de passer le Rhin, et d'aller convertir les Suèves ; un songe l'en empêcha. Ce que les Celtes ne font pas, les Allemands le feront eux-mêmes. L'Anglo-Saxon saint Boniface convertira ceux que Colomban a dédaignés. Colomban passe en Italie, mais c'est pour combattre le pape. L'Église celtique s'isole de l'Église universelle : elle résiste à l'unité ; elle se refuse à s'agréger, à se perdre humblement dans la catholicité européenne. Les culdées d'Irlande et d'Écosse, mariés, indépendants sous la règle même, réunis douze à douze en petits clans ecclésiastiques, doivent céder à l'influence des moines anglo-saxons, disciplinés par les missions romaines.

L'Église celtique périra comme l'État celtique a déjà péri. Ils avaient en effet essayé, quand les Romains sortirent de l'île, de former une sorte de république[1]. Les Cambriens et les Loégriens (Galles et Angleterre) s'unirent un instant sous le Loégrien Wortiguern, pour résister aux Pictes et Scots du Nord. Mais Wortiguern, mal secondé des Cambriens, fut obligé d'appeler les Saxons, qui, d'auxiliaires, devinrent bientôt ennemis. La Loégrie conquise, la Cambrie résista, sous le fameux Arthur. Elle lutta deux cents ans. Les Saxons eux-mêmes devaient être soumis en une seule bataille

---

1. *App.* 56.

par Guillaume-le-Bâtard, tant la race germanique est moins propre à la résistance ! Les Francs établis dans la Gaule ont de même été subjugués, transformés dès la seconde génération, par l'influence ecclésiastique.

Les Cambriens ont résisté deux cents ans par les armes et plus de mille ans par l'espérance. L'indomptable espérance (*inconquerable will*. Milton) a été le génie de ces peuples. Les *Saoson* (Saxons, Anglais, dans les langues d'Écosse et de Galles) croient qu'Arthur est mort ; ils se trompent, Arthur vit et attend. Des pèlerins l'ont trouvé en Sicile, enchanté sous l'Etna. Le sage des sages, le druide Myrdhyn est aussi quelque part. Il dort sous une pierre dans la forêt ; c'est la faute de sa Vyvyan ; elle voulut éprouver sa puissance, et demanda au sage le mot fatal qui pouvait l'enchaîner ; lui qui savait tout, n'ignorait pas non plus l'usage qu'elle devait en faire. Il le lui dit pourtant, et, pour lui complaire, se coucha lui-même dans son tombeau [1].

En attendant le jour de sa résurrection, elle chante et pleure cette grande race [2]. Ses chants sont pleins de larmes, comme ceux des Juifs aux fleuves de Babylone. Le peu de fragments ossianiques qui sont réellement antiques portent ce caractère de mélancolie. Nos Bretons, moins malheureux, sont dans leur langage pleins de paroles tristes ; ils sympathisent avec la nuit,

---

1. C'est l'histoire d'Adam et Ève, de Samson et Dalila, d'Hercule et Omphale ; mais la légende celtique est la plus touchante. M. Quinet l'a reprise et agrandie dans son dernier poème : *Merlin l'enchanteur* (1860). Ce n'est pas dans une note qu'on peut parler d'un tel livre, l'une des œuvres capitales du siècle. — 2. *App.* 57.

avec la mort : « Je ne dors jamais, dit leur proverbe, que je ne meure de mort amère. » Et à celui qui passe sur une tombe : « Retirez-vous de dessus mon trépassé! » « La terre, disent-ils encore, est trop vieille pour produire. »

Ils n'ont pas grand sujet d'être gais; tout a tourné contre eux. La Bretagne et l'Écosse se sont attachées volontiers aux partis faibles, aux causes perdues. Les chouans ont soutenu les Bourbons, les highlanders les Stuarts. Mais la puissance de faire des rois s'est retirée des peuples celtiques depuis que la mystérieuse pierre, jadis apportée d'Irlande en Écosse, a été placée à Westminster[1].

De toutes les populations celtiques, la Bretagne est la moins à plaindre, elle a été associée depuis longtemps à l'égalité. La France est un pays humain et généreux. — Les Kymry de Galles encore ont été, sous leurs Tudors (depuis Henri VIII), admis à partager les droits de l'Angleterre. Toutefois c'est dans des torrents de sang, c'est par le massacre des Bardes que l'Angleterre préluda à cette heureuse fraternité. Elle est peut-être plus apparente que réelle[2]. — Que dire de la Cornouailles, si longtemps le Pérou de l'Angleterre, qui ne voyait en elle que ses mines? Elle a fini par perdre sa langue : « Nous ne sommes plus que quatre ou cinq qui parlons la langue du

---

1. *App.* 58.
2. Les Tudors ont mis le dragon gallois dans les armes d'Angleterre, que les Stuarts ont ensuite ornées du triste chardon de l'Écosse; mais les farouches léopards ne les ont pas admis sur le pied de l'égalité, pas plus que la harpe irlandaise.

pays, disait un vieillard en 1776, et ce sont de vieilles gens comme moi, de soixante à quatre-vingts ans; tout ce qui est jeune n'en sait plus un mot[1]. »

Bizarre destinée du monde celtique! De ses deux moitiés, l'une, quoiqu'elle soit la moins malheureuse, périt, s'efface, ou du moins perd sa langue, son costume et son caractère. Je parle des highlanders de l'Écosse et des populations de Galles, Cornouailles et Bretagne [2]. C'est l'élément sérieux et moral de la race. Il semble mourant de tristesse, et bientôt éteint. L'autre, plein d'une vie, d'une sève indomptable, multiplie et croît en dépit de tout. On entend bien que je parle de l'Irlande.

L'Irlande! pauvre vieille aînée de la race celtique, si loin de la France, sa sœur, qui ne peut la défendre à travers les flots! L'*Ile des Saints*[3], *l'émeraude des mers*, la toute féconde Irlande, où les hommes poussent comme l'herbe, pour l'effroi de l'Angleterre, à qui chaque jour on vient dire : Ils sont encore un million de plus! la patrie des poètes, des penseurs hardis, de Jean-l'Érigène, de Berkeley, de Toland, la patrie de Moore, la patrie d'O'Connell! peuple de parole éclatante et d'épée rapide, qui conserve encore dans cette vieillesse du monde la puissance poétique. Les Anglais peuvent rire quand ils entendent, dans quelque obscure maison de leurs villes, la veuve irlandaise improviser le *coronach* sur le corps de son

---

1. Mémoires de la Société des Antiquaires de Londres.
2. *App.* 59. — 3. *App.* 60.

époux[1] ; *pleurer à l'irlandaise* (to weep irish), c'est chez eux un mot de dérision. Pleurez, pauvre Irlande, et que la France pleure aussi en voyant à Paris, sur la porte de la maison qui reçoit vos enfants, cette harpe qui demande secours. Pleurons de ne pouvoir leur rendre le sang qu'ils ont versé pour nous. C'est donc en vain que quatre cent mille Irlandais ont combattu en moins de deux siècles dans nos armées[2]. Il faut que nous assistions sans mot dire aux souffrances de l'Irlande. Ainsi nous avons depuis longtemps négligé, oublié les Écossais, nos anciens alliés. Cependant les montagnards d'Écosse auront tout à l'heure disparu du monde[3]. Les hautes terres se dépeuplent tous les jours. Les grandes propriétés qui perdirent Rome, ont aussi dévoré l'Écosse[4]. Telle terre a quatre-vingt-seize milles carrés, une autre vingt mille de long sur trois de large. Les Highlanders ne seront bientôt plus que dans l'histoire et dans Walter Scott. On se met sur les portes à Édimbourg quand on

---

1. Logan. C'est une improvisation en vers sur les vertus du mort. A la fin de chaque stance, un chœur de femmes pousse un cri plaintif. Dans les cantons éloignés d'Irlande, on s'adresse au mort et on lui reproche d'être mort, quoiqu'il eût une bonne femme, une vache à lait, de beaux enfants, et sa suffisance de pommes de terre.

2. *App.* 61.

3. Logan : « Aujourd'hui les montagnards d'Écosse sont obligés, par la misère, d'émigrer ; les terres se changent partout en pâturages ; les régiments peuvent à peine s'y lever. Le piobrach peut sonner : les guerriers n'y répondront pas. »

4. Latifundia perdidere Italiam. (Pline.) — En Écosse, les lairds se sont approprié les terres de leurs clans ; ils ont converti leur suzeraineté en propriété. — En Bretagne, au contraire, beaucoup de fermiers qui tenaient la terre à titre de *domaine congéable*, sont devenus propriétaires ; les anciens propriétaires ont été dépouillés comme seigneurs féodaux.

voit passer le tartan et la claymore. Ils disparaissent, ils émigrent; la cornemuse ne fait plus entendre qu'un air dans les montagnes [1] :

« Cha till, cha till, cha till sin tuile : »
Nous ne reviendrons, reviendrons, reviendrons
Jamais.

1. Logan.

LIVRE II

LES ALLEMANDS.

CHAPITRE PREMIER

Monde germanique. — Invasion. — Mérovingiens.

Derrière la vieille Europe celtique, ibérienne et romaine, dessinée si sévèrement dans ses péninsules et ses îles, s'étendait un autre monde tout autrement vaste et vague. Ce monde du Nord, germanique et slave, mal déterminé par la nature, l'a été par les révolutions politiques. Néanmoins ce caractère d'indécision est toujours frappant dans la Russie, la Pologne, l'Allemagne même. La frontière de la langue, de la population allemande, flotte vers nous dans la Lorraine, dans la Belgique. A l'orient, la frontière slave de l'Allemagne a été sur l'Elbe, puis sur l'Oder, et indécise comme l'Oder, ce fleuve capricieux qui change si volontiers ses rivages. Par la Prusse, par la Silésie, allemandes et slaves à la fois, l'Allemagne plonge vers la Pologne, vers la Russie, c'est-à-dire vers l'infini barbare. Du côté du Nord, la mer est à peine une barrière plus précise; les sables de la Poméranie continuent le fond de la Baltique; là gisent sous les eaux, des villes, des villages, comme ceux que la mer engloutit en Hollande. Ce dernier pays n'est qu'un champ de bataille pour les deux éléments.

Terre indécise, races flottantes. Telles du moins nous les représente Tacite dans sa *Germania*. Des marais, des forêts, plus ou moins étendues, selon qu'elles s'éclaircissent et reculent devant l'homme, puis s'épaississant dans les lieux qu'il abandonne; habitations dispersées, cultures peu étendues, et transportées chaque année sur une terre nouvelle. Entre les forêts, des *marches*, vastes clairières, terres vagues et communes, passage des migrations, théâtre des premiers essais de la culture, où se groupent capricieusement quelques cabanes. « Leurs demeures, dit Tacite, ne sont pas rapprochées; ici, ils s'arrêtent près d'une source, là près d'un bouquet d'arbres. » Limiter, déterminer la *marche*, c'est la grande affaire des prud'hommes forestiers. Les limitations ne sont pas bien précises. « Jusqu'où, disent-ils, le laboureur peut-il étendre la culture dans la marche? aussi loin qu'il peut jeter son marteau. » Le marteau de Thor est le signe de la propriété, l'instrument de cette conquête pacifique sur la nature.

Il ne faudrait pourtant pas inférer de cette culture mobile, de ces mutations de demeures, que ces populations aient été nomades. Nous ne remarquons pas en elles cet esprit d'aventures qui a promené les

Celtes antiques, les Tartares modernes, à travers l'Europe et l'Asie.

Les premières migrations germaniques sont généralement rapportées à des causes précises. L'invasion de l'Océan décida les Cimbres à fuir vers le Midi, entraînant avec eux tant de peuples. La guerre et la faim, le besoin d'une terre plus fertile, poussaient souvent les tribus les unes sur les autres, comme on le voit dans Tacite. Mais lorsqu'elles ont trouvé un sol fertile et défendu par la nature, elles s'y sont tenues ; témoin les Frisons, qui, depuis tant de siècles, restent fidèles à la terre de leurs aïeux, aussi bien qu'à leurs usages.

Les mœurs des premiers habitants de la Germanie n'étaient pas autres, ce semble, que celles de tant de nations barbares, de quelques vives couleurs qu'il ait plu à Tacite de les parer : l'hospitalité, la vengeance implacable, l'amour effréné du jeu et des boissons fermentées, la culture abandonnée aux femmes ; tant d'autres traits, attribués aux Germains comme leur étant propres, par des écrivains qui ne connaissaient guère d'autres barbares. Toutefois, il ne faudrait pas les confondre avec les pasteurs tartares, ou les chasseurs de l'Amérique. Les peuplades de la Germanie, plus rapprochées de la vie agricole, moins dispersées et sur des espaces moins vastes, se présentent à nous avec des traits moins rudes ; elles semblent moins sauvages que barbares, moins féroces que grossières.

A l'époque où Tacite prend la Germanie, les Cimbres et Teutons (Ingævons, Istævons) pâlissent et s'effacent à l'occident; les Goths et les Lombards commencent à poindre vers l'orient; l'avant-garde saxonne, les Angli, sont à peine nommés; la confédération francique n'est pas formée encore; c'est le règne des Suèves (Hermions)[1]. Quoique diverses religions locales aient pu exister chez plusieurs tribus, tout porte à croire que le culte dominant était celui des éléments, celui des arbres et des fontaines. Tous les ans, la déesse Hertha (*erd*, la terre) sortait, sur un char voilé, du mystérieux bocage où elle avait son sanctuaire, dans une île de l'Océan du Nord[2].

Par-dessus ces races et ces religions, sur cette première Allemagne, pâle, vague, indécise, monde enfant, encore engagé dans l'adoration de la nature, vint se poser une Allemagne nouvelle, comme nous avons vu la Gaule druidique établie dans la Gaule gallique par l'invasion des Kymry. Les tribus suéviques reçurent une civilisation plus haute, un mouvement plus hardi, plus héroïque, par l'invasion des adorateurs d'Odin, des Goths (Jutes, Gépides, Lombards, Burgondes) et des Saxons[3]. Quoique le système odinique fût loin sans doute d'avoir encore les développements qu'il prit plus tard, et surtout dans l'Islande, il apportait dès lors les éléments d'une vie plus noble, d'une moralité plus profonde. Il promettait l'immortalité aux braves, un paradis, un Walhalla, où ils pour-

---

1. Tacite. — 2. *App.* 62.
3. Ceux-ci avaient égard à la position astronomique des lieux; de là les noms de : Wisigoths, Ostrogoths, Wessex, Sussex, Essex, etc. Les Celtes, au contraire.

raient tout le jour se tailler en pièces, et s'asseoir ensuite au banquet du soir. Sur la terre, il leur parlait d'une ville sainte, d'une cité des Ases, Asgard, lieu de bonheur et de sainteté, patrie sacrée d'où les races germaniques avaient été chassées jadis, et qu'elles devaient chercher dans leurs courses par le monde [1]. Cette croyance put exercer quelque influence sur les migrations barbares ; peut-être la recherche de la ville sainte n'y fut-elle pas étrangère, comme une autre ville sainte fut plus tard le but des croisades.

Entre les tribus odiniques, nous remarquons une différence essentielle. Chez les Goths, Lombards et Burgondes, prévalait l'autorité des chefs militaires qui les menaient au combat, celle des Amali, des Balti [2]. L'esprit de la bande guerrière, du *comitatus*, aperçu déjà par Tacite dans les premiers Germains, était tout-puissant chez ces peuples. « Le rôle de compagnon n'a rien dont on rougisse. Il a ses rangs, ses degrés, le prince en décide. Entre les compagnons, c'est à qui sera le premier auprès du prince ; entre les princes, c'est à qui aura le plus de compagnons et les plus ardents. C'est la dignité, c'est la puissance d'être toujours entouré d'une bande d'élite ; c'est un ornement dans la paix, un rempart dans la guerre. Celui qui se distingue par le nombre et la bravoure des siens, de-

---

[1]. Dans la Saga de Regnar Lodbrog, les Normands vont à la recherche de Rome, dont on leur a vanté les richesses et la gloire ; ils arrivent à Luna, la prennent pour Rome et la pillent. Détrompés, ils rencontrent un vieillard qui marche avec des souliers de fer ; il leur dit qu'il va à Rome, mais que cette ville est si loin qu'il a déjà usé une pareille paire de souliers, ce qui les décourage. — 2. *App.* 63.

vient glorieux et renommé, non seulement dans sa patrie, mais encore dans les cités voisines. On le recherche par des ambassades; on lui envoie des présents; souvent son nom seul fait le succès d'une guerre. Sur le champ de bataille, il est honteux au prince d'être surpassé en courage; il est honteux à la bande de ne pas égaler le courage de son prince. A jamais infâme celui qui lui survit, qui revient sans lui du combat. Le défendre, le couvrir de son corps, rapporter à sa gloire ce qu'on fait soi-même de beau, voilà leur premier serment. Les princes combattent pour la victoire, les compagnons pour le prince. Si la cité qui les vit naître languit dans l'oisiveté d'une longue paix, ces chefs de la jeunesse vont chercher la guerre chez quelque peuple étranger ; tant cette nation hait le repos! D'ailleurs, on s'illustre plus facilement dans les hasards, et l'on a besoin du règne de la force et des armes pour entretenir de nombreux compagnons. C'est au prince qu'ils demandent ce cheval de bataille, cette victorieuse et sanglante framée. Sa table, abondante et grossière, voilà la solde. La guerre y fournit, et le pillage [1]. »

Ce principe d'attachement à un chef, ce dévouement personnel, cette religion de l'homme envers l'homme, qui plus tard devint le principe de l'organisation féodale, ne paraît pas de bonne heure chez l'autre branche des tribus odiniques. Les Saxons semblent ignorer d'abord cette hiérarchie de la bande

---

1. Tacite.

guerrière dont parle Tacite. Tous égaux sous les dieux, sous les Ases, enfants des dieux, ils n'obéissent à leurs chefs qu'autant que ceux-ci parlent au nom du ciel. Le nom de Saxons lui-même est peut-être identique à celui d'Ases[1]. Répartis en trois peuplades et douze tribus, ils repoussèrent longtemps toute autre division. Quand les Lombards envahirent l'Italie, la plupart des Saxons refusèrent de les suivre, ne voulant pas s'assujettir à la division militaire des dizaines et centaines que leurs alliés admettaient. Ce ne fut que bien tard, quand les Saxons, pressés entre les Francs et les Slaves, se mirent à courir l'Océan et se jetèrent sur l'Angleterre, que les chefs militaires prévalurent, et que la division des *hundreds* s'introduisit chez eux. Quelques-uns veulent qu'elle n'ait commencé qu'avec Alfred.

Il semble que les populations saxonnes, une fois établies au nord de l'Allemagne, aient longtemps préféré la vie sédentaire. Les Goths ou Jutes, au contraire, se livrèrent aux migrations lointaines. Nous les voyons dans la Scandinavie, dans le Danemark, et presque en même temps sur le Danube et sur la Baltique. Ces courses immenses ne purent avoir lieu qu'autant que la population tout entière devint une bande, et que le *comitatus*, le compagnonnage guerrier, s'y organisa sous des chefs héréditaires. La pression que ces peuples exercèrent sur toutes les tribus germaniques, obligea celles-ci à se mettre en mouve-

---

1. *App.* 64.

ment, soit pour faire place aux nouveaux venus, soit pour les suivre dans leurs courses. Les plus jeunes et les plus hardis prirent parti sous des chefs, et commencèrent une vie de guerres et d'aventures. Ceci est encore un trait commun à tous les peuples barbares: Dans la Lusitanie, dans la vieille Italie, les jeunes gens étaient envoyés aux montagnes. L'exil d'une partie de la population était consacré, régularisé chez les tribus sabelliennes, sous le nom de *ver sacrum*[1]. Ces bannis, ou bandits (*banditi*), lancés de la patrie dans le monde, et de la loi dans la guerre (*outlaws*), ces loups (*wargr*), comme on les appelait dans le Nord [2], forment la partie aventureuse et poétique de toutes les nations anciennes.

La forme jeune et héroïque sous laquelle la race germanique apparut accidentellement au vieux monde latin, on l'a prise pour le génie invariable de cette race. Des historiens ont dit que les Germains avaient importé en ce monde l'esprit d'indépendance, le génie de la libre personnalité. Resterait pourtant à examiner si toutes les races, dans des circonstances semblables, n'ont pas présenté les mêmes caractères. Derniers venus des barbares, les Germains n'auraient-ils pas prêté leur nom au génie barbare de tous les âges? Ne pourrait-on même pas dire que leurs succès contre l'Empire tinrent à la facilité avec laquelle ils s'aggloméraient en grands corps militaires, à leur attachement héréditaire pour les familles des chefs qui

---

[1]. Voy. mon *Histoire romaine*, I. — [2]. Jacob Grimm.

les conduisaient; en un mot, au dévouement personnel, et à la disciplinabilité, qui, dans tous les siècles, ont caractérisé l'Allemagne, de sorte que ce qu'on a présenté comme prouvant l'indomptable génie, la forte individualité des guerriers germains, marquerait au contraire l'esprit éminemment social, docile, flexible de la race germanique[1]?

Cette mâle et juvénile allégresse de l'homme qui se sent fort et libre dans un monde qu'il s'approprie en espérance, dans les forêts dont il ne sait pas les bornes, sur une mer qui le porte à des rivages inconnus, cet élan du cheval indompté sur les steppes et les pampas, elle est sans doute dans Alaric, quand il jure qu'une force inconnue l'entraîne aux portes de Rome; elle est dans le pirate danois qui chevauche orgueilleusement l'Océan; elle est sous la feuillée où Robin Hood aiguise sa bonne flèche contre le shériff. Mais ne la trouvez-vous pas tout autant dans le guérillas de Galice, le D. Luis de Calderon, *l'ennemi de la loi*? Est-elle moindre dans ces joyeux Gaulois qui suivirent César sous le signe de l'alouette, qui s'en allaient en chantant prendre Rome, Delphes ou Jérusalem? Ce génie de la personnalité libre, de l'orgueil effréné du moi, n'est-il pas éminent dans la philosophie celtique, dans Pélage, Abailard et Descartes, tandis que le mysticisme et l'idéalisme ont fait le caractère presque invariable de la philosophie et de la théologie allemandes[2]?

1. *App.* 65. — 2. *App.* 66.

Du jour où, selon la belle formule germanique, le *wargus* a jeté la poussière sur tous ses parents, et lancé l'herbe par-dessus son épaule, où s'appuyant sur son bâton, il a sauté la petite enceinte de son champ, alors, qu'il laisse aller la plume au vent[1], qu'il délibère, comme Attila, s'il attaquera l'Empire d'Orient ou celui d'Occident[2] : à lui l'espoir, à lui le monde !

C'est de cet état d'immense poésie que sortit l'idéal germanique, le Sigurd scandinave, le *Siegfried* ou le Dietrich von Bern de l'Allemagne. Dans cette figure colossale est réuni ce que la Grèce a divisé, la force héroïque et l'instinct voyageur, Achille et Ulysse : *Siegfried parcourut bien des contrées par la force de son bras*[3]. Mais ici l'homme rusé, tant loué des Grecs, est maudit dans le perfide Hagen, meurtrier de Siegfried, Hagen à *la face pâle* et qui n'a qu'un œil, dans le nain monstrueux qui a fouillé les entrailles de la terre, qui sait tout, et qui ne veut que le mal. La conquête du Nord, c'est Sigurd; celle du Midi, c'est Dietrich von Bern (Théodoric de Vérone?). La silencieuse ville de Ravenne garde, à côté du tombeau de Dante, le tombeau de Théodoric, immense rotonde dont le dôme d'une seule pierre semble avoir été posé là par la main des géants. Voilà peut-être le seul monument

---

1. Voy. les formules d'initiation du compagnonnage allemand dans mon *Introduction à l'Histoire universelle*. — 2. Priscus.

3. Niebelungen, 87. — Il semble que, dans ses admirables compositions, Cornélius ait eu sous les yeux les *Niebelungen* allemands plus que l'*Edda* et les *Sagas* scandinaves.

gothique qui reste au monde aujourd'hui. Il n'a rien dans sa masse qui fasse penser à cette hardie et légère architecture qu'on appelle gothique, et qui n'exprime en effet que l'élan mystique du christianisme au moyen âge. Il faudrait plutôt le comparer aux pesantes constructions pélasgiques des tombeaux de l'Étrurie et de l'Argolide[1].

Les courses aventureuses des Germains à travers l'Empire, et leur vie mercenaire à la solde des Romains, les armèrent plus d'une fois les uns contre les autres. Le Vandale Stilicon défit à Florence ses compatriotes dans la grande armée barbare de Rhodogast. Le Scythe Aétius défit les Scythes dans les campagnes de Châlons; les Francs y combattirent pour et contre Attila. Qui entraîne les tribus germaniques dans ces guerres parricides? C'est cette fatalité terrible dont parlent l'*Edda* et les *Niebelungen*. C'est l'or que Sigurd enlève au dragon Fafnir, et qui doit le perdre lui-même; cet or fatal qui passe à ses meurtriers, pour les faire périr au banquet de l'avare Attila.

L'or et la femme, voilà l'objet des guerres, le but des courses héroïques. But héroïque, comme l'effort; l'amour ici n'a rien d'amollissant; la grâce de la femme, c'est sa force, sa taille colossale. Élevée par un homme, par un guerrier (admirable froideur du sang germanique[2]!), la vierge manie les armes. Il faut, pour venir à bout de Brunhild, que Siegfried

---

1. Voy. le *Voyage* d'Edgar Quinet, 5ᵉ volume des *Œuvres complètes*, 1857. — 2. *App.* 67.

ait lancé le javelot contre elle; il faut que, dans la lutte amoureuse, elle ait de ses fortes mains fait jaillir le sang des doigts du héros... La femme, dans la Germanie primitive, était encore courbée sur la terre qu'elle cultivait[1]; elle grandit dans la vie guerrière; elle devient la compagne des dangers de l'homme, unie à son destin dans la vie, dans la mort (*sic vivendum, sic percundum.* Tacit.). Elle ne s'éloigne pas du champ de bataille, elle l'envisage, elle y préside, elle devient la fée des combats, la walkyrie charmante et terrible, qui cueille, comme une fleur, l'âme du guerrier expirant. Elle le cherche sur la plaine funèbre, comme Édith *au col de cygne* cherchait Harold après la bataille d'Hastings, ou cette courageuse Anglaise qui, pour retrouver son jeune époux, retourna tous les morts de Waterloo.

On sait l'occasion de la première migration des barbares dans l'Empire. Jusqu'en 375, il n'y avait eu que des incursions, des invasions partielles. A cette époque les Goths, fatigués des courses de la cavalerie hunnique qui rendait toute culture impossible, obtinrent de passer le Danube, comme soldats de l'Empire, qu'ils voulaient défendre et cultiver. Convertis au christianisme, ils étaient déjà un peu adoucis par le commerce des Romains. L'avidité des agents impériaux les ayant jetés dans la famine et le désespoir, ils ravagèrent les provinces entre la mer Noire et

---

1. *App.* 68.

l'Adriatique; mais dans ces courses même ils s'humanisèrent encore, et par les jouissances du luxe et par leur mélange avec les familles des vaincus. Achetés à tout prix par Théodose, ils lui gagnèrent deux fois l'Empire d'Occident. Les Francs avaient d'abord prévalu dans cet empire, comme les Goths dans l'autre. Leurs chefs, Mellobaud sous Gratien, Arbogast sous Valentinien II, puis sous le rhéteur Eugène qu'il revêtit de la pourpre, furent effectivement empereurs[1].

Dans cet affaissement de l'empire d'Occident, qui se livrait lui-même aux barbares, les vieilles populations celtiques, les indigènes de la Gaule et de la Bretagne se relevèrent et se donnèrent des chefs. Maxime, Espagnol comme Théodose, fut élevé à l'Empire par les légions de Bretagne (an 383). Il passa à Saint-Malo avec une multitude d'insulaires, et défit les troupes de Gratien. Celui-ci et son Franc Mellobaud furent mis à mort. Les auxiliaires Bretons furent établis dans notre Armorique sous leur conan ou chef Mériadec, ou plutôt Murdoch, qu'on désigne comme premier comte de Bretagne[2]. L'Espagne se soumit volontiers à l'Espagnol Maxime, et ce prince habile ne tarda pas à enlever l'Italie au jeune Valentinien II, beau-frère de Théodose. Ainsi une armée en partie bretonne, sous un empereur espagnol, avait réuni tout l'Occident.

C'est par les Germains que Théodose prévalut sur Maxime; son armée, composée principalement de Goths, envahit l'Italie, tandis que le Franc Arbogast

1. *App.* 69. — 2. *App.* 70.

opérait une diversion par la vallée du Danube. Cet Arbogast resta tout-puissant sous Valentinien II, s'en défit et régna trois ans sous le nom du rhéteur Eugène. C'est encore en grande partie aux Goths que Théodose dut sa victoire sur cet usurpateur [1].

Sous Honorius, la rivalité du Goth Alaric et du Vandale Stilicon ensanglanta dix ans l'Italie. Le Vandale, nommé par Théodose tuteur d'Honorius, avait en ses mains l'empereur d'Occident. Le Goth, nommé par l'empereur d'Orient, Arcadius, maître de la province d'Illyrie, sollicitait en vain d'Honorius la permission de s'y établir. Pendant ce temps, la Bretagne, la Gaule et l'Espagne redevinrent indépendantes sous le Breton Constantin. La révolte d'un des généraux de cet empereur [2], et peut-être la rivalité de l'Espagne et de la Gaule, préparèrent la ruine du nouvel empire gaulois. Elle fut consommée par la réconciliation d'Honorius et des Goths. Ataulph, frère d'Alaric, épousa Placidie, sœur d'Honorius, et son successeur, Wallia, établit ses bandes à Toulouse, comme milice fédérée au service de l'Empire (an 411). Mais cet empire n'avait plus besoin de milice en Gaule; il abandonnait de lui-même cette province, comme il avait fait la Bretagne, et se concentrait dans l'Italie pour y mourir. A mesure qu'il se retirait, les Goths s'étendirent peu à peu, et dans l'espace d'un demi-siècle ils occupèrent toute l'Aquitaine et toute l'Espagne.

Les dispositions de ces Goths ne furent rien moins

---

1. Ils eurent le poste d'honneur à la bataille. — 2. Gérontius.

qu'hostiles pour la Gaule. Dans leur long voyage à travers l'Empire, il n'avaient pu voir qu'avec étonnement et respect ce prodigieux ouvrage de la civilisation romaine, faible et près de crouler sans doute, mais encore debout et dans sa splendeur. Après la première brutalité de l'invasion, ils s'étaient mis, simples et dociles, sous la discipline des vaincus. Leurs chefs n'avaient pas ambitionné de plus beau titre que celui de restaurateur de l'Empire. On peut en juger par les mémorables paroles d'Ataulph qui nous ont été conservées. « Je me souviens, dit un auteur du cinquième siècle, d'avoir entendu à Bethléem le bienheureux Jérôme raconter qu'il avait vu un certain habitant de Narbonne, élevé à de hautes fonctions sous l'empereur Théodose, et d'ailleurs religieux, sage et grave, qui avait joui dans sa ville natale de la familiarité d'Ataulph. Il répétait souvent que le roi des Goths, homme de grand cœur et de grand esprit, avait coutume de dire que son ambition la plus ardente avait d'abord été d'anéantir le nom romain et de faire de toute l'étendue des terres romaines un nouvel empire appelé Gothique, de sorte que, pour parler vulgairement, tout ce qui était Romanie devînt Gothie, et qu'Ataulph jouât le même rôle qu'autrefois César Auguste; mais qu'après s'être assuré par expérience que les Goths étaient incapables d'obéissance aux lois, à cause de leur barbarie indisciplinable, jugeant qu'il ne fallait point toucher aux lois, sans lesquelles la république cessait d'être république, il avait pris le parti de chercher la gloire en consacrant les forces des Goths à rétablir dans son intégrité, à augmenter même la puissance du nom romain, afin qu'au moins la postétérité le regardât comme le restaurateur de l'Empire, qu'il ne pouvait transporter. Dans cette vue il s'abstenait de la guerre et cherchait soigneusement la paix[1]. »

Le cantonnement des Goths dans les provinces romaines ne fut pas un fait nouveau et étrange. Depuis longtemps les empereurs avaient à leur solde des barbares, qui, sous le titre d'hôtes, logeaient chez le Romain et mangeaient à sa table. L'établissement des nouveaux venus eut même d'abord un immense avantage, ce fut d'achever la désorganisation de la tyrannie impériale. Les agents du fisc se retirant peu à peu, le plus grand des maux de l'Empire cessa de lui-même. Les curiales, bornés désormais à l'administration locale des municipalités, se trouvèrent soulagés de toutes les charges dont le gouvernement central les accablait. Les barbares s'emparèrent, il est vrai, des deux tiers des terres[2] dans les cantons où ils s'établirent. Mais il y avait tant de terres incultes, que cette cession dut généralement être peu onéreuse aux Romains. Il semble que les barbares aient conçu des scrupules sur ces acquisitions violentes, et qu'ils aient quelquefois dédommagé les propriétaires romains. Le poète Paulin, réduit à la pauvreté par suite de l'établissement d'Ataulph, et retiré à Marseille, y reçut un jour avec étonnement le

1. Paul Orose.
2. Les Hérules et les Lombards se contentèrent du tiers.

prix d'une de ses terres que lui envoyait le nouveau possesseur.

Les Burgundes, qui s'établirent à l'ouest du Jura, vers la même époque que les Goths dans l'Aquitaine, avaient peut-être encore plus de douceur. « Il paraît que cette bonhomie, qui est l'un des caractères actuels de la race germanique, se montra de bonne heure chez ce peuple. Avant leur entrée dans l'Empire, ils étaient presque tous gens de métier, ouvriers en charpente ou en menuiserie. Ils gagnaient leur vie à ce travail dans les intervalles de paix, et étaient ainsi étrangers à ce double orgueil du guerrier et du propriétaire oisif qui nourrissait l'insolence des autres conquérants barbares... Impatronisés sur les domaines des propriétaires gaulois, ayant reçu, ou pris, à titre d'hospitalité, les deux tiers des terres et le tiers des esclaves, ce qui probablement équivalait à la moitié de tout, ils se faisaient scrupule de rien usurper au delà. Ils ne regardaient point le Romain comme leur colon, comme leur lite, selon l'expression germanique, mais comme leur égal en droits dans l'enceinte de ce qui lui restait. Ils éprouvaient même devant les riches sénateurs, leurs copropriétaires, une sorte d'embarras de parvenu. Cantonnés militairement dans une grande maison, pouvant y jouer le rôle de maîtres, ils faisaient ce qu'ils voyaient faire aux clients romains de leur noble hôte, et se réunissaient pour aller le saluer de grand matin [1]. » Le poète Sidonius

---

[1]. Aug. Thierry.

nous a laissé le curieux tableau d'une maison romaine occupée par les barbares. Il représente ceux-ci comme incommodes et grossiers, mais point du tout méchants : « A qui demandes-tu un hymne pour la joyeuse Vénus? A celui qu'obsèdent les bandes à la longue chevelure, à celui qui endure le jargon germanique, qui grimace un triste sourire aux chants du Burgunde repu; il chante, lui, et graisse ses cheveux d'un beurre rance... Homme heureux! tu ne vois pas avant le jour cette armée de géants qui viennent vous saluer, comme leur grand-père ou leur père nourricier. La cuisine d'Alcinoüs ne pourrait y suffire. Mais c'est assez de quelques vers, taisons-nous. Si on allait y voir une satire...? »

Les Germains, établis dans l'Empire du consentement de l'empereur, ne restèrent pas tranquilles dans la possession des terres qu'ils avaient occupées. Ces mêmes Huns, qui autrefois avaient forcé les Goths de passer le Danube, entraînèrent les autres Germains demeurés en Germanie, et tous ensemble ils passèrent le Rhin. Voilà le monde barbare déchiré sous ses deux formes. La bande, déjà établie sur le sol de la Gaule, et de plus en plus gagnée à la civilisation romaine [1], l'adopte, l'imite et la défend. La tribu, forme primitive et antique, restée plus près du génie de l'Asie, suit par troupeaux la cavalerie asiatique, et vient demander une part dans l'Empire à ses enfants qui l'ont oubliée.

---

1. *App.* 71.

C'est une particularité remarquable dans notre histoire que les deux grandes invasions de l'Asie en Europe, celle des Huns au cinquième siècle, et celle des Sarrasins au huitième, aient été repoussées en France. Les Goths eurent la part principale à la première victoire, les Francs à la seconde.

Malheureusement il est resté une grande obscurité sur ces deux événements. Le chef de l'invasion hunnique, le fameux Attila, apparaît dans les traditions moins comme un personnage historique que comme un mythe vague et terrible, symbole et souvenir d'une destruction immense. Son vrai nom oriental, Etzel[1], signifie une chose puissante et vaste, une montagne, un fleuve, particulièrement le Volga, ce fleuve immense qui sépare l'Asie de l'Europe. Tel aussi paraît Attila dans les *Niebelungen*, puissant, formidable, mais indécis et vague; rien d'humain, indifférent, immoral comme la nature, avide comme les éléments[2], absorbant comme l'eau ou le feu.

On douterait qu'il eût existé comme homme, si tous les auteurs du cinquième siècle ne s'accordaient làdessus, si Priscus ne nous disait avec terreur qu'il l'a vu en face, et ne nous décrivait la table d'Attila. Et dans l'histoire aussi elle est terrible cette table, quoiqu'on n'y trouve pas, comme dans les *Niebelungen*, les funérailles de toute une race. Mais c'est un grand spectacle d'y voir à la dernière place, après les chefs des dernières peuplades barbares, siéger les tristes

---

1. *App.* 72. — 2. *App.* 73.

ambassadeurs des empereurs d'Orient et d'Occident. Pendant que les mimes et les farceurs excitent la joie et le rire des guerriers barbares, lui, sérieux et grave, ramassé dans sa taille courte et forte, le nez écrasé, le front large et percé de deux trous ardents[1], roule de sombres pensées, tandis qu'il passe la main dans les cheveux de son jeune fils... Ils sont là ces Grecs qui viennent, jusqu'au gîte du lion, lui dresser des embûches; il le sait, mais il lui suffit de renvoyer à l'empereur la bourse avec laquelle on a cru acheter sa mort, et de lui adresser ces paroles accablantes : « Attila et Théodose sont fils de pères très nobles. Mais Théodose, en payant tribut, est déchu de sa noblesse; il est devenu l'esclave d'Attila; il n'est pas juste qu'il dresse des embûches à son maître, comme un esclave méchant. »

Il ne daignait pas autrement se venger, sauf quelques milliers d'onces d'or qu'il exigeait de plus. S'il y avait retard dans le payement du tribut, il lui suffisait de faire dire à l'empereur par un de ses esclaves : « Attila, ton maître et le mien, va te venir voir; il t'ordonne de lui préparer un palais dans Rome. »

Du reste, qu'y eût-il gagné, ce Tartare, à conquérir l'Empire? Il eût étouffé dans ces cités murées, dans ces palais de marbre. Il aimait bien mieux son village de bois, tout peint et tapissé, aux mille kiosques, aux cent couleurs, et tout autour la verte

---

1. *App.* 74.

prairie du Danube. C'est de là qu'il partait tous les ans avec son immense cavalerie, avec les bandes germaniques qui le suivaient bon gré, mal gré. Ennemi de l'Allemagne, il se servait de l'Allemagne; son allié, c'était l'ennemi des Allemands, le Vende Genséric, établi en Afrique. Les Vendes, ayant tourné de la Germanie par l'Espagne, avaient changé la Baltique pour la Méditerranée; ils infestaient le midi de l'Empire, pendant qu'Attila en désolait le nord. La haine du Vende Stilicon contre le Goth Alaric reparaît dans celle de Genséric contre les Goths de Toulouse; il avait demandé, puis mutilé cruellement la fille de leur roi. Il appela contre eux Attila dans la Gaule. Selon l'historien contemporain Idace (historien peu grave, il est vrai), Attila eût été appelé aussi par son compatriote Aétius[1], général de l'empire d'Occident, qui voulait détruire les Goths par les Huns, et les Huns par les Goths. Le passage d'Attila fut marqué par la ruine de Metz et d'une foule de villes. La multitude des légendes qui se rapportent à cette époque peut faire juger de l'impression que ce terrible événement laissa dans la mémoire des peuples[2]. Troyes dut son salut aux mérites de saint Loup. Dieu tira saint Servat de ce monde pour lui épargner la douleur de voir la ruine de Tongres. Paris fut sauvé par les prières de

1. *App.* 75.
2. L'invasion d'Attila en Italie n'y avait pas laissé une impression moins profonde. Dans une bataille qu'il livra aux Romains, aux portes même de Rome, tout, disait-on, avait péri des deux côtés. « Mais les âmes des morts se relevèrent et combattirent avec une infatigable fureur trois jours et trois nuits. »

sainte Geneviève[1]. L'évêque Anianus défendit courageusement Orléans. Pendant que le bélier battait les les murs, le saint évêque, en prière, demandait si l'on ne voyait rien venir. Deux fois on lui dit que rien n'apparaissait; à la troisième, on lui annonça qu'on distinguait un faible nuage à l'horizon : c'étaient les Goths et les Romains qui accouraient au secours.

Idace assure gravement qu'Attila tua près d'Orléans deux cent mille Goths, avec leur roi Théodoric. Thorismond, fils de Théodoric, voulait le venger ; mais le *prudent* Aétius, qui craignait également le triomphe des deux partis, va trouver la nuit Attila, et lui dit : « Vous n'avez détruit que la moindre partie des Goths; demain il en viendra une si grande multitude que vous aurez peine à échapper. » Attila reconnaissant lui donne dix mille pièces d'or. Puis Aétius va trouver le Goth Thorismond, et lui en dit autant; il lui fait craindre d'ailleurs que, s'il ne se hâte de revenir à Toulouse, son frère n'usurpe le trône. Thorismond, pour un aussi bon avis, lui donne aussi dix mille *solidi*. Les deux armées s'éloignent rapidement l'une de l'autre.

Le Goth Jornandès, qui écrit un siècle après, ne manque pas d'ajouter aux fables d'Idace; mais chez lui toute la gloire est pour les Goths. Dans son récit, ce n'est pas Aétius, mais Attila qui emploie la perfidie. Le roi des Huns n'en veut qu'au roi des Goths, Théodoric. Il emmène dans la Gaule toute la barbarie

---

1. Attila, dans sa retraite, massacre, selon la légende, les onze mille vierges de Cologne.

du Nord et de l'Orient. C'est une épouvantable bataille de tout le monde asiatique, romain, germanique. Il y reste près de trois cent mille morts. Attila, menacé de se voir forcé dans son camp, élève un immense bûcher formé de selles de chevaux, s'y place la torche à la main, tout prêt à y mettre le feu.

Il y a une chose terrible dans ce récit, et qu'on ne peut guère révoquer en doute : des deux côtés, c'étaient pour la plupart des frères, Francs contre Francs, Ostrogoths contre Wisigoths [1]. Après une si longue séparation, ces tribus se retrouvaient pour se combattre et pour s'égorger. C'est ce que les chants germaniques ont exprimé d'une manière bien touchante dans les *Niebelungen*, quand le bon markgraf Rüdiger attaque, pour obéir à l'épouse d'Attila, les Burgundes qu'il aime, quand il verse de grosses larmes, et qu'en combattant Hagen il lui prête son bouclier [2]. Plus pathétique encore est le chant d'Hildebrand et Hadubrand : le père et le fils, séparés depuis bien des années, se rencontrent au bout du monde ; mais le fils ne reconnait point le père, et celui-ci se voit dans la nécessité de périr ou de tuer son fils [3].

Attila s'éloignait, et l'Empire ne pouvait profiter de

---

[1]. Du côté des Romains étaient les Wisigoths et leur roi Théodoric ; du côté des Huns, les Ostrogoths et les Gépides. Un Ostrogoth tua Théodoric.

[2].   Je te donnerais volontiers mon bouclier,
Si j'osais te l'offrir devant Chriemhild...
N'importe ! prends-le, Hagen, et porte-le à ton bras.
Ah ! puisses-tu le porter jusque chez vous, jusqu'à la terre des Burgundes.

[3]. *App.* 76.

sa retraite. A qui devait rester la Gaule? Aux Goths et aux Burgundes, ce semble. Ces peuples ne pouvaient manquer d'envahir les contrées centrales, qui, telles que l'Auvergne, s'obstinaient à rester romaines. Mais les Goths eux-mêmes n'étaient-ils pas romains? Leurs rois choisissaient leurs ministres parmi les vaincus. Théodoric II employait la plume du plus habile homme des Gaules et se félicitait qu'on admirât l'élégance des lettres écrites en son nom. Le grand Théodoric, fils adoptif de l'empereur Zénon et roi des Ostrogoths établis en Italie, eut pour ministre le déclamateur Cassiodore. Sa fille, la savante Amalasonte, parlait indifféremment le latin et le grec, et son cousin Théodat, qui la fit périr, affectait le langage d'un philosophe.

Les Goths n'avaient que trop bien réussi à restaurer l'Empire. L'administration impériale avait reparu, et avec elle tous les abus qu'elle entraînait. L'esclavage avait été maintenu sévèrement dans l'intérêt des propriétaires romains. Imbus des idées byzantines dans leur long séjour en Orient, les Goths en avaient rapporté l'arianisme grec, cette doctrine qui réduisait le christianisme à une sorte de philosophie, et qui soumettait l'Église à l'État. Détestés du clergé des Gaules, ils le soupçonnaient, non sans raison[1], d'appeler les Francs, les barbares du Nord. Les Burgundes, moins intolérants que les Goths, partageaient les mêmes craintes. Ces défiances rendaient le gouvernement

---

1. *App.* 77.

chaque jour plus dur et plus tyrannique. On sait que la loi gothique a tiré des procédures impériales le premier modèle de l'inquisition.

La domination des Francs était d'autant plus désirée que personne peut-être ne se rendait compte de ce qu'ils étaient[1]. Ce n'était pas un peuple, mais une fédération, plus ou moins nombreuse, selon qu'elle était puissante; elle dut l'être au temps de Mellobaud et d'Arbogast, à la fin du quatrième siècle. Alors les Francs avaient certainement des terres considérables dans l'Empire. Des Germains de toute race composaient sous le nom de Francs les meilleurs corps des armées impériales et la garde même de l'empereur[2]. Cette population flottante, entre la Germanie et l'Empire, se déclara généralement contre les autres barbares qui venaient derrière elle envahir la Gaule. Ils s'opposèrent en vain à la grande invasion des Bourguignons, Suèves et Vandales, en 406; beaucoup d'entre eux combattirent Attila. Plus tard, nous les verrons, sous Clovis, battre les Allemands, près de Cologne, et leur fermer le passage du Rhin. Païens encore, et sans doute indifférents dans la vie indécise qu'ils menaient sur la frontière, ils devaient accepter facilement la religion du clergé des Gaules. Tous les autres barbares à cette époque étaient ariens. Tous appartenaient à une race, à une nationalité distincte. Les Francs seuls, population mixte, semblaient être restés flottants sur la frontière, prêts à toute idée, à toute influence, à

---

1. *App.* 78. — 2. *App.* 79.

toute religion. Eux seuls reçurent le christianisme par l'Église latine. Placés au nord de la France, au coin nord-ouest de l'Europe, les Francs tinrent ferme et contre les Saxons païens, derniers venus de la Germanie, et contre les Wisigoths ariens, enfin contre les Sarrasins, tous également ennemis de la divinité de Jésus-Christ. Ce n'est pas sans raison que nos rois ont porté le nom de fils aînés de l'Église.

L'Église fit la fortune des Francs. L'établissement des Bourguignons, la grandeur des Goths, maîtres de l'Aquitaine et de l'Espagne, la formation des confédérations armoriques, celle d'un *royaume Romain* à Soissons sous le général Égidius, semblaient devoir resserrer les Francs dans la forêt Carbonaria, entre Tournai et le Rhin[1]. Ils s'associèrent les Armoriques, du moins ceux qui occupaient l'embouchure de la Somme et de la Seine. Ils s'associèrent les soldats de l'Empire, restés sans chef après la mort d'Égidius[2]. Mais jamais leurs faibles bandes n'auraient détruit les Goths, humilié les Bourguignons, repoussé les Allemands, si partout ils n'eussent trouvé dans le clergé un ardent auxiliaire, qui les guida, éclaira leur marche, leur gagna d'avance les populations.

Voyons d'abord en quels termes modestes Grégoire de Tours parle des premiers pas des Francs dans la

---

1. Dans le long séjour qu'ils firent en Belgique, ils durent nécessairement se mêler aux indigènes, et n'arrivèrent sans doute en Gaule que lorsqu'ils étaient devenus en partie Belges.

2. Ainsi les Francs s'associent contre les ariens tous les catholiques de la Gaule.

Gaule. « On rapporte qu'alors Chlogion, homme puissant et distingué dans son pays, fut roi des Francs ; il habitait Dispargum, sur la frontière du pays de Tongres. Les Romains occupaient aussi ces pays, c'est-à-dire vers le midi jusqu'à la Loire. Au delà de la Loire, le pays était aux Goths. Les Burgundes, attachés aussi à la secte des ariens, habitaient au delà du Rhône, qui coule auprès de la ville de Lyon. Chlogion, ayant envoyé des espions dans la ville de Cambrai, et fait examiner tout le pays, défit les Romains et s'empara de cette ville. Après y être demeuré quelque temps, il conquit le pays jusqu'à la Somme. Quelques-uns prétendent que le roi Mérovée, qui eut pour fils Childéric, était né de sa race [1]. »

Il est probable que plusieurs des chefs des Francs, par exemple ce Childéric, qu'on nous présente comme fils de Mérovée, père de Clovis, avaient eu des titres romains, comme au siècle précédent Mellobaud et Arbogast. Nous voyons en effet Égidius, un général romain, un partisan de l'empereur Majorien, un ennemi des Goths et de leur créature l'empereur arverne Avitus, succéder au chef des Francs, Childéric, momentanément chassé par les siens. Ce n'est pas sans doute en qualité de chef héréditaire et national [2], c'est comme maître de la milice impériale qu'Égidius remplace Childéric. Ce dernier, accusé d'avoir violé des vierges libres, s'est retiré chez les Thuringiens, dont il enlève la reine ; il retourne parmi les Francs

---

1. Grégoire de Tours. — 2. *App.* 80.

après la mort d'Égidius, et son fils Clovis, qui lui succède, prévaut aussi sur le patrice Syagrius, fils d'Égidius. Syagrius, vaincu à Soissons, se réfugie chez les Goths, qui le livrent à Clovis (an 486). Celui-ci est revêtu plus tard des insignes du consulat par l'empereur de Constantinople, Anastase.

Clovis ne commandait encore qu'à la petite tribu des Francs de Tournai, lorsque plusieurs bandes suéviques désignées sous le nom d'*All-men* (tous hommes ou tout à fait hommes) menacèrent de passer le Rhin. Les Francs prirent les armes, comme à l'ordinaire, pour fermer le passage aux nouveaux venus. En pareil cas, toutes les tribus s'unissaient sous le chef le plus brave [1]. Clovis eut ainsi l'honneur de la victoire commune. Il embrassa en cette occasion le culte de la Gaule romaine. C'était celui de sa femme Clotilde, nièce du roi des Bourguignons. Il avait fait vœu, disait-il, pendant la bataille, d'adorer le Dieu de Clotilde, s'il était vainqueur; trois mille de ses guerriers l'imitèrent [2]. Ce fut une grande joie dans le clergé des Gaules, qui plaça dès lors dans les Francs l'espoir de sa délivrance. Saint Avitus, évêque de Vienne, et sujet des Bourguignons ariens, n'hésitait pas à lui écrire : « Quand tu combats, c'est à nous qu'est la victoire. » Ce mot fut commenté éloquemment par saint Remi au baptême de Clovis : « Sicambre, baisse docilement la tête; brûle ce que tu as adoré, et adore ce que tu as brûlé. » Ainsi l'Église prenait solennellement possession des barbares.

1. *App.* 81. — 2. *App.* 82.

Cette union de Clovis avec le clergé des Gaules semblait devoir être fatale aux Bourguignons. Il avait déjà essayé de profiter d'une guerre entre leurs rois, Godegisile et Gondebaud. Il avait pour prétexte contre celui-ci et son arianisme et la mort du père de Clotilde, que Gondebaud avait tué ; nul doute qu'il ne fût appelé par les évêques. Gondebaud s'humilia. Il amusa les évêques par la promesse de se faire catholique. Il leur confia ses enfants à élever. Il accorda aux Romains une loi plus douce qu'aucun peuple barbare n'en avait encore accordé aux vaincus. Enfin il se soumit à payer un tribut à Clovis.

Alaric II, roi des Wisigoths, partageant les mêmes craintes, voulut gagner Clovis, et le vit dans une île de la Loire. Celui-ci lui donna de bonnes paroles, mais immédiatement après il convoque ses Francs. « Il me déplaît, dit-il, que ces ariens possèdent la meilleure partie des Gaules ; allons sur eux avec l'aide de Dieu, et chassons-les ; soumettons leur terre à notre pouvoir. Nous ferons bien, car elle est très bonne (an 507). »

Loin de rencontrer aucun obstacle, il sembla qu'il fût conduit par une main mystérieuse. Une biche lui indiqua un gué dans la Vienne. Une colonne de feu s'éleva, pour le guider la nuit, sur la cathédrale de Poitiers. Il envoya consulter les sorts à Saint-Martin de Tours, et ils lui furent favorables. De son côté, il ne méconnut pas d'où lui venait le secours. Il défendit de piller autour de Poitiers. Près de Tours, il avait frappé de son épée un soldat qui enlevait du foin sur le territoire de cette ville, consacrée par le tombeau de saint Martin. « Où est, dit-il, l'espoir de la victoire, si nous offensons saint Martin ? » Après sa victoire sur Syagrius, un guerrier refusa au roi un vase sacré qu'il demandait dans son partage pour le remettre à saint Remi, à l'église duquel il appartenait. Peu après, Clovis, passant ses bandes en revue, arrache au soldat sa francisque, et pendant qu'il la ramasse, lui fend la tête de sa hache : « Souviens-toi du vase de Soissons. » Un si zélé défenseur des biens de l'Église devait trouver en elle de puissants secours pour la victoire. Il vainquit en effet Alaric à Vouglé, près de Poitiers, s'avança jusqu'en Languedoc, et aurait été plus loin si le grand Théodoric, roi des Ostrogoths d'Italie, et beau-père d'Alaric II, n'eût couvert la Provence et l'Espagne par une armée, et sauvé ce qui restait au fils enfant de ce prince qui, par sa mère, se trouvait son petit-fils.

L'invasion des Francs, si ardemment souhaitée par les chefs de la population gallo-romaine, je veux dire par les évêques, ne put qu'ajouter pour le moment à la désorganisation. Nous avons bien peu de renseignements historiques sur les résultats immédiats d'une révolution si variée, si complexe. Nulle part ces résultats n'ont été mieux analysés que dans le cours de M. Guizot.

« L'invasion, ou, pour mieux dire, les invasions, étaient des événements essentiellement partiels, locaux, momentanés. Une bande arrivait, en général très peu nombreuse; les plus puissantes, celles qui ont fondé des royaumes, la bande de Clovis, par exemple, n'étaient guère que de cinq à six mille hommes; la nation entière des Bourguignons ne dépassait pas soixante mille hommes. Elle parcourait rapidement un territoire étroit, ravageait un district, attaquait une ville, et tantôt se retirait emmenant son butin, tantôt s'établissait quelque part, soigneuse de ne pas trop se disperser. Nous savons avec quelle facilité, quelle promptitude, de pareils événements s'accomplissent et disparaissent. Des maisons sont brûlées, des champs dévastés, des récoltes enlevées, des hommes tués ou emmenés captifs : tout ce mal fait, au bout de quelques jours les flots se referment, le sillon s'efface, les souffrances individuelles sont oubliées, la société rentre, en apparence du moins, dans son ancien état. Ainsi se passaient les choses en Gaule au cinquième siècle.

« Mais nous savons aussi que la société humaine, cette société qu'on appelle un peuple, n'est pas une simple juxtaposition d'existences isolées et passagères : si elle n'était rien de plus, les invasions des barbares n'auraient pas produit l'impression que peignent les documents de l'époque. Pendant longtemps, le nombre des lieux et des hommes qui en souffraient fut bien inférieur au nombre de ceux qui leur échappaient. Mais la vie sociale de chaque homme n'est point concentrée dans l'espace matériel qui en est le théâtre et dans le moment qui s'ensuit; elle se répand dans toutes les relations qu'il a contractées sur les différents points du territoire; et non seulement dans celles qu'il a contractées, mais aussi dans celles qu'il peut contracter ou seulement concevoir ; elle embrasse non seulement le présent, mais l'avenir ; l'homme vit sur mille points où il n'habite pas, dans mille moments qui ne sont pas encore ; et si ce développement de sa vie lui est retranché, s'il est forcé de s'enfermer dans les étroites limites de son existence matérielle et actuelle, de s'isoler dans l'espace et le temps, la vie sociale est mutilée, elle n'est plus.

« C'était là l'effet des invasions, de ces apparitions des bandes barbares, courtes, il est vrai, et bornées, mais sans cesse renaissantes, partout possibles, toujours imminentes. Elles détruisaient : 1° toute correspondance régulière, habituelle, facile entre les diverses parties du territoire ; 2° toute sécurité, toute perspective d'avenir ; elles brisaient les liens qui unissent entre eux les habitants d'un même pays, les moments d'une même vie ; elles isolaient les hommes, et pour chaque homme, les journées. En beaucoup de lieux, pendant beaucoup d'années, l'aspect du pays put rester le même, mais l'organisation sociale était attaquée, les membres ne tenaient plus les uns aux autres, les muscles ne jouaient plus, le sang ne circulait plus librement ni sûrement dans les veines ; le mal éclatait tantôt sur un point, tantôt sur l'autre : une ville était pillée, un chemin rendu impraticable, un pont rompu ; telle ou telle communication cessait, la culture des terres devenait impossible dans tel ou tel district : en un mot l'harmonie organique, l'activité générale du corps social étaient chaque jour entravées, troublées; chaque jour la dissolution et la paralysie faisaient quelque nouveau progrès.

« Tous ces liens par lesquels Rome était parvenue, après tant d'efforts, à unir entre elles les diverses parties du monde, ce grand système d'administration, d'impôts, de recrutement, de travaux publics, de routes, ne put se maintenir. Il n'en resta que ce qui pouvait subsister isolément, localement, c'est-à-dire les débris du régime municipal. Les habitants se renfermèrent dans les villes ; là ils continuèrent à se régir à peu près comme ils l'avaient fait jadis, avec les mêmes droits, par les mêmes institutions. Mille circonstances prouvent cette concentration de la société dans les cités; en voici une qu'on a peu remarquée. Sous l'administration romaine, ce sont les gouverneurs de province, les consulaires, les correcteurs, les présidents, qui occupent la scène, et reviennent sans cesse dans les lois et l'histoire; dans le sixième siècle, leur nom devient beaucoup plus rare : on voit bien encore des ducs, des comtes, auxquels est confié le gouvernement des provinces; les rois barbares s'efforcent d'hériter de l'administration romaine, de garder les mêmes employés, de faire couler leur pouvoir dans les mêmes canaux; mais ils n'y réussissent que fort incomplètement, avec grand désordre; leurs ducs sont plutôt des chefs militaires que des administrateurs; évidemment les gouverneurs de province n'ont plus la même importance, ne jouent plus le même rôle; ce sont les gouverneurs de ville qui remplissent l'histoire; la plupart de ces comtes de Chilpéric, de Gontran, de Théodebert, dont Grégoire de Tours raconte les exactions, sont des comtes de ville, établis dans l'intérieur de leurs murs, à côté de leur évêque. Il y aurait de l'exagération à dire que la province a disparu, mais elle est désorganisée, sans consistance, presque sans réalité. La ville, l'élément primitif du monde romain, survit presque seule à sa ruine. »

C'est qu'une organisation nouvelle allait peu à peu se former, dont la ville ne serait plus l'unique élément, où la campagne, comptée pour rien dans les temps anciens, prendrait place à son tour. Il fallait des siècles pour fonder cet ordre nouveau. Toutefois, dès l'âge de Clovis deux choses furent accomplies, qui le préparaient de loin.

D'une part, l'unité de l'armée barbare fut assurée : Clovis fit périr tous les petits rois des Francs par une suite de perfidies[1]. L'Église, préoccupée de l'idée d'unité, applaudit à leur mort. « Tout lui réussissait, dit Grégoire de Tours, parce qu'il marchait le cœur droit devant Dieu[2]. » C'est ainsi que saint Avitus, évêque de Vienne, avait félicité Gondebaud de la mort de son frère, qui terminait la guerre civile de Bourgogne. Celle des chefs francs, wisigoths et romains, réunit sous une même main toute la Gaule occidentale, de la Batavie à la Narbonnaise.

---

1. *App.* 83.
2. Prosternebat enim quotidie Deus hostes ejus sub manu ipsius, et augebat regnum ejus, eo quod ambularet recto corde coram eo, et faceret quæ placita erant in oculis ejus. — Ces paroles sanguinaires étonnent dans la bouche d'un historien qui montre partout ailleurs beaucoup de douceur et d'humanité.

D'autre part, Clovis reconnut dans l'Église le droit le plus illimité d'asile et de protection. A une époque où la loi ne protégeait plus, c'était beaucoup de reconnaître le pouvoir d'un ordre qui prenait en main la tutelle et la garantie des vaincus. Les esclaves mêmes ne pouvaient être enlevés des églises où ils se réfugiaient. Les maisons des prêtres devaient couvrir et protéger, comme les temples, *ceux qui paraîtraient vivre avec eux*[1]. Il suffisait qu'un évêque réclamât avec serment un captif, pour qu'il lui fût aussitôt rendu.

Sans doute, il était plus facile au chef des barbares d'accorder ces privilèges à l'Église que de les faire respecter. L'aventure d'Attale, enlevé comme esclave si loin de son pays, puis délivré comme par miracle[2], nous apprend combien la protection ecclésiastique était insuffisante. C'était du moins quelque chose qu'elle fût reconnue en droit. Les biens immenses que Clovis assura aux églises, particulièrement à celle de Reims, dont l'évêque était, dit-on, son principal conseiller, durent étendre infiniment cette salutaire influence de l'Église. Quelque bien qu'on mît dans les mains ecclésiastiques, c'était toujours cela de soustrait à la violence, à la brutalité, à la barbarie.

A la mort de Clovis (an 511), ses quatre fils se trouvèrent tous rois, selon l'usage des barbares. Chacun

---

1. Lettre écrite par Clovis à un évêque, à l'occasion de sa guerre contre les Goths.
2. Grégoire de Tours.

d'eux resta à la tête d'une des ligues militaires que les campements des Francs avaient formées sur la Gaule. Theuderic résidait à Metz ; ses guerriers furent établis dans la France orientale ou Ostrasie, et dans l'Auvergne. Clotaire résida à Soissons, Childebert à Paris, Clodomir à Orléans. Ces trois frères se partagèrent en outre les cités de l'Aquitaine.

Dans la réalité, ce ne fut pas la terre que l'on partagea, mais l'armée. Ce genre de partage ne pouvait être que fort inégal. Les guerriers barbares durent passer souvent d'un chef à un autre, et suivre en grand nombre celui dont le courage et l'habileté leur promettaient plus de butin. Ainsi lorsque Theudebert, petit-fils de Clovis, envahit l'Italie à la tête de cent mille hommes, il est probable que presque tous les Francs l'avaient suivi, et que bien d'autres barbares s'étaient mêlés à eux.

La rapide conquête de Clovis, dont on connaissait mal les causes, jetait tant d'éclat sur les Francs, que la plupart des tribus barbares avaient voulu s'attacher à eux, comme autrefois celles qui suivirent Attila. Les races les plus ennemies de l'Allemagne, les Germains du Midi et ceux du Nord, les Suèves et les Saxons, se fédérèrent avec les Francs ; les Bavarois en firent autant. Les Thuringiens, au milieu de ces nations, résistèrent, et furent accablés[1]. Les Bourgui-

---

1. Grégoire de Tours. — Dans la Hesse et la Franconie, ils avaient écartelé ou écrasé sous les roues de leurs chariots plus de deux cents jeunes filles, et en avaient ensuite distribué les membres à leurs chiens et à leurs oiseaux de chasse. Voy. le discours de Theuderic aux siens.

gnons de la Gaule semblaient alors plus en état de résister qu'au temps de Clovis ; leur nouveau roi, saint Sigismond, élève de saint Avitus, était orthodoxe et aimé de son clergé. Le prétexte d'arianisme n'existait plus. Les fils de Clovis se souvinrent que, quarante ans auparavant, le père de Sigismond avait fait périr celui de Clotilde, leur mère. Clodomir et Clotaire le défirent et le jetèrent dans un puits que l'on combla de pierres. Mais la victoire de Clodomir fut pour sa famille une cause de ruine ; tué lui-même dans la bataille, il laissa ses enfants sans défense.

« Tandis que la reine Clotilde habitait Paris, Childebert, voyant que sa mère avait porté toute son affection sur les fils de Clodomir, conçut de l'envie, et, craignant que, par la faveur de la reine, ils n'eussent part au royaume, il envoya secrètement vers son frère le roi Clotaire, et lui fit dire : « Notre mère garde avec elle les fils de notre frère et veut leur donner le royaume ; il faut que tu viennes promptement à Paris, et que, réunis tous deux en conseil, nous déterminions ce que nous devons faire d'eux, savoir, si on leur coupera les cheveux, comme au reste du peuple, ou si, les ayant tués, nous partagerons également entre nous le royaume de notre frère. » Fort réjoui de ces paroles, Clotaire vint à Paris. Childebert avait déjà répandu dans le peuple que les deux rois étaient d'accord pour élever ces enfants au trône. Ils envoyèrent donc, au nom de tous deux, à la reine, qui demeurait dans la même ville, et lui dirent : « Envoie-nous les enfants, que nous les élevions au trône. » Elle, remplie de joie, et ne sachant pas leur artifice, après avoir fait boire et manger les enfants, les envoya en disant : « Je croirai n'avoir pas perdu mon fils, si je vous vois succéder à son royaume. » Les enfants allèrent, mais ils furent pris aussitôt et séparés de leurs serviteurs et de leurs nourriciers; et on les enferma à part, d'un côté les serviteurs, et de l'autre les enfants. Alors Childebert et Clotaire envoyèrent à la reine Arcadius, portant des ciseaux et une épée nue. Quand il fut arrivé près de la reine, il les lui montra, disant : « Tes fils, nos seigneurs, ô très glorieuse reine! attendent que tu leur fasses savoir ta volonté sur la manière dont il faut traiter ces enfants. Ordonne qu'ils vivent les cheveux coupés, ou qu'ils soient égorgés. » Consternée à ce message, et en même temps émue d'une grande colère en voyant cette épée nue et ces ciseaux, elle se laissa transporter par son indignation, et ne sachant, dans sa douleur, ce qu'elle disait, elle répondit imprudemment : « Si on ne les élève pas sur le trône, j'aime mieux les voir morts que tondus. » Mais Arcadius, s'inquiétant peu de sa douleur, et ne cherchant pas à pénétrer ce qu'elle penserait ensuite plus réellement, revint en diligence près de ceux qui l'avaient envoyé, et leur dit : « Vous pouvez continuer avec l'approbation de la reine ce que vous avez commencé, car elle veut que vous accomplissiez votre projet. » Aussitôt Clotaire, prenant par le bras l'aîné des enfants, le jeta à terre, et, lui enfonçant son couteau dans l'aisselle, le tua cruellement. A ses cris, son frère se prosterne aux pieds de Childebert, et lui saisissant les genoux, lui disait avec larmes : « Secours-moi, mon très bon père, afin que je ne meure pas comme mon frère. » Alors Childebert, le visage couvert de larmes, dit à Clotaire : « Je te prie, mon très cher frère, aie la générosité de m'accorder sa vie ; et si tu ne veux pas le tuer, je te donnerai pour le racheter ce que tu voudras. » Mais Clotaire, après l'avoir accablé d'injures, lui dit : « Repousse-le loin de toi, ou tu mourras certainement à sa place. C'est toi qui m'as excité à cette chose, et tu es si prompt à reprendre ta foi ! » Childebert, à ces paroles, repoussa l'enfant et le jeta à Clotaire, qui, le recevant, lui enfonça son couteau dans le côté, et le tua comme il avait fait son frère. Ils tuèrent ensuite les serviteurs et les nourriciers ; et après qu'ils furent morts, Clotaire, montant à cheval, s'en alla sans se troubler aucunement du meurtre de ses neveux, et se rendit, avec Childebert, dans les faubourgs. La reine, ayant fait poser ces petits corps sur un brancard, les conduisit, avec beaucoup de chants pieux et un deuil immense, à l'église de Saint-Pierre, où on les enterra tous deux de la même manière. L'un des deux avait dix ans et l'autre sept[1]. »

Theuderic, qui n'avait pas pris part à l'expédition de Bourgogne, mena les siens en Auvergne. « Je vous conduirai, avait-il dit à ses soldats, dans un pays où vous trouverez de l'argent autant que vous en pouvez désirer, où vous prendrez en abondance des troupeaux, des esclaves et des vêtements. » C'est qu'en

---

[1]. Grégoire de Tours. Un troisième fils de Clodomir échappa, et se réfugia dans un couvent. C'est saint Clodoald ou saint Cloud.

effet cette province avait jusque-là seule échappé au ravage général de l'Occident. Tributaire des Goths, puis des Francs, elle se gouvernait elle-même. Les anciens chefs des tribus arvernes, les Apollinaires, qui avaient vaillamment défendu ce pays contre les Goths, sentirent à l'approche des Francs qu'ils perdraient au change, ils combattirent pour les Goths à Vouglé. Mais là, comme ailleurs, le clergé était généralement pour les Francs. Saint Quintien, évêque de Clermont, et ennemi personnel des Apollinaires, semble avoir livré le château. Les Francs tuèrent au pied même de l'autel un prêtre dont l'évêque avait à se plaindre.

Le plus brave de ces rois francs fut Theudebert, fils de Theuderic, chef des Francs de l'Est, de ceux qui se recrutaient incessamment de tous les *Wargi* des tribus germaniques. C'était l'époque où les Grecs et les Goths se disputaient l'Italie. Toute la politique des Byzantins était d'opposer aux Goths, aux barbares romanisés, des barbares restés tout barbares; c'est avec des Maures, des Slaves et des Huns que Bélisaire et Narsès remportèrent leurs victoires. Les Grecs et les Goths espérèrent également pouvoir se servir des Francs comme auxiliaires. Ils ignoraient quels hommes ils appelaient. A la descente de Theudebert en Italie, les Goths vont à sa rencontre comme amis et alliés; il fond sur eux et les massacre. Les Grecs le croient alors pour eux, et sont également massacrés. Les barbares changèrent les plus belles villes de la Lombardie en un monceau de cendres, détruisirent toute provision, et se virent eux-mêmes affamés dans le désert qu'ils avaient fait, languissant sous le soleil du Midi, dans les champs noyés qui bordent le Pô. Un grand nombre y périt. Ceux qui revinrent rapportèrent tant de butin qu'une nouvelle expédition partit peu après sous la conduite d'un Franc et d'un Suève. Ils coururent l'Italie jusqu'à la Sicile, gâtèrent plus qu'ils ne gagnèrent; mais le climat fit justice de ces barbares[1]. Theudebert était mort aussi[2] dans la Gaule, au moment où il méditait de descendre la vallée du Danube, et d'envahir l'empire d'Orient. Justinien était pourtant son allié; il lui avait cédé tous les droits de l'Empire sur la Gaule du Midi.

La mort de Theudebert et la désastreuse expédition d'Italie, qui suivit de près, furent le terme des progrès des Francs. L'Italie, bientôt envahie par les Lombards, se trouva dès lors fermée à leurs invasions. Du côté de l'Espagne ils échouèrent toujours[3]. Les Saxons ne tardèrent pas à rompre une alliance sans profit, et refusèrent le tribut de cinq cents vaches qu'ils avaient bien voulu payer. Clotaire, qui l'exigeait, fut battu par eux.

Ainsi les plus puissantes tribus germaniques échappèrent à l'alliance des Francs. Là commence cette opposition des Francs et des Saxons qui devait toujours s'accroître et constituer pendant tant de siècles

1. *App.* 84. — 2. Blessé par un taureau sauvage.
3. La première fois qu'ils l'envahirent, Childebert et Clotaire prétendaient venger leur sœur, maltraitée par son mari Amalaric, roi des Wisigoths, qui voulait la convertir à l'arianisme. Elle avait envoyé à ses frères un mouchoir teint de son sang. (Grégoire de Tours.)

la grande lutte des barbares. Les Saxons, auxquels les Francs ferment désormais la terre du côté de l'occident, tandis qu'ils sont poussés à l'orient par les Slaves, se tourneront vers l'Océan, vers le Nord; associés de plus en plus aux hommes du Nord, ils courront les côtes de France[1], et fortifieront leurs colonies d'Angleterre.

Il était naturel que les vrais Germains devinssent hostiles pour un peuple livré à l'influence romaine, ecclésiastique. C'est à l'Église que Clovis avait dû en grande partie ses rapides conquêtes. Ses successeurs s'abandonnèrent de bonne heure aux conseils des Romains, des vaincus[2]. Et il devait en être ainsi; sans compter qu'ils étaient bien plus souples, bien plus flatteurs, eux seuls étaient capables d'inspirer à leurs maîtres quelques idées d'ordre et d'administration, de substituer peu à peu un gouvernement régulier aux caprices de la force, et d'élever la royauté barbare sur le modèle de la monarchie impériale. Nous voyons déjà sous Theudebert, petit-fils de Clovis, le ministre romain Parthenius, qui veut imposer des tributs aux Francs, et qui est massacré par eux à la mort de ce roi.

Un autre petit-fils de Clovis, Chramne, fils de Clotaire, avait pour confident le Poitevin Léon ; pour ennemi, l'évêque de Clermont, Cantin, créature des Francs ; pour amis, les Bretons, chez lesquels il se retira, lorsque, ayant échoué dans une tentative de révolte, il fut poursuivi par son père. Le malheureux

1. *App.* 85. — 2. *App.* 86.

se réfugia avec toute sa famille dans une cabane, où son père le fit brûler.

Clotaire, seul roi de la Gaule (558-561) par la mort de ses trois frères, laissait en mourant quatre fils. Sigebert eut les campements de l'Est, ou, comme parlent les chroniqueurs, le royaume d'Ostrasie ; il résida à Metz : rapproché ainsi des tribus germaniques, dont plusieurs restaient alliées des Francs, il semblait devoir tôt ou tard prévaloir sur ses frères. Chilpéric eut la Neustrie, et fut appelé roi de Soissons. Gontran eut la Bourgogne ; sa capitale fut Chalon-sur-Saône. Pour le bizarre royaume de Charibert, qui réunissait Paris et l'Aquitaine, la mort de ce roi répartit ses États entre ses frères. L'influence romaine fut plus forte encore sous ces princes. Nous les voyons généralement livrés à des ministres gaulois, goths ou romains. Ces trois mots sont alors presque synonymes. Dans le commerce des barbares, les vaincus ont pris quelque chose de leur énergie. « Le roi Gontran, dit Grégoire de Tours, honora du patriciat Celsus, homme élevé de taille, fort d'épaules, robuste de bras, plein d'emphase dans ses paroles, d'à-propos dans ses répliques, exercé dans la lecture du droit ; il devint si avide qu'il spolia fréquemment les églises, etc. » Sigebert choisit un Arverne pour envoyé à Constantinople. Nous trouvons parmi ses serviteurs un Andarchius, « parfaitement instruit dans les œuvres de Virgile, dans le code Théodosien et l'art des calculs [1] ».

---

1. Grégoire de Tours.

C'est à ces Romains qu'il faut désormais attribuer en grande partie ce qui se fait de bien et de mal sous les rois des Francs. C'est à eux qu'on doit rapporter la fiscalité renaissante[1] ; nous les voyons figurer dans la guerre même, et souvent avec éclat. Ainsi, tandis que le roi d'Ostrasie est battu par les Avares, et se laisse prendre par eux, le Romain Mummole, général du roi de Bourgogne, bat les Saxons et les Lombards, les force d'acheter leur retour d'Italie en Allemagne, et de payer tout ce qu'ils prennent sur la route[2].

L'origine de ces ministres gaulois des rois francs était souvent très basse. Rien ne les fait mieux connaître que l'histoire du serf Leudaste, qui devint comte de Tours. « Leudaste naquit dans l'île de Rhé, en Poitou, d'un nommé Léocade, serviteur chargé des vignes du fisc. On le fit venir pour le service royal, et il fut placé dans les cuisines de la reine ; mais comme il avait dans sa jeunesse les yeux chassieux, et que l'âcreté de la fumée leur était contraire, on le fit passer du pilon au pétrin. Quoiqu'il parût se plaire au travail de la pâte fermentée, il prit la fuite et quitta le service. On le ramena deux ou trois fois, et, ne pouvant l'empêcher de s'enfuir, on le condamna à avoir une oreille coupée. Alors, comme il n'était aucun crédit capable de cacher le signe d'infamie dont il avait été marqué en son corps, il s'enfuit chez la reine Marcovèfe, que le roi Charibert, épris d'un grand amour pour elle, avait appelée à son lit à la place de sa sœur.

---

1. Frédégaire parle de la tyrannie fiscale d'un Protadius, maire du palais en 605, sous Theuderic, et favori de Brunehaut. — 2. *App.* 87.

Elle le reçut volontiers, et l'éleva aux fonctions de gardien de ses meilleurs chevaux. Tourmenté de vanité et livré à l'orgueil, il brigua la place de comte des écuries, et l'ayant obtenue, il méprisa et dédaigna tout le monde, s'enfla de vanité, se livra à la dissolution, s'abandonna à la cupidité, et, favori de sa maîtresse, il s'entremit de côté et d'autre dans ses affaires. Après sa mort, engraissé de butin, il obtint par ses présents, du roi Charibert, d'occuper auprès de lui les mêmes fonctions ; ensuite, en punition des péchés accumulés du peuple, il fut nommé comte de Tours. Là, il s'enorgueillit de sa dignité avec une fierté encore plus insolente, se montra âpre au pillage, hautain dans les disputes, souillé d'adultère, et par son activité à semer la discorde et à porter des accusations calomnieuses, il amassa des trésors considérables. » Cet intrigant, que nous ne connaissons, il est vrai, que par les récits de Grégoire de Tours, son ennemi personnel, essaya, dit-il, de le perdre en le faisant accuser d'avoir mal parlé de la reine Frédégonde. Mais le peuple s'assembla en grand nombre, et le roi se contenta du serment de l'évêque, qui dit la messe sur trois autels. Les évêques assemblés menaçaient même le roi de le priver de la communion. Leudaste fut tué quelque temps après par les gens de Frédégonde.

Les grands noms, les noms populaires de cette époque, ceux qui sont restés dans la mémoire des hommes, sont ceux des reines, et non des rois : ceux de Frédégonde et de Brunehaut. La seconde, fille du roi des Goths d'Espagne, esprit imbu de la culture romaine, femme pleine de grâce et d'insinuation, fut appelée, par son mariage avec Sigebert, dans la sauvage Ostrasie, dans cette Germanie gauloise, théâtre d'une invasion éternelle. Frédégonde, au contraire, génie tout barbare, s'empara de l'esprit du pauvre roi de Neustrie, roi grammairien et théologien, qui dut aux crimes de sa femme le nom de Néron de la France. Elle lui fit d'abord étrangler sa femme légitime, Galswinthe, sœur de Brunehaut; puis ses beaux-fils y passèrent, puis son beau-frère Sigebert. Cette femme terrible, entourée d'hommes dévoués qu'elle fascinait de son génie meurtrier, dont elle troublait la raison par d'enivrants breuvages [1], frappait par eux ses ennemis. Les dévoués antiques de l'Aquitaine et de la Germanie, les sectateurs des Hassassins, qui, sur un signe de leur chef, allaient en aveugles tuer et mourir, se retrouvent dans les serviteurs de Frédégonde. Elle-même, belle et homicide tout entourée de superstitions païennes [2], nous apparaît comme une Walkyrie scandinave. Elle suppléa par l'audace et le crime à la faiblesse de la Neustrie, fit à ses puissants rivaux une guerre de ruse et d'assassinats, et sauva peut-être l'occident de la Gaule d'une nouvelle invasion des barbares [3].

---

1. Grégoire de Tours. Frédégonde donne un breuvage à deux clercs pour qu'ils aillent assassiner Childebert.
2. *App.* 88.
3. « De Frédégonde te souvienne! » dit saint Ouen à son ami Ébroin, défenseur de la Neustrie contre l'Ostrasie. — La prédominance appartint d'abord à la Neustrie. Depuis Clovis, et avant le complet anéantissement de l'autorité royale, sous les maires du palais, quatre rois ont réuni toute la

L'époux de Brunehaut, Sigebert, roi d'Ostrasie, avait en effet appelé les Germains. Chilpéric ne put tenir contre ces bandes. Elles se répandirent jusqu'à Paris, incendiant tout village, emmenant tout homme en captivité. Sigebert lui-même ne savait comment contenir ses terribles auxiliaires, qui ne lui auraient pas laissé sur quoi régner [1]. Il était cependant parvenu à resserrer Chilpéric dans Tournai, il se croyait roi de Neustrie, et déjà se faisait élever sur le pavois, lorsque deux hommes de Frédégonde, armés de couteaux empoisonnés, sortent de la foule et le poignardent (575). Ses ministres goths furent à l'instant massacrés par le peuple. Brunehaut, de victorieuse, de toute-puissante qu'elle était, devint captive de Chilpéric et de Frédégonde, qui lui laissèrent pourtant la vie [2]. Elle trouva ensuite le moyen d'échapper, grâce à l'amour qu'elle avait inspiré à Mérovée, fils de Chil-

---

monarchie franque : ce sont des rois de Neustrie : — Clotaire I*er*, 558-561. — Clotaire II, 613-628. — Dagobert I*er*, 631-638. — Clovis II, 655-656. — En effet, c'était en Neustrie que s'était établi Clovis, avec la tribu alors prépondérante. — La Neustrie était plus centrale, plus romaine, plus ecclésiastique. — L'Ostrasie était en proie aux fluctuations continuelles de l'émigration germanique.

1. « Les bourgs situés aux environs de Paris furent entièrement consumés par la flamme, dit Grégoire de Tours ; l'ennemi détruisit les maisons comme tout le reste, et emmena même les habitants en captivité. Sigebert conjurait qu'on n'en fît rien ; mais il ne pouvait contenir la fureur des peuples venus de l'autre bord du Rhin. Il supportait donc tout avec patience, jusqu'à ce qu'il pût revenir dans son pays. Quelques-uns de ces païens se soulevèrent contre lui, lui reprochant de s'être soustrait au combat ; mais lui, plein d'intrépidité, monta à cheval, se présenta devant eux, les apaisa par des paroles de douceur, et ensuite en fit lapider un grand nombre. »

2. Chilpéric vint à Paris prendre les trésors de Brunehaut, et la relégua elle-même à Rouen, et ses filles à Meaux.

péric. Le malheureux fut aveuglé par sa passion au point d'épouser Brunehaut ; c'était épouser la mort. Son père le fit tuer. L'évêque de Rouen, Prétextat, homme imprudent et léger qui avait eu l'audace de les marier, fut protégé d'abord par les scrupules de Chilpéric; plus tard Frédégonde s'en débarrassa.

Brunehaut rentra dans l'Ostrasie, où son fils enfant, Childebert II, régnait nominalement. Mais les grands ne voulurent plus obéir à l'influence gothique et romaine. Ils étaient même sur le point de tuer le Romain Lupus, duc de Champagne, le seul d'entre eux qui fût dévoué à Brunehaut. Elle se jeta au milieu des bataillons armés, et lui donna ainsi le temps d'échapper. Les grands d'Ostrasie, sentant leur supériorité sur la Gaule romaine de Bourgogne, où régnait Gontran, voulaient descendre avec leurs troupes barbares dans le Midi, et promettaient part à Chilpéric. Plusieurs des grands de la Bourgogne les appelaient. Chilpéric y donnait la main; mais ses troupes furent battues par le vaillant patrice Mummole, dont les succès sur les Saxons et les Lombards avaient déjà protégé le royaume de Gontran. D'autre part, les hommes libres d'Ostrasie, soulevés contre les grands, peut-être à l'instigation de Brunehaut, les accusaient de trahir le jeune roi. Il semble en effet qu'à cette époque les grands d'Ostrasie et de Bourgogne se soient secrètement entendus pour se délivrer des rois Mérovingiens.

Dans la Neustrie, au contraire, le pouvoir royal paraît se fortifier. Moins belliqueuse que le royaume d'Ostrasie, moins riche que celui de Bourgogne, la Neustrie ne pouvait subsister qu'autant que les vaincus y reprendraient place à côté des vainqueurs. Aussi voyons-nous Chilpéric employer des milices gauloises contre les Bretons [1]. Il semblerait que, malgré sa férocité naturelle, Chilpéric eût essayé de se concilier les vaincus d'une manière plus directe encore. Dans une guerre contre Gontran, il tua un des siens qui n'arrêtait point le pillage. En même temps il bâtissait des cirques à Soissons et à Paris, il donnait des spectacles à l'exemple de ceux des Romains. Lui-même il faisait des vers en langue latine [2], surtout des hymnes et des prières. Il essaya, comme les empereurs Zénon et Anastase, d'imposer aux évêques un CREDO de sa façon, où l'on nommerait Dieu sans faire mention de la distinction des trois personnes. Le premier évêque auquel il montra cette pièce la rejeta avec mépris, et l'aurait déchirée s'il eût été plus près du prince. La patience de celui-ci indique assez combien il ménageait l'Église [3].

Ces grossiers essais de résurrection de gouvernement impérial entraînèrent le renouvellement de la fiscalité qui avait ruiné l'Empire. Chilpéric fit faire une sorte de cadastre, exigeant, dit Grégoire de Tours, une amphore de vin par demi-arpent. Ces exactions, peut-être inévitables dans la lutte terrible que la Neustrie soutenait contre l'Ostrasie secondée des barbares, n'en parurent pas moins intolérables, après une si longue

---

1. Grégoire de Tours. — 2. *App.* 89. — 3. *App.* 90.

interruption. C'est sans doute pour cette cause, tout autant que pour les meurtres dont Grégoire de Tours nous a transmis les horribles détails, que les noms de Chilpéric et de Frédégonde sont restés exécrables dans la mémoire du peuple. Ils crurent eux-mêmes, lorsqu'une épidémie leur enleva leurs enfants, que les malédictions du pauvre avaient attiré sur eux la colère du ciel.

« En ces jours-là, le roi Chilpéric tomba grièvement malade ; et lorsqu'il commençait à entrer en convalescence, le plus jeune de ses fils, qui n'était pas encore régénéré par l'eau ni le Saint-Esprit, tomba malade à son tour. Le voyant à l'extrémité, on le lava dans les eaux du baptême. Peu de temps après il se trouva mieux ; mais son frère aîné, nommé Chlodebert, fut pris de la maladie. Sa mère Frédégonde, le voyant en danger de mort, fut saisie de contrition, et dit au roi : « Voilà longtemps que la miséricorde divine supporte nos mauvaises actions ; elle nous a souvent frappés de fièvres et autres maux, et nous ne nous sommes pas amendés. Voilà que nous avons déjà perdu des fils ; les larmes des pauvres[1], les gémissements des veuves, les soupirs des orphelins, vont causer la mort de ceux-ci, et il ne nous reste plus l'espérance d'amasser pour personne ; nous thésaurisons, et nous ne savons plus pour qui. Nos trésors demeureront dénués de pos-

---

1. On peut juger de la violence de ce gouvernement par la manière dont Chilpéric dota sa fille Rigunthe. Il fit enlever comme esclaves, pour la suivre en Espagne, une foule de colons royaux ; un grand nombre se donnèrent la mort, et le cortège partit en chargeant le roi de malédictions.

sesseurs, pleins de rapine et de malédiction. Nos celliers ne regorgeaient-ils pas de vin? Le froment ne remplissait-il pas nos greniers? Nos trésors n'étaient-ils pas combles d'or, d'argent, de pierres précieuses, de colliers et d'autres ornements impériaux? Et voilà que nous perdons ce que nous avions de plus beau. Maintenant, si tu consens, viens et brûlons ces injustes registres; qu'il nous suffise, pour notre fisc, de ce qui suffisait à ton père, le roi Clotaire. »

« Après avoir dit ces paroles, en se frappant la poitrine de ses poings, la reine se fit donner les registres que Marc lui avait apportés des cités qui lui appartenaient. Les ayant jetés dans le feu, elle se tourna vers le roi et lui dit : « Qui t'arrête? fais ce que tu me vois faire, afin que, si nous perdons nos chers enfants, nous échappions du moins aux peines éternelles. » Le roi, touché de repentir, jeta au feu tous les registres de l'impôt, et, les ayant brûlés, envoya partout défendre à l'avenir d'en faire de semblables. Après cela, le plus jeune de leurs petits enfants mourut accablé d'une grande langueur. Ils le portèrent avec beaucoup de douleur de leur maison de Braine à Paris, et le firent ensevelir dans la basilique de Saint-Denis. On arrangea Chlodebert sur un brancard, et on le conduisit à Soissons, à la basilique de Saint-Médard. Ils le présentèrent au saint tombeau, et firent un vœu pour lui; mais, déjà épuisé et manquant d'haleine, il rendit l'esprit au milieu de la nuit. Ils l'ensevelirent dans la basilique de Saint-Crépin-et-Saint-Crépinien, martyrs. Il y eut un grand gémissement dans tout le peuple :

les hommes suivirent ses obsèques en deuil, et les femmes couvertes de vêtements lugubres, comme elles ont coutume de les porter aux funérailles de leurs maris. Le roi Chilpéric fit ensuite de grands dons aux églises et aux pauvres [1]. »

« ...Après le synode dont j'ai parlé, j'avais déjà dit adieu au roi, et me préparais à m'en retourner chez moi; mais, ne voulant pas m'en aller sans avoir dit adieu à Salvius et l'avoir embrassé, j'allai le chercher, et le trouvai dans la cour de la maison de Braine; je lui dis que j'allais retourner chez moi, et, nous étant éloignés un peu pour causer, il me dit : « Ne vois-tu pas au-dessus de ce toit ce que j'y aperçois?—J'y vois, lui dis-je, un petit bâtiment que le roi a dernièrement fait élever au-dessus. » Et il dit : « N'y vois-tu pas autre chose? — Rien autre chose, » lui dis-je. Supposant qu'il parlait ainsi par manière de jeu, j'ajoutai : « Si tu vois quelque chose de plus, dis-le-moi. » Et lui, poussant un profond soupir, me dit : « Je vois le glaive de la colère divine tiré et suspendu sur cette maison. » Et véritablement les paroles de l'évêque ne furent pas menteuses; car, vingt jours après, moururent, comme nous l'avons dit, les deux fils du roi [2]. »

Chilpéric lui-même périt bientôt, assassiné, selon les uns par un amant de Frédégonde, selon d'autres par les émissaires de Brunehaut, qui aurait voulu venger ses deux époux, Sigebert et Mérovée (an 584). La veuve de Chilpéric, son fils enfant, et l'Église, et

---

1. Grégoire de Tours. — 2. Idem.

tous les ennemis de l'Ostrasie et des barbares, se tournèrent vers le roi de Bourgogne, le *bon* Gontran. Celui-ci était en effet le meilleur de tous ces Mérovingiens. On ne lui reprochait que deux ou trois meurtres. Livré aux femmes, au plaisir, il semblait adouci par le commerce des Romains du Midi et des gens d'Église; il avait beaucoup de déférence pour ceux-ci ; « il était, dit Frédégaire, comme un prêtre entre les prêtres [1] ».

Gontran se déclara le protecteur de Frédégonde et de son fils Clotaire II. Frédégonde lui jura, et lui fit jurer par deux cents guerriers francs, que Clotaire était bien fils de Chilpéric. Ce bon homme semble chargé de la partie comique dans le drame terrible de l'histoire mérovingienne. Frédégonde se jouait de sa simplicité [2]. La mort de tous ses frères semble avoir vivement frappé son imagination. Il fit serment de poursuivre le meurtrier de Chilpéric jusqu'à la neuvième génération, « pour faire cesser cette mauvaise coutume de tuer les rois ». Il se croyait lui-même en péril. « Il arriva qu'un certain dimanche, après que le

---

1. Une femme guérit son fils de la fièvre quarte en lui donnant de l'eau où elle avait fait infuser une frange du manteau de Gontran. (Grégoire de Tours).

2. Grégoire de Tours : « Gontran protégeait Frédégonde et l'invitait souvent à des repas, lui promettant qu'il serait pour elle un solide appui. Un certain jour qu'ils étaient ensemble, la reine se leva et dit adieu au roi, qui la retint en lui disant : « Prenez encore quelque chose. » Elle lui dit : « Permettez-moi, je vous en prie, seigneur, car il m'arrive, selon la coutume des femmes, qu'il faut que je me lève pour enfanter. » Ces paroles le rendirent stupéfait, car il savait qu'il n'y avait que quatre mois qu'elle avait mis un fils au monde : il lui permit cependant de se retirer. »

diacre eut fait faire silence au peuple, pour qu'on entendît la messe, le roi, s'étant tourné vers le peuple, dit : « Je vous conjure, hommes et femmes qui êtes ici présents, gardez-moi une fidélité inviolable, et ne me tuez pas comme vous avez tué dernièrement mes frères ; que je puisse au moins pendant trois ans élever mes neveux que j'ai faits mes fils adoptifs, de peur qu'il n'arrive, ce que veuille détourner le Dieu éternel ! qu'après ma mort vous ne périssiez avec ces petits enfants, puisqu'il ne resterait de notre famille aucun homme fort pour vous défendre[1]. »

Tout le peuple adressa des prières au Seigneur, pour qu'il lui plût de conserver Gontran. Lui seul en effet pouvait protéger la Bourgogne et la Neustrie contre l'Ostrasie, la Gaule contre la Germanie, l'Église, la civilisation contre les barbares. L'évêque de Tours se déclara hautement pour Gontran : « Nous fîmes dire (c'est Grégoire lui-même qui parle) à l'évêque et aux citoyens de Poitiers que Gontran était maintenant père des deux fils de Sigebert et de Chilpéric, et qu'il possédait tout le royaume, comme son père Clotaire autrefois. »

Poitiers, rivale de Tours, ne suivit point son impulsion. Elle aima mieux reconnaître le roi d'Ostrasie, trop éloigné pour lui être à charge. Pour les hommes du Midi, Aquitains et Provençaux, ils crurent que, dans l'affaiblissement de la famille mérovingienne, représentée par un vieillard et deux enfants, ils pour-

---

1. Grégoire de Tours.

raient se faire un roi qui dépendrait d'eux. Ils appelèrent de Constantinople un Gondovald qui se disait issu du sang des rois francs. L'histoire de cette tentative, donnée tout au long par Grégoire de Tours, fait admirablement connaître les grands du midi de la Gaule, les Mummole, les Gontran-Boson, gens équivoques et doubles d'origine et de politique, moitié Romains, moitié barbares, et leurs liaisons avec les ennemis de la Bourgogne et de la Neustrie, avec les Grecs byzantins et les Allemands d'Ostrasie.

« Gondovald, qui se disait fils du roi Clotaire, était arrivé à Marseille, venant de Constantinople. Il faut ici exposer en peu de mots quelle était son origine. Né dans les Gaules, il avait été élevé avec soin, instruit dans les lettres, et, selon la coutume des rois de ce pays, portait les boucles de ses cheveux flottantes sur ses épaules; il fut présenté au roi Childebert par sa mère, qui lui dit : « Voilà ton neveu, le fils du roi Clotaire : comme son père le hait, prends-le avec toi, car il est de ta chair. » Celui-ci, qui n'avait pas de fils, le prit et le garda avec lui. Cette nouvelle ayant été annoncée au roi Clotaire, il envoya des messagers à son frère pour lui dire : « Envoie ce jeune homme pour qu'il vienne vers moi. » Son frère le lui envoya sans retard. Clotaire, l'ayant vu, ordonna qu'on lui coupât la chevelure, disant : « Il n'est pas né de moi. » Après la mort de Clotaire, le roi Charibert le reçut; mais Sigebert, l'ayant fait venir, coupa de nouveau sa chevelure et l'envoya dans la ville d'Agrippine, maintenant appelée Cologne. Ses cheveux étant revenus, il s'échappa de ce lieu et se rendit près de Narsès, qui gouvernait alors l'Italie. Là il prit une femme, engendra des fils et se rendit à Constantinople. De là, à ce qu'on rapporte, il fut longtemps après invité par quelqu'un à revenir dans les Gaules, et, débarquant à Marseille, il fut reçu par l'évêque Théodore qui lui donna des chevaux, et il alla rejoindre le duc Mummole. Mummole occupait alors, comme nous l'avons dit, la cité d'Avignon. Mais à cause de cela le duc Gontran-Boson se saisit de l'évêque Théodore et le fit garder, l'accusant d'avoir introduit un étranger dans les Gaules, et de vouloir par ce moyen soumettre le royaume des Francs à la domination de l'empereur. Théodore produisit, dit-on, une lettre signée de la main des grands du roi Childebert, et il dit : « Je n'ai rien fait par moi-même, mais seulement ce qui nous a été commandé par nos maîtres et seigneurs. » .... « Gondovald se réfugia dans une île de la mer, pour y attendre l'événement. Le duc Gontran-Boson partagea avec un des ducs du roi Gontran les trésors de Gondovald, et emporta, dit-on, en Auvergne une immense quantité d'or, d'argent et d'autres choses. »

Avant de se décider pour ou contre le prétendant, le roi d'Ostrasie envoya demander à son oncle Gontran la restitution des villes qui avaient fait partie du patrimoine de Sigebert. « Le roi Childebert envoya vers le roi Gontran l'évêque Égidius, Gontran-Boson, Sigewald et beaucoup d'autres. Lorsqu'ils furent entrés, l'évêque dit : « Nous rendons grâces au Dieu tout-puissant, ô roi très pieux, de ce qu'après bien des fatigues il t'a remis en possession des pays qui dépendent de ton royaume. » Le roi lui dit : « On doit rendre de dignes actions de grâces au Roi des rois, au Seigneur des seigneurs, dont la miséricorde a daigné accomplir ces choses; car on ne t'en doit aucune à toi qui, par tes perfides conseils et tes parjures, as fait incendier l'année passée tous mes États; toi qui n'as jamais tenu ta foi à aucun homme, toi dont l'astuce est partout fameuse, et qui te conduis partout, non en évêque, mais en ennemi de notre royaume! » A ces paroles, l'évêque, outré de colère, se tut. Un des députés dit : « Ton neveu Childebert te supplie de lui faire rendre les cités dont son père était en possession. » Gontran répondit à celui-ci : « Je vous ai déjà dit que nos traités me confèrent ces villes, c'est pourquoi je ne veux point les rendre. » Un autre député lui dit : « Ton neveu te prie de lui faire remettre cette sorcière de Frédégonde, qui a fait périr un grand nombre de rois, pour qu'il venge sur elle la mort de son père, de son oncle et de ses cousins. » Le roi lui répondit : « Elle ne pourra être remise en son pouvoir, parce qu'elle a un fils qui est roi; mais tout ce que vous dites contre elle, je ne le crois pas vrai. » Ensuite Gontran-Boson s'approcha du roi comme pour lui rappeler quelque chose; et, comme le bruit s'était répandu que Gondovald venait d'être proclamé roi, Gontran, prévenant ses paroles, lui dit : « Ennemi de notre pays et de notre trône, qui précédemment es allé en Orient exprès pour placer sur notre trône un

Ballomer (le roi appelait ainsi Gondovald), homme toujours perfide et qui ne tiens rien de ce que tu promets ! » Boson lui répondit : « Toi, seigneur et roi, tu es assis sur le trône royal, et personne n'a osé répondre à ce que tu dis ; je soutiens que je suis innocent de cette affaire. S'il y a quelqu'un, égal à moi, qui m'impute en secret ce crime, qu'il vienne publiquement et qu'il parle. Pour toi, très pieux roi, remets le tout au jugement de Dieu ; qu'il décide, lorsqu'il nous aura vu combattre en champ clos. » A ces paroles, comme tout le monde gardait le silence, le roi dit : « Cette affaire doit exciter tous les guerriers à repousser de nos frontières un étranger dont le père a tourné la meule, et, pour dire vrai, son père a manié la carde et peigné la laine. » Et, quoiqu'il se puisse bien faire qu'un homme ait à la fois ces deux métiers, un des députés répondit à ce reproche du roi : « Tu prétends donc que cet homme a eu deux pères, un cardeur et un meunier? Cesse, ô roi, de parler si mal; car on n'a point ouï dire qu'un seul homme, si ce n'est en matière spirituelle, puisse avoir deux pères. » Comme ces paroles excitaient le rire d'un grand nombre, un autre député dit : « Nous te disons adieu, ô roi, puisque tu ne veux pas rendre les cités de ton neveu, nous savons que la hache est entière qui a tranché la tête à tes frères; elle te fera bientôt sauter la cervelle » ; et ils se retirèrent ainsi avec scandale. A ces mots le roi, enflammé de colère, ordonna qu'on leur jetât à la tête pendant qu'ils se retiraient du fumier de cheval, des herbes pourries, de la paille, du foin pourri et la boue puante de la ville. Couverts d'ordures, les députés se retirèrent, non sans essuyer un grand nombre d'injures et d'outrages.

Cette réponse de Gontran réunit les Ostrasiens aux Aquitains en faveur de Gondovald. Les grands du Midi l'accueillirent[1], et sous leur conduite il fit de rapides progrès. Il se vit bientôt maître de Toulouse, de Bordeaux, de Périgueux, d'Angoulême. Il recevait au nom du roi d'Ostrasie le serment des villes qui avaient appartenu à Sigebert. Le danger devenait grand pour le vieux roi de Bourgogne. Il savait que Brunehaut, Childebert et les grands d'Ostrasie favorisaient Gondovald, que Frédégonde elle-même était tentée de traiter avec lui, que l'évêque de Reims était secrètement dans son parti ; tous ceux du Midi y étaient ouvertement. La défection du parti romain ecclésiastique, dont il s'était cru si sûr, obligea Gontran de se rapprocher des Ostrasiens ; il adopta son neveu Childebert, et le nomma son héritier, lui rendit tout ce qu'il réclamait, et promit à Brunehaut de lui laisser cinq des principales cités d'Aquitaine, que sa sœur avait apportées en dot, comme ancienne possession des Goths.

La réconciliation des rois de Bourgogne et d'Ostrasie découragea le parti de Gondovald. Les Aquitains montrèrent autant d'empressement à l'abandonner qu'ils en avaient mis à l'accueillir. Il fut obligé de s'enfermer

---

1. *App.* 91.

dans la ville de Comminges, avec les grands qui s'étaient le plus compromis. Ceux-ci épiaient le moment de livrer le malheureux, et de faire leur paix à ses dépens. L'un d'eux n'attendit pas même l'occasion ; il s'enfuit avec les trésors de Gondovald.

« Un grand nombre montaient sur la colline et parlaient souvent avec Gondovald, lui prodiguant les injures et lui disant : « Es-tu ce peintre qui, dans le temps du roi Clotaire, barbouillait dans les oratoires les murs et les voûtes ? Es-tu celui que les habitants des Gaules avaient coutume d'appeler du nom de Ballomer ? Es-tu celui qui, à cause de ses prétentions, a si souvent été tondu et exilé par les rois des Francs ? dis-nous au moins, ô le plus misérable des hommes, qui t'a conduit en ces lieux ; qui t'a donné l'audace extraordinaire d'approcher des frontières de nos seigneurs et rois. Si quelqu'un t'a appelé, dis-le à haute voix. Voilà la mort présente devant tes yeux, voilà la fosse que tu as cherchée longtemps, et dans laquelle tu viens te précipiter. Dénombre-nous tes satellites, déclare-nous ceux qui t'ont appelé. » Gondovald, entendant ces paroles, s'approchait et disait du haut de la porte : « Que mon père Clotaire m'ait eu en aversion, c'est ce que personne n'ignore ; que j'aie été tondu par lui et ensuite par mon frère, c'est ce qui est connu de tous. C'est ce motif qui m'a fait retirer en Italie auprès du préfet Narsès ; là j'ai pris femme et engendré deux fils. Ma femme étant morte, je pris avec moi mes enfants et j'allai à Constantinople ; j'ai vécu jusqu'à ce temps, accueilli par les empereurs avec beaucoup de bonté. Il y a quelques années, Gontran-Boson étant venu à Constantinople, je m'informai à lui, avec empressement, des affaires de mes frères, et je sus que notre famille était fort diminuée, et qu'il n'en restait que Childebert, fils de mon frère, et Gontran mon frère; que les fils du roi Chilpéric étaient morts avec lui, et qu'il n'avait laissé qu'un petit enfant; que mon frère Gontran n'avait pas d'enfant, et que mon neveu Childebert n'était pas très brave. Alors Gontran-Boson, après m'avoir exactement exposé ces choses, m'invita en disant : *Viens, parce que tu es appelé par tous les principaux du royaume de Childebert, et personne n'ose dire un mot contre toi, car nous savons tous que tu es fils de Clotaire; et il n'est resté personne dans les Gaules pour gouverner ce royaume, à moins que tu ne viennes.* Ayant fait de grands présents à Gontran-Boson, je reçus son serment dans douze lieux saints, afin de venir ensuite avec sécurité dans ce royaume. Je vins à Marseille, où l'évêque me reçut avec une extrême bonté, car il avait des lettres des principaux du royaume de mon neveu; je m'avançai de là vers Avignon, auprès du patrice Mummole. Mais Gontran-Boson, violant son serment et sa promesse, m'enleva mes trésors et les retint en son pouvoir. Reconnaissez donc que je suis roi comme mon frère Gontran; cependant, si votre esprit est enflammé d'une si grande haine, qu'on me conduise au moins vers votre roi, et s'il me reconnaît pour son frère, qu'il fasse ce qu'il voudra. Si vous ne voulez pas même cela, qu'il me soit permis de m'en retourner là d'où je suis venu. Je m'en irai sans faire aucun tort à personne. Pour que vous sachiez que ce que je dis est vrai, interrogez Radegonde à Poitiers et Ingiltrude à Tours; elles vous affirmeront la vérité de mes paroles. » Pendant qu'il parlait ainsi, un grand nombre accueillait son discours avec des injures et des outrages...

« Mummole, l'évêque Sagittaire et Waddon s'étant rendus auprès de Gondovald, lui dirent : « Tu sais quels serments de fidélité nous t'avons prêtés. Écoute à présent un conseil salutaire : éloigne-toi de cette ville, et présente-toi à ton frère comme tu l'as souvent demandé. Nous avons déjà parlé avec ces hommes, et ils ont dit que le roi ne voulait pas perdre ton appui, parce qu'il est resté peu d'hommes de votre race. » Mais Gondovald, comprenant leur artifice, leur dit tout baigné de larmes : « C'est sur votre invitation que je suis venu dans ces Gaules. De mes trésors qui comprenaient des sommes immenses d'or et d'argent, et différents objets, une partie est dans la ville d'Avignon, une partie a été pillée par Gontran-Boson. Quant à moi, plaçant, après le secours de Dieu, tout mon espoir en vous, je me suis confié à vos conseils, et j'ai toujours souhaité de régner par vous. Maintenant, si vous m'avez trompé, répondez-en auprès de Dieu, et qu'il juge lui-même ma cause. » A ces paroles, Mummole répondit : « Nous ne te disons rien de mensonger, mais voilà de braves guerriers qui t'attendent à la porte. Défais maintenant mon baudrier d'or dont tu es ceint, pour ne pas paraître marcher avec orgueil; prends ton épée et rends-moi la mienne. » Gondovald lui dit : « Ce que je vois dans ces paroles, c'est que tu me dépouilles de ce que j'ai reçu et porté par amitié pour toi. » Mais Mummole affirmait avec serment qu'on ne lui ferait aucun mal. Ayant donc passé la porte, Gondovald fut reçu par Ollon, comte de Bourges, et par Boson. Mummole, étant rentré dans la ville avec ses satellites, ferma la porte très solidement. Se voyant livré à ses ennemis, Gondovald leva les mains et les yeux au ciel, et dit : « Juge éternel, véritable vengeur des innocents, Dieu de qui toute justice procède, à qui le mensonge déplaît, en qui ne réside aucune ruse ni aucune méchanceté, je te confie ma cause, te priant de me venger promptement de ceux qui ont livré un innocent entre les mains de ses ennemis. » Après ces paroles, ayant fait le signe de la croix, il s'en alla avec les hommes ci-dessus nommés. Quand ils se furent éloignés de la porte, comme la vallée au-dessous de la ville descend rapidement, Ollon l'ayant poussé le fit tomber en s'écriant : « Voilà votre Ballomer qui se dit frère et fils de roi. » Ayant lancé son javelot, il voulut l'en percer; mais, l'arme, repoussée par les cercles de la cuirasse, ne lui fit aucun mal. Comme Gondovald s'était relevé et s'efforçait de remonter sur la hauteur, Boson lui brisa la tête d'une pierre; il tomba aussitôt et mourut; toute la multitude accourut; et l'ayant percé de leurs lances, ils lui lièrent les pieds avec une corde, et le traînèrent tout à l'entour du camp. Lui ayant arraché les cheveux et la barbe, ils le laissèrent sans sépulture dans l'endroit où ils l'avaient tué. »

Gontran, rassuré par la mort de Gondovald, aurait

fait payer aux évêques l'appui qu'ils lui avaient prêté, s'il n'eût été lui-même prévenu par la mort.

Cet événement, qui ouvrit la Bourgogne au roi d'Ostrasie, semblait par suite lui livrer encore la Neustrie. Elle résista cependant; les Ostrasiens, l'ayant envahie, s'étonnèrent de voir une forêt mobile s'avancer contre eux; c'était l'armée neustrienne qui s'était chargée de branchages[1]; ils s'enfuirent. Ce fut le dernier succès de Frédégonde et de Landeric, son amant, qu'elle avait, disait-on, donné pour remplaçant à Chilpéric. Elle mourut peu de temps après. Childebert était mort avant elle. Toute la Gaule se trouva dans les mains de trois enfants, les deux fils de Childebert, appelés Theudebert II et Theuderic II, et Clotaire II, fils de Chilpéric. Celui-ci était bien faible contre les deux autres. Il fut contraint de céder aux Bourguignons ce qui était entre la Seine et la Loire, aux Ostrasiens les pays entre la Seine, l'Oise et l'Ostrasie. Mais les dissensions des vainqueurs devaient bientôt lui rendre plus qu'il n'avait perdu.

La vieille Brunehaut avait cru régner sous Theudebert, son petit-fils, en l'enivrant par les plaisirs. Elle n'y réussit que trop bien. Le prince imbécile fut bientôt gouverné par une jeune esclave qui chassa Brunehaut. Réfugiée près de Theuderic, en Bourgogne, dans un pays livré à l'influence romaine, elle y eut plus

---

1. Ainsi dans Shakespeare, Macbeth, acte V.... « Je regardais du côté de Birnham, quand tout à coup il m'a semblé que la forêt se mettait en mouvement... » — De même l'armée des hommes de Kent qui marcha contre Guillaume-le-Conquérant, après la bataille d'Hastings.

d'ascendant. Elle fit et défit les maires du palais, tua Bertoald, qui l'avait bien reçue, lui substitua son amant Protadius ; mais le peuple ayant mis en pièces ce favori, elle eut encore le crédit d'élever au pouvoir un certain Claudius. Ce gouvernement fut d'abord sans gloire. Les Ostrasiens et les Germains leurs alliés enlevèrent au royaume de Bourgogne le Sundgaw, le Turgaw, l'Alsace, la Champagne, et ravagèrent tout ce qui s'étend entre les lacs de Genève et de Neufchâtel. L'effroi de ces invasions paraît avoir réuni les populations du Midi.

« La dix-septième année de son règne, au mois de mars, dit Frédégaire, le roi Theuderic rassembla une armée à Langres, de toutes les provinces de son royaume, et la dirigeant par Andelot, après avoir pris le château de Nez, il s'achemina vers la ville de Toul. Là, Theudebert étant venu à sa rencontre, avec l'armée des Ostrasiens, ils se livrèrent bataille dans la plaine de Toul. Theuderic l'emporta sur Theudebert et renversa son armée. Dans ce combat, les Francs perdirent une multitude d'hommes vaillants. Theudebert, ayant tourné le dos, traversa le territoire de Metz, passa les Vosges, et arriva toujours fuyant à Cologne. Theuderic le suivait de près avec son armée. Un homme saint et apostolique Léonisius, évêque de Mayence, aimant la vaillance de Theuderic, et haïssant la sottise de Theudebert, vint au-devant de Theuderic, et lui dit : « Achève ce que tu as commencé, car ton utilité exige que tu poursuives et recherches la cause du mal. Une fable rustique raconte que le loup étant un jour monté sur la montagne, comme ses fils commençaient déjà à chasser, il les appela à lui sur cette montagne et leur dit : « Aussi loin que vos yeux peuvent voir, de quelque côté que vous les tourniez, vous n'avez point d'amis, si ce n'est quelques-uns de votre espèce. Achevez donc ce que vous avez commencé. »

« Theuderic, ayant traversé les Ardennes, parvint à Tolbiac avec son armée. Theudebert avec les Saxons, les Thuringiens et le reste des nations d'outre-Rhin qu'il avait pu rassembler, marcha contre Theuderic et lui livra une nouvelle bataille à Tolbiac. On assure que ni les Francs, ni aucune autre nation d'autrefois, n'avaient encore livré de combat si acharné... Cependant Theuderic vainquit encore Theudebert, car Dieu marchait avec lui, et l'armée de Theudebert fut moissonnée par l'épée depuis Tolbiac jusqu'à Cologne. Dans certains lieux, les morts couvraient entièrement la face de la terre. Le même jour Theuderic parvint à Cologne, et il y trouva tous les trésors de Theudebert. Il envoya Berthaire, son chambellan, à la poursuite de Theudebert, qui fuyait au delà du Rhin, accompagné de peu de personnes. Il l'atteignit et le présenta à Theuderic, dépouillé de ses habits royaux. Theuderic accorda à Berthaire ses dépouilles, tout son équipage royal et son cheval ; mais il envoya Theudebert, chargé de chaînes, à Châlons. » La chronique de Saint-Bénigne rapporte que Brunehaut, son aïeule, le fit d'abord ordonner prêtre, que bientôt après elle le fit périr. « D'après l'ordre de Theuderic, un soldat saisit par le pied un fils de Theudebert encore enfant, et le frappa contre la pierre jusqu'à ce que son cerveau sortit de sa tête brisée[1]. »

L'Ostrasie et la Bourgogne, réunies sous Theuderic ou plutôt sous Brunehaut, semblaient menacer la Neustrie d'une ruine certaine. La mort de Theuderic et l'avènement de ses trois fils enfants ne changeaient rien à cette situation, si les ennemis de Clotaire eussent été unis. Mais l'Ostrasie était honteuse et irritée de sa défaite récente. En Bourgogne même, le parti romain et ecclésiastique n'était plus pour Brunehaut. Pour être sûr de ce parti, il fallait avoir pour soi les ecclésiastiques, les gagner à tout prix, et régner avec eux. Brunehaut les mit contre elle en faisant assassiner saint Didier, évêque de Vienne, qui avait voulu ramener Theuderic à sa femme légitime, et éloigner de lui les maîtresses dont sa grand'mère l'entourait. L'Irlandais saint Colomban, le restaurateur de la vie monastique, ce missionnaire hardi qui réformait les rois comme les peuples, parla à Theuderic avec la même liberté, et refusa de bénir ses fils : « Ce sont, dit-il, les fils de l'incontinence et du crime. » Chassé de Luxeuil et de l'Ostrasie, il se réfugia chez Clotaire II, et sembla légitimer la cause de la Neustrie par sa présence sacrée.

Tout abandonna Brunehaut. Les grands d'Ostrasie la haïssaient, comme appartenant aux Goths, aux Romains (ces deux mots étaient presque synonymes); les prêtres et le peuple avaient en horreur la persécu-

---

[1]. Frédégaire.

trice des saints[1]. Jusque-là ennemie de l'influence germanique, elle fut obligée de s'appuyer contre Clotaire du secours des Germains, des barbares. Déjà l'évêque de Metz, Arnolph, et son frère Pepin (Pipin), passèrent à Clotaire avant la bataille ; les autres se firent battre, et furent mollement poursuivis par Clotaire. Ils étaient gagnés d'avance. Le maire Warnachaire avait stipulé qu'il conserverait cette charge pendant sa vie. La vieille Brunehaut, fille, sœur, mère, aïeule de tant de rois, fut traitée avec une atroce barbarie ; on la lia par les cheveux, par un pied et par un bras, à la queue d'un cheval indompté qui la mit en pièces. On lui reprocha la mort de dix rois ; on lui compta par-dessus ses crimes ceux de Frédégonde. Le plus grand sans doute aux yeux des barbares, c'était d'avoir restauré sous quelque rapport l'administration impériale. La fiscalité, les formes juridiques, la prééminence de l'astuce sur la force, voilà ce qui rendait le monde irréconciliable à l'idée de l'ancien Empire, que les rois goths avaient essayé de relever. Leur fille Brunehaut avait suivi leurs traces. Elle avait fondé une foule d'églises, de monastères ; les monastères alors étaient des écoles. Elle avait favorisé les missions que le pape envoyait chez les Anglo-Saxons de la Grande-Bretagne. L'emploi de cet argent, arraché au peuple par tant d'odieux moyens, ne fut pas sans gloire et sans grandeur. Telle fut l'impression du long règne de Brunehaut, que celle de l'Empire semble en

---

1. Moine de Saint-Gall.

avoir été affaiblie dans le nord des Gaules ; le peuple fit honneur à la fameuse reine d'Ostrasie d'une foule de monuments romains. Des fragments de voies romaines qui paraissent encore en Belgique et dans le nord de la France sont appelées chaussées de Brunehaut. On montrait près de Bourges un château de Brunehaut, une tour de Brunehaut à Étampes, la pierre de Brunehaut près de Tournai, le fort de Brunehaut près de Cahors.

La Neustrie résista sous Frédégonde ; sous son fils elle vainquit. Victoire nominale, si l'on veut, qu'elle ne devait qu'à la haine des Ostrasiens contre Brunehaut ; victoire de la faiblesse, victoire des vieilles races, des Gaulois-Romains et des prêtres. L'année même qui suit la victoire de Clotaire (614), les évêques sont appelés à l'assemblée des leudes. Ils y viennent de toute la Gaule au nombre de soixante-dix-neuf. C'est l'intronisation de l'Église. Les deux aristocraties, laïque et ecclésiastique, dressent une *constitution perpétuelle*. Plusieurs articles d'une remarquable libéralité indiquent la main ecclésiastique : Défense aux juges de condamner, sans l'entendre, un homme libre, ou même un esclave. — Quiconque viole la paix publique doit être puni de mort. — Les leudes rentrent dans les biens dont ils ont été dépouillés dans les guerres civiles. — L'élection des évêques est assurée au peuple. — Les évêques sont les seuls juges des ecclésiastiques. — Les tributs établis depuis Chilpéric et ses frères sont abolis. Les évêques, devenus grands propriétaires, devaient, plus que personne, profiter de cette abolition. — Ainsi commence avec Clotaire II cette domination de l'Église, qui ne fait que se consolider sous les Carlovingiens, et qui n'a d'autre entr'acte que la tyrannie de Charles-Martel.

Nous savons peu de chose de Clotaire II, davantage de Dagobert. Sage, juste et justicier, Dagobert commence son règne par faire le tour de ses États, selon la coutume des rois barbares. Roi d'Ostrasie du vivant de son père, il ne garda pas longtemps après lui ses ministres ostrasiens. Les deux hommes principaux du pays, Arnolph, archevêque de Metz, puis Pepin, son frère, furent éloignés, et firent place au Neustrien Éga. Entouré de ministres romains, de l'orfèvre saint Éloi et du référendaire saint Ouen, il s'occupe de fonder des couvents, fait fabriquer des ornements d'église. Ses scribes écrivent pour la première fois les lois barbares; on écrit les lois alors qu'elles commencent à s'effacer. Le Salomon des Francs, comme celui des Juifs, peuple ses palais de belles femmes[1], et se partage entre ses concubines et ses prêtres.

Ce prince pacifique est l'ami naturel des Grecs. Allié de l'empereur Héraclius, il intervient dans les affaires des Lombards et des Wisigoths. Dans cette vieillesse précoce de tous les peuples barbares, la décadence des Francs est encore entourée d'une sorte d'éclat.

Toutefois, il est facile d'apercevoir combien de fai-

---

1. *App.* 92.

blesse se cache sous ces apparences. Dès le vivant de Clotaire, l'Ostrasie a repris les provinces qui lui avaient été enlevées ; elle a exigé un roi particulier, et Dagobert, roi de ce pays à quinze ans, n'y a été effectivement qu'un instrument entre les mains de Pepin et d'Arnolph. Son père devient roi de Neustrie, l'Ostrasie réclame encore un gouvernement particulier, et se fait donner pour roi le fils du roi, le jeune Sigebert. Clotaire II a remis le tribut aux Lombards pour une somme une fois payée. Les Saxons, défaits, dit-on, par les Francs[1], se dispensent pourtant de livrer à Dagobert les cinq cents vaches qu'ils payaient jusque-là tous les ans. Les Vendes, affranchis des Avares par le Franc Samo, marchand guerrier qu'ils prirent pour chef[2], repoussent le joug de Dagobert, et défont les Francs, les Bavarois et les Lombards unis contre eux. Les Avares fugitifs eux-mêmes s'établissent de force en Bavière, et Dagobert ne s'en défait que par une perfidie[3]. Quant à la soumission des Bretons et des Gascons, elle semble volontaire : ils rendent hommage moins aux guerriers qu'aux prêtres, et le duc des Bretons, saint Judicaël, refuse de manger à la table du roi pour prendre place à celle de saint Ouen.

C'est qu'alors en effet le vrai roi, c'est le prêtre. Au milieu même de ces bruyantes invasions de barbares, qui semblaient près de tout détruire, l'Église avait fait son chemin à petit bruit. Forte, patiente, industrieuse, elle avait en quelque sorte étreint toute la société

---

1. *App.* 93. — 2. *App.* 94. — 3. *App.* 95.

nouvelle, de manière à la pénétrer. De bonne heure elle avait abandonné la spéculation pour l'action; elle avait repoussé la hardiesse du pélagianisme, ajourné la grande question de la liberté humaine.

Héritière du gouvernement municipal, l'Église était sortie des murs à l'approche des barbares; elle s'était portée pour arbitre entre eux et les vaincus. Et une fois hors des murs, elle s'arrêta dans les campagnes. Fille de la cité, elle comprit que tout n'était pas dans la cité; elle créa des évêques des champs et des bourgades, des chorévêques[1]. Sa protection s'étendit à tous : ceux même qu'elle n'ordonna point, elle les couvrit du signe protecteur de la tonsure. Elle devint un immense asile. Asile pour les vaincus, pour les Romains, pour les serfs des Romains; les serfs se précipitèrent dans l'Église; plus d'une fois on fut obligé de leur en fermer les portes; il n'y eut personne pour cultiver la terre. Asile pour les vainqueurs, ils se réfugièrent dans l'Église contre le tumulte de la vie barbare, contre leurs passions, leurs violences, dont ils souffraient autant que les vaincus.

En même temps, d'immenses donations enlevaient la terre aux usages profanes pour en faire la dot des hommes pacifiques, des pauvres, des serfs. Les barbares donnèrent ce qu'ils avaient pris; ils se trouvèrent avoir vaincu pour l'Église.

Les évêques du Midi, trop civilisés, rhéteurs et raisonneurs[2], agissent peu sur les hommes de la pre-

---

1. *App.* 96. — 2. *App.* 97.

mière race. Les anciens sièges métropolitains d'Arles, de Vienne, de Lyon même et de Bourges, perdent de leur influence. Les évêques par excellence, les vrais patriarches de la France, sont ceux de Reims et de Tours. Saint Martin de Tours est l'oracle des barbares, ce que Delphes était pour la Grèce, l'*ombilicus terrarum*, l'οὖθαρ ἀρούρης.

C'est saint Martin qui garantit les traités. Les rois le consultent à chaque instant sur leurs affaires, même sur leurs crimes. Chilpéric, poursuivant son malheureux fils Mérovée, dépose un papier sur le tombeau de saint Martin pour savoir s'il lui est permis de tirer le suppliant de la basilique. Le papier resta blanc, dit Grégoire de Tours. Ces suppliants, pour la plupart, gens farouches, et non moins violents que ceux qui les poursuivent, embarrassent quelquefois terriblement l'évêque; ils deviennent les tyrans de l'asile qui les protège. Il faut voir dans le livre du bon évêque de Tours l'histoire de cet Éberulf qui veut tuer Grégoire, qui frappe les clercs s'ils tardent à lui apporter du vin. Les servantes du barbare, réfugiées avec lui dans la basilique, scandalisent tout le clergé en regardant curieusement les peintures sacrées qui en décoraient les parois.

Tours, Reims, et toutes leurs dépendances, sont exemptes d'impôts. Les possessions de Reims s'étendent dans les pays les plus éloignés, dans l'Ostrasie, dans l'Aquitaine. Chaque crime des rois barbares vaut à l'Église quelque donation nouvelle. Tout le monde désire être donné à l'Église; c'est une sorte d'affranchissement. Les évêques ne se font nul scrupule de provoquer, d'étendre par des fraudes pieuses les concessions des rois. Le témoignage des gens du pays les soutiendra, s'il le faut. Tous, au besoin, attesteront que cette terre, ce village, ont été jadis donnés par Clovis, par le bon Gontran, au monastère, à l'évêché voisin, lequel n'en a été dépouillé que par une violence impie. Chaque jour la connivence des prêtres et du peuple devait ainsi enlever quelque chose au barbare, et profiter de sa crédulité, de sa dévotion, de ses remords. Sous Dagobert, les concessions remontent à Clovis; sous Pepin-le-Bref, à Dagobert. Celui-ci donne en une seule fois vingt-sept bourgades à l'abbaye de Saint-Denis. Son fils, dit l'honnête Sigebert de Gemblours, fonda douze monastères et donna à saint Rémacle, évêque de Tongres, douze lieues de long, douze lieues de large dans la forêt d'Ardenne.

La plus curieuse concession est celle de Clovis à saint Remi, reproduite, ou plus probablement fabriquée, sous Dagobert :

« Clovis avait établi sa demeure à Soissons. Ce prince trouvait un grand plaisir dans la compagnie et les entretiens de saint Remi; mais, comme le saint homme n'avait dans le voisinage de la ville d'autre habitation qu'un petit bien qui avait autrefois été donné à saint Nicaise, le roi offrit à saint Remi de lui donner tout le terrain qu'il pourrait parcourir pendant que lui-même ferait sa méridienne, cédant en cela à la prière de la reine et à la demande des habitants qui se plaignaient d'être surchargés d'exactions et contributions, et qui, pour cette raison aimaient mieux payer à l'église de Reims qu'au roi. Le bienheureux saint Remi se mit donc en chemin, et l'on voit encore aujourd'hui les traces de son passage et les limites qu'il marqua. Chemin faisant, un meunier repoussa le saint homme, ne voulant pas que son moulin fût renfermé dans l'enceinte. « Mon ami, lui dit avec douceur l'homme de Dieu, ne trouve pas mauvais que nous possédions ensemble ce moulin. » Celui-ci l'ayant refusé de nouveau, aussitôt la roue du moulin se mit à tourner à rebours; lors le meunier de courir après saint Remi et de s'écrier : « Viens, serviteur de Dieu, et possédons ensemble ce moulin. — Non, répondit le saint, il ne sera ni à toi ni à moi. » La terre se déroba aussitôt, et un tel abîme s'ouvrit, que jamais depuis il n'a été possible d'y établir un moulin.

« De même encore, le saint passant auprès d'un petit bois, ceux à qui il appartenait l'empêchaient de le comprendre dans son domaine : « Eh bien! dit-il, que jamais feuille ne vole ni branche ne tombe de ce bois dans mon clos. » Ce qui a été en effet observé par la volonté de Dieu, tant que le bois a duré, quoiqu'il fût tout à fait joignant et contigu.

« De là, continuant son chemin, il arriva à Chavignon, qu'il voulut aussi enclore, mais les habitants l'en empêchèrent. Tantôt repoussé et tantôt revenant, mais toujours égal et paisible, il marchait toujours, traçant les limites telles qu'elles existent encore. A la fin, se voyant repoussé tout à fait, on rapporte qu'il leur dit : *Travaillez toujours et demeurez pauvres et souffrants*. Ce qui s'accomplit encore aujourd'hui, par la vertu et puissance de sa parole. Quand le roi Clovis se fut levé après sa méridienne, il donna à saint Remi, par rescrit de son autorité royale, tout le terrain qu'il avait enclos en marchant; et, de ces biens, les meilleurs sont Luilly et Cocy, dont l'Église de Reims jouit encore aujourd'hui paisiblement.

« Un homme très puissant, nommé Euloge, convaincu du crime de lèse-majesté contre le roi Clovis, eut un jour recours à l'intercession de saint Remi, et le saint homme lui obtint grâce de la vie et de ses biens. Euloge, en récompense de ce service, offrit à son généreux patron, en toute propriété, son village d'Épernay : le bienheureux évêque ne voulut point accepter une rétribution temporelle comme salaire de son intervention. Mais voyant Euloge couvert de confusion et décidé à se retirer du monde, parce qu'il n'y pouvait plus rester, ne méritant plus de vivre que par la clémence royale, au déshonneur de sa maison, il lui donna un sage conseil, lui disant que, s'il voulait être parfait, il vendît tous ses biens et en distribuât l'argent aux pauvres, pour suivre Jésus-Christ. Ensuite, fixant la valeur, et prenant dans le trésor ecclésiastique cinq mille livres d'argent, il les donna à Euloge, et acquit à l'Église la propriété de ses biens. Laissant ainsi à tous évêques et prêtres ce bon exemple que, quand ils intercèdent pour ceux qui viennent se jeter dans le sein de l'Église ou entre les bras des serviteurs de Dieu, et qu'ils leur rendent quelque service, jamais ils ne le doivent faire en vue d'une récompense temporelle, ni accepter en salaire des biens passagers ; mais bien au contraire, selon le commandement du Seigneur, donner pour rien comme ils ont reçu pour rien....

« Saint Rigobert obtint du roi Dagobert des lettres d'immunité pour son Église, lui remontrant que, sous tous les rois francs ses prédécesseurs, depuis le temps de saint Remi et du roi Clovis, par lui baptisé, elle avait toujours été libre et exempte de toute servitude et charge publique. Le roi donc, voulant ratifier ou renouveler ce privilège de l'avis de ses grands, et dans la même forme que les rois ses prédécesseurs, ordonna que tous biens, villages et hommes, appartenant à la sainte Église de Reims, ou à la basilique de Saint-Remi situés ou demeurant tant en Champagne, dans la ville ou les faubourgs de Reims, qu'en Ostrasie, Neustrie, Bourgogne, pays de Marseille, Rouergue, Gévaudan, Auvergne, Touraine, Poitou, Limousin, et partout ailleurs dans ses pays et royaumes, seraient à perpétuité exempts de toute charge; qu'aucun juge public n'oserait entrer sur les terres de ces deux saintes Églises de Dieu pour y faire leur séjour, y rendre aucun jugement ou lever aucune taxe; enfin, qu'elles conserveraient à toujours les immunités et privilèges à elles concédés par les rois ses prédécesseurs...

« Ce vénérable évêque fut en fort grande amitié avec Pepin, maire du palais, auquel il avait coutume d'envoyer fréquemment des eulogies, en signe de bénédiction. Or, en ce moment, Pepin séjournait au village de Gernicourt; et, ayant appris de l'évêque que cette demeure lui plaisait, il la lui offrit, ajoutant qu'il lui donnerait en outre tout le terrain dont il pourrait faire le tour tandis qu'il reposerait à l'heure de midi. Rigobert, suivant donc l'exemple de saint Remi, se mit en route et fit poser de distance en distance les limites qui se voient encore aujourd'hui, et traça ainsi l'enceinte pour obvier à toute contestation. A son réveil, Pepin, le trouvant de retour, lui confirma la donation de tout le terrain qu'il venait d'enclore; et pour indice mémorable du chemin qu'il a suivi, on y voit, en toute saison, l'herbe plus riche et plus verte qu'en aucun autre lieu d'alentour. Il est encore un autre miracle non moins digne d'attention que le Seigneur se plaît à opérer sur ces terres, sans doute en vue des mérites de son serviteur : c'est que, depuis la concession faite au saint évêque, jamais tempête ni grêle ne fait dommage en son domaine; et, tandis que tous les lieux d'alentour sont battus et ravagés, l'orage s'arrête aux limites de l'Église, sans jamais oser les franchir[1]. »

Ainsi tout favorisait l'absorption de la société par l'Église, tout y entrait, Romains et barbares, serfs et libres, hommes et terres, tout se réfugiait au sein maternel. L'Église améliorait tout ce qu'elle recevait du dehors; mais elle ne pouvait le faire sans se détériorer d'autant elle-même. Avec les richesses l'esprit du monde entrait dans le clergé, avec la puissance,

---

1. Flodoard.

la barbarie qui en était alors inséparable. Les serfs devenus prêtres gardaient les vices de serfs, la dissimulation, la lâcheté. Les fils des barbares devenus évêques restaient souvent barbares. Un esprit de violence et de grossièreté envahissait l'Église. Les écoles monastiques de Lérins, de Saint-Maixent, de Reomé, de l'île Barbe, avaient perdu leur éclat; les écoles épiscopales d'Autun, de Vienne, de Poitiers, de Bourges, d'Auxerre, subsistaient silencieusement. Les conciles devenaient de plus en plus rares : cinquante-quatre au sixième siècle, vingt au septième, sept seulement dans la première moitié du huitième.

Le génie spiritualiste de l'Église se réfugia dans les moines. L'état monastique fut un asile pour l'Église, comme l'Église l'avait été pour la société. Les monastères d'Irlande et d'Écosse, mieux préservés du mélange germanique, tentèrent une réformation du clergé gaulois. Ainsi, au premier âge de l'Église, le Breton Pélage avait allumé l'étincelle qui éclaira tout l'Occident; puis le breton Faustus, plus modéré dans les mêmes doctrines, ouvrit la glorieuse école de Lérins. Au second âge, ce fut encore un Celte, mais cette fois un Irlandais, saint Colomban, qui entreprit la réforme des Gaules. Un mot sur l'Église celtique.

Les Kymry de Bretagne et de Galles, rationalistes, les Gaëls d'Irlande, poètes et mystiques, présentent toutefois dans leur histoire ecclésiastique un caractère commun, l'esprit d'indépendance et l'opposition contre Rome. Ils s'entendaient mieux avec les Grecs, et gardèrent longtemps, malgré l'éloignement, malgré tant de révolutions, tant de misères diverses, des relations avec les Églises de Constantinople et d'Alexandrie. Déjà Pélage est un vrai fils d'Origène. Quatre cents ans plus tard, l'Irlandais Scot traduit les Pères grecs, et adopte le panthéisme alexandrin. Saint Colomban, au septième siècle, défend aussi contre le pape de Rome l'usage grec de célébrer la Pâque : « Les Irlandais, dit-il, sont meilleurs astronomes que vous autres Romains[1]. » Ce fut un Irlandais, un disciple de saint Colomban, Virgile, évêque de Salzbourg, qui affirma le premier que la terre est ronde, et que nous avons des antipodes. Toutes les sciences étaient alors cultivées avec éclat dans les monastères d'Écosse et d'Irlande. Ces moines, appelés *culdées*[2], ne connaissaient guère plus de hiérarchie que les modernes presbytériens d'Écosse. Ils vivaient douze à douze, sous un abbé élu par eux; l'évêque n'était, conformément au sens étymologique, qu'un surveillant. Le célibat ne paraît pas avoir été régulièrement observé dans cette Église[3]. Elle se distinguait encore par la forme particulière de la tonsure, et quelques autres singularités. En Irlande, on baptisait avec du lait[4].

Le plus célèbre de ces établissements des culdées est celui d'Iona, fondé, comme presque tous, sur les ruines des écoles druidiques : Iona, la sépulture de

---

1. *App.* 98.
2. Solitaires de Dieu. *Deus* et *Celare, Cella*, ont des racines analogues dans les langues latine et celtique.
3. Les femmes et les enfants des culdées réclamaient une part dans les dons faits à l'autel. (Low.)
4. *App.* 99.

soixante-dix rois d'Écosse, la mère des moines, l'oracle de l'Occident au septième et au huitième siècle. C'était la ville des morts, comme Arles dans les Gaules et Thèbes en Égypte.

La guerre que les empereurs soutinrent contre les nombreux usurpateurs qui sortirent de la Bretagne, dans les derniers siècles de l'Empire[1], les papes la continuèrent contre l'hérésie celtique, contre Pélage, contre l'Église écossaise et irlandaise. A cette Église, toute grecque de langue et d'esprit, Rome opposa souvent des Grecs ; dès le commencement du cinquième siècle, elle envoie contre eux Palladios, platonicien d'Alexandrie ; mais les doctrines de Palladios parurent bientôt aussi peu orthodoxes que celles qu'il attaquait. Des hommes plus sûrs furent envoyés, saint Loup, saint Germain d'Auxerre[2], et trois disciples de saint Germain, Dubricius, Iltutus, et saint Patrice, le grand apôtre de l'Irlande. On sait toutes les fables dont on a orné la vie de ce dernier ; la plus incroyable, c'est qu'il n'ait trouvé nulle connaissance de l'écriture dans un pays que nous voyons en si peu d'années tout couvert de monastères, et fournissant des mission-

---

1. Britannia, fertilis provincia tyrannorum. (Saint Jérôme.)

2. Saint Loup naquit à Toul, épousa la sœur de saint Hilaire, évêque d'Arles, fut moine à Lérins, puis évêque de Troyes. — Saint Germain, né à Auxerre, fut d'abord duc des troupes de la marche Armorique et Nervicane. De retour à Auxerre, il se livrait tout entier à la chasse, et élevait des trophées en mémoire des succès qu'il y obtenait. Saint Amator, évêque de la ville, l'en chassa, puis le convertit et l'ordonna prêtre malgré lui. Il eut pour disciples sainte Geneviève et saint Patrice. Saint Germain et saint Martin, le chasseur et le soldat, étaient les deux saints les plus populaires de la France. Mais saint Hubert succéda à saint Germain dans le patronage des chasseurs.

naires à tout l'Occident. L'invasion saxonne fit trêve aux querelles religieuses; mais dès que les Saxons furent définitivement établis, le pape envoya en Bretagne le moine Augustin, de l'ordre de Saint-Benoît. Les envoyés de Rome réussirent auprès des Saxons d'Angleterre, et commencèrent cette conquête spirituelle qui devait avoir de si grands résultats. Du monastère d'Iona, fondé précisément à la même époque par saint Colomban, sortit son célèbre disciple, saint Colombanus[1], dont nous avons vu le zèle hardi contre Brunehaut. Ce missionnaire ardent et impétueux rattacha un instant la Gaule aux principes de l'Église irlandaise.

La chute des enfants de Sigebert et de Brunehaut, la réunion de l'Ostrasie à la Neustrie, était une occasion favorable. Dans la Neustrie, dans tout le midi des Gaules, les traces de l'invasion disparaissant, les Germains s'étaient comme fondus dans la population gauloise et romaine. Les races antiques reprenaient force, la Neustrie avait repoussé l'Ostrasie sous Frédégonde, et se l'était réunie sous Clotaire. Ce prince et son fils Dagobert, moins Francs que Romains, devaient être favorables aux progrès de l'Église celtique, dont les mœurs et les lumières faisaient honte au caractère barbare qu'avait pris celle des Gaules.

Saint Colomban avait passé d'abord en Gaule avec douze compagnons. Une foule d'autres semblent les avoir suivis pour peupler les nombreux monastères

---

[1]. Saint Colomban explique lui-même le rapport mystique de son nom avec les mots *jona*, *barjona*, qui signifie colombe dans les livres saints.

que fondèrent ces premiers apôtres. Pour saint Colomban, nous l'avons vu d'abord s'établir dans les plus profondes solitudes des Vosges, sur les ruines d'un temple païen, circonstance que son biographe remarque dans toutes les fondations du saint. Là, il reçut bientôt les enfants de tous les grands de cette partie de la Gaule. Mais la jalousie des évêques vint l'y troubler. La singularité des rites irlandais prêtait à leurs attaques[1]. La liberté avec laquelle il parla à Theuderic et Brunehaut détermina son expulsion de Luxeuil. Reconduit par la Loire hors des Gaules, il y rentra par les États de Clotaire II, qui le reçut avec honneur. Ce fut en effet pour ce prince un immense avantage d'apparaître aux yeux des peuples comme le protecteur des saints, que ses ennemis persécutaient. De là Colomban passa en Suisse, où saint Gall, son disciple, fonda le fameux monastère de ce nom ; puis il se fixa en Italie près du Bavarois Agilulfe, roi des Lombards ; il s'y bâtit une retraite à Bobbio, et y resta jusqu'à sa mort, quelques instances que lui fît Clotaire vainqueur de revenir auprès de lui. C'est de là qu'il écrivit au pape ses lettres éloquentes et bizarres, pour la réunion des Églises irlandaise et romaine. Il y parle au nom du roi et de la reine des Lombards ; c'est, dit-il, à leur prière qu'il écrit. Peut-être les opinions qu'il exprime sur la supériorité de l'Église d'Irlande étaient-elles partagées par Clotaire et Dagobert, son fils. Du moins, nous voyons ces princes multiplier par toute

---

1. *App.* 100.

la France les monastères de saint Colomban ; au contraire, la race ostrasienne des Carlovingiens doit s'unir étroitement avec le pape, et assujettir tous les monastères à la règle de saint Benoît.

Des grandes écoles de Luxeuil et de Bobbio sortaient les fondateurs d'une foule d'abbayes : saint Gall, dont nous avons parlé ; saints Magne et Théodore, premiers abbés de Kempten et Fuessen près d'Augsbourg ; saint Attale de Bobbio ; saint Romaric de Remiremont ; saint Omer, saint Bertin, saint Amand, ces trois apôtres de la Flandre ; saint Wandrille, parent des Carlovingiens, fondateur de la grande école de Fontenelle en Normandie, qui doit être à son tour la métropole de tant d'autres. Ce fut Clotaire II qui éleva saint Amand à l'épiscopat, et Dagobert voulut que son fils fût baptisé par ce saint. Saint Éloi, le ministre de Dagobert, fonde en Limousin Solignac, d'où sortira saint Remacle, le grand évêque de Liège. Il avait dit un jour à Dagobert : « Seigneur, accordez-moi ce don, pour que j'en fasse une échelle par où vous et moi nous monterons au ciel. »

A côté de ces écoles, on vit des vierges savantes en ouvrir d'autres aux personnes de leur sexe. Sans parler de celles de Poitiers et d'Arles, de celle de Maubeuge, où sainte Aldegonde écrivit ses révélations, sainte Gertrude, abbesse de Nivelle, avait été étudier en Irlande ; sainte Bertille, abbesse de Chelles, était si célèbre qu'une foule de disciples des deux sexes affluaient autour d'elle de toute la Gaule et de la Grande-Bretagne.

Quelle était la règle nouvelle à laquelle tant de monastères s'étaient soumis? Les bénédictins[1] ne demandent pas mieux que de nous persuader qu'elle n'est autre que celle de saint Benoît, et les textes mêmes qu'ils allèguent prouvent évidemment le contraire. Par exemple, des religieuses obtiennent de saint Donat, disciple de saint Colomban, devenu évêque de Besançon, qu'il fera pour elles un rapprochement des règles de saint Césaire d'Arles, de saint Benoît, de saint Colomban; saint Projectus en fit autant pour d'autres religieuses. Ces règles n'étaient donc pas les mêmes.

La règle de saint Colomban, opposée en ceci à la règle de saint Benoît, ne prescrit pas l'obligation d'un travail régulier; elle assujettit le moine à un nombre énorme de prières. En général, elle ne porte pas cette empreinte d'esprit positif qui distingue l'autre à un si haut degré. Elle prescrit de même l'obéissance, mais elle ne laisse pas les peines à l'arbitraire de l'abbé; elle les indique d'avance pour chaque délit avec une minutieuse et bizarre précision. Dans cet étrange code pénal, bien des choses scandalisent le lecteur moderne. « Un an de pénitence pour le moine qui a perdu une « hostie; pour le moine qui a failli avec une femme, « deux jours au pain et à l'eau, un jour seulement s'il

---

[1]. L'Église de Rome était fortement intéressée à supprimer les écrits d'un ennemi, qui avait pourtant laissé dans la mémoire des peuples une si grande réputation de sainteté. Aussi la plupart des livres de saint Colomban ont péri. Quelques-uns se trouvaient encore au seizième siècle à Besançon et à Bobbio, d'où ils furent, dit-on, portés aux bibliothèques de Rome et de Milan.

« ignorait que ce fût une faute. » En général, la tendance est mystique; le législateur a plus égard aux pensées qu'aux actes. — « La chasteté du moine, dit-il, s'estime par ses pensées : que sert qu'il soit vierge de corps, s'il ne l'est d'esprit[1]? ».

Cette réforme, doublement remarquable et par son éclat, et par sa liaison avec le réveil des races vaincues dans les Gaules, était loin pourtant de satisfaire aux besoins du temps. Ce n'était pas de pratiques pieuses, d'élans mystiques qu'il s'agissait, lorsque la barbarie pesait si lourdement, et qu'une invasion nouvelle était toujours imminente sur le Rhin. Saint Benoît avait compris qu'il fallait à une telle époque un monachisme plus humble, plus laborieux, pour défricher la terre, devenue tout inculte et sauvage, pour défricher l'esprit des barbares. Mais l'Église irlandaise, animée d'un indomptable esprit d'individualité et d'opposition, n'était d'accord ni avec Rome, ni avec elle-même. Saint Gall, le principal disciple de saint Colomban, refusa de le suivre en Italie, resta en Suisse, et y travailla pour son compte[2]. Saint Colomban, passant alors en Italie, s'occupa de combattre l'arianisme des Orientaux; c'était se tourner vers le monde fini, vers le passé, au lieu de regarder vers la Germanie, vers l'avenir. Comme il était encore sur le Rhin, il eut un instant l'idée d'entreprendre la conversion des Suèves; plus tard, celle des Slaves. Un ange l'en détourna dans un songe, et, lui traçant une image du monde, il lui

---

1. *App.* 101. — 2. *App.* 102.

désigna l'Italie. Ce défaut de sympathie pour les Germains, pour les travaux obscurs de leur conversion, est-il la condamnation de saint Colomban et de l'Église celtique? Les missionnaires anglo-saxons, disciples soumis de Rome, vont, avec le secours d'une dynastie ostrasienne, recueillir dans l'Allemagne cette moisson que l'Irlande n'a pu, ou n'a pas voulu cueillir [1].

L'impuissance de l'Église celtique, son défaut d'unité, se retrouve dans la monarchie qui à cette époque dominait nominalement toute la Gaule. La dissolution définitive semble commencer avec la mort de Dagobert. Sous lui, il est probable que l'influence ecclésiastique fut supérieure à celle des grands. Les prêtres, dont nous le voyons entouré, doivent avoir suivi les traditions de l'ancien gouvernement neustrien dans sa lutte contre l'Ostrasie, c'est-à-dire contre le pays des barbares et de l'aristocratie. Lorsque le fameux maire du palais, Ébroïn, envoya demander conseil à l'évêque de Rouen, saint Ouen, le vieux ministre de Dagobert répondit sans hésiter : « De Frédégonde te souvienne! »

Les grands manquèrent d'abord leur coup en Ostrasie, sous Sigebert III, fils de Dagobert. Pepin avait été maire, puis son fils Grimoald, et celui-ci, à la mort de Sigebert, avait essayé de faire roi un de ses propres

---

1. Les Bollandistes disent très bien qu'il y a entre la règle de saint Colomban et celle de saint Benoît la même différence qu'entre les règles des franciscains et des dominicains. C'est l'opposition de la loi et de la grâce. L'ordre de Saint-Benoît devait prévaloir : 1° sur le RATIONALISME des Pélagiens; 2° sur le MYSTICISME de saint Colomban.

enfants. Il était secondé par Dido, évêque de Poitiers, oncle du fameux saint Léger. L'oncle et le neveu étaient les chefs des grands dans le Midi. Le vrai roi n'avait que trois ans. On se débarrassa sans peine de cet enfant. Dido le conduisit en Irlande. Mais les hommes libres d'Ostrasie tendirent des embûches à Grimoald, l'arrêtèrent et l'envoyèrent à Paris, au roi de Neustrie Clovis II, fils de Dagobert, qui le fit mourir avec son fils.

Les trois royaumes se trouvèrent ainsi réunis sous Clovis II, ou plutôt sous Erchinoald, maire du palais de Neustrie. Pendant la minorité des trois fils de Clovis, le même Erchinoald, puis le fameux Ébroin, remplirent la même charge, s'appuyant du nom et de la sainteté de Bathilde, veuve du dernier roi. C'était une esclave saxonne que Clovis avait faite reine. Ces maires, ennemis des grands, leur opposaient avec avantage aux yeux des peuples une esclave et une sainte.

Quelle était précisément cette charge des *maires du palais?* M. de Sismondi ne peut croire que le maire ait été originairement un officier royal. Il y voit un magistrat populaire, institué pour la protection des hommes libres, comme le justiza d'Aragon. Cette espèce de tribun et de juge eût été appelé *morddom*, juge du meurtre. Ces mots allemands auraient été facilement confondus avec ceux de *major domûs*, et la mairie assimilée à la charge de l'ancien comte du palais impérial. Nul doute que le maire n'ait été souvent élu, et même de bonne heure, aux époques de minorité ou d'affaiblissement du pouvoir royal; mais aussi nul doute qu'il n'ait été choisi par le roi, au moins jusqu'à Dagobert[1]. Quiconque connaît l'esprit de la *famille* germanique ne s'étonnera pas de trouver dans le maire un officier du palais. Dans cette famille, la domesticité ennoblit. Toutes les fonctions réputées serviles chez les nations du Midi sont honorables chez celles du Nord, et en réalité elles sont rehaussées par le dévouement personnel. Dans les *Niebelungen*, le maître des cuisines, Rumolt, est un des principaux chefs des guerriers. Aux festins du couronnement impérial, les électeurs tenaient à honneur d'apporter le boisseau d'avoine, et de mettre les plats sur la table. Chez ces nations, quiconque est grand dans le palais est grand dans le peuple. Le *plus grand* du palais (*major*) devait être le premier des leudes, leur chef dans la guerre, leur juge dans la paix. Or, à une époque où les hommes libres avaient intérêt à être sous la protection royale, *in truste regiâ*, à devenir antrustions et leudes, le juge des leudes dut peu à peu se trouver le juge du peuple.

Le maire Ébroin avait entrepris l'impossible, établir l'unité, lorsque tout tendait à la dispersion; fonder la royauté, quand les grands se fortifiaient de toutes parts. Les deux moyens qu'il prit pour y parvenir étaient utiles, si on eût pu les employer. Le premier fut de choisir les ducs et les grands dans une autre province que celle où ils avaient leurs possessions,

---

1. *App.* 103.

leurs esclaves, leurs clients; isolés ainsi de leurs moyens personnels de puissance, ils auraient été les simples hommes du roi, et n'auraient pas rendu les charges héréditaires dans leur famille. En outre, Ébroin paraît avoir essayé de rapprocher les lois, les usages divers des nations qui composaient l'empire des Francs; cette tentative sembla tyrannique, et elle l'était en effet à cette époque.

Aussi l'Ostrasie échappa d'abord à Ébroin; elle exigea un roi, un maire, un gouvernement particulier. Puis, les grands d'Ostrasie et de Bourgogne, entre autres saint Léger, évêque d'Autun, neveu de Dido, évêque de Poitiers (tous deux étaient amis des Pepins), marchent contre Ébroin au nom du jeune Childéric II, roi d'Ostrasie [1]. Ébroin, abandonné des grands neustriens, est enfermé au monastère de Luxeuil. Saint Léger, qui avait contribué à la révolution, n'en profita guère. Il fut accusé, à tort ou à droit, d'aspirer au trône, de concert avec le Romain Victor, patrice souverain de Marseille, qui était venu pour une affaire auprès de Childéric. Les grands du Nord inspirèrent au roi une défiance naturelle contre le chef des grands du Midi, et saint Léger fut enfermé à Luxeuil avec ce même Ebroin qu'il y avait enfermé lui-même. L'adoucisse-

---

1. La querelle de saint Léger et d'Ébroin enveloppait aussi une querelle nationale, une haine de villes. Saint Léger, évêque d'Autun, avait pour lui l'évêque de Lyon, et contre lui les évêques de Valence et de Châlons. Ces deux villes faisaient ainsi la guerre à leurs rivales, les deux capitales de la Bourgogne. — Lorsque saint Léger se fut livré volontairement à ses ennemis, Autun n'en fut pas moins obligé de se racheter. Ils voulaient chasser aussi l'évêque de Lyon; mais les Lyonnais s'armèrent pour le défendre. Les villes prennent évidemment part active à la querelle.

ment des mœurs est ici visible. Sous les premiers Mérovingiens, un tel soupçon eût infailliblement entraîné la mort.

Cependant l'Ostrasien Childéric eut à peine respiré l'air de la Neustrie qu'il devint, lui aussi, ennemi des grands. Dans un accès de fureur, il fit battre de verges un d'entre eux, nommé Bodilo. Ce châtiment servile les irrita tous. Childéric II fut assassiné dans la forêt de Chelles; les assassins n'épargnèrent pas même sa femme enceinte et son fils enfant.

Ébroin et saint Léger sortirent de Luxeuil réconciliés en apparence, mais ils se séparèrent bientôt pour profiter des deux révolutions qui venaient de s'opérer en Ostrasie et en Neustrie. Les rôles étaient changés : pendant que les grands triomphaient avec saint Léger en Neustrie, par la mort de Childéric, les hommes libres d'Ostrasie avaient fait revenir d'Irlande cet enfant (Dagobert II) que la famille des Pepins avait autrefois éloigné du trône, dans l'espoir de s'y asseoir elle-même. Les hommes libres d'Ostrasie formèrent une armée à Ébroin, le ramenèrent triomphant en Neustrie, où ils firent dégrader, aveugler, tuer saint Léger, comme coupable d'avoir conseillé la mort de Childéric II. Au moment même, un autre Mérovingien était tué en Ostrasie par les amis de saint Léger. Les deux Pepins et Martin, petits-fils d'Arnulf, évêque de Metz, et neveux de Grimoald, firent condamner par un conseil et poignarder Dagobert II, le roi des hommes libres, c'est-à-dire du parti allié d'Ébroin. Ébroin vengea Dagobert comme il avait vengé Childéric II. Il attira Martin dans une conférence et l'y fit assassiner. Lui-même fut tué peu après par un noble Franc qu'il avait menacé de la mort.

Cet homme remarquable avait, comme Frédégonde, défendu avec succès la France de l'ouest, et retardé vingt années le triomphe des grands ostrasiens. Sa mort leur livra la Neustrie. Ses successeurs furent défaits par Pepin à Testry, entre Saint-Quentin et Péronne.

Cette victoire des grands sur le parti populaire, de la Gaule germanique sur la Gaule romaine, ne sembla pas d'abord entraîner un changement de dynastie. Pepin adopta le roi même au nom duquel Ébroin et ses successeurs avaient combattu. On peut cependant considérer la bataille de Testry comme la chute de la famille de Clovis. Peu importe que cette famille traîne encore le titre de roi dans l'obscurité de quelque monastère. Désormais le nom des princes mérovingiens ne sera plus attesté comme signe de parti; ils cesseront bientôt d'être employés même comme instruments. Le dernier terme de la décadence est arrivé.

Selon une vieille légende, le père de Clovis ayant enlevé Basine, la femme du roi de Thuringe, « elle lui dit la première nuit, comme ils étaient couchés : Abstenons-nous ; lève-toi, et ce que tu auras vu dans la cour du palais, tu le diras à ta servante. S'étant levé, il vit comme des lions, des licornes et des léopards qui se promenaient. Il revint et dit ce qu'il avait vu. La femme lui dit alors : Va voir de nouveau, et reviens dire à ta servante. Il sortit et vit cette fois des ours et des loups. A la troisième fois, il vit des chiens et d'autres bêtes chétives. Ils passèrent la nuit chastement, et quand ils se levèrent, Basine lui dit : Ce que tu as vu des yeux est fondé en vérité. Il nous naîtra un lion ; ses fils courageux ont pour symboles le léopard et la licorne. D'eux naîtront des ours et des loups, pour le courage et la voracité. Les derniers rois sont les chiens, et la foule des petites bêtes indique ceux qui vexeront le peuple, mal défendu par ses rois [1]. »

La dégénération est en effet rapide chez ces Mérovingiens. Des quatre fils de Clovis, un seul, Clotaire, laisse postérité. Des quatre fils de Clotaire, un seul a des enfants. Ceux qui suivent, meurent presque tous adolescents. Il semble que ce soit une espèce d'hommes particulière. Tout Mérovingien est père à quinze ans, caduc à trente. La plupart n'atteignent pas cet âge. Charibert II meurt à vingt-cinq ans ; Sigebert II, Clovis II, à vingt-six, à vingt-trois ; Childéric II à vingt-quatre ; Clotaire III à dix-huit ; Dagobert II à vingt-six ou vingt-sept, etc. Le symbole de cette race, ce sont les *énervés* de Jumièges, ces jeunes princes à qui l'on a coupé les articulations, et qui s'en vont sur un bateau au cours du fleuve qui les porte à l'Océan ; mais ils sont recueillis dans un monastère.

Qui a coupé leurs nerfs et brisé leurs os, à ces

---

1. Grégoire de Tours. — Basine a le don de seconde vue, comme la Brunhild de l'*Edda*. Comme Brunhild, elle se livre au plus vaillant.

enfants des rois barbares? c'est l'entrée précoce de leurs pères dans la richesse et les délices du monde romain qu'ils ont envahi. La civilisation donne aux hommes des lumières et des jouissances. Les lumières, les préoccupations de la vie intellectuelle, balancent, chez les esprits cultivés, ce que les jouissances ont d'énervant. Mais les barbares qui se trouvent tout à coup placés dans une civilisation disproportionnée n'en prennent que les jouissances. Il ne faut pas s'étonner s'ils s'y absorbent et y fondent, pour ainsi dire, comme la neige devant un brasier.

Le pauvre vieil historien Frédégaire exprime bien tristement dans son langage barbare cet affaissement du monde mérovingien. Après avoir annoncé qu'il essayera de continuer Grégoire de Tours : « J'aurais souhaité, dit-il, qu'il me fût échu en partage une telle faconde, que je pusse quelque peu lui ressembler. Mais l'on puise difficilement à une source dont les eaux tarissent. Désormais le monde se fait vieux, la pointe de la sagacité s'émousse en nous. Aucun homme de ce temps ne peut ressembler aux orateurs des âges précédents, aucun n'oserait y prétendre[1]. »

1. *App.* 104.

CHAPITRE II

Carlovingiens. — Huitième, neuvième et dixième siècle.

« L'homme de Dieu (saint Colomban), ayant été trouver Theudebert, lui conseilla de mettre bas l'arrogance et la présomption, de se faire clerc, d'entrer dans le sein de l'Église, se soumettant à la sainte religion, de peur que, par-dessus la perte du royaume temporel, il n'encourût encore celle de la vie éternelle. Cela excita le rire du roi et de tous les assistants ; ils disaient en effet qu'ils n'avaient jamais ouï dire qu'un Mérovingien, élevé à la royauté, fût devenu clerc volontairement. Tout le monde abominant cette parole, Colomban ajouta : Il dédaigne l'honneur d'être clerc ; eh bien ! il le sera malgré lui [1]. »

Ce passage nous rend sensible l'une des principales différences que présentent la première et la seconde race. Les Mérovingiens entrent dans l'Église malgré

---

1. Vie de saint Colomban.

eux, les Carlovingiens volontairement. La tige de cette dernière famille est l'évêque de Metz, Arnulf, qui a son fils Chlodulf pour successeur dans cet évêché. Le frère d'Arnulf est abbé de Bobbio ; son petit-fils est saint Wandrille. Toute cette famille est étroitement unie avec saint Léger. Le frère de Pepin-le-Bref, Carloman, se fait moine au mont Cassin ; ses autres frères sont archevêque de Rouen, abbé de Saint-Denis. Les cousins de Charlemagne, Adalhard, Wala, Bernard, sont moines. Un frère de Louis-le-Débonnaire, Drogon, est évêque de Metz, trois autres de ses frères sont moines ou clercs. Le grand saint du Midi, saint Guillaume de Toulouse, est cousin et tuteur du fils aîné de Charlemagne. Ce caractère ecclésiastique des Carlovingiens explique assez leur étroite union avec le pape, et leur prédilection pour l'ordre de Saint-Benoît.

Arnulf était né, dit-on, d'un père aquitain et d'une mère suève [1]. Cet Aquitain, nommé Ansbert, aurait appartenu à la famille des Ferreoli, et eût été gendre de Clotaire Ier. Cette généalogie semble avoir été fabriquée pour rattacher les Carlovingiens d'un côté à la dynastie mérovingienne, de l'autre à la maison la plus illustre de la Gaule romaine [2]. Quoiqu'il en soit, je croirais aisément, d'après les fréquents mariages des familles ostrasiennes et aquitaines [3], que les Carlovingiens ont pu en effet sortir d'un mélange de ces races.

---

1. *App.* 105. — 2. *App.* 106. — 3. *App.* 107.

Cette maison épiscopale de Metz[1] réunissait deux avantages qui devaient lui assurer la royauté. D'une part, elle tenait étroitement à l'Église; de l'autre, elle était établie dans la contrée la plus germanique de la Gaule. Tout d'ailleurs la favorisait. La royauté était réduite à rien, les hommes libres diminuaient de nombre chaque jour. Les grands seuls, leudes et évêques, se fortifiaient et s'affermissaient. Le pouvoir devait passer à celui qui réunirait les caractères de grand propriétaire et de chef des leudes. Il fallait de plus que tout cela se rencontrât dans une grande famille épiscopale, dans une famille ostrasienne, c'est-à-dire amie de l'Église, amie des barbares. L'Église, qui avait appelé les Francs de Clovis contre les Goths, devait favoriser les Ostrasiens contre la Neustrie, lorsque celle-ci, sous un Ébroin, organisait un pouvoir laïque, rival de celui du clergé.

La bataille de Testry, cette victoire des grands sur l'autorité royale, ou du moins sur le nom du roi, ne fit qu'achever, proclamer, légitimer la dissolution. Toutes les nations durent y voir un jugement de Dieu contre l'unité de l'Empire. Le Midi, Aquitaine et Bourgogne, cessa d'être France, et nous voyons bientôt ces contrées désignées, sous Charles-Martel, comme *pays romains;* il pénétra, disent les chroniques, jusqu'en Bourgogne. A l'est et au nord, les ducs allemands, les Frisons, les Saxons, Suèves, Bavarois, n'avaient nulle

---

1. *App.* 108.

raison de se soumettre au duc des Ostrasiens, qui peut-être n'eût pas vaincu sans eux. Par sa victoire même Pepin se trouva seul. Il se hâta de se rattacher au parti qu'il avait abattu, au parti d'Ébroin, qui n'était autre que celui de l'unité de la Gaule; il fit épouser à son fils une matrone puissante, veuve du dernier maire, et chère au parti des hommes libres. Au dehors, il essaya de ramener à la domination des Francs les tribus germaniques qui s'en étaient affranchies, les Frisons au nord, au midi les Suèves. Mais ses tentatives étaient loin de pouvoir rétablir l'unité. Ce fut bien pis à sa mort; son successeur dans la mairie fut son petit-fils Théobald, sous sa veuve Plectrude. Le roi Dagobert III, encore enfant, se trouva soumis à un maire enfant, et tous deux à une femme. Les Neustriens s'affranchirent sans peine. Ce fut à qui attaquerait l'Ostrasie ainsi désarmée : les Frisons, les Neustriens la ravagèrent, les Saxons coururent toutes ses possessions en Allemagne.

Les Ostrasiens, foulés par toutes les nations, laissèrent là Plectrude et son fils. Ils tirèrent de prison un vaillant bâtard de Pepin, Carl, surnommé Marteau. Pepin n'avait rien laissé à celui-ci. C'était une branche maudite, odieuse à l'Église, souillée du sang d'un martyr. Saint Lambert, évêque de Liège, avait un jour, à la table royale, exprimé son mépris pour Alpaïde, la mère de Carl, la concubine de Pepin; le frère d'Alpaïde força la maison épiscopale et tua l'évêque en prières. Grimoald, fils et héritier de Pepin, étant allé en pèlerinage au tombeau de saint Lambert, il y fut tué, sans doute par les amis d'Alpaïde. Carl lui-même se signala comme ennemi de l'Église. Son surnom païen de *Marteau* me ferait volontiers douter s'il était chrétien. On sait que le marteau est l'attribut de Thor, le signe de l'association païenne, celui de la propriété, de la conquête barbare. Cette circonstance expliquerait comment un empire, épuisé sous les règnes précédents, fournit tout à coup tant de soldats et contre les Saxons et contre les Sarrasins. Ces mêmes hommes, attirés dans les armées de Carl par l'appât des biens de l'Église qu'il leur prodigua, purent adopter peu à peu la croyance de leur nouvelle patrie, et préparèrent une génération de soldats pour Pepin-le-Bref et Charlemagne. Dans cette famille tout ecclésiastique des Carlovingiens, le bâtard, le proscrit Carl, ou Charles-Martel, offre une physionomie à part et très peu chrétienne [1].

D'abord les Neustriens, battus par lui à Vincy, près de Cambrai, appelèrent à leur aide les Aquitains, qui, depuis la dissolution de l'empire des Francs, formaient une puissance redoutable. Eudes, leur duc, s'avança jusqu'à Soissons, s'unit aux Neustriens, qui n'en furent pas moins vaincus. Peut-être eût-il continué la guerre avec avantage, mais il avait alors un ennemi derrière lui. Les Sarrasins, maîtres de l'Espagne, s'étaient emparés du Languedoc. De la ville romaine et gothique de Narbonne, occupée par eux, leur innombrable cavalerie se lançait audacieusement vers

---

1. *App.* 109.

le Nord, jusqu'en Poitou, jusqu'en Bourgogne[1], confiante dans sa légèreté et dans la vigueur infatigable de ses chevaux africains. La célérité prodigieuse de ces brigands, qui voltigeaient partout, semblait les multiplier; ils commençaient à passer en plus grand nombre : on craignait que, selon leur usage, après avoir fait un désert d'une partie des contrées du Midi, ils ne finissent par s'y établir. Eudes, défait une fois par eux, s'adressa aux Francs eux-mêmes; une rencontre eut lieu près de Poitiers entre les rapides cavaliers de l'Afrique et les lourds bataillons des Francs (732). Les premiers, après avoir éprouvé qu'ils ne pouvaient rien contre un ennemi redoutable par sa force et sa masse, se retirèrent pendant la nuit. Quelle perte les Arabes purent-ils éprouver, c'est ce qu'on ne saurait dire. Cette rencontre solennelle des hommes du Nord et du Midi a frappé l'imagination des chroniqueurs de l'époque; ils ont supposé que ce choc de deux races n'avait pu avoir lieu qu'avec un immense massacre[2]. Charles-Martel poussa jusqu'en Languedoc, il assiégea inutilement Narbonne, entra dans Nîmes et essaya de brûler les Arènes qu'on avait changées en forteresse. On distingue encore sur les murs la trace de l'incendie.

Mais ce n'est pas du côté du Midi qu'il dut avoir le plus d'affaires; l'invasion germanique était bien plus à craindre que celle des Sarrasins. Ceux-ci étaient éta-

---

1. En 725, ils prirent Carcassonne, reçurent Nîmes à composition, et détruisirent Autun. En 731, ils brûlèrent l'église de Saint-Hilaire de Poitiers.
2. *App.* 110.

blis dans l'Espagne, et bientôt leurs divisions les y retinrent. Mais les Frisons, les Saxons, les Allemands, étaient toujours appelés vers le Rhin par la richesse de la Gaule et par le souvenir de leurs anciennes invasions; ce ne fut que par une longue suite d'expéditions que Charles-Martel parvint à les refouler. Avec quels soldats put-il faire ces expéditions? Nous l'ignorons, mais tout porte à croire qu'il recrutait ses armées en Germanie. Il lui était facile d'attirer à lui des guerriers auxquels il distribuait les dépouilles des évêques et des abbés de la Neustrie et de la Bourgogne [1]. Pour employer ces mêmes Germains contre les Germains leurs frères, il fallut les faire chrétiens. C'est ce qui explique comment Charles devint vers la fin l'ami des papes, et leur soutien contre les Lombards. Les missions pontificales créèrent dans la Germanie une population chrétienne amie des Francs, et chaque peuplade dut se trouver partagée entre une partie païenne qui resta obstinément sur le sol de la patrie à l'état primitif de tribu, tandis que la partie chrétienne fournit des bandes aux armées de Charles-Martel, de Pepin et de Charlemagne.

L'instrument de cette grande révolution fut saint Boniface, l'apôtre de l'Allemagne. L'Église anglo-saxonne, à laquelle il appartient, n'était pas, comme celle d'Irlande, de Gaule ou d'Espagne, une sœur, une égale de celle de Rome; c'était la fille des papes. Par cette Église, romaine d'esprit [2], germanique de langue,

---

1. *App.* 111. — 2. *App.* 112.

Rome eut prise sur la Germanie. Saint Colomban avait dédaigné de prêcher les Suèves. Les Celtes, dans leur dur esprit d'opposition à la race germanique, ne pouvaient être les instruments de sa conversion. Un principe de rationalisme anti-hiérarchique, un esprit d'individualité, de division, dominait l'Église celtique. Il fallait un élément plus liant, plus sympathique, pour attirer au christianisme les derniers venus des barbares. Il fallait leur parler du Christ au nom de Rome, ce grand nom qui, depuis tant de générations, remplissait leur oreille.

Winfried (c'est le nom germanique de Boniface) se donna sans réserve aux papes, et, sous leurs auspices, se lança dans ce vaste monde païen de l'Allemagne à travers les populations barbares. Il fut le Colomb et le Cortez de ce monde inconnu, où il pénétrait sans autre arme que sa foi intrépide et le nom de Rome. Cet homme héroïque, passant tant de fois la mer, le Rhin, les Alpes, fut le lien des nations ; c'est par lui que les Francs s'entendirent avec Rome, avec les tribus germaniques ; c'est lui qui, par la religion, par la civilisation, attacha au sol ces tribus mobiles, et prépara à son insu la route aux armées de Charlemagne, comme les missionnaires du seizième siècle ouvrirent l'Amérique à celles de Charles-Quint. Il éleva sur le Rhin la métropole du christianisme allemand, l'église de Mayence, l'église de l'Empire, et plus loin, Cologne, l'église des reliques, la cité sainte des Pays-Bas. La jeune école de Fulde, fondée par lui au plus profond de la barbarie germanique, devint la lumière de l'Occident, et enseigna ses maîtres. Premier archevêque de Mayence, c'est du pape qu'il voulut tenir le gouvernement de ce nouveau monde chrétien qu'il avait créé. Par son serment, il se voue, lui et ses successeurs, au prince des apôtres, « qui seul doit donner le pallium aux évêques [1] ». Cette soumission n'a rien de servile. Le bon Winfried demande au pape, dans sa simplicité, s'il est vrai que lui, pape, il viole les canons et tombe dans le péché de simonie [2]; il l'engage à faire cesser les cérémonies païennes que le peuple célèbre encore à Rome, au grand scandale des Allemands. Mais le principal objet de sa haine, ce sont les Scots (nom commun des Écossais et des Irlandais). Il condamne leur principe du mariage des prêtres. Il dénonce au pape, tantôt le fameux Virgile, évêque de Saltzbourg, celui qui le premier devina que la terre est ronde, tantôt un prêtre nommé Samson, qui supprime le baptême. Clément, autre Irlandais, et le Gaulois Adalbert troublent aussi l'Église. Adalbert érige des oratoires et des croix près des fontaines (peut-être aux anciens autels druidiques); le peuple y court et déserte les églises [3]; cet Adalbert est si révéré qu'on se dispute comme des reliques ses ongles et ses cheveux. Autorisé par une lettre qu'il a reçue de Jésus-Christ, il invoque des anges dont le nom est inconnu; il sait d'avance les péchés des hommes et n'écoute pas leur confession. Winfried, implacable ennemi de l'Église celtique, obtient de Carloman et Pepin qu'ils fassent

---

1. *App.* 113. — 2. *App.* 114. — 3. *App.* 115.

enfermer Adalbert. Ce zèle âpre et farouche était au moins désintéressé. Après avoir fondé neuf évêchés et tant de monastères, au comble de sa gloire, à l'âge de soixante-treize ans, il résigna l'archevêché de Mayence à son disciple Lulle, et retourna simple missionnaire dans les bois et les marais de la Frise païenne, où il avait quarante ans auparavant prêché la première fois. Il y trouva le martyre.

Quatre ans avant sa mort (752), il avait sacré roi Pepin au nom du pape de Rome, et transporté la couronne à une nouvelle dynastie. Ce fils de Charles-Martel, seul maire par la retraite d'un de ses frères au mont Cassin et par la fuite de l'autre, était le bien-aimé de l'Église. Il réparait les spoliations de Charles-Martel ; il était l'unique appui du pape contre les Lombards. Tout cela l'enhardit à faire cesser la longue comédie que jouaient les maires du palais, depuis la mort de Dagobert, et à prendre pour lui-même le titre de roi. Il y avait près de cent ans que les Mérovingiens, enfermés dans leur villa de Maumagne ou dans quelque monastère, conservaient une vaine ombre de la royauté [1]. Ce n'était guère qu'au printemps, à l'ouverture du champ de mars, qu'on tirait l'idole de son sanctuaire, qu'on montrait au peuple son roi. Silencieux et grave, ce roi chevelu, barbu (c'étaient, quel que fût l'âge du prince, les insignes obligés de la royauté), paraissait, lentement traîné sur le char germanique, attelé de bœufs, comme celui de la déesse

---

1. C'était comme le pontife-roi à Rome, le calife à Bagdad dans la décadence, ou le daïro au Japon.

Hertha. Parmi tant de révolutions qui se faisaient au nom de ces rois, vainqueurs, vaincus, leur sort changeait peu. Ils passaient du palais au cloître, sans remarquer la différence. Souvent même le maire vainqueur quittait son roi pour le roi vaincu, si celui-ci figurait mieux. Généralement ces pauvres rois ne vivaient guère; derniers descendants d'une race énervée, faibles et frêles, ils portaient la peine des excès de leurs pères. Mais cette jeunesse même, cette inaction, cette innocence dut inspirer au peuple l'idée profonde de la sainteté royale, du droit du roi. Le roi lui apparut de bonne heure comme un être irréprochable, peut-être comme un compagnon de ses misères, auquel il ne manquait que le pouvoir pour en être le réparateur. Et le silence même de l'imbécillité ne diminuait pas le respect. Cet être taciturne semblait garder le secret de l'avenir. Dans plusieurs contrées encore, le peuple croit qu'il y a quelque chose de divin dans les idiots, comme autrefois les païens reconnaissaient la divinité dans les bêtes.

Après les Mérovingiens, dit Éginhard, les Francs se constituèrent deux rois. En effet, cette dualité se retrouve presque partout au commencement de la dynastie Carlovingienne. Ordinairement deux frères règnent ensemble : Pepin et Martin, Pepin et Carloman, Carloman et Charlemagne. Quand il y a un troisième frère (par exemple Grifon, frère de Pepin-le-Bref), il est exclu du partage.

Cette royauté de Pepin, fondée par les prêtres, fut dévouée aux prêtres. Le descendant de l'évêque Arnulf, le parent de tant d'évêques et de saints, donna grande influence aux prélats.

Partout les ennemis des Francs se trouvaient être ceux de l'Église : Saxons païens, Lombards persécuteurs du pape, Aquitains spoliateurs des biens ecclésiastiques. La grande guerre de Pepin fut contre l'Aquitaine. Il ne fit qu'une campagne en Saxe, obtenant la liberté de prédication pour les missionnaires[1], et laissant faire au temps. Deux campagnes suffirent contre les Lombards, le pape Étienne était venu lui-même implorer le secours des Francs. Pepin força les Alpes, força Pavie, et exigea du Lombard Astolph qu'il rendît, non pas à l'empire grec, mais à saint Pierre et au pape[2], les villes de Ravenne, de l'Émilie, de la Pentapole et du duché de Rome. Il fallait que les Lombards et les Grecs fussent bien peu à craindre, pour que Pepin crût ces provinces en sûreté dans les mains désarmées d'un prêtre.

Ce fut une bien autre guerre que celle d'Aquitaine : un mot en expliquera la durée. Ce pays, adossé aux Pyrénées occidentales, qu'occupaient et qu'occupent encore les anciens Ibériens, Vasques, Guasques ou Basques (Eusken), recrutait incessamment sa population parmi ces montagnards. Ce peuple, agriculteur de goût et de génie, brigand par position, avait été longtemps serré dans ses roches par les Romains, puis par les Goths. Les Francs chassèrent ceux-ci, mais ne

---

1. De plus, un tribut de trois cents chevaux. *App.* 116.
2. Il répondit aux réclamations de l'empereur, qu'il avait entrepris cette guerre pour l'amour de saint Pierre et la rémission de ses péchés.

les remplacèrent pas. Ils échouèrent plusieurs fois contre les Vasques et chargèrent un duc Genialis, sans doute un Romain d'Aquitaine, de les observer (vers 600)[1]. Cependant les géants de la montagne[2] descendaient peu à peu parmi les petits hommes du Béarn, dans leurs grosses capes rouges, et chaussés de l'abarca de crin, hommes, femmes, enfants, troupeaux, s'avançant vers le Nord; les landes sont un vaste chemin. Aînés de l'ancien monde, ils venaient réclamer leur part des belles plaines sur tant d'usurpateurs qui s'étaient succédé, Galls, Romains et Germains. Ainsi, au septième siècle, dans la dissolution de l'empire neustrien, l'Aquitaine se trouva renouvelée par les Vasques, comme l'Ostrasie par les nouvelles immigrations germaniques. Des deux côtés, le nom suivit le peuple, et s'étendit avec lui; le Nord s'appela la *France*, le Midi la Vasconia, la *Gascogne*. Celle-ci avança jusqu'à l'Adour, jusqu'à la Garonne, un instant jusqu'à la Loire. Alors eut lieu le choc.

Selon des traditions fort peu certaines, l'Aquitain Amandus, vers l'an 628, se serait fortifié dans ces contrées, battant les Francs par les Basques, et les Basques par les Francs. Il aurait donné sa fille à Charibert, frère de Dagobert; après la mort de son gendre, il aurait défendu l'Aquitaine, au nom de ses petits-fils orphelins, contre leur oncle Dagobert. Peut-être le mariage de Charibert n'est-il qu'une fable inventée plus tard pour rattacher les grandes familles d'Aqui-

---

1. *App.* 117. — 2. La taille des Basques est très haute, surtout en comparaison de celle des Béarnais.

taine à la première race. Toutefois, nous voyons peu après les ducs aquitains épouser trois princesses ostrasiennes.

Les arrière-petits fils d'Amandus furent Eudes et Hubert. Celui-ci passa dans la Neustrie, où régnait alors le maire Ébroin, puis dans l'Ostrasie, pays de sa tante et de sa grand'mère. Il s'y fixa près de Pepin. Grand chasseur, il courait avec eux l'immensité des Ardennes ; l'apparition d'un cerf miraculeux le décida à quitter le siècle pour entrer dans l'Église. Il fut disciple et successeur de saint Lambert à Maëstricht, et fonda l'évêché de Liège. C'est le patron des chasseurs, depuis la Picardie jusqu'au Rhin.

Son frère Eudes eut une bien autre carrière ; il se crut un instant roi de toutes les Gaules : maître de l'Aquitaine jusqu'à la Loire, maître de la Neustrie au nom du roi Chilpéric II qu'il avait dans ses mains. Mais le sort des diverses dynasties de Toulouse, comme nous le verrons plus tard, fut toujours d'être écrasées entre l'Espagne et la France du Nord. Eudes fut battu par Charles-Martel, et la crainte des Sarrasins, qui le menaçaient par derrière, le décida à lui livrer Chilpéric. Vainqueur des Sarrasins devant Toulouse, mais alors menacé par les Francs, il traita avec les infidèles. L'émir Munuza, qui s'était rendu indépendant au nord de l'Espagne, se trouvait à l'égard des lieutenants du calife dans la même position qu'Eudes par rapport à Charles-Martel. Eudes s'unit à l'émir et lui donna sa fille. Cette étrange alliance, dont il n'y avait pas d'exemple, caractérise de bonne heure l'indifférence religieuse dont la Gascogne et la Guienne nous donnent tant de preuves : peuple mobile, spirituel, trop habile dans les choses de ce monde, médiocrement occupé de celles de l'autre; le pays d'Henri IV, de Montesquieu et de Montaigne, n'est pas un pays de dévots.

Cette alliance politique et impie tourna fort mal. Munuza fut resserré dans une forteresse par Abder-Rahman, lieutenant du calife, et n'évita la captivité que par la mort. Il se précipita du haut d'un rocher. La pauvre Française fut envoyée au sérail du calife de Damas. Les Arabes franchirent les Pyrénées; Eudes fut battu comme son gendre. Mais les Francs eux-mêmes se réunirent à lui, et Charles-Martel l'aida à les repousser à Poitiers (732). L'Aquitaine, convaincue d'impuissance, se trouva dans une sorte de dépendance à l'égard des Francs.

Le fils d'Eudes, Hunald, le héros de cette race, ne put s'y résigner. Il commença contre Pepin-le-Bref et Carloman (741) une lutte désespérée, à laquelle il entreprit d'intéresser tous les ennemis déclarés ou secrets des Francs; il alla jusqu'en Saxe, en Bavière, chercher des alliés. Les Francs brûlèrent le Berry, tournèrent l'Auvergne, rejetèrent Hunald derrière la Loire, et furent rappelés par les incursions des Saxons et des Allemands. Hunald passa la Loire à son tour et incendia Chartres. Peut-être aurait-il eu de plus grands succès; mais il semble avoir été trahi par son frère Hatton, qui gouvernait sous lui le Poitou. Voilà déjà la cause des malheurs futurs de l'Aquitaine, la rivalité de Poitiers et de Toulouse.

Hunald céda, mais se vengea de son frère; il lui fit crever les yeux, puis s'enferma lui-même pour faire pénitence dans un couvent de l'île de Rhé. Son fils Guaifer (745) trouva un auxiliaire dans Grifon, jeune frère de Pepin, comme Pepin en avait trouvé un dans le frère d'Hunald. Mais la guerre du Midi ne commença sérieusement qu'en 759, lorsque Pepin eut vaincu les Lombards. C'était l'époque où le califat venait de se diviser. Alfonse le Catholique, retranché dans les Asturies, y relevait la monarchie des Goths. Ceux de la Septimanie (le Languedoc, moins Toulouse) s'agitèrent pour recouvrer aussi leur indépendance. Les Sarrasins qui occupaient cette contrée furent bientôt obligés de s'enfermer dans Narbonne. Un chef des Goths s'était fait reconnaître pour seigneur par Nîmes, Maguelonne, Agde et Béziers. Mais les Goths n'étaient pas assez forts pour reprendre Narbonne. Ils appelèrent les Francs; ceux-ci, inhabiles dans l'art des sièges, seraient restés à jamais devant cette place, si les habitants chrétiens n'eussent fini par faire main basse sur les Sarrasins, et ouvrir eux-mêmes leurs portes. Pepin jura de respecter les lois et franchises du pays.

Alors il recommença avec avantage la guerre contre les Aquitains, qu'il pouvait désormais tourner du côté de l'Est. « Après que le pays se fut reposé de guerres pendant deux ans, le roi Pepin envoya des députés à Guaifer, prince d'Aquitaine, pour lui demander de rendre aux églises de son royaume les biens qu'elles possédaient en Aquitaine. Il voulait que ces églises jouissent de leurs terres, avec toutes les immunités qui leur étaient jadis assurées ; que ce prince lui payât, selon la loi, le prix de la vie de certains Goths qu'il avait tués contre toute justice ; enfin qu'il remît en son pouvoir ceux des hommes de Pepin qui s'étaient enfuis du royaume des Francs dans l'Aquitaine. Guaifer repoussa avec dédain toutes ces demandes[1]. »

La guerre fut lente, sanglante, destructrice. Plusieurs fois les Aquitains et Basques, dans des courses hardies, pénétrèrent jusqu'à Autun, jusqu'à Châlon. Mais les Francs, mieux organisés et s'avançant par grandes masses, firent bien plus de mal à leurs ennemis. Ils brûlèrent tout le Berry, arbres et maisons, et cela plus d'une fois. Puis, s'enfonçant dans l'Auvergne, dont ils prirent les forts, ils traversèrent, ils brûlèrent le Limousin. Puis, avec la même régularité, ils brûlèrent le Quercy, coupant les vignes qui faisaient la richesse de l'Aquitaine. « Le prince Guaifer, voyant que le roi des Francs, à l'aide de ses machines, avait pris le fort de Clermont, ainsi que Bourges, capitale de l'Aquitaine, et ville très fortifiée, désespéra de lui résister désormais, et fit abattre les murs de toutes les villes qui lui appartenaient en Aquitaine, savoir : Poitiers, Limoges, Saintes, Périgueux, Angoulême, et beaucoup d'autres[2]. »

Le malheureux se retira dans les lieux forts, sur les montagnes sauvages. Mais chaque année lui enlevait quelqu'un des siens. Il perdit son comte d'Auvergne, qui périt en combattant ; son comte de Poitiers fut tué

---

1. Le continuateur de Frédégaire. *App.* 118.
2. Le continuateur de Frédégaire.

en Touraine par les hommes de saint Martin de Tours. Son oncle Rémistan, qui l'avait abandonné, puis soutenu de nouveau, fut pris et pendu par les Francs. Guaifer lui-même fut enfin assassiné par les siens, dont la mobilité se lassait sans doute d'une guerre glorieuse, mais sans espoir. Pepin, triomphant par la perfidie, se vit donc enfin seul maître de toutes les Gaules, tout-puissant dans l'Italie par l'humiliation des Lombards, tout-puissant dans l'Église par l'amitié des papes et des évêques, auxquels il transféra presque toute l'autorité législative. Sa réforme de l'Église par les soins de saint Boniface, les nombreuses translations de reliques dont il dépouilla l'Italie pour enrichir la France, lui firent un honneur infini. Lui-même paraissait dans les cérémonies solennelles, portant les reliques sur ses épaules, celles entre autres de saint Austremon et de saint Germain des Prés [1].

Charles [2], fils et successeur de Pepin (768), se trouva bientôt seul maître de l'empire par la mort de son frère Carloman, comme l'avaient été Pepin-l'Ancien par celle de Martin, et Pepin-le-Bref par la retraite du premier Carloman. Les deux frères avaient étouffé sans peine la guerre qui se rallumait en Aquitaine. Le vieil Hunald, sorti de son couvent au bout de vingt-trois ans, essaya en vain de venger son fils et d'affranchir son pays. Il fut livré lui-même par un fils de ce frère,

1. *App.* 119.
2. On dit communément que CHARLEMAGNE est la traduction de CAROLUS MAGNUS. « Challemaines si vaut autant comme grant Challes. » — Charlemagne n'est qu'une corruption de *Carloman*, KARL-MANN, l'homme fort. *App.* 120.

auquel il avait fait jadis crever les yeux. Cet homme indomptable ne céda pas encore, il parvint à se retirer en Italie chez Didier, roi des Lombards. Didier, à qui Charles son gendre avait outrageusement renvoyé sa fille, soutenait par représailles les neveux de Charles, et menaçait de faire valoir leurs droits. Le roi des Francs passa en Italie, et assiégea Pavie et Vérone. Ces deux villes résistèrent longtemps. Dans la première, s'était jeté Hunald, qui empêcha les habitants de se rendre jusqu'à ce qu'ils l'eussent lapidé. Le fils de Didier se réfugia à Constantinople, et les Lombards ne conservèrent que le duché de Bénévent. C'était la partie centrale du royaume de Naples ; les Grecs avaient les ports. Charles prit le titre de roi des Lombards.

L'empire des Francs était déjà vieux et fatigué, quand il tomba aux mains de Charlemagne, mais toutes les nations environnantes s'étaient affaiblies. La Neustrie n'était plus rien ; les Lombards pas grand'chose ; divisés quelque temps entre Pavie, Milan et Bénévent, ils n'avaient jamais bien repris. Les Saxons, tout autrement redoutables, il est vrai, étaient pris à dos par les Slaves. Les Sarrasins, l'année même où Pepin se fit roi, perdirent l'unité de leur empire ; l'Espagne s'isola de l'Afrique, et se trouva elle-même affaiblie par le schisme qui divisait le califat ; ce dernier événement rassurait l'Aquitaine du côté des Pyrénées. Ainsi deux nations restaient debout dans cet affaissement commun de l'Occident, faibles, mais les moins faibles de toutes : les Aquitains et les Francs d'Ostrasie. Ces derniers devaient vaincre ; plus unis que les Saxons, moins fougueux, moins capricieux que les Aquitains, ils étaient mieux disciplinés que les uns et les autres. « Il semble, dit M. de Sismondi (t. II, p. 267), que les Francs avaient conservé quelque chose des habitudes de la milice romaine, où leurs aïeux avaient servi si longtemps. » C'étaient en effet les plus disciplinables des barbares, ceux dont le génie était le moins individuel, le moins original, le moins poétique [1]. Les soixante ans de guerre qui remplissent les règnes de Pepin et de Charlemagne offrent peu de victoires, mais des ravages réguliers, périodiques ; ils usaient leurs ennemis plutôt qu'ils ne les domptaient, ils brisaient à la longue leur fougue et leur élan. Le souvenir le plus populaire qui soit resté de ces guerres, c'est celui d'une défaite, Roncevaux. N'importe, vainqueurs, vaincus, ils faisaient des déserts, et dans ces déserts ils élevaient quelque place forte [2], et ils poussaient plus loin ; car on commençait à bâtir. Les barbares avaient bien assez cheminé ; ils cherchaient la stabilité ; le monde s'asseyait, au moins de lassitude.

Ce qui favorisa encore l'établissement de ce monde flottant, c'est la longueur du règne de Pepin et de Charlemagne. Après tous ces rois qui mouraient à quinze et vingt ans, il en vint deux qui remplissent presque un siècle de leurs règnes (741-814). Ils purent

---

1. Ceci est très frappant dans leur jurisprudence. Ils adoptent presque indifféremment la plupart des symboles dont chacun est propre à chaque tribu germanique. Voy. Grimm. — 2. *App.* 121.

bâtir et fonder à loisir ; ils recueillirent et mirent ensemble les éléments dispersés des âges précédents. Ils héritèrent de tout, et firent oublier tout ce qui précédait. Il en advint à Charlemagne comme à Louis XIV ; tout data du *grand règne*. Institutions, gloire nationale, tout lui fut rapporté. Les tribus même qui l'avaient combattu lui attribuent leurs lois, des lois aussi anciennes que la race germanique[1]. Dans la réalité, la vieillesse même, la décadence du monde barbare fut favorable à la gloire de ce règne ; ce monde s'éteignant, toute vie se réfugia au cœur. Les hommes illustres de toute contrée affluèrent à la cour du roi des Francs. Trois chefs d'école, trois réformateurs des lettres ou des mœurs, y créèrent un mouvement passager ; de l'Irlande vint Clément, des Anglo-Saxons Alcuin, de la Gothie ou Languedoc saint Benoît d'Aniane. Toute nation paya ainsi son tribut ; citons encore le Lombard Paul Warnefrid, le Goth-Italien Théodulfe, l'Espagnol Agobard. L'heureux Charlemagne profita de tout. Entouré de ces prêtres étrangers qui étaient la lumière de l'Église, fils, neveu, petit-fils des évêques et des saints, sûr du pape que sa famille avait protégé contre les Grecs et les Lombards, il disposa des évêchés, des abbayes, les donna même à des laïques. Mais il confirma l'institution de la dîme[2], et affranchit l'Église de la juridiction séculière[3]. Ce David, ce Salomon des Francs, se trouva plus prêtre que les prêtres, et fut ainsi leur roi.

1. Grimm. — 2. *App.* 122. — 3. *App.* 123.

Les guerres d'Italie, la chute même du royaume des Lombards, ne furent qu'épisodiques dans les règnes de Pepin et de Charlemagne. La grande guerre du premier est, nous l'avons vu, contre les Aquitains, celle de Charles contre les Saxons. Rien n'indique que cette dernière ait été motivée, comme on a semblé le croire, par la crainte d'une invasion. Sans doute il y avait eu constamment par le Rhin une immigration des peuples germaniques. Ils passaient en grand nombre pour trouver fortune dans la riche contrée de l'Ouest. Ces recrues fortifiaient et renouvelaient sans cesse les armées des Francs. Mais pour des invasions de tribus entières, comme celles qui eurent lieu dans les derniers temps de l'empire romain, rien ne peut faire soupçonner qu'un pareil fait ait accompagné l'élévation de la seconde race, ni qu'elle fût menacée elle-même de le voir renouvelé à l'avènement de Charlemagne.

Le vrai motif de la guerre fut la violente antipathie des races franque et saxonne, antipathie qui croissait chaque jour, à mesure que les Francs devenaient plus Romains, depuis surtout qu'ils recevaient une organisation nouvelle sous la main tout ecclésiastique des Carlovingiens. Ceux-ci avaient d'abord espéré, d'après le succès de saint Boniface, que l'Allemagne leur serait peu à peu soumise et gagnée par les missionnaires. Mais la différence des deux peuples devenait trop forte pour que la fusion pût s'opérer. Les derniers progrès des Francs dans la civilisation avaient été trop rapides. Les hommes de la *terre rouge*[1], comme s'ap-

---

1. Grimm.

pelaient fièrement les Saxons, dispersés, selon la liberté de leur génie, dans leurs *marches*, dans les profondes clairières de ces forêts où l'écureuil courait les arbres sept lieues sans descendre, ne connaissant, ne voulant d'autres barrières que la vague limitation de leur *gau*, avaient horreur des terres limitées, des *mansi* de Charlemagne. Les Scandinaves et les Lombards, comme les Romains, orientaient et divisaient les champs. Mais dans l'Allemagne même, il n'y a pas trace de telle chose. Les divisions de territoire, les dénombrements d'hommes, tous ces moyens d'ordre, d'administration et de tyrannie étaient redoutés des Saxons. Partagés par les Ases eux-mêmes en trois peuples et douze tribus, ils ne voulaient pas d'autre division. Leurs *marches* n'étaient pas absolument des terres vaines et vagues ; *ville* et *prairie* sont synonymes dans les vieilles langues du Nord[1] ; la prairie, c'était leur cité. L'étranger qui passe dans la *marche* ne doit pas se faire traîner sur sa charrue ; il doit respecter la terre, et soulever le soc.

Ces tribus, fières et libres, s'attachèrent à leurs vieilles croyances par la haine et la jalousie que les Francs leur inspiraient. Les missionnaires dont ceux-ci les fatiguaient, eurent l'imprudence de les menacer des armes du grand Empire. Saint Libuin, qui prononça cette parole, eût été mis en pièces sans l'intercession des vieillards saxons ; mais ils n'empêchèrent point que les jeunes gens ne brûlassent l'église que

---

1. Grimm.

les Francs avaient construite à Deventer[1]. Ceux-ci, qui peut-être souhaitaient un prétexte pour brusquer par les armes la conversion de leurs voisins barbares, marchèrent droit au principal sanctuaire des Saxons, au lieu où se trouvaient la principale idole et les plus chers souvenirs de la Germanie. L'Herman-saül[2], mystérieux symbole, où l'on pouvait voir l'image du monde ou de la patrie, d'un dieu ou d'un héros, cette statue, armée de pied en cap, portait de la main gauche une balance, de la droite un drapeau où se voyait une rose, sur son bouclier un lion commandant à d'autres animaux, à ses pieds un champ semé de fleurs. Tous les lieux voisins étaient consacrés par le souvenir de la grande et première victoire des Germains sur l'Empire[3].

Si les Francs eussent eu souvenir de leur origine germanique, ils auraient respecté ce lieu saint. Ils le violèrent, ils brisèrent le symbole national. Cette facile victoire fut sanctifiée par un miracle. Une source jaillit exprès pour abreuver les soldats de Charlemagne[4]. Les Saxons, surpris dans leurs forêts, donnèrent douze otages, un par tribu. Mais ils se ravisèrent bientôt et ravagèrent la Hesse. On aurait tort si, d'après ce fait et tant d'autres du même genre, on accusait les Saxons

---

1. Ils essayèrent de brûler une église que saint Boniface avait construite à Fritzlar, dans la Hesse. Mais le saint avait prophétisé en la bâtissant qu'elle ne périrait jamais par le feu : deux anges vêtus de blanc vinrent la défendre, et un Saxon qui s'était agenouillé pour souffler le feu, fut trouvé mort dans la même attitude, les joues encore enflées de son souffle. (Annales de Fulde.)
2. Colonne, ou statue de la Germanie, ou d'Arminius.
3. *App.* 124. — 4. *App.* 125.

de perfidie. Indépendamment de la mobilité d'esprit propre aux barbares, ceux qui cédaient devaient être généralement la population attachée au sol par sa faiblesse, les femmes, les vieillards. Les jeunes, réfugiés dans les marais, dans les montagnes, dans les cantons du Nord, revenaient et recommençaient. On ne pouvait les contenir qu'en restant au milieu d'eux. Aussi Charles fixa sa résidence sur le Rhin, à Aix-la-Chapelle, dont il aimait d'ailleurs les eaux thermales, et fortifia, bâtit dans la Saxe même le château d'Ehresbourg.

L'année suivante 775, il passa le Weser. Les Saxons Angariens se soumirent, ainsi qu'une partie des Westphaliens. L'hiver fut employé à châtier les ducs lombards qui rappelaient le fils de Didier. Au printemps, l'assemblée ou concile de Worms jura de poursuivre la guerre jusqu'à ce que les Saxons se fussent convertis. On sait que sous les Carlovingiens les évêques dominaient dans ces assemblées. Charles pénétra jusqu'aux sources de la Lippe, et y bâtit un fort[1]. Les Saxons parurent se soumettre. Tous ceux qu'on trouva dans leurs foyers reçurent sans difficulté le baptême. Cette cérémonie dont sans doute ils comprenaient à peine le sens, ne semble pas avoir jamais inspiré beaucoup de répugnance aux barbares païens. Ces populations, plus fières que fanatiques, tenaient peut-être moins à leur religion qu'on ne l'a cru d'après leur résistance. Sous Louis-le-Débonnaire, les hommes du Nord se faisaient baptiser en foule ; la difficulté

---

1. Lippstadt.

n'était que de trouver assez d'habits blancs ; tel s'était fait baptiser trois fois pour gagner trois habits [1].

Aussi, pendant que Charlemagne croit tout fini, et baptise les Saxons par milliers à Paderborn, le chef westphalien Witikind revient avec ses guerriers réfugiés dans le Nord, avec ceux mêmes du Nord, qui pour la première fois apparaissent en face des Francs. Défait dans la Hesse, Witikind rentre dans ses forêts et retourne chez les Danois pour revenir bientôt.

C'était précisément l'année 778, où les armes de Charlemagne recevaient un échec si mémorable à Roncevaux. L'affaiblissement des Sarrasins, l'amitié des petits rois chrétiens, les prières des émirs révoltés du nord de l'Espagne, avaient favorisé les progrès des Francs, ils avaient poussé jusqu'à l'Èbre, et appelaient leurs campements en Espagne une nouvelle province, sous les noms de marche de Gascogne et marche de Gothie. Du côté oriental, tout allait bien, les Francs étaient soutenus par les Goths ; mais à l'Occident, les Basques, vieux soldats d'Hunald et de Guaifer, les rois de Navarre et des Asturies, qui voyaient Charlemagne prendre possession du pays et

---

[1]. Un jour que l'on baptisait des Northmans, on manqua d'habits de lin, et on donna à l'un d'eux une mauvaise chemise mal cousue. Il la regarda quelque temps avec indignation, et dit à l'empereur : « J'ai déjà été lavé ici vingt fois, et toujours habillé de beau lin blanc comme neige ; un pareil sac est-il fait pour un guerrier, ou pour un gardeur de pourceaux ? Si je ne rougissais d'aller tout nu, n'ayant plus mes habits et refusant les tiens, je te laisserais là ton manteau et ton Christ. » Moine de Saint-Gall. — Les Avares, alliés de Charlemagne, voyant qu'il faisait manger dans la salle leurs compatriotes chrétiens, et les autres à la porte, se firent baptiser en foule pour s'asseoir aussi à la table impériale.

mettre tous les forts entre les mains des Francs, s'étaient armés sous Lope, fils de Guaifer. Au retour, les Francs attaqués par ces montagnards perdirent beaucoup de monde dans ces *pors* difficiles, dans ces gigantesques escaliers que l'on monte à la file, homme à homme, soit à pied, soit à dos de mulet; les roches vous dominent, et semblent prêtes à écraser d'elles-mêmes ceux qui violent cette limite solennelle des deux mondes.

La défaite de Roncevaux ne fut, assure-t-on, qu'une affaire d'arrière-garde. Cependant Éginhard avoue que les Francs y perdirent beaucoup de monde, entre autres plusieurs de leurs chefs les plus distingués, et le fameux Roland. Peut-être les Sarrasins aidèrent-ils; peut-être la défaite commencée par eux sur l'Èbre fut-elle achevée par les Basques aux montagnes. Le nom du fameux Roland se trouve dans Éginhard sans autre explication : *Rotlandus præfectus britannici limitis*[1]. La brèche immense qui ouvre les Pyrénées sous les tours de Marboré et d'où un œil perçant pourrait voir à son choix Toulouse ou Saragosse, n'est autre chose, comme on sait, qu'un coup d'épée de Roland. Son cor fut pendant longtemps gardé à Blaye sur la Garonne, ce cor dans lequel il soufflait si furieusement, dit le poète, lorsque ayant brisé sa Durandal, il appela, jusqu'à ce que les veines de son col en rompissent, l'insouciant Charlemagne et le traître Ganelon de Mayence. Le traître, dans ce poème éminemment national, est un Allemand.

1. *App.* 126.

L'année suivante (779) fut plus glorieuse pour le roi des Francs; il entra chez les Saxons encore soulevés, les trouva réunis à Buckholz, et les y défit. Parvenu ainsi sur l'Elbe, limite des Saxons et des Slaves, il s'occupa d'établir l'ordre dans le pays qu'il croyait avoir conquis; il reçut de nouveau les serments des Saxons à Ohrheim, les baptisa par milliers, et chargea l'abbé de Fulde d'établir un système régulier de conversion, de conquête religieuse. Une armée de prêtres vint après l'armée de soldats. Tout le pays, disent les chroniques, fut partagé entre les abbés et les évêques [1]. Huit grands et puissants évêchés furent successivement créés : Minden et Alberstadt, Verden, Brême, Munster, Hildesheim, Osnabruck et Paderborn (780-802) : fondations à la fois ecclésiastiques et militaires, où les chefs les plus dociles prendraient le titre de comtes, pour exécuter contre leurs frères les ordres des évêques. Des tribunaux élevés par toute la contrée durent poursuivre les relaps, et leur faire comprendre à leurs dépens la gravité de ces vœux qu'ils faisaient et violaient si souvent. C'est à ces tribunaux que l'on fait remonter l'origine des fameuses cours Wehmiques qui, véritablement, ne se constituèrent qu'entre le treizième et le quinzième siècle [2]. Nous avons déjà vu que les nations germaniques faisaient volontiers remonter leurs institutions à Charlemagne. Peut-être le secret terrible de ces procédures aura-t-il rappelé vaguement dans l'imagination des peuples les mesures inquisitoriales employées jadis contre leurs

1. *App.* 127. — 2. Grimm.

aïeux par les prêtres de Charlemagne ; ou, si l'on veut voir dans les cours Wehmiques un reste d'anciennes institutions germaniques, il est plus probable que ces tribunaux d'hommes libres qui frappaient dans l'ombre un coupable plus fort que la loi, eurent pour premier but de punir les traîtres qui passaient au parti de l'étranger, qui lui sacrifiaient leur patrie et leurs dieux, et qui, sous son patronage, bravaient les vieilles lois de la contrée. Mais ils ne bravaient pas la flèche qui sifflait à leurs oreilles, sans qu'aucune main semblât la guider ; et plus d'un pâlissait au matin, quand il voyait cloué à sa porte le signe funèbre qui l'appelait à comparaître au tribunal invisible.

Pendant que les prêtres règnent, convertissent et jugent, pendant qu'ils poursuivent avec sécurité cette éducation meurtrière des barbares, Witikind descend encore une fois du Nord pour tout renverser. Une foule de Saxons se joint à lui. Cette bande intrépide défait les lieutenants de Charlemagne près de Sonnethal (Vallée du Soleil), et quand la lourde armée des Francs vient au secours, ils ont disparu. Il en restait pourtant ; quatre mille cinq cents d'entre eux, qui peut-être avaient en Saxe une famille à nourrir, ne purent suivre Witikind dans sa retraite rapide. Le roi des Francs brûla, ravagea jusqu'à ce qu'ils lui fussent livrés. Les conseillers de Charlemagne étaient des hommes d'Église, imbus des idées de l'Empire, gouvernement prêtre et juriste, froidement cruel, sans générosité, sans intelligence du génie barbare. Ils ne virent dans ces captifs que des criminels coupables de lèse-majesté, et leur appliquèrent la loi. Les quatre mille cinq cents furent décapités en un jour à Verden. Ceux qui essayèrent de les venger furent eux-mêmes défaits, massacrés à Dethmol et près d'Osnabruck. Le vainqueur, arrêté plus d'une fois dans ces contrées humides par les pluies, les inondations, les boues profondes, s'opiniâtra à poursuivre la guerre pendant l'hiver. Alors plus de feuilles qui dérobent le proscrit, les marais durcis par la glace ne le défendent plus; le soldat l'atteint, isolé dans sa cabane, au foyer domestique, entre sa femme et ses enfants, comme la bête fauve tapie au gîte et couvrant ses petits.

La Saxe resta tranquille pendant huit ans, Witikind lui-même s'était rendu. Mais les Francs ne manquèrent pas pour cela d'ennemis. Les nations dépendantes n'étaient rien moins que résignées. Dans le palais même, ce semble, les Thuringiens tirèrent l'épée contre les Francs qui, à l'occasion du mariage d'un de leurs chefs, voulaient les assujettir aux lois saliques. Cette cause, et d'autres encore qui nous sont peu connues, provoquèrent une conjuration des grands contre Charlemagne. Ils détestaient surtout, dit-on, l'orgueil et la cruauté de sa jeune épouse Fastrade, à qui un mari de cinquante ans ne savait rien refuser. Les conjurés, découverts, ne nièrent pas: l'un d'eux eut l'audace de dire : « Si l'on m'eût cru, tu n'aurais jamais passé le Rhin vivant. » Le souverain débonnaire leur imposa pour toute peine quelques lointains pèlerinages aux tombeaux des saints, mais il les fit tuer sur les routes. Quelques années après, un fils naturel de Charlemagne s'associa aux grands pour renverser son père.

Autre conjuration au dehors entre les princes tributaires. Les Bavarois et les Lombards étaient deux peuples frères. Les premiers avaient longtemps donné des rois aux seconds. Tassillon, duc de Bavière, avait épousé une fille de Didier, une sœur de celle que Charlemagne épousa et qu'il renvoya outrageusement à son père. Tassillon se trouvait ainsi beau-frère du duc lombard de Bénévent. Celui-ci s'entendait avec les Grecs, maîtres de la mer; Tassillon appelait les Slaves et les Avares. Les mouvements des Bretons et des Sarrasins les encourageaient. Mais les Francs cernèrent Tassillon avec trois armées; vaincu sans combat, il fut accusé de trahison dans l'assemblée d'Ingelheim, comme un criminel ordinaire, convaincu, condamné à mort, puis rasé et enfermé au monastère de Jumièges. La Bavière périt comme nation. Le royaume des Lombards avait péri aussi; il en restait dans les montagnes du Midi le duché de Bénévent, que Charlemagne ne put jamais forcer, mais qu'il affaiblit et troubla, en opposant un concurrent au fils de Didier que les Grecs ramenaient.

Charlemagne eut un tributaire de plus, et de plus une guerre. Il en était de même en Allemagne; parvenu sur l'Elbe, en face des Slaves, il s'était vu obligé d'intervenir dans leurs querelles, et de seconder les Abodrites contre les Wiltzi (ou Weletabi). Les Slaves donnèrent des otages. L'Empire parut avoir gagné tout ce qui est entre l'Elbe et l'Oder, s'étendant toujours, toujours s'affaiblissant.

Entre les Slaves de la Baltique et ceux de l'Adriatique, derrière la Bavière devenue simple province, Charlemagne rencontrait les Avares, cavaliers infatigables, retranchés dans les marais de la Hongrie, qui de là fondaient à leur choix sur les Slaves et sur l'empire grec. Tous les hivers, dit l'historien, ils allaient dormir avec les femmes des Slaves. Leur camp, ou *ring*, était un prodigieux village de bois qui couvrait toute une province, fermé de haies d'arbres entrelacés; il y avait là les rapines de plusieurs siècles, les dépouilles des Byzantins, entassement étrange des objets les plus brillants, les plus inutiles aux barbares, bizarre musée de brigandage. Ce camp, d'après un vieux soldat de Charlemagne, aurait eu douze ou quinze lieues de tour[1], comme les villes de l'Orient, Ninive ou Babylone : tel est le génie des Tartares. Le peuple uni en un seul camp, le reste en pâturages déserts. Celui qui visita le chagan des Turcs au sixième siècle, trouva le barbare qui siégeait sur un trône d'or au milieu du désert. Celui des Avares, dans son village de bois, se faisait donner des lits d'or massif par l'empereur de Constantinople.

Ces barbares, devenus voisins des Francs, auraient levé des tributs sur eux comme sur les Grecs. Charlemagne les attaqua avec trois armées, et s'avança jusqu'au Raab, brûlant le peu d'habitations qu'il rencontrait ; mais qu'importait aux Avares l'incendie de ces cabanes? Cependant la cavalerie de Charlemagne

---

1. *App.* 128.

s'usait dans ces déserts contre un insaisissable ennemi, qu'on ne savait où rencontrer. Mais ce qu'on rencontrait partout, c'étaient les plaines humides, les marais, les fleuves débordés. L'armée des Francs y laissa tous ses chevaux.

Nous disons toujours : l'armée des Francs ; mais ce peuple des Francs est le vaisseau de Thésée. Renouvelé pièce à pièce, il n'a presque plus rien de lui-même. C'était alors en Frise, en Saxe, tout autant qu'en Ostrasie, que se recrutaient les armées de Charlemagne. C'est sur ces peuples que tombaient effectivement les revers des Francs. Ce n'était pas assez de porter chez eux le joug des prêtres, il fallait, chose intolérable aux barbares, que, quittant le costume, les mœurs, la langue de leurs pères, ils allassent se perdre dans les bataillons des Francs, leurs ennemis, vainquissent, mourussent pour eux. Car ils ne revoyaient guère leur pays, envoyés à trois ou quatre cents lieues contre les Sarrasins de l'Espagne, ou les Lombards de Bénévent. Pour périr, les Saxons aimèrent mieux périr chez eux. Ils massacrèrent les lieutenants de Charlemagne, brûlèrent les églises, chassèrent ou égorgèrent les prêtres, et retournèrent avec passion au culte de leurs anciens dieux. Ils firent cause commune avec les Avares, au lieu de fournir une armée contre eux. La même année, l'armée du calife Hixêm, trouvant l'Aquitaine dégarnie de troupes, passa l'Èbre, franchit les marches et les Pyrénées, brûla les faubourgs de Narbonne et défit avec un grand carnage les troupes qu'avait rassemblées Guillaume-au-Court-Nez, comte de Toulouse et régent d'Aquitaine; puis ils reprirent la route d'Espagne, emmenant tout un peuple de captifs, et chargés de riches dépouilles, dont le calife orna la magnifique mosquée de Cordoue. Tout s'armait contre Charlemagne, la nature elle-même. Lorsque ces nouvelles désastreuses lui parvinrent, il était en Souabe pour presser les travaux d'un canal qui eût joint le Rhin au Danube, et facilité en cas d'invasion la défense de l'Empire. Mais l'humidité de la terre et la continuité des pluies empêchèrent l'exécution de ce travail[1]. Il en fut comme du grand pont de Mayence qui assurait le passage de France et d'Allemagne, et qui fut brûlé par les bateliers des deux rives.

Malgré tous ces revers, Charlemagne reprit bientôt l'ascendant sur des ennemis dispersés. Il entreprit de dépeupler la Saxe, puisqu'il ne pouvait la dompter. Il s'établit avec une armée sur le Weser, et peut-être pour convaincre les Saxons qu'il ne lâcherait pas prise, il appela son camp Heerstall, comme s'appelait le château patrimonial des Carlovingiens sur la Meuse. De là, étendant de tous côtés ses incursions, il se faisait livrer dans plus d'un canton jusqu'au tiers des habitants. Ces troupeaux de captifs étaient ensuite chassés vers le Midi, vers l'Ouest, établis sur de nouvelles terres au milieu de populations toutes hostiles, toutes chrétiennes, et de langue différente. Ainsi, les rois des

1. *App.* 129.

Babyloniens et des Perses transportaient les Juifs sur le Tigre, les Chalcidiens au bord du golfe Persique. Ainsi Probus avait transplanté des colonies de Francs et de Frisons, jusque sur les rivages du Pont-Euxin.

En même temps, un fils de Charlemagne, profitant d'une guerre civile des Avares, entrait chez eux par le Midi avec une armée de Bavarois et de Lombards ; il passa le Danube, la Theiss, et mit enfin la main sur ce précieux *ring* où dormaient tant de richesses. Le butin fut tel, dit l'annaliste, qu'auparavant les Francs étaient pauvres en comparaison de ce qu'ils furent dès lors. Il semble que ce peuple thésauriseur ait perdu son âme avec l'or qu'il couvait, comme le dragon des poésies scandinaves. Il tombe dès lors dans une extrême faiblesse. Le chagan se fait chrétien. Ceux d'entre eux qui restent païens mangent dans des plats de bois avec les chiens à la porte des évêques envoyés pour les convertir. Quelques années après, nous les voyons demander humblement à Charlemagne une retraite en Bavière ; ils ne peuvent plus, disent-ils, résister aux Slaves qu'ils dominaient auparavant.

Pour cette fois, Charlemagne commença à espérer un peu de repos. A en juger par l'étendue de sa domination, sinon par ses forces réelles, il se trouvait alors le plus grand souverain du monde. Pourquoi n'aurait-il pas accompli ce que Théodoric n'avait pu faire, la résurrection de l'Empire romain ? Telle devait être la pensée de tous ces conseillers ecclésiastiques dont il était environné. L'an 800, Charlemagne se rend à Rome sous prétexte de rétablir le pape qui en avait été chassé[1]. Aux fêtes de Noël, pendant qu'il est absorbé dans la prière, le pape lui met sur la tête la couronne impériale, et le proclame Auguste. L'empereur s'étonne et s'afflige humblement qu'on lui impose un fardeau supérieur à ses forces[2]; hypocrisie puérile, qu'il démentit au reste en adoptant les titres et le cérémonial de la cour de Byzance. Pour rétablir l'Empire, il ne fallait plus qu'une chose, marier le vieux Charlemagne à la vieille Irène, qui régnait à Constantinople après avoir fait tuer son fils. C'était la pensée du pape, mais non celle d'Irène, qui se garda bien de se donner un maître[3].

Une foule de petits rois ornaient la cour du roi des Francs, et l'aidaient à donner cette faible et pâle représentation de l'Empire. Le jeune Egbert, roi de Sussex, Eardulf, roi de Northumberland, venaient se former dans la politesse des Francs[4]. Tous deux furent rétablis dans leurs États par Charlemagne. Lope, duc des Basques, était aussi élevé à sa cour. Les rois chrétiens et les émirs d'Espagne le suivaient jusque dans les forêts de la Bavière, implorant ses secours contre

---

1. Il avait aussi une vive affection pour le prédécesseur de Léon, le pape Adrien. « Il alla quatre fois à Rome pour accomplir des vœux et faire ses prières. » (Éginhard.) *App.* 130.

2. *App.* 131.

3. Un proverbe grec disait : « Ayez le Franc pour ami, mais non pas pour voisin. »

4. Éginhard. « Le roi des Northumbres, de l'île de Bretagne, nommé Eardulf, chassé de sa patrie et de son royaume, se rendit près de l'empereur, alors à Nimègue, lui exposa la cause de son voyage, et partit pour Rome. A son retour de Rome, par l'entremise des légats du pontife romain et de l'empereur, il fut rétabli dans son royaume. »

le calife de Cordoue. Alfonse, roi de Galice, étalait de riches tapisseries qu'il avait prises au pillage de Lisbonne, et les offrait à l'empereur. Les Édrissites de Fez lui envoyèrent aussi une ambassade. Mais aucune ne fut aussi éclatante que celle d'Haroun-al-Raschid, calife de Bagdad, qui crut devoir entretenir quelques relations avec l'ennemi de son ennemi, le calife schismatique d'Espagne. Il fit, dit-on, offrir à Charlemagne, entre autres choses, les clefs du Saint-Sépulcre, présent fort honorable, dont certes le roi des Francs ne pouvait abuser. On répandit que le chef des infidèles avait transmis à Charlemagne la souveraineté de Jérusalem. Une horloge sonnante, un singe, un éléphant étonnèrent fort les hommes de l'Ouest[1]. Il ne tient qu'à nous de croire que le cor gigantesque que l'on montre à Aix-la-Chapelle est une dent de cet éléphant.

C'est dans son palais d'Aix qu'il fallait voir Charlemagne[2]. Ce restaurateur de l'Empire d'Occident avait dépouillé Ravenne de ses marbres les plus précieux pour orner sa Rome barbare. Actif dans son repos même, il y étudiait, sous Pierre de Pise, sous le Saxon Alcuin, la grammaire, la rhétorique, l'astronomie; il apprenait à écrire[3], chose fort rare alors. Il se piquait

---

1. *App.* 132. — 2. Il choisit Aix pour y bâtir son palais, dit Éginhard, à cause de ses eaux thermales. « Il aimait cette douce chaleur, et y venait fréquemment nager. Il y invitait les grands, ses amis, ses gardes, et quelquefois plus de cent personnes se baignaient avec lui. » Il passait l'automne à chasser.

3. « Il s'essayait à écrire, et portait d'habitude sous son chevet des tablettes, afin de pouvoir, dans ses moments de loisir, s'exercer la main à tracer des lettres; mais ce travail ne réussit guère; il l'avait commencé trop tard. » (Éginhard.) *App.* 133.

de bien chanter au lutrin, et remarquait impitoyablement les clercs qui s'acquittaient mal de cet office [1]. Il trouvait encore du temps pour observer ceux qui entraient ou qui sortaient de la demeure impériale [2]. Des jalousies avaient été pratiquées à cet effet dans les galeries élevées du palais d'Aix-la-Chapelle. La nuit il se levait fort régulièrement pour les matines [3]. Haute taille, tête ronde, gros col, nez long, ventre un peu fort, petite voix, tel est le portrait de Charles dans l'historien contemporain [4]. Au contraire, sa femme Hildegarde avait une voix forte; Fastrade qu'il épousa ensuite exerçait sur lui une domination virile. Il eut pourtant bien des maîtresses, et fut marié cinq fois; mais à la mort de sa cinquième femme, il ne se remaria plus, et se choisit quatre concubines dont il se contenta désormais. Le Salomon des Francs eut six fils et huit filles, celles-ci fort belles et fort légères. On assure qu'il les aimait fort, et ne voulut jamais les marier. C'était plaisir de les voir cavalcader derrière lui dans ses guerres et dans ses voyages [5].

La gloire littéraire et religieuse du règne de Charlemagne tient, nous l'avons dit, à trois étrangers. Le Saxon Alcuin et l'Écossais Clément fondèrent l'école

---

1. « A une certaine fête, comme un jeune homme, parent du roi, chantait fort bien Alleluia, le roi dit à un évêque qui se trouvait là : « Il a bien chanté, notre clerc! » L'autre sot, prenant cela pour une plaisanterie, et ignorant que le clerc fût parent de l'empereur, répondit : « Les rustres en chantent autant à leurs bœufs. » A cette impertinente réponse, l'empereur lui lança un regard terrible, dont il tomba foudroyé. » (Moine de Saint-Gall.) *App.* 134.

2. *App.* 135. — 3. *App.* 136. — 4. *App.* 137. — 5. *App.* 138.

palatine, modèle de toutes les autres qui s'élevèrent ensuite. Le Goth Benoît d'Aniane, fils du comte de Maguelonne, réforma les monastères, en détruisant les diversités introduites par saint Colomban et les missionnaires irlandais du septième siècle. Il imposa à tous les moines de l'Empire la règle de Saint-Benoît. Combien cette réforme minutieuse et pédantesque fut inférieure à l'institution première, c'est ce que M. Guizot a très bien montré. Non moins pédantesque et inféconde fut la tentative de réforme littéraire dirigée surtout par Alcuin; on sait que les principaux conseillers de Charlemagne avaient formé une sorte d'académie, où il siégeait lui-même sous le nom du roi David; les autres s'appelaient Homère, Horace, etc. Malgré ces noms pompeux, quelques poésies du Goth-Italien Théodulfe, évêque d'Orléans, quelques lettres de Leidrade, archevêque de Lyon, méritent peut-être seules quelque attention; pour le reste, c'est la volonté qu'il faut louer, c'est l'effort de rétablir l'unité de l'enseignement dans l'Empire. La seule tentative d'établir partout la liturgie romaine et le chant grégorien coûta beaucoup à Charlemagne; entre tant de peuples et tant de langues, il avait beau faire, la dissonance reparaissait toujours[1]. Drogon, frère de l'Empereur, dirigeait lui-même l'école de Metz.

Avec ce goût pour la littérature et pour les traditions de Rome, il ne faut pas s'étonner que Charlemagne et son fils Louis aient aimé à s'entourer d'étrangers, de

---

1. *App.* 139.

lettrés de basse condition. « Il advint qu'au rivage de Gaule débarquèrent, avec des marchands bretons, deux Scots d'Hibernie, hommes d'une science incomparable dans les écritures profanes et sacrées. Ils n'étalaient aucune marchandise, et se mirent à crier chaque jour à la foule qui venait pour acheter : « Si quelqu'un veut la sagesse, qu'il vienne à nous, et qu'il la reçoive, nous l'avons à vendre... » Enfin ils crièrent si longtemps, que les gens étonnés, ou les prenant pour fous, firent parvenir la chose aux oreilles du roi Charles, amateur toujours passionné de la sagesse. Il les fit venir en toute hâte, et leur demanda s'il était vrai, comme la renommée le lui avait appris, qu'ils eussent avec eux la sagesse. Ils dirent : « Nous l'avons, et, au nom du Seigneur, nous la donnons à ceux qui la cherchent dignement. » Et, comme il leur demandait ce qu'ils voulaient en retour, ils répondirent : « Un lieu commode, des créatures intelligentes, et ce dont on ne peut se passer pour accomplir le pèlerinage d'ici-bas, la nourriture et l'habit. » Le Roi, plein de joie, les garda d'abord avec lui quelque peu de temps. Puis, forcé d'entreprendre des expéditions militaires, il ordonna à l'un d'eux, nommé Clément, de rester en Gaule, lui confia un assez grand nombre d'enfants de haute, de moyenne et de basse condition, et leur fit donner des aliments selon leur besoin, et une habitation commode. L'autre (Jean Mailros, disciple de Bède), il l'envoya en Italie, et lui donna le monastère de Saint-Augustin, près de la ville de Pavie, pour y ouvrir école. — Sur ces nouvelles, Albinus, de là nation des Angles, disciple du savant Bède, voyant quel bon accueil Charles, le plus religieux des rois, faisait aux sages, s'embarqua et vint à lui... Charles lui donna l'abbaye de Saint-Martin, près de la ville de Tours, afin qu'en l'absence du roi il put s'y reposer et y enseigner ceux qui accourraient pour l'entendre [1] Sa science porta de tels fruits, que les modernes Gaulois ou Francs passèrent pour égaler les Romains ou les Athéniens de l'antiquité.

« Lorsqu'après une longue absence le victorieux Charles revint en Gaule, il se fit amener les enfants qu'il avait confiés à Clément, et voulut qu'ils lui montrassent leurs lettres et leurs vers. Ceux de moyenne et de basse condition présentèrent des œuvres au-dessus de toute espérance, confites dans tous les assaisonnements de la sagesse; les nobles, d'insipides sottises. Alors le sage roi, imitant la justice du Juge éternel, fit passer à sa droite ceux qui avaient bien fait, et leur parla en ces termes : Mille grâces, mes fils, de ce que vous vous êtes appliqués de tout votre

---

1. « Albinum cognomento Alcuinum... » (Éginhard.)
Alcuin écrivait à Charlemagne : « Envoyez-moi de France quelques savants traités aussi xcellents que ceux dont j'ai soin ici (à la bibliothèque d'York), et qu'a recueillis mon maître Ecbert; et je vous enverrai de mes jeunes gens, qui porteront en France les fleurs de Bretagne, en sorte qu'il n'y ait plus seulement un jardin enclos à York, mais qu'à Tours aussi puissent germer quelques rejetons du paradis. » Appelé en France, il devint le maître du Scot Rabanus Maurus, fondateur de la grande école de Fulde. — Éginhard dit que Charlemagne donnait les honneurs et les magistratures à des Scots, estimant leur fidélité et leur valeur; et que les rois d'Écosse lui étaient fort dévoués. — Dans sa vie de saint Césaire, dédiée à Charlemagne, Héricus dit : « Presque toute la nation des Scots, méprisant les dangers de la mer, vient s'établir dans notre pays avec une suite nombreuse de philosophes. »

pouvoir à travailler selon mes ordres et pour votre bien. Maintenant efforcez-vous d'atteindre à la perfection, et je vous donnerai de magnifiques évêchés et des abbayes, et toujours vous serez honorables à mes yeux. Ensuite il tourna vers ceux de gauche un front irrité, et, troublant leurs consciences d'un regard flamboyant, il leur lança avec ironie, tonnant plutôt qu'il ne parlait, cette terrible apostrophe : Vous autres nobles, vous fils des grands, délicats et jolis mignons, fiers de votre naissance et de vos richesses, vous avez négligé mes ordres, et votre gloire et l'étude des lettres, vous vous êtes livrés à la mollesse, au jeu et à la paresse, ou à de frivoles exercices. Après ce préambule, levant vers le ciel sa tête auguste et son bras invincible, il fulmina son serment ordinaire : Par le Roi des cieux, je ne me soucie guère de votre noblesse et de votre beauté, quelque admiration que d'autres aient pour vous; et tenez ceci pour dit, que, si vous ne réparez par un zèle vigilant votre négligence passée, vous n'obtiendrez jamais rien de Charles.

« Un de ces pauvres dont j'ai parlé, fort habile à dicter et à écrire, fut placé par lui dans la Chapelle; c'est le nom que les rois des Francs donnent à leur oratoire, à cause de la chape de saint Martin, qu'ils portaient constamment au combat pour leur propre défense et la défaite de l'ennemi. — Un jour, qu'on annonçait au prudent Charles la mort d'un certain évêque, il demanda si le prélat avait envoyé devant lui, dans l'autre monde, quelque chose de ses biens et du fruit de ses travaux. Et comme le messager répondit : Seigneur, pas plus de deux livres d'argent ; notre jeune clerc soupira, et, ne pouvant contenir dans son sein sa vivacité, il laissa malgré lui échapper, devant le roi, cette exclamation : Pauvre viatique pour un si long voyage ! Charles, le plus modéré des hommes, après avoir réfléchi quelques instants, lui dit : Qu'en penses-tu ? Si tu avais cet évêché, ferais-tu de plus grandes provisions pour cette longue route ? Le clerc, la bouche béante à ces paroles comme à des raisins de primeur qui lui tombaient d'eux-mêmes, se jeta à ses pieds et s'écria : Seigneur, je m'en remets, là-dessus, à la volonté de Dieu et à votre pouvoir. Et le roi lui dit : Tiens-toi sous le rideau qui pend là derrière moi ; tu vas entendre combien tu as de protecteurs. En effet, à la nouvelle de la mort de l'évêque, les gens du palais, toujours à l'affût des malheurs ou de la mort d'autrui, s'efforcèrent, tous impatients et envieux les uns des autres, d'obtenir pour eux la place par les familiers de l'emperenr. Mais lui, ferme dans sa résolution, refusait à tout le monde, disant qu'il ne voulait pas manquer de parole à ce jeune homme. Enfin, la reine Hildegarde envoya d'abord les grands du royaume, puis elle vint elle-même trouver le roi, afin d'avoir l'évêché pour son propre clerc. Comme il accueillit sa demande de l'air le plus gracieux, disant qu'il ne voulait ni ne pouvait lui rien refuser, mais qu'il ne se pardonnerait pas de tromper le jeune clerc, elle fit comme font toutes les femmes quand elles veulent plier à leur caprice la volonté de leurs maris. Dissimulant sa colère, adoucissant sa grosse voix, elle s'efforçait de fléchir, par ses minauderies, l'âme inébranlable de l'empereur, lui disant : Cher prince, mon seigneur, pourquoi perdre l'évêché aux mains de cet enfant? Je vous en supplie, mon très doux seigneur, ma gloire et mon appui, que vous le donniez plutôt à mon clerc, votre serviteur fidèle. Alors le jeune homme que Charles avait placé derrière le rideau, près de son siège, pour écouter les sollicitations de tous les suppliants, embrassant le roi lui-même avec le rideau, s'écria d'un ton lamentable : Tiens ferme, seigneur roi, et ne laisse pas arracher de tes mains la puissance que Dieu t'a confiée. Alors ce courageux ami de la vérité lui ordonna de se montrer et lui dit : Reçois cet évêché, et aie bien soin d'envoyer, et devant moi et devant toi-même, dans l'autre monde, de plus grandes aumônes et un meilleur viatique pour ce long voyage dont on ne revient pas[1]. »

Toutefois quelle que fût la préférence de Charlemagne pour les étrangers, pour les lettrés de condition servile, il avait trop besoin des hommes de race germanique, dans ses interminables guerres, pour se faire tout romain. Il parlait presque toujours allemand. Il voulut même, comme Chilpéric, faire une grammaire de cette langue, et fit recueillir les vieux chants nationaux de l'Allemagne[2]. Peut-être y cherchait-il un moyen de ranimer le patriotisme de ses soldats; c'est ainsi qu'en 1813, l'Allemagne ne se retrouvant plus à

---

1. Moine de Saint-Gall. — Voy. l'amusante histoire d'un pauvre semblablement élevé par Charles à un riche évêché.
2. *App.* 140.

son réveil, s'est cherchée dans les *Niebelungen*. Le costume germanique fut toujours celui de Charlemagne[1], je pense qu'il n'eût pas été politique de se présenter autrement aux soldats.

Le voilà donc jouant de son mieux l'Empire, parlant souvent la langue latine[2], formant la hiérarchie de ses officiers d'après celle des ministres impériaux. Dans le tableau qu'Hincmar nous a laissé, rien n'est plus imposant. L'assemblée générale de la nation, tenue régulièrement deux fois par an, délibérait, les ecclésiastiques d'une part, les laïques de l'autre, sur les matières proposées par le roi; puis, réunis, ils conféraient avec un maître qui ne demandait qu'à s'éclairer. Quatre fois par an, les assemblées provinciales se tenaient sous la présidence des *missi dominici*. Ceux-ci étaient les yeux de l'empereur, les messagers prompts et fidèles qui, parcourant sans cesse tout l'Empire, réformaient, dénonçaient tout abus. Au-dessous des *missi*, les comtes présidaient les assemblées inférieures, où ils rendaient la justice, assistés des *boni homines*, jurés choisis entre les propriétaires.

---

[1] « Quand les Francs qui combattaient au milieu des Gaulois virent ceux-ci revêtus de saies brillantes et de diverses couleurs, épris de l'amour de la nouveauté, ils quittèrent leur vêtement habituel, et commencèrent à prendre celui de ces peuples. Le sévère empereur, qui trouvait ce dernier habit plus commode pour la guerre, ne s'opposa point à ce changement. Cependant, dès qu'il vit les Frisons, abusant de cette facilité, vendre ces petits manteaux écourtés aussi cher qu'autrefois on vendait les grands, il ordonna de ne leur acheter, au prix ordinaire, que de très longs et larges manteaux. « A quoi peuvent servir, disait-il, ces petits manteaux? au lit, je ne puis m'en couvrir; à cheval, ils ne me défendent ni de la pluie ni du vent, et quand je satisfais aux besoins de la nature, j'ai les jambes gelées. » (Moine de Saint-Gall.) — 2. *App.* 141.

Au-dessous encore existaient d'autres assemblées : celles des vicaires, des centeniers ; que dis-je, les moindres bénéficiers, les intendants des fermes royales, tenaient des plaids comme les comtes.

Certes, l'ordre apparent ne laisse rien à désirer, les formes ne manquent pas ; on ne comprend pas un gouvernement plus régulier. Cependant il est visible que les assemblées générales n'étaient pas générales ; on ne peut supposer que les *missi*, les comtes, les évêques, courussent deux fois par an après l'empereur dans les lointaines expéditions d'où il date ses Capitulaires, qu'ils gravissent tantôt les Alpes, tantôt les Pyrénées, législateurs équestres, qui auraient galopé toute leur vie de l'Èbre à l'Elbe. Le peuple, encore bien moins. Dans les marais de la Saxe, dans les marches d'Espagne, d'Italie, de Bavière, il n'y avait là que des populations vaincues ou ennemies. Si le nom du *peuple* n'est pas ici un mensonge, il signifie l'armée. Ou bien quelques notables qui suivaient les grands, les évêques, etc., représentaient la grande nation des Francs, comme à Rome les trente licteurs représentaient les trente curies aux *comitia curiata*. Quant aux assemblées des comtes, les *boni homines*, les *scabini* (schœffen) qui les composent sont élus par les comtes, avec le consentement du peuple : le comte peut les déplacer. Ce ne sont plus là les vieux Germains jugeant leurs pairs ; ils ont plutôt l'air de pauvres décurions, présidés, dirigés par un agent impérial. La triste image de l'empire romain se reproduit dans cette jeune caducité de l'empire barbare.

Oui, l'Empire est restauré; il ne l'est que trop : le comte tient la place des duumvirs, l'évêque rappelle le *défenseur des cités;* et ces *hérimans* (hommes d'armée), qui laissent leurs biens pour se soustraire aux accablantes obligations qu'il leur impose, ils reproduisent les curiales romains[1], propriétaires libres, qui trouvaient leur salut à quitter leur propriété, à fuir, à se faire soldats, prêtres, et que la loi ne savait comment retenir.

La désolation de l'Empire est la même ici. Le prix énorme du blé, le bas prix des bestiaux indiquent assez que la terre reste en pâturage[2]. L'esclavage, adouci il est vrai, s'étend et gagne rapidement. Charlemagne gratifie son maître Alcuin d'une ferme de vingt mille esclaves. Chaque jour les grands forcent les pauvres à se donner à eux, corps et biens; le servage est un asile où l'homme libre se réfugie chaque jour.

Aucun génie législatif n'eût pu arrêter la société sur la pente rapide où elle descendait. Charlemagne ne fit que confirmer les lois barbares. « Lorsqu'il eut pris le nom d'empereur, dit Éginhard, il eut l'idée de remplir les lacunes que présentaient les lois, de les corriger, et d'y mettre de l'accord et de l'harmonie. Mais il ne fit qu'y ajouter quelques articles, et encore imparfaits. »

Les Capitulaires sont en général des lois administra-

---

1. Le curiale devait avoir au moins vingt-cinq arpents de terre; l'hériman, de trente-six à quarante-huit.

2. Un bœuf, ou six boisseaux de froment valaient deux sous; — cinq bœufs, ou une robe simple, ou trente boisseaux, dix sous; — six bœufs, ou une cuirasse, ou trente-six boisseaux, douze sous. (M. Desmichels.)

tives, des ordonnances civiles et ecclésiastiques. On y y trouve, il est vrai, une partie législative assez considérable, qui semble destinée à remplir ces lacunes dont parle Éginhard. Mais peut-être ces actes, qui portent tous le nom de Charlemagne, ne font-ils que reproduire les Capitulaires des anciens rois francs. Il est peu probable que les Pepins, que Clotaire II et Dagobert aient laissé si peu de Capitulaires; que Brunehaut, Frédégonde, Ébroin, n'en aient point laissé. Il en sera advenu pour Charlemagne ce qui serait advenu à Justinien, si tous les monuments antérieurs du droit romain avaient péri. Le compilateur eût passé pour législateur. La discordance du langage et des formes qui frappe dans les Capitulaires, tend à fortifier cette conjecture.

La partie originale des Capitulaires, c'est celle qui touche l'administration, celle qui répond aux besoins divers que les circonstances faisaient sentir. Il est impossible de n'y pas admirer l'activité, impuissante, il est vrai, de ce gouvernement qui faisait effort pour mettre un peu d'ordre dans le désordre immense d'un tel empire, pour retenir quelque unité dans un ensemble hétérogène, dont toutes les parties tendaient à l'isolement, et se fuyaient pour ainsi dire l'une l'autre. La place énorme qu'occupe la législation canonique fait sentir, quand nous ne le saurions pas du reste, que les prêtres ont eu la part principale en tout cela. On le reconnaît mieux encore aux conseils moraux et religieux dont cette législation est semée; c'est le ton pédantesque des lois wisigothiques, faites, comme on sait, par les évêques[1]. Charlemagne, comme les rois des Wisigoths, donna aux évêques un pouvoir inquisitorial, en leur attribuant le droit de poursuivre les crimes dans l'enceinte de leur diocèse. Quelques passages des Capitulaires qui condamnent les abus de l'autorité épiscopale ne suffisent pas pour nous faire douter de la toute-puissance du clergé sous ce règne. Ils ont pu être dictés par les prêtres de cour, par les chapelains, par le clergé central, naturellement jaloux de la puissance locale des évêques. Charlemagne, ami de Rome, et entouré de prêtres comme Leidrade et tant d'autres qui ne prirent l'épiscopat que pour retraite, dut accorder beaucoup à ce clergé sans titre qui formait son conseil habituel.

Cet esprit de pédanterie byzantine et gothique que nous remarquions dans les Capitulaires éclata dans la conduite de Charlemagne, relativement aux affaires de dogme. Il fit écrire en son nom une longue lettre à l'hérétique Félix d'Urgel, qui soutenait, avec l'Église d'Espagne, que Jésus comme homme était simplement fils adoptif de Dieu. En son nom parurent encore les fameux livres *Carolins* contre l'adoration des images[2]. Trois cents évêques condamnèrent à Francfort ce que trois cent cinquante évêques venaient d'approuver à Nicée. Les hommes de l'Occident, qui luttaient dans le Nord contre l'idolâtrie païenne, devaient réprouver les images; ceux de l'Orient, les honorer, en haine des Arabes qui les brisaient. Le pape, qui partageait

---

1. *App.* 142. — 2. *App.* 143.

l'opinion des Orientaux, n'osa pas cependant s'expliquer contre Charlemagne. Il montra la même prudence lorsque l'Église de France, à l'imitation de celle d'Espagne, ajouta au symbole de Nicée que le Saint-Esprit procède aussi du Fils (*Filioque*).

Pendant que Charlemagne disserte sur la théologie, rêve l'Empire romain, et étudie la grammaire, la domination des Francs croule tout doucement. Le jeune fils de Charlemagne, dans son royaume d'Aquitaine, ayant, par faiblesse ou justice, donné, restitué toutes les spoliations de Pepin[1], son père lui en fit un reproche; mais il ne fit qu'accomplir volontairement ce qui déjà avait lieu de soi-même. L'ouvrage de la conquête se défaisait naturellement; les hommes et les terres échappaient peu à peu au pouvoir royal pour se donner aux grands, aux évêques surtout, c'est-à-dire aux pouvoirs locaux qui allaient constituer la république féodale.

Au dehors, l'Empire faiblissait de même. En Italie, il avait heurté en vain contre Bénévent, contre Venise; en Germanie, il avait reculé de l'Oder à l'Elbe, et partagé avec les Slaves. Et en effet, comment toujours combattre, toujours lutter contre de nouveaux ennemis? Derrière les Saxons et les Bavarois Charlemagne avait trouvé les Slaves, puis les Avares; derrière les Lombards, les Grecs; derrière l'Aquitaine et l'Èbre, le califat de Cordoue. Cette ceinture de barbares, qu'il crut simple et qu'il rompit

1. *App.* 144.

d'abord, elle se doubla, se tripla devant lui ; et quand les bras lui tombaient de lassitude, alors apparut, avec les flottes danoises, cette mobile et fantastique image du monde du Nord, qu'on avait trop oublié. Ceux-ci, les vrais Germains, viennent demander compte aux Germains bâtards, qui se sont faits Romains, et s'appellent l'Empire.

Un jour que Charlemagne était arrêté dans une ville de la Gaule narbonnaise, des barques scandinaves vinrent pirater jusque dans le port. Les uns croyaient que c'étaient des marchands juifs, africains, d'autres disaient bretons; mais Charles les reconnut à la légèreté de leurs bâtiments : « Ce ne sont pas là des marchands, dit-il, mais de cruels ennemis. » Poursuivis, ils s'évanouirent. Mais l'empereur, s'étant levé de table, se mit, dit le chroniqueur, à la fenêtre qui regardait l'Orient, et demeura très longtemps le visage inondé de larmes. Comme personne n'osait l'interroger, il dit aux grands qui l'entouraient : « Savez-vous, mes fidèles, pourquoi je pleure amèrement? Certes, je ne crains pas qu'ils me nuisent par ces misérables pirateries; mais je m'afflige profondément de ce que, moi vivant, ils ont été près de toucher ce rivage, et je suis tourmenté d'une violente douleur, quand je prévois tout ce qu'ils feront de maux à mes neveux et à leurs peuples [1]. »

Ainsi rôdent déjà autour de l'Empire les flottes danoises, grecques et sarrasines, comme le vautour

---

1. Moine de Saint-Gall.

plane sur le mourant qui promet un cadavre. Une fois deux cents barques armées fondent sur la Frise, se remplissent de butin, disparaissent. Cependant Charlemagne assemblait des « hommes » pour les repousser. Autre invasion : « L'Empereur assemble des hommes en Gaule, en Germanie[1], » et bâtit dans la Frise la ville d'Esselfeld. Athlète malheureux, il porte lentement la main à ses blessures, pour parer les coups déjà reçus.

« Le roi des Northmans, Godfried, se promettait l'empire de la Germanie. La Frise et la Saxe, il les regardait comme à lui. Les Abotrites ses voisins, déjà il les avait soumis et rendus tributaires; il se vantait même qu'il arriverait bientôt avec des troupes nombreuses jusqu'à Aix-la-Chapelle, où le roi tenait sa cour. Quelque vaines et légères que fussent ces menaces, on n'y refusait pas cependant toute croyance; on pensait qu'il aurait hasardé quelque chose de ce genre, s'il n'avait été prévenu par une mort prématurée[2]. »

Le vieil Empire se met en garde; des barques armées ferment l'embouchure des fleuves; mais comment fortifier tous les rivages? Celui même qui a rêvé l'unité est obligé, comme Dioclétien, de partager ses États pour les défendre; l'un de ses fils gardera l'Italie, l'autre l'Allemagne, le dernier l'Aquitaine. Mais tout tourne contre Charlemagne; ses deux aînés meurent, et il faut qu'il laisse ce faible et immense Empire aux mains pacifiques d'un saint.

1. *App.* 145. — 2. *App.* 146.

CHAPITRE III

Dissolution de l'Empire carlovingien.

C'est sous Louis-le-Débonnaire, ou, pour traduire plus fidèlement son nom, sous saint Louis, que devait s'opérer le déchirement et le divorce des parties hétérogènes dont se composait l'Empire. Toutes souffraient d'être ensemble. Le mal, c'était la solidarité d'une guerre immense, qui faisait ressentir sur la Loire les revers de l'Ostrasie ; c'était le tyrannique effort d'une centralisation prématurée. Plus Charlemagne s'en était approché, plus il avait pesé. Sans doute Pepin, et son père *au marteau de forge*, avaient durement battu les nations. Ils n'avaient pas du moins entrepris de les ramener, diverses et hostiles qu'elles étaient encore, à cette intolérable unité ; unité administrative d'abord ; mais Charlemagne méditait celle de la législation. Son fils consomma l'unité religieuse en nommant Benoît d'Aniane réformateur des monastères de l'Empire, et les ramenant tous à la règle de saint Benoît.

C'est une loi de l'histoire : un monde qui finit, se ferme et s'expie par un saint. Le plus pur de la race en porte les fautes, l'innocent est puni. Son crime, à l'innocent, c'est de continuer un ordre condamné à périr, c'est de couvrir de sa vertu une vieille injustice qui pèse au monde. A travers la vertu d'un homme, l'injustice sociale est frappée. Les moyens sont odieux ; contre Louis-le-Débonnaire, ce fut le parricide. Ses enfants couvrirent de leurs noms les nations diverses qui voulaient s'arracher de l'Empire.

L'infortuné qui vient prêter sa vie à cette immolation d'un monde social, qu'il s'appelle Louis-le-Débonnaire, Charles Ier, ou Louis XVI, n'est pas pourtant toujours exempt de tout reproche. Sa catastrophe toucherait moins s'il était au-dessus de l'homme. Non, c'est un homme de chair et de sang comme nous, une âme douce, un esprit faible, voulant le bien, faisant parfois le mal, livré à ce qui l'entoure et vendu par les siens.

Le saint Louis du neuvième siècle[1], comme celui du treizième, fut nourri dans les pensées de la croisade. Jeune encore, il conduisit plusieurs expéditions contre les Sarrasins d'Espagne, et leur reprit la grande ville de Barcelone après un siège de deux ans. Élevé par le Toulousain saint Guillaume, comme saint Louis par Blanche de Castille, il eut de même dans la religion la ferveur du Midi et la candeur du Nord.

---

1. *App.* 147.

Les prêtres qui l'avaient formé firent plus qu'ils ne voulaient; leur élève se trouva plus prêtre qu'eux, et, dans son intraitable vertu, il commença par réformer ses maîtres. Réforme des évêques : il leur fallut quitter leurs armes, leurs chevaux, leurs éperons [1]. Réforme des monastères : Louis les soumit à l'inquisition du plus sévère des moines, saint Benoît d'Aniane, qui trouvait que la règle bénédictine elle-même avait été donnée pour les faibles et pour les enfants [2]. Ce nouveau roi renvoya dans leur couvent Adalhard et Wala [3], deux moines intrigants et habiles, petits-fils de Charles-Martel, qui dans les dernières années avaient gouverné Charlemagne. Et le palais impérial eut aussi sa réforme : Louis chassa les concubines de son père, et les amants de ses sœurs, et ses sœurs elles-mêmes [4].

Les peuples, opprimés par Charlemagne, trouvèrent en son fils un juge intègre, prêt à décider contre lui-même. Roi d'Aquitaine, il avait accueilli les réclamations des Aquitains, et s'était réduit à une telle pauvreté, dit l'historien, qu'il ne pouvait plus rien donner, à peine sa bénédiction [5]. Empereur, il écouta les plaintes des Saxons, et leur rendit le droit de succéder [6], ôtant ainsi aux évêques, aux gouverneurs des pays, la puissance tyrannique de faire passer les héritages à qui ils voulaient. Les chrétiens d'Espagne, réfugiés dans les Marches, étaient dépouillés par les grands et les lieutenants impériaux des terres que

---

1. L'Astronome. — 2. *App.* 148. — 3. *App.* 149. — 4. *App.* 150.
5. *App.* 151. — 6. *App.* 152.

Charlemagne leur avait attribuées; Louis rendit un édit qui confirmait leurs droits¹. Il respecta le principe des élections épiscopales, constamment violé par son père; il laissa les Romains élire, sans son autorisation, les papes Étienne IV et Pascal Iᵉʳ.

Ainsi, cet héritage de conquêtes et de violences était tombé aux mains d'un homme simple et juste qui voulait à tout prix réparer. Les barbares, qui reconnaissaient sa sainteté, se soumettaient à son arbitrage². Il siégeait au milieu des peuples comme un père facile et confiant. Il allait réparant, soulageant, restituant; il semblait qu'il eût volontiers restitué l'Empire.

Dans ce jour de restitution, l'Italie réclama aussi. Elle ne voulait rien moins que la liberté³. Les villes, les évêques, les peuples se liguèrent; sous un prince franc, n'importe. Charlemagne avait fait roi d'Italie Bernard, le fils de son aîné Pepin. Bernard, élève d'Adalhard et Wala, longtemps gouverné par eux dans sa royauté d'Italie, croyait avoir droit à l'empire comme fils de l'aîné.

Cependant, le droit du frère puîné prévaut chez les barbares sur celui du neveu⁴. Charlemagne d'ailleurs avait désigné Louis; il avait consulté les grands un à

---

1. *App.* 153.
2. Il fut pris pour arbitre entre plusieurs chefs danois qui se disputaient l'héritage de Godfried, et décida en faveur d'Harold.
3. La tentative de Bernard contre son oncle est le premier essai de l'Italie pour se délivrer des *barbares. App.* 154.
4. Ils veulent pour roi un homme plutôt qu'un enfant, et ordinairement l'oncle est homme, est *utile*, comme on disait alors, longtemps avant le neveu.

un, et obtenu leurs voix[1]. Enfin, Bernard lui-même avait reconnu son oncle. Celui-ci avait pour lui l'usage, la volonté de son père, enfin l'élection.

Aussi, Bernard, abandonné d'une grande partie des siens, fut obligé de s'en remettre aux promesses de l'impératrice Hermengarde, qui lui offrait sa médiation. Il se livra lui-même à Châlon-sur-Saône, et dénonça tous ses complices; un d'eux avait jadis conspiré la mort de Charlemagne. Bernard et tous les autres furent condamnés à mort. L'empereur ne pouvait consentir à l'exécution[2]. Hermengarde obtint du moins qu'on privât Bernard de la vue; mais elle s'y prit de façon qu'il en mourut au bout de trois jours.

L'Italie ne remua pas seule; toutes les nations tributaires avaient pris les armes. Les Slaves du Nord avaient pour appui les Danois; ceux de la Pannonie comptaient sur les Bulgares; les Basques de la Navarre tendaient la main aux Sarrasins; les Bretons comptaient sur eux-mêmes. Tous furent réprimés. Les Bretons virent leur pays complètement envahi, peut-être pour la première fois; les Basques furent défaits, et les Sarrasins repoussés; les Slaves vaincus aidèrent contre les Danois : un roi de ces derniers embrassa même le christianisme. L'archevêché de Hambourg fut fondé; la Suède eut un évêque, dépendant de l'archevêque de Reims[3]. Il est vrai que ces premières conquêtes du christianisme ne tinrent pas : le roi chrétien des Danois fut chassé par les siens.

---

1. *App.* 155. — 2. *App.* 156. — 3. *App.* 157.

Jusqu'ici le règne de Louis était, il faut le dire, éclatant de force et de justice. Il avait maintenu l'intégrité de l'Empire, étendu son influence. Les barbares craignaient ses armes et vénéraient sa sainteté. Au milieu de ses prospérités, l'âme du saint mollit, et se souvint de l'humanité. Sa femme étant morte, il fit, dit-on, paraître devant lui les filles des grands de ses États et choisit la plus belle [1]. Judith, fille du comte Welf, unissait en elle le sang des nations les plus odieuses aux Francs; sa mère était de Saxe, son père, Welf, de Bavière, de ce peuple allié des Lombards, et par qui les Slaves et les Avares furent appelés dans l'Empire [2]. Savante [3], dit l'histoire, et plus qu'il n'eût fallu, elle livra son mari à l'influence des hommes élégants et polis du Midi. Louis était déjà favorable aux Aquitains, chez qui il avait été élevé. Bernard, fils de son ancien tuteur, saint Guillaume de Toulouse, devint son favori, et encore plus celui de l'impératrice. Belle et dangereuse Ève, elle dégrada, elle perdit son époux.

Depuis cette chute, Louis, plus faible, parce qu'il avait cessé d'être pur, plus homme et plus sensible, parce qu'il n'était plus saint, ouvrit son cœur aux craintes, aux scrupules. Il se sentait diminué, *une vertu était sortie de lui.* Il commença à se repentir de sa sévérité à l'égard de son neveu Bernard, à l'égard des moines Wala et Adalhard, qu'il s'était pourtant contenté de renvoyer aux devoirs de leur ordre. Il lui

---

1. *App.* 158. — 2. En outre, ils avaient été alliés de l'Aquitain Hunald.
3. *App.* 159.

fallut soulager son cœur. Il demanda, il obtint d'être soumis à une pénitence publique. C'était la première fois depuis Théodose qu'on voyait ce grand spectacle de l'humiliation volontaire d'un homme tout-puissant. Les rois mérovingiens, après les plus grands crimes, se contentent de fonder des couvents. La pénitence de Louis est comme l'ère nouvelle de la moralité, l'avènement de la conscience.

Toutefois l'orgueil brutal des hommes de ce temps rougit pour la royauté de l'humble aveu qu'elle faisait de sa faiblesse et de son humanité. Il leur sembla que celui qui avait baissé le front devant le prêtre ne pouvait plus commander aux guerriers. L'Empire en parut, lui aussi, dégradé, désarmé. Les premiers malheurs qui commencèrent une dissolution inévitable furent imputés à la faiblesse d'un roi pénitent. En 820, treize vaisseaux normands coururent trois cents lieues de côtes, et se remplirent de tant de butin, qu'ils furent obligés de relâcher les captifs qu'ils avaient faits. En 824, l'armée des Francs ayant envahi la Navarre fut battue comme à Roncevaux. En 829, on craignit que ces Normands, dont les moindres barques étaient si redoutables, n'envahissent par terre, et les peuples reçurent ordre de se tenir prêts à marcher en masse. Ainsi s'accumula le mécontentement public. Les grands, les évêques le fomentaient; ils accusaient l'empereur, ils accusaient l'Aquitain Bernard; le pouvoir central les gênait; ils étaient impatients de l'unité de l'Empire; ils voulaient régner chacun chez soi.

Mais il fallait des chefs contre l'empereur; ce furent ses propres fils. Dès le commencement de son règne, il leur avait donné, avec le titre de roi, deux provinces frontières à gouverner et à défendre, à Louis la Bavière, à Pepin l'Aquitaine, les deux barrières de l'Empire. L'aîné, Lothaire, devait être empereur, avec la royauté d'Italie. Quand Louis eut un fils de Judith, il donna à cet enfant, nommé Charles, le titre de roi d'Alamanie (Souabe et Suisse). Cette concession ne changeait rien aux possessions des princes, mais beaucoup à leurs espérances. Ils prêtèrent leur nom à la conjuration des grands. Ceux-ci refusèrent de faire marcher leurs hommes contre les Bretons, dont Louis voulait réprimer les ravages. L'empereur se trouva seul, Franc de naissance, mais gouverné par un Aquitain, il ne fut soutenu ni du Midi ni du Nord; nous avons déjà vu Brunehaut succomber dans cette position équivoque. Le fils aîné, Lothaire, se crut déjà empereur; il chassa Bernard, enferma Judith, jeta son père dans un monastère; pauvre vieux Lear, qui, parmi ses enfants, ne trouva point de Cordelia.

Cependant ni les grands, ni les frères de Lothaire n'étaient disposés à se soumettre à lui. Empereur pour empereur, ils aimaient mieux Louis. Les moines, qui le tenaient captif, travaillèrent à son rétablissement. Les Francs s'aperçurent que le triomphe des enfants de Louis leur ôtait l'Empire; les Saxons, les Frisons, qui lui devaient leur liberté, s'intéressèrent pour lui. Une diète fut assemblée à Nimègue au milieu des peuples qui le soutenaient. « Toute la Germanie y accourut pour porter secours à l'empereur[1]. » Lothaire se trouva seul à son tour, et à la discrétion de son père ; Wala, tous les chefs de la faction, furent condamnés à mort. Le bon empereur voulut qu'on les épargnât.

Cependant l'Aquitain Bernard, supplanté dans la faveur de Louis par le moine Gondebaud, l'un de ses libérateurs, rallume la guerre dans le Midi ; il anime Pepin. Les trois frères s'entendent de nouveau. Lothaire amène avec lui l'Italien Grégoire IV, qui excommunie tous ceux qui n'obéiront pas au roi d'Italie. Les armées du père et des fils se rencontrent en Alsace. Ceux-ci font parler le pape ; ils font agir la nuit je ne sais quels moyens. Le matin, l'empereur, se voyant abandonné d'une partie des siens, dit aux autres : « Je ne veux point que personne meure pour moi[2]. » Le théâtre de cette honteuse scène fut appelé le champ du Mensonge.

Lothaire, redevenu maître de la personne de Louis, voulut en finir une fois, et achever son père. Ce Lothaire était un homme à qui le sang ne répugnait pas : il fit égorger un frère de Bernard et jeter sa sœur dans la Saône ; mais il craignait l'exécration publique s'il portait sur Louis des mains parricides. Il imagina de le dégrader en lui imposant une pénitence publique et si humiliante qu'il ne s'en pût jamais relever. Les évêques de Lothaire présentèrent au prisonnier une liste de crimes dont il devait s'avouer coupable.

---

1. *App.* 160. — 2. *App.* 161.

D'abord, la mort de Bernard (il en était innocent); puis les parjures auxquels il avait exposé le peuple par de nouvelles divisions de l'Empire; puis d'avoir fait la guerre en carême ; puis d'avoir été trop sévère pour les partisans de ses fils (il les avait soustraits à la mort); puis d'avoir permis à Judith et autres de se justifier par serment; sixièmement, d'avoir exposé l'État aux meurtres, pillages et sacrilèges, en excitant la guerre civile ; septièmement, d'avoir excité ces guerres civiles par des divisions arbitraires de l'Empire; enfin d'avoir ruiné l'État qu'il devait défendre [1].

Quand on eut lu cette confession absurde dans l'église de Saint-Médard de Soissons, le pauvre Louis ne contesta rien, il signa tout, s'humilia autant qu'on voulut, se confessa trois fois coupable, pleura et demanda la pénitence publique pour réparer les scandales qu'il avait causés. Il déposa son baudrier militaire, prit le cilice, et son fils l'emmena ainsi, misérable, dégradé, humilié, dans la capitale de l'Empire, à Aix-la-Chapelle, dans la même ville où Charlemagne lui avait jadis fait prendre lui-même la couronne sur l'autel.

Le parricide croyait avoir tué Louis. Mais une immense pitié s'éleva dans l'Empire. Ce peuple, si malheureux lui-même, trouva des larmes pour son vieil empereur. On raconta avec horreur comment le fils

---

1. De tous ces griefs, le septième est grave. Il révèle la pensée du temps. C'est la réclamation de l'esprit local, qui veut désormais suivre le mouvement matériel et fatal des races, des contrées, des langues, et qui dans toute division politique ne voit que violence et tyrannie.

l'avait tenu à l'autel pleurant et balayant la poussière de ses cheveux blancs ; comment il s'était enquis des péchés de son père, nouveau Cham qui livrait à la risée la nudité paternelle ; comment il avait dressé sa confession : quelle confession ! toute pleine de calomnies et de mensonges. C'était l'archevêque Ebbon, condisciple de Louis et son frère de lait, l'un de ces fils de serfs qu'il aimait tant[1], qui lui avait arraché le baudrier et mis le cilice. Mais en lui enlevant la ceinture et l'épée, en lui ôtant le costume des tyrans et des nobles, ils l'avaient fait apparaître au peuple comme peuple, comme saint et comme homme. Et son histoire n'était autre que celle de l'homme biblique : son Ève l'avait perdu ; ou si l'on veut, l'une de ces filles des géants qui, dans la *Genèse*, séduisent les enfants de Dieu. D'autre part, dans ce merveilleux

---

[1]. Plusieurs faits témoignent de la prédilection de Louis pour les serfs, pour les pauvres, pour les vaincus. Il donna un jour tous les habits qu'il portait à un serf, vitrier du couvent de Saint-Gall. (Moine de Saint-Gall.) — On a vu son affection pour les Saxons et les Aquitains ; il avait dans sa jeunesse porté le costume de ces derniers. « Le jeune Louis, obéissant aux ordres de son père, de tout son cœur et de tout son pouvoir, vint le trouver à Paderborn, suivi d'une troupe de jeunes gens de son âge, et revêtu de l'habit gascon, c'est-à-dire portant le petit surtout rond, la chemise à manches longues et pendantes jusqu'au genou, les éperons lacés sur les bottines, et le javelot à la main. Tel avait été le plaisir et la volonté du roi. » (L'Astronome.) — « De plus, et se trouvant absent, le roi Louis voulut que les procès des pauvres fussent réglés de manière que l'un d'eux qui, quoique totalement infirme, paraissait doué de plus d'énergie et d'intelligence que les autres, connût de leurs délits, prescrivît les restitutions de vols, la peine du talion pour les injures et les voies de fait, et prononçât même, dans les cas plus graves, l'amputation des membres, la perte de la tête, et jusqu'au supplice de la potence. Cet homme établit des ducs, des tribuns et des centurions, leur donna des vicaires, et remplit avec fermeté la tâche qui lui était confiée. » (Moine de Saint-Gall.) — *App.* 162.

exemple de souffrance et de patience, dans cet homme injurié, conspué, et bénissant tous les outrages, on croyait reconnaître la patience de Job, ou plutôt une image du Sauveur; rien n'y avait manqué, ni le vinaigre ni l'absinthe.

Ainsi le vieil empereur se trouva relevé par son abaissement même : tout le monde s'éloigna du parricide. Abandonné des grands (834-5), et ne pouvant cette fois séduire les partisans de son père[1], Lothaire s'enfuit en Italie. Malade lui-même, il vit, dans le cours d'un été (836), mourir tous les chefs de son parti, les évêques d'Amiens et de Troyes, son beau-père Hugues, les comtes Matfried et Lambert, Agimbert de Perche, Godfried et son fils, Borgarit, préfet de ses chasses, une foule d'autres. Ebbon, déposé du siège de Reims, passa le reste de sa vie dans l'obscurité et dans l'exil. Wala se retira au monastère de Bobbio, près du tombeau de saint Colomban; un frère de saint Arnulf de Metz, l'aïeul des Carlovingiens, avait été abbé de ce monastère. Wala y mourut l'année même où périrent tant d'hommes de son parti, s'écriant à chaque instant : « Pourquoi suis-je né un homme de querelle, un homme de discorde[2]? » Ce petit-fils de Charles-Martel, ce moine politique, ce saint factieux, cet homme dur, ardent, passionné, enfermé par Charlemagne dans un monastère, puis

---

1. Tous se trouvaient d'accord, sans doute par mécontentement contre Lothaire, c'est-à-dire contre l'unité de l'Empire. Bernard semble pour l'empereur contre ses fils, mais pour Pepin, c'est-à-dire pour l'Aquitaine, même contre l'empereur. *App.* 163. — 2. *App.* 164.

son conseiller, et presque roi d'Italie sous Pepin et Bernard, eut le malheur d'associer un nom, jusque-là sans tache, aux révoltes parricides des fils de Louis.

Cependant le Débonnaire, dominé par les mêmes conseils, faisait ce qu'il fallait pour renouveler la révolte et tomber de nouveau. D'une part, il sommait les grands de rendre aux églises les biens qu'ils avaient usurpés; de l'autre, il diminuait la part de ses fils aînés, qui, il est vrai, l'avaient bien mérité, et dotait à leurs dépens le fils de son choix, le fils de Judith, Charles-le-Chauve. Les enfants de Pepin, qui venait de mourir, étaient dépouillés. Louis-le-Germanique était réduit à la Bavière. Tout était partagé entre Lothaire et Charles. Le vieil empereur aurait dit au premier : « Voilà, mon fils, tout le royaume devant tes yeux, partage, et Charles choisira; ou, si tu veux choisir, nous partagerons[1]. » Lothaire prit l'Orient, et Charles devait avoir l'Occident. Louis de Bavière armait pour empêcher l'exécution de ce traité, et par une mutation étrange, le père cette fois avait pour lui la France, et le fils l'Allemagne. Mais le vieux Louis succomba au chagrin et aux fatigues de cette guerre nouvelle. « Je pardonne à Louis, dit-il, mais qu'il songe à lui-même, lui qui, méprisant la loi de Dieu, a conduit au tombeau les cheveux blancs de son père. » L'empereur mourut à Ingelheim dans une île du Rhin près Mayence, au centre de l'Empire, et l'unité de l'Empire mourut avec lui.

---

1. *App.* 165.

C'était une vaine entreprise que d'en tenter la résurrection, comme le fit Lothaire. Et avec quelles forces? Avec l'Italie, avec les Lombards qui avaient si mal défendu Didier contre Charlemagne, Bernard contre Louis-le-Débonnaire. Le jeune Pepin qui se joignit à lui par opposition à Charles-le-Chauve, amenait pour contingent l'armée d'Aquitaine, si souvent défaite par Pepin-le-Bref et Charlemagne. Chose bizarre! c'étaient les hommes du Midi, les vaincus, les hommes de langue latine qui voulaient soutenir l'unité de l'Empire contre la Germanie et la Neustrie. Les Germains ne demandaient que l'indépendance.

Toutefois ce nom de fils aîné des fils de Charlemagne, ce titre d'empereur, de roi d'Italie, et aussi d'avoir Rome et le pape pour soi, tout cela imposait encore. Ce fut donc humblement, au nom de la paix, de l'Église, des pauvres et des orphelins, que les rois de Germanie et de Neustrie s'adressèrent à Lothaire quand les armées furent en présence, à Fontenai ou Fontenaille près d'Auxerre : « Ils lui offrirent en don tout ce qu'ils avaient dans leur armée, à l'exception des chevaux et des armes ; s'il ne voulait pas, ils consentaient à lui céder chacun une portion du royaume, l'un jusqu'aux Ardennes, l'autre jusqu'au Rhin ; s'il refusait encore, ils diviseraient toute la France en portions égales, et lui laisseraient le choix. Lothaire répondit, selon sa coutume, qu'il leur ferait savoir par ses messagers ce qu'il lui plairait; et envoyant alors Drogon, Hugues et Héribert, il leur manda qu'auparavant ils ne lui avaient rien proposé de tel, et qu'il voulait avoir du temps pour réfléchir. Mais au fait Pepin n'était pas arrivé, et Lothaire voulait l'attendre [1]. »

Le lendemain, au jour et à l'heure qu'ils avaient eux-mêmes indiqués à Lothaire, les deux frères l'attaquèrent et le défirent. Si l'on en croyait les historiens, la bataille aurait été acharnée et sanglante ; si sanglante qu'elle eût épuisé la population militaire de l'Empire, et l'eût laissé sans défense aux ravages des barbares [2]. Un pareil massacre, difficile à croire en tout temps, l'est surtout à cette époque d'amollissement [3] et d'influence ecclésiastique. Nous avons déjà vu, et nous verrons mieux encore, que le règne de Charlemagne et de ses premiers successeurs devint pour les hommes des temps déplorables qui suivirent, une époque héroïque, dont ils aimaient à rehausser la gloire par des fables aussi patriotiques qu'insipides. Il était d'ailleurs impossible aux hommes

---

1. Nithard. — 2. *App.* 166.

3. On en peut juger par la modération extraordinaire des jeux militaires donnés à Worms par Charles et Louis. « La multitude se tenait tout autour ; et d'abord, en nombre égal, les Saxons, les Gascons, les Ostrasiens et les Bretons de l'un et de l'autre parti, comme s'ils voulaient se faire mutuellement la guerre, se précipitaient les uns sur les autres d'une course rapide. Les hommes de l'un des deux partis prenaient la fuite en se couvrant de leurs boucliers, et feignant de vouloir échapper à la poursuite de l'ennemi ; mais, faisant volte-face, ils se mettaient à poursuivre ceux qu'ils venaient de fuir, jusqu'à ce qu'enfin les deux rois, avec toute la jeunesse, jetant un grand cri, lançant leurs chevaux et brandissant leurs lances, vinssent charger et poursuivre dans leur fuite, tantôt les uns, tantôt les autres. C'était un beau spectacle à cause de toute cette grande noblesse, et à cause de la modération qui y régnait. Dans une telle multitude, et parmi tant de gens de diverse origine, on ne vit pas même ce qui se voit souvent entre gens peu nombreux et qui se connaissent, nul n'osait en blesser ou en injurier quelque autre. » (Nithard.)

de cet âge d'expliquer par des causes politiques la dépopulation de l'Occident et l'affaiblissement de l'esprit militaire. Il était plus facile et plus poétique à la fois de supposer qu'en une seule bataille tous les vaillants avaient péri; il n'était resté que les lâches.

La bataille fut si peu décisive, que les vainqueurs ne purent poursuivre Lothaire ; ce fut lui au contraire qui, à la campagne suivante, serra de près Charles-le-Chauve. Charles et Louis, toujours en péril, formèrent une nouvelle alliance à Strasbourg, et essayèrent d'y intéresser les peuples en leur parlant, non la langue de l'Église, seule en usage jusque-là dans les traités et les conciles, mais le langage populaire usité en Gaule et en Germanie. Le roi des Allemands fit serment en langue romane, ou française; celui des Français (nous pouvons dès lors employer ce nom) jura en langue germanique. Ces paroles solennelles prononcées au bord du Rhin, sur la limite des deux peuples, sont le premier monument de leur nationalité.

Louis, comme l'aîné, jura le premier. « Pro Don « amur, et pro christian poblo, et nostro commun « salvamento, dist di in avant, in quant Deus savir et « podir me dunat, si salvareio cist meon fradre Karlo « et in adjudha, et in cadhuna cosa, si cùm om per « dreit son fradre salvar dist, in o quid il mi altre si « fazet. Et ab Ludher nul plaid numquam prindrai, « qui meon vol cist meo fradre Karle, in damno sit. » Lorsque Louis eut fait ce serment, Charles jura la même chose en langue allemande : « In Godes minna « ind um tes christianes folches, ind unser bedhero

« gehaltnissi, fon thesemo dage frammordes, so fram
« so mir Got gewizei indi madh furgibit so hald ih
« tesan minan bruodher soso man mit rehtu sinan
« bruder seal, inthiu thaz er mig soso ma duo ; indi
« mit Lutheren inno kleinnin thing ne geganga zhe
« minan vvillon imo ce scadhen vverhen [1]. » Le serment que les deux peuples prononcèrent, chacun dans sa propre langue, est ainsi conçu en langue romane : « Si Lodhuvigs sagrament que son fradre
« Karlo jurat, conservat, et Karlus meos sendra de
« suo part non los tanit, si io returnar non lint pois,
« ne io ne nuels cui eo returnar int pois, in nulla
« adjudha contrà Lodhuwig nun lin iver[2]. »

En langue allemande : « Oba Karl then eid then er
« sineno brodhuer Ludhuwighe gessuor geleistit, ind
« Luduwig min herro then er imo gesuor forbrihchit,
« ob ina ih nes irrwenden ne mag, nah ih, nah thero,
« noh hein then ih es irrwenden mag, vvindhar Karle
« imo ce follusti ne wirdhit. »

« Les évêques prononcèrent, ajoute Nithard, que le juste jugement de Dieu avait rejeté Lothaire, et transmis le royaume aux plus dignes. Mais ils n'autorisèrent

---

[1]. « Pour l'amour de Dieu et pour le peuple chrétien, et notre commun salut, de ce jour en avant, et tant que Dieu me donnera de savoir et de pouvoir, je soutiendrai mon frère Karle ici présent, par aide et en toute chose, comme il est juste qu'on soutienne son frère, tant qu'il fera de même pour moi. Et jamais, avec Lother, je ne ferai aucun accord qui de ma volonté soit au détriment de mon frère. » — *App.* 167.

[2]. « Si Lodewig garde le serment qu'il a prêté à son frère Karle, et si Karle, mon seigneur, de son côté ne le tient pas, si je ne puis l'y ramener, ni moi ni aucun autre, je ne lui donnerai nulle aide contre Lodewig. » — Les Allemands répétèrent la même chose dans leur langue, en changeant seulement l'ordre des noms.

Louis et Charles à prendre possession qu'après leur avoir demandé s'ils voulaient régner d'après les exemples de leur frère détrôné ou selon la volonté de Dieu. Les rois ayant répondu qu'autant que Dieu le mettrait en leur pouvoir et à leur connaissance, ils se gouverneraient, eux et leurs sujets, selon sa volonté, les évêques dirent : « Au nom de l'autorité divine, prenez le royaume et le gouvernez selon la volonté de Dieu ; nous vous le conseillons, nous vous y exhortons, et vous le commandons. Les deux frères choisirent chacun douze des leurs (j'étais du nombre), et s'en référèrent, pour partager entre eux le royaume, à leur décision. »

Ce qui assura la supériorité à Charles et Louis, c'est que Lothaire et Pepin ayant essayé de s'appuyer sur les Saxons et les Sarrasins, l'Église se déclara contre eux. Il fallut bien que Lothaire se contentât du titre d'empereur sans en exercer l'autorité. « Les évêques ayant tous été d'avis que la paix régnât entre les trois frères, les rois firent venir les députés de Lothaire, et lui accordèrent ce qu'il demandait. Ils passèrent quatre jours et plus à partager le royaume. On arrêta enfin que tout le pays situé entre le Rhin et la Meuse[1],

---

[1]. « Tous les peuples qui habitaient entre la Meuse et la Seine envoyèrent des messagers à Charles (840), lui demandant de venir vers eux avant que Lothaire occupât leur pays, et lui promettant d'attendre son arrivée. Charles, accompagné d'un petit nombre de gens, se hâta de se mettre en route, et arriva d'Aquitaine à Kiersy ; il y reçut avec bienveillance les gens qui vinrent à lui de la forêt des Ardennes et des pays situés au-dessous. Quant à ceux qui habitaient au delà de cette forêt, Herenfried, Gislebert, Bovon et d'autres, séduits par Odulf, manquèrent à la fidélité qu'ils avaient jurée. » (Nithard.)

jusqu'à la source de la Meuse, de là jusqu'à la source de la Saône, le long de la Saône jusqu'à son confluent avec le Rhône, et le long du Rhône jusqu'à la mer, serait offert à Lothaire comme le tiers du royaume, et qu'il posséderait tous les évêchés, toutes les abbayes, tous les comtés et tous les domaines royaux de ces régions en deçà des Alpes, à l'exception de[1]... » (Traité de Verdun, 843).

« Les commissaires de Louis et de Charles ayant fait diverses plaintes sur le partage projeté, on leur demanda si quelqu'un d'eux avait une connaissance claire de tout le royaume. Comme on n'en trouva aucun qui pût répondre, on demanda pourquoi, dans le temps qui s'était déjà écoulé, ils n'avaient pas envoyé de messagers pour parcourir toutes les provinces et en dresser le tableau. On découvrit que c'était Lothaire qui ne l'avait pas voulu; et on leur dit qu'il était impossible de partager également une chose qu'on ne connaissait pas. On examina alors s'ils avaient pu prêter loyalement le serment de partager le royaume également et de leur mieux, quand ils savaient que nul d'entre eux ne le connaissait. On remit cette question à la décision des évêques[2]. »

L'odieux secours que Lothaire avait demandé aux païens[3], et dont plus tard son allié Pepin fit aussi usage

---

1. Nithard. — 2. Idem.
3. Nithard. « Il envoya des messagers en Saxe, promettant aux hommes libres et aux serfs (*frilingi* et *lazzi*), dont le nombre est immense, que, s'ils se rangeaient de son parti, il leur rendrait les lois dont leurs ancêtres avaient joui au temps où ils adoraient les idoles. Les Saxons, avides de ce retour, se donnèrent le nouveau nom de Stellinga, se liguèrent, chassèrent presque

dans l'Aquitaine, sembla porter malheur à sa famille. Charles-le-Chauve et Louis-le-Germanique, appuyés des évêques de leurs royaumes, perpétuèrent le nom de Charlemagne, et fondèrent au moins l'institution royale, qui, longtemps éclipsée sous la féodalité, devait un jour devenir si puissante. Lothaire et Pepin ne purent rien fonder. Ce Charles-le-Chauve, qu'on croyait le fils du Languedocien Bernard, le favori de Louis-le-Débonnaire et de Judith, et qui ressemblait à Bernard [1], paraît avoir eu en effet l'adresse toute méridionale de ce dernier. D'abord c'est l'homme des évêques, l'homme d'Hincmar, le grand archevêque de Reims : c'est en quelque sorte au nom de l'Église qu'il fait la guerre à Lothaire, à Pepin, allié des païens. Celui-ci, dirigé par les conseils d'un fils de Bernard, n'avait pas hésité à appeler les Sarrasins, les Normands [2] dans l'Aquitaine. Nous avons vu, par le mariage de la fille d'Eudes avec un émir, que le christianisme des gens du Midi ne s'effrayait pas de ces alliances avec les mécréants. Les Sarrasins envahirent au nom de Pepin la Septimanie, les Normands prirent Toulouse. On dit qu'il en vint jusqu'à renier le Christ, et jura sur un cheval au nom de Woden. Mais de tels secours devaient

du pays leurs seigneurs, et chacun, selon l'ancienne coutume, commença à vivre sous la loi qui lui plaisait. Lothaire avait de plus appelé les Northmans à son secours, leur avait soumis quelques tribus de chrétiens, et leur avait même permis de piller le reste du peuple de Christ. Louis craignit que les Northmans ainsi que les Esclavons ne se réunissent, à cause de la parenté, aux Saxons qui avaient pris le nom de Stellinga, qu'ils n'envahissent ses États et n'y abolissent la religion chrétienne. » *App.* **168.**

1. *App.* 169. — 2. *App.* 170.

lui être plus funestes qu'utiles ; les peuples détestèrent l'ami des barbares, et lui imputèrent leurs ravages. Livré à Charles-le-Chauve par le chef des Gascons, souvent prisonnier, souvent fugitif, il n'établit que l'anarchie.

La famille de Lothaire ne fut guère plus heureuse. A sa mort (855), son aîné, Louis II, fut empereur; les deux autres, Lothaire II et Charles, roi de Lorraine (provinces entre Meuse et Rhin) et roi de Provence. Charles mourut bientôt, Louis, harcelé par les Sarrasins, prisonnier des Lombards, fut toujours malheureux, malgré son courage. Pour Lothaire II, son règne semble l'avènement de la suprématie des papes sur les rois. Il avait chassé sa femme Teutberge pour vivre avec la sœur de l'archevêque de Cologne, nièce de celui de Trèves, et il accusait Teutberge d'adultère et d'inceste. Elle nia longtemps, puis avoua, sans doute intimidée. Le pape Nicolas Ier, à qui elle s'était adressée d'abord, refusa de croire à cet aveu. Il força Lothaire de la reprendre. Lothaire vint se justifier à Rome, et y reçut la communion des mains d'Adrien II. Mais celui-ci l'avait en même temps menacé, s'il ne changeait, de la punition du ciel. Lothaire mourut dans la semaine, la plupart des siens dans l'année. Charles-le-Chauve et Louis-le-Germanique profitèrent de ce jugement de Dieu; ils se partagèrent les États de Lothaire.

Le roi de France au contraire fut, au moins dans les premiers temps, l'homme de l'Église. Depuis que cette contrée avait échappé à l'influence germanique, l'Église seule y était puissante; les séculiers n'y balançaient plus son pouvoir. Les Germains, les Aquitains, des Irlandais même et des Lombards, semblent avoir tenu plus de place que les Neustriens à la cour carlovingienne. Gouvernée, défendue par les étrangers, la Neustrie n'avait depuis longtemps de force et de vie que dans son clergé. Du reste, il semble qu'elle ne présentait guère que des esclaves épars sur les terres immenses et à moitié incultes des grands du pays; les premiers des grands, les plus riches, c'étaient les évêques et les abbés. Les villes n'étaient rien excepté les cités épiscopales; mais autour de chaque abbaye s'étendait une ville, ou au moins une bourgade[1]. Les plus riches étaient Saint-Médard de Soissons, Saint-Denis, fondation de Dagobert, berceau de la monarchie, tombe de nos rois. Et par-dessus toute la contrée dominait, par la dignité du siège, par la doctrine et par les miracles, la grande métropole de Reims, aussi grande dans le Nord que Lyon l'était dans le Midi; Saint-Martin de Tours, Saint-Hilaire de Poitiers étaient bien déchues, au milieu des guerres et des

---

1. Une abbaye, dit fort bien M. de Chateaubriand, n'était autre chose que la demeure d'un riche patricien romain, avec les diverses classes d'esclaves et d'ouvriers attachés au service de la propriété et du propriétaire, avec les villes et les villages de leur dépendance. Le Père abbé était le maître; les moines, comme les affranchis de ce maître, cultivaient les sciences, les lettres et les arts. — L'abbaye de Saint-Riquier possédait la ville de ce nom, treize autres villes, trente villages, un nombre infini de métairies. Les offrandes en argent faites au tombeau de saint Riquier s'élevaient seules par an à près de deux millions de notre monnaie. — Le monastère de Saint-Martin d'Autun, moins riche, possédait cependant, sous les Mérovingiens, cent mille menses.

ravages. Reims succéda à leur influence sous la seconde race, étendant ses possessions dans les provinces les plus lointaines jusque dans les Vosges, jusqu'en Aquitaine[1]; elle fut la ville épiscopale par excellence. Laon, sur son inaccessible sommet, fut la ville royale, et eut le triste honneur de défendre les derniers Carlovingiens. Il fallut que les ravages des Normands fussent passés pour que nos rois de la troisième race se hasardassent à descendre en plaine, et vinssent s'établir à Paris dans l'île de la Cité, à côté de Saint-Denis, comme les Carlovingiens avaient, pour dernier asile, choisi Laon à côté de Reims.

Charles-le-Chauve ne fut d'abord que l'humble client des évêques. Avant, après la bataille de Fontenai, dans ses négociations avec Lothaire, il se plaint surtout de ce que celui-ci ne respecte pas l'Église[2]. Aussi Dieu le protège. Lorsque Lothaire arrive sur la Seine avec son armée barbare et païenne, dont les Saxons faisaient partie, le fleuve enfle miraculeusement et couvre Charles-le-Chauve[3]. Les moines, avant de délivrer Louis-le-Débonnaire, lui avaient demandé s'il voulait rétablir et soutenir le culte divin; les évêques interrogent de même Charles-le-Chauve et Louis-le-Germanique, puis leur confèrent le royaume. Plus tard les évêques *sont d'avis que la paix règne entre les trois frères*[4]. Après la bataille de Fontenai, les évêques s'assemblent, déclarent que Charles et Louis ont combattu pour l'équité et la justice, et ordonnent un jeûne de

---

1. Flodoard. — 2. Nithard. — 3. Nithard : « Sequana, mirabile dictu !... repente aere sereno tumescere cœpit. » — 4. *App.* 171.

trois jours. — « Les Francs comme les Aquitains, dit son partisan Nithard, méprisèrent le petit nombre de ceux qui suivaient Charles. Mais les moines de Saint-Médard de Soissons vinrent à sa rencontre, et le prièrent de porter sur ses épaules les reliques de saint Médard et de quinze autres saints, que l'on transportait dans leur nouvelle basilique. Il les porta en effet sur ses épaules en toute vénération, puis il se rendit à Reims[1]... »

Créature des évêques et des moines, il dut leur transférer la plus grande partie du pouvoir. Ainsi le Capitulaire d'Épernay (846) confirme le partage des attributions des commissaires royaux[2] entre les évêques et les laïques ; celui de Kiersy (857) confère aux curés un droit d'inquisition contre tous les malfaiteurs[3]. Cette législation tout ecclésiastique prescrit, pour remède aux troubles et aux brigandages qui désolaient le royaume, des serments sur les reliques que prêteront les hommes libres et les centeniers. Elle recommande les brigands aux instructions épiscopales, et les menace, s'ils persistent, de les frapper du glaive spirituel de l'excommunication.

Les maîtres du pays étaient donc les évêques. Le

---

1. Nithard. — Avant de quitter Angers (873), Charles-le-Chauve voulut assister aux cérémonies que firent les Angevins à leur rentrée dans la ville, pour remettre dans les châsses d'argent qu'ils avaient emportées les corps de saint Aubin et de saint Lézin. — 2. *App.* 172.

3. En 851, « Traité d'alliance et de secours mutuel entre les trois fils de Louis-le-Débonnaire, et pour faire poursuivre ceux qui fuiraient l'excommunication des évêques d'un royaume à l'autre, ou emmèneraient une parente incestueuse, une religieuse, une femme mariée. »

vrai roi, le vrai pape de la France, était le fameux Hincmar, archevêque de Reims. Il était né dans le nord de la Gaule, mais Aquitain d'origine, parent de saint Guillaume de Toulouse, et de ce Bernard, favori de Judith, dont on croyait que Charles était le fils. Personne ne contribua davantage à l'élévation de Charles, et n'exerça plus d'autorité en son nom dans les premières années. C'est Hincmar qui, à la tête du clergé de France, semble avoir empêché Louis-le-Germanique de s'établir dans la Neustrie et dans l'Aquitaine, où les grands l'appelaient. Louis ayant envahi le royaume de Charles en 859, le concile de Metz lui envoya trois députés pour lui offrir l'indulgence de l'Église, pourvu qu'il rachetât, par une pénitence proportionnée, le péché qu'il avait commis en envahissant le royaume de son frère, et en l'exposant aux ravages de son armée. Hincmar était à la tête de cette députation. « Le roi Louis, dirent les évêques à leur retour au concile, nous donna audience à Worms, le 4 juin, et il nous dit : Je veux vous prier, si je vous ai offensés en aucune chose, de vouloir bien me le pardonner, pour que je puisse ensuite parler en sûreté avec vous. A cela Hincmar, qui était placé le premier à sa gauche, répondit : Notre affaire sera donc bientôt terminée, car nous venons justement vous offrir le pardon que vous nous demandez. Grimold, chapelain du roi, et l'évêque Théodoric ayant fait à Hincmar quelque observation, il reprit : Vous n'avez rien fait contre moi qui ait laissé dans mon cœur une rancune condamnable ; s'il en était autrement, je n'oserais m'approcher de l'autel pour offrir le sacrifice au Seigneur. — Grimold et les évêques Théodoric et Salomon adressèrent encore quelques mots à Hincmar, et Théodoric lui dit : Faites ce dont le seigneur roi vous prie ; pardonnez-lui. — A quoi Hincmar répondit : Pour ce qui ne regarde que moi et ma propre personne, je vous ai pardonné et je vous pardonne. Mais quant aux offenses contre l'Église qui m'est commise, et contre mon peuple, je puis seulement vous donner officieusement mes conseils, et vous offrir le secours de Dieu, pour que vous en obteniez l'absolution, si vous le voulez. — Alors les évêques s'écrièrent : Certainement il dit bien. — Tous nos frères s'étant trouvés unanimes à cet égard, et ne s'en étant jamais départis, ce fut toute l'indulgence qui lui fut accordée, et rien de plus... car nous attendions qu'il nous demandât conseil sur le salut qui lui était offert, et alors nous l'aurions conseillé selon l'écrit dont nous étions porteurs ; mais il nous répondit, de son trône, qu'il ne s'occuperait point de cet écrit avant de s'être consulté avec ses évêques. »

Peu de temps après, un autre concile plus nombreux fut assemblé à Savonnières, près de Toul, pour rétablir la paix entre les rois des Francs. Charles-le-Chauve s'adressa aux Pères de ce concile (en 859), pour leur demander justice contre Wénilon, clerc de sa chapelle, qu'il avait fait archevêque de Sens, et qui cependant l'avait quitté pour embrasser le parti de Louis-le-Germanique. La plainte du roi des Français est remarquable par son ton d'humilité. Après avoir récapitulé tous les bienfaits qu'il avait accordés à Wénilon, tous les engagements personnels de celui-ci, et toutes les preuves de son ingratitude et de son manque de foi, il ajoute : « D'après sa propre élection et celle des autres évêques et des fidèles de notre royaume, qui exprimaient leur volonté, leur consentement par leurs acclamations, Wénilon, dans son propre diocèse, à l'église de Sainte-Croix d'Orléans, m'a consacré roi selon la tradition ecclésiastique, en présence des autres archevêques et des évêques; il m'a oint du saint-chrême, il m'a donné le diadème et le sceptre royal, et il m'a fait monter sur le trône. Après cette consécration, je ne devais être repoussé du trône ou supplanté par personne, du moins sans avoir été entendu et jugé par les évêques, par le ministère desquels j'ai été consacré comme roi. Ce sont eux qui sont nommés les trônes de la Divinité ; Dieu repose sur eux, et par eux il rend ses jugements. Dans tous les temps j'ai été prompt à me soumettre à leurs corrections paternelles, à leurs jugements castigatoires, et je le suis encore à présent [1]. »

Le royaume de Neustrie était réellement une république théocratique. Les évêques nourrissaient, soutenaient ce roi qu'ils avaient fait ; ils lui permettaient de lever des soldats parmi leurs hommes ; ils gouvernaient les choses de la guerre comme celles de la paix. « Charles, dit l'annaliste de Saint-Bertin, avait

1. *App.* 173.

annoncé qu'il irait au secours de Louis avec une armée telle qu'il avait pu la rassembler, levée en grande partie par les évêques. » « Le roi, dit l'historien de l'Église de Reims, chargeait l'archevêque Hincmar de toutes les affaires ecclésiastiques, et de plus, quand il fallait lever le peuple contre l'ennemi, c'était toujours à lui qu'il donnait cette mission, et aussitôt celui-ci, sur l'ordre du roi, convoquait les évêques et les comtes [1]. »

Le pouvoir temporel et le pouvoir spirituel se trouvaient donc réunis dans les mêmes mains. Des évêques, magistrats et grands propriétaires, commandaient à ce triple titre. C'est dire assez que l'épiscopat allait devenir mondain et politique, et que l'État ne serait ni gouverné ni défendu. Deux événements brisèrent ce faible et léthargique gouvernement, sous lequel le monde fatigué eût pu s'endormir. D'une part, l'esprit humain réclama en sens divers contre le despotisme spirituel de l'Église; de l'autre, les incursions des Northmans obligèrent les évêques à résigner, au moins en partie, le pouvoir temporel à des mains plus capables de défendre le pays. La féodalité se fonda; la philosophie scolastique fut au moins préparée.

La première querelle fut celle de l'Eucharistie; la seconde, celle de la Grâce et de la Liberté : d'abord la question divine, puis la question humaine; c'est l'ordre nécessaire. Ainsi, Arius précède Pélage, et

---

1. Flodoard.

Bérenger Abailard. Ce fut au neuvième siècle le panégyriste de Wala, l'abbé de Corbie, Paschase Ratbert qui, le premier, enseigna d'une manière explicite cette prodigieuse poésie d'un Dieu enfermé dans un pain, l'esprit dans la matière, l'infini dans l'atome. Les anciens Pères avaient entrevu cette doctrine, mais le temps n'était pas venu. Ce ne fut qu'au neuvième siècle, à la veille des dernières épreuves de l'invasion barbare, que Dieu sembla descendre pour consoler le genre humain dans ses extrêmes misères, et se laissa voir, toucher et goûter. L'Église irlandaise eut beau réclamer au nom de la logique, le dogme triomphant n'en poursuivit pas moins sa route à travers le moyen âge.

La question de la liberté fut l'occasion d'une plus vive controverse. Un moine allemand, un Saxon[1], Gotteschalk (gloire de Dieu) avait professé la doctrine de la prédestination, ce fatalisme religieux qui immole la liberté humaine à la prescience divine. Ainsi l'Allemagne acceptait l'héritage de saint Augustin ; elle entrait dans la carrière du mysticisme, d'où elle n'est guère sortie depuis. Le Saxon Gotteschalk présageait le Saxon Luther ; comme Luther, Gotteschalk alla à Rome, et n'en revint pas plus docile ; comme lui, il fit annuler ses vœux monastiques.

Réfugié dans la France du Nord, il y fut mal reçu. Les doctrines allemandes ne pouvaient être bien

---

1. Dans sa profession de foi, Gotteschalk demanda à prouver sa doctrine en passant par quatre tonneaux d'eau bouillante, d'huile, de poix, et en traversant un grand feu. *App.* 174.

accueillies dans un pays qui se séparait de l'Allemagne. Contre le nouveau prédestinianisme s'éleva un nouveau Pélage.

D'abord l'Aquitain Hincmar, archevêque de Reims, réclama en faveur du libre arbitre et de la morale en péril. Violent et tyrannique défenseur de la liberté, il fit saisir Gotteschalk, qui s'était réfugié dans son diocèse, le fit juger par un concile, condamner, fustiger, enfermer. Mais Lyon, toujours mystique, et d'ailleurs rivale de Reims, sur laquelle elle eût voulu faire valoir son titre de métropole des Gaules, Lyon prit parti pour Gotteschalk. Des hommes éminents dans l'Église gauloise, Prudence, évêque de Troyes, Loup, abbé de Ferrières, Ratramne, moine de Corbie, que Gotteschalk appelait son maître, essayèrent de le justifier, en interprétant ses paroles d'une manière favorable. Il y eut des saints contre des saints, des conciles contre des conciles. Hincmar, qui n'avait pas prévu cet orage, demanda d'abord le secours du savant Raban, abbé de Fulde[1], chez lequel Gotteschalk avait été moine, et qui, le premier, avait dénoncé ses erreurs. Raban hésitant, Hincmar s'adressa à un Irlandais qui avait combattu Paschase

---

1. Selon quelques-uns, Raban et son maître Alcuin auraient été Scots. (Low.)

Guillaume de Malmesbury rapporte l'anecdote suivante : « Jean était assis à table en face du roi, et de l'autre côté de la table. Les mets ayant disparu, et comme les coupes circulaient, Charles, le front gai, et après quelques autres plaisanteries, voyant Jean faire quelque chose qui choquait la politesse gauloise, le tança doucement en lui disant : Quelle distance y a-t-il entre un *sot* et un *Scot*? (*Quid distat inter sottum et Scotum?*) — Rien que la table, répondit Jean, renvoyant l'injure à son auteur. »

Ratbert sur la question de l'Eucharistie, et qui était alors en grand crédit près de Charles-le-Chauve. L'Irlande était toujours l'école de l'Occident, la mère des moines, et, comme on disait, l'*île des Saints*. Son influence sur le continent avait diminué, il est vrai, depuis que les Carlovingiens avaient partout fait prévaloir la règle de saint Benoît sur celle de saint Colomban. Cependant, sous Charlemagne même, l'École du Palais avait été confiée à l'Irlandais Clément; avec lui étaient venus Dungal et saint Virgile. Sous Charles-le-Chauve, les Irlandais furent mieux accueillis encore. Ce prince, ami des lettres, comme sa mère Judith, confia l'École du Palais à Jean-l'Irlandais (autrement dit le *Scot* ou l'*Érigène*). Il assistait à ses leçons, et lui accordait le privilège d'une extrême familiarité. On ne disait plus l'*École du Palais*, mais le *Palais de l'École*.

Ce Jean, qui savait le grec et peut-être l'hébreu, était célèbre alors pour avoir traduit, à la prière de Charles-le-Chauve, les écrits de Denys-l'Aréopagite, dont l'empereur de Constantinople venait d'envoyer le manuscrit en présent au roi de France. On s'imaginait que ces écrits, dont l'objet est la conciliation du néoplatonisme alexandrin avec le christianisme, étaient l'ouvrage du Denys-l'Aréopagite dont parle saint Paul, et l'on se plaisait à confondre ce Denys avec l'apôtre de la Gaule.

L'Irlandais fit ce que demandait Hincmar. Il écrivit contre Gotteschalk en faveur de la liberté; mais il ne resta pas dans les limites où l'archevêque de Reims eût voulu sans doute le retenir. Comme Pélage, dont il relève, comme Origène, leur maître commun, il attesta moins l'autorité que la raison elle-même; il admit la foi, mais comme commencement de la science. Pour lui, l'Écriture est simplement un texte livré à l'interprétation; la religion et la philosophie sont le même mot[1]. Il est vrai qu'il ne défendait la liberté contre le prédestinianisme de Gotteschalk que pour l'absorber et la perdre dans le panthéisme alexandrin. Toutefois, la violence avec laquelle Rome attaqua Jean-le-Scot prouve assez combien sa doctrine effraya l'autorité. Disciple du Breton Pélage, prédécesseur du Breton Abailard, cet Irlandais marque à la fois la naissance de la philosophie et la rénovation du libre génie celtique contre le mysticisme de l'Allemagne.

Au même moment où la philosophie essayait ainsi de s'affranchir du despotisme théologique, le gouvernement temporel des évêques était convaincu d'impuissance. La France leur échappait; elle avait besoin de mains plus fortes et plus guerrières pour la défendre des nouvelles invasions barbares. A peine débarrassée des Allemands qui l'avaient si longtemps gouvernée, elle se trouvait faible, inhabile, administrée, défendue par des prêtres; et cependant arrivaient par tous ses fleuves, par tous ses rivages, d'autres Germains, bien autrement sauvages que ceux dont elle était délivrée.

Les incursions de ces brigands du Nord (Northmen)

---

[1]. Jean Érigène : « La vraie philosophie est la vraie religion, et réciproquement la vraie religion est la vraie philosophie. » — *App.* 175.

étaient fort différentes des grandes migrations germaniques qui avaient eu lieu du quatrième au sixième siècle. Les barbares de cette première époque, qui occupèrent la rive gauche du Rhin, ou qui s'établirent en Angleterre, y ont laissé leur langue. La petite colonie des Saxons de Bayeux a gardé la sienne au moins cinq cents ans. Au contraire, les Northmen du neuvième et du dixième siècle ont adopté la langue des peuples chez lesquels ils s'établirent. Leurs rois, Rou, de Russie et de France (Ru-Rik, Rollon), n'ont point introduit dans leur patrie nouvelle l'idiome germanique. Cette différence essentielle entre les deux époques des invasions me porterait à croire que les premières, qui eurent lieu par terre, furent faites par des familles, par des guerriers suivis de leurs femmes et de leurs enfants; moins mêlés aux vaincus par des mariages, ils purent mieux conserver la pureté de leur race et de leur langue. Les pirates de l'époque où nous sommes parvenus semblent avoir été le plus souvent des exilés, des bannis, qui se firent *rois de la mer*, parce que la terre leur manquait. Loups[1] furieux, que la famine avait chassés du gîte paternel[2], ils abordèrent seuls et sans famille[3]; et lorsqu'ils furent soûls de pillage, lorsqu'à force de revenir annuellement, ils se furent fait une patrie de la terre qu'ils ravageaient, il fallut des Sabines à ces nouveaux

---

1. *Wargr*, loup; *wargus*, banni. Voy. Grimm. — 2. *App.* 176.
3. La forme poétique de la tradition qui leur donne pour compagnes les *Vierges au bouclier* indique assez que ce fut une exception, et qu'ils avaient rarement des femmes avec eux.

Romulus ; ils prirent femme, et les enfants, comme il arrive nécessairement, parlèrent la langue de leurs mères. Quelques-uns conjecturent que ces bandes purent être fortifiées par les Saxons fugitifs, au temps de Charlemagne. Pour moi, je croirais sans peine que non seulement les Saxons, mais que tout fugitif, tout bandit, tout serf courageux, fut reçu par ces pirates, ordinairement peu nombreux, et qui devaient fortifier volontiers leurs bandes d'un compagnon robuste et hardi. La tradition veut que le plus terrible des rois de la mer, Hastings, fût originairement un paysan de Troyes[1]. Ces fugitifs devaient leur être précieux comme interprètes et comme guides. Souvent peut-être la fureur des Northmans et l'atrocité de leurs ravages furent moins inspirées par le fanatisme odinique que par la vengeance du serf et la rage de l'apostat.

Loin de continuer l'armement des barques que Charlemagne avait voulu leur opposer à l'embouchure des fleuves, ses successeurs appelèrent les barbares et les prirent pour auxiliaires. Le jeune Pepin s'en servit contre Charles-le-Chauve, et crut, dit-on, s'assurer de leur secours en adorant leurs dieux. Ils

---

1. Raoul Glaber : « Dans la suite des temps naquit, près de Troyes, un homme de la plus basse classe des paysans, nommé Hastings. Il était d'un village appelé Tranquille, à trois milles de la ville ; il était robuste de corps et d'un esprit pervers. L'orgueil lui inspira, dans sa jeunesse, du mépris pour la pauvreté de ses parents ; et cédant à son ambition, il s'exila volontairement de son pays. Il parvint à s'enfuir chez les Normands. Là, il commença par se mettre au service de ceux qui se vouaient à un brigandage continuel pour procurer des vivres au reste de la nation, et que l'on appelait la *flotte* (flotta). »

prirent les faubourgs de Toulouse, pillèrent trois fois Bordeaux, saccagèrent Bayonne et d'autres villes au pied des Pyrénées. Toutefois, les montagnes, les torrents du Midi les découragèrent de bonne heure (depuis 864). Les fleuves d'Aquitaine ne leur permettaient pas de remonter aisément comme ils le faisaient dans la Loire, dans la Seine, dans l'Escaut et dans l'Elbe.

Ils réussirent mieux dans le Nord. Depuis que leur roi Harold eut obtenu du pieux Louis une province pour un baptême (826)[1], ils vinrent tous à cette pâture. D'abord ils se faisaient baptiser pour avoir des habits. On n'en pouvait trouver assez pour tous les néophytes qui se présentaient. A mesure qu'on leur refusa le sacrement dont ils se faisaient un jeu lucratif, ils se montrèrent d'autant plus furieux. Dès que leurs *dragons*, leurs *serpents*[2] sillonnaient les fleuves; dès que le cor d'ivoire[3] retentissait sur les rives, personne ne regardait derrière soi. Tous fuyaient à la ville, à l'abbaye voisine, chassant vite les troupeaux; à peine en prenait-on le temps. Vils troupeaux eux-mêmes, sans

---

1. *App.* 177. — 2. Ils appelaient ainsi leurs barques, *drakars*, *snekkars*,
3. Le cor d'ivoire joue un grand rôle dans les légendes relatives aux Normands, par exemple dans la légende bretonne de Saint-Florent : « Le moine Guallon fut envoyé à Saint-Florent... Lorsqu'il fut entré dans le couvent, il chassa des cryptes les laies sauvages qui s'y étaient établies avec leurs petits... Ensuite il alla trouver Hastings, le chef normand, qui résidait encore à Nantes... Lorsque le chef le vit venir à lui avec des présents, il se leva aussitôt et quitta son siège, et appliqua ses lèvres sur ses lèvres; car il professait, dit-on, tellement quellement le christianisme... Il donna au moine un cor d'ivoire, appelé le Cor des tonnerres, ajoutant que, lorsque les siens débarqueraient pour le pillage, il sonnât de ce cor, et qu'il ne craignît rien pour son avoir aussi loin que le son pourrait être entendu des pirates. »

force, sans unité, sans direction, ils se blottissaient aux autels sous les reliques des saints. Mais les reliques n'arrêtaient pas les barbares. Ils semblaient au contraire acharnés à violer les sanctuaires les plus révérés. Ils forcèrent Saint-Martin de Tours, Saint-Germain-des-Prés à Paris, une foule d'autres monastères. L'effroi était si grand qu'on n'osait plus récolter. On vit les hommes mêler la terre à la farine. Les forêts s'épaissirent entre la Seine et la Loire. Une bande de trois cents loups courut l'Aquitaine, sans que personne pût l'arrêter. Les bêtes fauves semblaient prendre possession de la France.

Que faisaient cependant les souverains de la contrée, les abbés, les évêques? Ils fuyaient, emportant les ossements des saints; impuissants comme leurs reliques, ils abandonnaient les peuples sans direction, sans asile. Tout au plus, ils envoyaient quelques serfs armés à Charles-le-Chauve, pour surveiller timidement la marche des barbares, négocier, mais de loin, avec eux, leur demander pour combien de livres d'argent ils voudraient quitter telle province, ou rendre tel abbé captif. On paya un million et demi de notre monnaie pour la rançon de l'abbé de Saint-Denis [1].

Ces barbares désolèrent le Nord, tandis que des Sarrasins infestaient le Midi; je ne donnerai pas ici la monotone histoire de leurs incursions. Il me suffit d'en distinguer les trois périodes principales : celle des incursions proprement dites, celle des stations,

---

[1]. Le couvent se racheta lui-même plusieurs fois et finit par être réduit en cendres.

celle des établissements fixes. Les stations des Northmen étaient généralement dans des îles à l'embouchure de l'Escaut, de la Seine et de la Loire ; celles des Sarrasins à Fraxinet (la Garde-Fraisnet) en Provence, et à Saint-Maurice-en-Valais ; telle était l'audace de ces pirates, qu'ils avaient osé s'écarter de la mer, et s'établir au sein même des Alpes, aux défilés où se croisent les principales routes de l'Europe. Les Sarrasins n'eurent d'établissements importants qu'en Sicile. Les Northmans, plus disciplinables, finirent par adopter le christianisme, et s'établirent sur plusieurs points de la France, particulièrement dans le pays appelé de leur nom Normandie.

Quelques textes des annales de Saint-Bertin suffiront pour faire connaître l'audace des Northmen, l'impuissance et l'humiliation du roi et des évêques, leurs vaines tentatives pour combattre ces barbares, ou pour les opposer les uns aux autres.

« En 866, il fut convenu que tous les serfs pris par les Normands qui viendraient à s'enfuir de leurs mains, leur seraient rendus, ou rachetés au prix qu'il leur plairait, et que si quelqu'un des Normands était tué, ou payerait une somme pour le prix de sa vie. »

« En 861, les Danois qui avaient dernièrement incendié la cité de Thérouanne, revenant, sous leur chef Wéland, du pays des Angles, remontent la Seine avec plus de deux cents navires, et assiègent les Normands dans le château qu'ils avaient construit en l'île dite d'Oissel. Charles ordonna de lever, pour les donner aux assiégeants à titre de loyer, cinq mille livres d'argent, avec une quantité considérable de bestiaux et de grains, à prendre sur son royaume, afin qu'il ne fût pas dévasté; puis, passant la Seine, il se rendit à Mehun-sur-Loire, et y reçut le comte Robert avec les honneurs convenus. Guntfrid et Gozfrid, par le conseil desquels Charles avait reçu Robert, l'abandonnèrent cependant, eux avec leurs compagnons, selon l'inconstance ordinaire de leur race et leurs habitudes natives, et se joignirent à Salomon, duc des Bretons. Un autre parti de Danois entra par la Seine avec soixante navires dans la rivière d'Yerres, arriva de là vers ceux qui assiégeaient le château, et se joignit à eux. Les assiégés, vaincus par la faim et la plus affreuse misère, donnent aux assiégeants six mille livres, tant or qu'argent, et se joignent à eux. »

« En 869, Louis, fils de Louis, roi de Germanie, se prenant à faire la guerre avec les Saxons contre les Wenèdes qui sont dans le pays des Saxons, remporta une sorte de victoire, avec un grand carnage des deux partis. En revenant de là, Roland, archevêque d'Arles, qui (non pas les mains vides) avait obtenu de l'empereur Louis et d'Ingelberge l'abbaye de Saint-Césaire, éleva dans l'île de la Camargue, de tous côtés extrêmement riche, où sont la plupart des biens de cette abbaye, et dans laquelle les Sarrasins avaient coutume d'avoir un port, une forteresse seulement de terre, et construite à la hâte; apprenant l'arrivée des Sarrasins, il y entra assez imprudemment. Les Sarrasins, débarqués à ce château, y tuèrent plus de trois cents des siens, et lui-même fut pris, conduit dans leur navire et enchaîné. Auxdits Sarrasins furent donnés pour les racheter cent cinquante livres d'argent, cent cinquante manteaux, cent cinquante grandes épées et cent cinquante esclaves, sans compter ce qui se donna de gré à gré. Sur ces entrefaites, ce même évêque mourut sur les vaisseaux. Les Sarrasins avaient habilement accéléré son rachat, disant qu'il ne pouvait demeurer plus longtemps, et que si on voulait le ravoir, il fallait que ceux qui le rachetaient donnassent promptement sa rançon, ce qui fut fait : et les Sarrasins, ayant tout reçu, assirent l'évêque dans une chaise, vêtu de ses habits sacerdotaux dans lesquels ils l'avaient pris, et, comme par honneur, le portèrent du navire à terre ; mais quand ceux qui l'avaient racheté voulurent lui parler et le féliciter, ils trouvèrent qu'il était mort. Ils l'emportèrent avec un grand deuil, et l'ensevelirent le 22 septembre dans le sépulcre qu'il s'était fait préparer lui-même. »

Ainsi fut démontrée l'impuissance du pouvoir épiscopal pour défendre et gouverner la France. En 870, le chef de l'Église gallicane, l'archevêque de Reims, Hincmar écrivait au pape ce pénible aveu : « Voici les plaintes que le peuple élève contre nous : Cessez de vous charger de notre défense, contentez-vous d'y aider de vos prières, si vous voulez notre secours pour la défense commune... Priez le seigneur apostolique de ne pas nous imposer un roi qui ne peut, de si loin, nous aider contre les fréquentes et soudaines incursions des païens... »

Le pouvoir local des évêques, le pouvoir central du

roi, se trouvent également condamnés par ces graves paroles. Ce roi, qui n'est rien sans l'Église, ne sera que plus faible en s'en séparant. Il peut disposer de quelques évêchés, humilier les évêques[1], opposer le pape de Rome au pape de Reims. Il peut accumuler de vains titres, se faire couronner roi de Lorraine et partager avec les Allemands le royaume de son neveu Lothaire II; il n'en est pas plus fort. Sa faiblesse est au comble quand il devient empereur. En 875, la mort de son autre neveu, Louis II, laissait l'Italie vacante, ainsi que la dignité impériale. Il prévient à Rome les fils de Louis-le-Germanique, les gagne de vitesse, et dérobe pour ainsi dire le titre d'empereur. Mais le jour même de Noël où il triomphe dans Rome sous la dalmatique grecque[2], son frère, maître un instant de la Neustrie, triomphe lui aussi dans le propre palais de Charles; le pauvre empereur s'enfuit d'Italie à l'approche d'un de ses neveux, et meurt de maladie dans un village des Alpes (877)[3].

Son fils, Louis-le-Bègue, ne peut même conserver l'ombre de puissance qu'avait eue Charles-le-Chauve. L'Italie, la Lorraine, la Bretagne, la Gascogne, ne veulent point entendre parler de lui. Dans le nord même de la France, il est obligé d'avouer aux prélats et aux grands qu'il ne tient la couronne que de l'élection[4]. Il vit peu, ses fils encore moins. Sous l'un d'eux, le jeune Louis, l'annaliste jette en passant cette parole

---

1. *App.* 178. — 2. *App.* 179.
3. Suivant l'annaliste de Saint-Bertin, il fut empoisonné par un médecin juif. — 4. *App.* 180.

terrible, qui nous fait mesurer jusqu'où la France était descendue : « Il bâtit un château de bois ; mais il servit plutôt à fortifier les païens qu'à défendre les chrétiens, car ledit roi ne put trouver personne à qui en remettre la garde [1]. »

Louis eut pourtant, en 881, un succès sur les Northmans de l'Escaut. Les historiens n'ont su comment célébrer ce rare événement. Il existe encore en langue germanique un chant qui fut composé à cette occasion [2]. Mais ce revers ne les rendit que plus terribles. Leur chef Gotfried épousa Gizla, fille de Lothaire II, se fit céder la Frise ; et quand Charles-le-Gros, le nouveau roi de Germanie, y eut consenti, il voulut encore un établissement sur le Rhin, au cœur même de l'Empire. La Frise, disait-il, ne donnait pas de vin ; il lui fallait Coblentz et Andernach. Il eut une entrevue avec l'empereur dans une île du Rhin. Là il élevait de nouvelles prétentions au nom de son beau-frère Hugues. Les impériaux perdirent patience et l'assassinèrent. Soit pour venger ce meurtre, soit de concert avec Charles-le-Gros, le nouveau chef Siegfried alla s'unir aux Northmans de la Seine, et envahit la France du Nord, qui reconnaissait mal le joug du roi de Germanie, Charles-le-Gros, devenu roi de France par

---

1. Annales de Saint-Bertin.
2.
>   Einen Kuning weiz ich,
>   Heisset er Ludwig
>   Der gerne Gott dienet, etc.

Un chroniqueur, postérieur de deux siècles, ne craint pas d'affirmer qu'Eudes, qui faisait la guerre pour Louis, tua aux Normands cent mille hommes. (Marianus Scotus.)

l'extinction de la branche française des Carlovingiens.

Mais l'humiliation n'est pas complète jusqu'à l'avènement du prince allemand (884). Celui-ci réunit tout l'empire de Charlemagne. Il est empereur, roi de Germanie, d'Italie, de France. Magnifique dérision ! Sous lui les Northmans ne se contentent plus de ravager l'Empire. Ils commencent à vouloir s'emparer des places fortes. Ils assiègent Paris avec un prodigieux acharnement. Cette ville, plusieurs fois attaquée, n'avait jamais été prise. Elle l'eût été alors, si le comte Eudes, fils de Robert-le-Fort, l'évêque Gozlin et l'abbé de Saint-Germain-des-Prés ne se fussent jetés dedans, et ne l'eussent défendue avec un grand courage. Eudes osa même en sortir pour implorer le secours de Charles-le-Gros. L'empereur vint en effet, mais il se contenta d'observer les barbares, et les détermina à laisser Paris pour ravager la Bourgogne, qui méconnaissait encore son autorité (885-886). Cette lâche et perfide connivence déshonorait Charles-le-Gros.

C'est une chose à la fois triste et comique de voir les efforts du moine de Saint-Gall pour ranimer le courage de l'empereur. Les exagérations ne coûtent rien au bon moine. Il lui conte que son aïeul Pepin coupa la tête à un lion d'un seul coup ; que Charlemagne (comme auparavant Clotaire II) tua en Saxe tout ce qui se trouvait plus haut que son épée ; que le Débonnaire, fils de Charlemagne, étonnait de sa force les envoyés des Northmans et se jouait à briser leurs épées dans ses mains¹. Il fait dire à un soldat de Charlemagne qu'il portait sept, huit, neuf barbares embrochés à sa lance comme de petits oiseaux². Il l'engage à imiter ses pères, à se conduire en homme, à ne pas ménager les grands et les évêques. « Charlemagne ayant envoyé consulter un de ses fils, qui s'était fait moine, sur la manière dont il fallait traiter les grands, on le trouva arrachant des orties et de mauvaises herbes : Rapportez à mon père, dit-il, ce que vous m'avez vu faire... Son monastère fut détruit. Pour quelle cause, cela n'est pas douteux. Mais je ne le dirai pas que je n'aie vu votre petit Bernard ceint d'une épée. »

Ce petit Bernard passait pour fils naturel de l'empereur. Charles lui-même rendait pourtant la chose douteuse lorsque, accusant sa femme devant la diète de 887, il semblait se proclamer impuissant ; il assurait « qu'il n'avait point connu l'impératrice, quoiqu'elle lui fût unie depuis dix ans en légitime mariage ». Il n'y avait que trop d'apparence : l'empereur était impuissant comme l'Empire. L'infécondité de huit reines, la mort prématurée de six rois, prouvent assez la dégénération de cette race : elle finit d'épuisement, comme celle des Mérovingiens. La branche française est éteinte ; la France dédaigne d'obéir plus longtemps à la branche allemande. Charles-le-Gros est déposé à la diète de Tribur, en 887. Les divers royaumes qui

---

1. C'est ainsi qu'Haroun-al-Raschid met en pièces les armes que lui apportent les ambassadeurs de Constantinople. On sait l'histoire de l'arc d'Ulysse dans l'*Odyssée*, de l'arc du roi d'Éthiopie dans Hérodote.
2. *App.* 181.

composaient l'empire de Charlemagne sont de nouveau séparés ; et non seulement les royaumes, mais bientôt les duchés, les comtés, les simples seigneuries.

L'année même de sa mort (877), Charles-le-Chauve avait signé l'hérédité des comtés ; celle des fiefs existait déjà. Les comtes, jusque-là magistrats amovibles, devinrent des souverains héréditaires, chacun dans le pays qu'ils administraient. Cette concession fut amenée par la force des choses. Charles-le-Chauve avait au contraire défendu d'abord aux seigneurs de bâtir des châteaux, défense vaine et coupable au milieu des ravages des Northmans. Il finit par céder à la nécessité : il reconnut l'hérédité des comtés (877)[1] ; c'était résigner la souveraineté. Les comtes, les seigneurs, voilà les véritables héritiers de Charles-le-Chauve. Déjà il a marié ses filles aux plus vaillants d'entre eux, à ceux de Bretagne et de Flandre.

Ces libérateurs du pays occuperont les défilés des montagnes, les passes des fleuves ; ils y dresseront leurs forts, ils s'y maintiendront à la fois, et contre les barbares, et contre le prince, qui, de temps en temps, aura la tentation de ressaisir le pouvoir qu'il abandonne à regret. Mais les peuples n'ont plus que haine et mépris pour un roi qui ne sait point les défendre. Ils se serrent autour de leurs défenseurs, autour des seigneurs et des comtes. Rien de plus populaire que la féodalité à sa naissance. Le souvenir confus de cette popularité est resté dans les romans,

---

1. Il assure l'héritage au fils, lors même qu'il est encore enfant à la mort du père. S'il n'y a point de fils, le prince disposera du comté.

où Gérard de Roussillon, où Renaud et les autres fils d'Aymon soutiennent une lutte héroïque contre Charlemagne. Le nom de Charlemagne est ici la désignation commune des Carlovingiens.

Le premier et le plus puissant de ces fondateurs de la féodalité est le beau-frère même de Charles-le-Chauve, Boson, qui prend le titre de roi de Provence, ou Bourgogne Cisjurane [1] (879). Presqu'en même temps (888), Rodolf Welf occupe la Bourgogne Transjurane, dont il fait aussi un royaume. Voilà la barrière de la France au sud-est. Les Sarrasins y auront des combats à rendre contre Boson, contre Gérard de Roussillon, le célèbre héros de roman, contre l'évêque de Grenoble et le vicomte de Marseille.

Au pied des Pyrénées, le duché de Gascogne est rétabli par cette famille d'Hunald et de Guaifer [2], si maltraitée par les Carlovingiens, qui lui durent le désastre de Roncevaux. Dans l'Aquitaine, s'élèvent les puissantes familles de Gothie (Narbonne, Roussillon, Barcelone), de Poitiers et de Toulouse. Les deux premières veulent descendre de saint Guillaume, le grand saint du Midi, le vainqueur des Sarrasins. C'est ainsi que tous les rois d'Allemagne et d'Italie descendent de Charlemagne, et que les familles héroïques de la Grèce, rois de Macédoine et de Sparte, Aleuades de Thessalie, Bacchides de Corinthe, descendaient d'Hercule.

A l'Est, le comte de Hainaut, Reinier, disputera la

---

1. Il fut élu au concile de Mantaille par vingt-trois évêques du Midi et de l'Orient de la Gaule. — 2. *App.* 182.

Lorraine aux Allemands, au féroce Swintibald, fils du roi de Germanie. Reinier-*Renard* restera le type et le nom populaire de la ruse luttant avec avantage contre la brutalité de la force.

Au Nord, la France prend pour double défense contre les Belges et les Allemands les *forestiers* de Flandre [1] et les comtes de Vermandois, parents et alliés, plus ou moins fidèles, des Carlovingiens.

Mais la grande lutte est à l'Ouest, vers la Normandie et la Bretagne. Là, débarquent annuellement les hommes du Nord. Le Breton Nomenoé se met à la tête du peuple, bat Charles-le-Chauve, bat les Northmans, défend contre Tours l'indépendance de l'Église bretonne, et veut faire de la Bretagne un royaume [2]. Après lui, les Northmans reviennent en plus grand nombre, le pays n'est plus qu'un désert, et quand l'un de ses successeurs (937), l'héroïque Allan Barbetorte, parvient à leur reprendre Nantes, il faut, pour arriver à la cathédrale, où il va remercier Dieu, qu'il perce son chemin l'épée à la main à travers les ronces. Mais, cette fois, le pays est délivré; les Northmans, les Allemands, appelés par le roi contre la Bretagne, sont repoussés également. Allan assemble pour la première fois les états du comté, et le roi finit par reconnaître que tout serf réfugié en Bretagne devient par cela seul homme libre.

En 859, les seigneurs avaient empêché le peuple de s'armer contre les Northmans [3]. En 864, Charles-le-

---

1. Les comtes de Flandre portèrent d'abord ce nom, ainsi que les comtes d'Anjou. — 2. *App.* 183. — 3. *App.* 184.

Chauve avait défendu aux seigneurs d'élever des châteaux. Peu d'années s'écoulent, et une foule de châteaux se sont élevés; partout les seigneurs arment leurs hommes, les barbares commencent à rencontrer des obstacles. Robert-le-Fort a péri en combattant les Northmans à Brisserte (866). Son fils Eudes, plus heureux, défend Paris contre eux en 885. Il sort de la ville, il y rentre à travers le camp des Northmans[1]. Ils lèvent le siège et vont encore échouer sous les murs de Sens. En 891, le roi de Germanie Arnulf force leur camp près de Louvain, et les précipite dans la Dyle. En 933 et 955, les empereurs saxons Henri-l'Oiseleur et Othon-le-Grand, remportent sur les Hongrois leurs fameuses victoires de Mersebourg et d'Augsbourg. Vers la même époque, l'évêque Izarn chasse les Sarrasins du Dauphiné, et le vicomte de Marseille, Guillaume, en délivre la Provence (965, 971).

Peu à peu les barbares se découragent; ils se résignent au repos. Ils renoncent au brigandage, et demandent des terres. Les Northmans de la Loire, si terribles sous le vieil Hastings, qui les mena jusqu'en Toscane, sont repoussés d'Angleterre par le roi Alfred. Ils ne se soucient point d'y mourir, comme leur héros Regnard Lodbrog, dans un tonneau de vipères. Ils aiment mieux s'établir en France, sur la belle Loire. Ils possèdent Chartres, Tours et Blois. Leur chef Théobald, tige de la maison de Blois et Champagne, ferme la Loire aux invasions nouvelles, comme, tout à

---

1. *App.* 185.

l'heure, Radholf ou Rollon va fermer la Seine, sur laquelle il s'établit (911), du consentement du roi de France, Charles-le-Simple ou le Sot. Il n'était pas si sot pourtant de s'attacher ces Northmans, et de leur donner l'onéreuse suzeraineté de la Bretagne, qui devait user Bretons et Northmans les uns par les autres. Rollon reçut le baptême et fit hommage, non en personne, mais par un des siens; celui-ci s'y prit de manière qu'en baisant le pied du roi il le jeta à la renverse. Telle était l'insolence de ces barbares.

Les Northmans se fixent donc et s'établissent. Les indigènes se fortifient. La France prend consistance, et se forme peu à peu. Sur toutes ses frontières s'élèvent, comme autant de tours, de grandes seigneuries féodales. Elle retrouve quelque sécurité dans la formation des puissances locales, dans le morcellement de l'Empire, dans la destruction de l'unité. Mais quoi! cette grande et noble unité de la patrie, dont le gouvernement romain et francique nous ont du moins donné l'image, n'y a-t-il pas espoir qu'elle revienne un jour? Avons-nous décidément péri comme nation? N'y a-t-il point au milieu de la France quelque force centralisante qui permette de croire que tous les membres se rapprocheront et formeront de nouveau un corps?

Si l'idée de l'unité subsiste, c'est dans les grands sièges ecclésiastiques, qui conservent la prétention de la primatie. Tours est un centre sur la Loire; Reims en est un dans le Nord. Mais partout le pouvoir féodal limite celui des évêques. A Troyes, à Soissons, le comte l'emporte sur le prélat. A Cambrai et à Lyon il y a partage. Ce n'est guère que dans le domaine du roi que les évêques obtiennent ou conservent la seigneurie de leur cité. Ceux de Laon, Beauvais, Noyon, Châlons-sur-Marne, Langres, deviennent pairs du royaume ; il en est de même des métropolitains de Sens et de Reims. Le premier chasse le comte ; le second lui résiste. L'archevêque de Reims, chef de l'Église gallicane, est longtemps l'appui fidèle des Carlovingiens [1]. Lui seul semble s'intéresser encore à la monarchie, à la dynastie.

Cette vieille dynastie, sous la tutelle des évêques, ne peut plus rallier la France. Au milieu des guerres et des ravages des barbares, le titre de roi doit passer à quelqu'un des chefs qui ont commencé à armer le peuple. Il faut que ce chef sorte des provinces centrales. L'idée de l'unité ne peut être reprise et défendue par les hommes de la frontière. Cette unité leur est odieuse ; ils aiment mieux l'indépendance.

Le centre du monde mérovingien avait été l'Église de Tours. Celui des guerres carlovingiennes contre les Northmans et les Bretons est aussi sur la Loire, mais plus à l'occident, c'est-à-dire dans l'Anjou, sur la marche de Bretagne. Là, deux familles s'élèvent, tiges des Capets et des Plantagenets, des rois de France et d'Angleterre. Toutes deux sortent de chefs obscurs qui s'illustrèrent en défendant le pays.

---

1. Lorsque Charles-le-Simple appela ses vassaux contre les Hongrois, en 919, aucun ne vint à son ordre, hors l'archevêque de Reims, Hérivée, qui lui amena quinze cents hommes d'armes. (Flodoard.) — Louis-d'Outre-mer confirma, en 953, tous les anciens privilèges de l'Église de Reims ; ils furent confirmés de nouveau par Lothaire en 955, et plus tard par les Othons.

La seconde veut remonter à un Torthulf ou Tertulle, Breton de Rennes, « simple paysan, dit la chronique, vivant de sa chasse et de ce qu'il trouvait dans les forêts ». Charles-le-Chauve le nomma forestier de la forêt de Nid-de-Merle [1]. Son fils, du même nom, reçut le titre de sénéchal d'Anjou. Son petit-fils Ingelger, et les Foulques, ses descendants, furent des ennemis terribles pour la Normandie et la Bretagne.

Les Capets sont aussi d'abord établis dans l'Anjou. Il semble que ce soient des chefs saxons au service de Charles-le-Chauve [2]. Il confie à leur premier ancêtre connu, Robert-le-Fort, la défense du pays entre la Seine et la Loire. Robert se fait tuer en combattant, à Brisserte, le chef des Northmans, Hastings. Son fils Eudes, plus heureux, les repousse au siège de Paris (885), et remporte sur eux une grande victoire à Montfaucon. A l'époque de la déposition de Charles-le-Gros, il est élu roi de France (888).

M. Augustin Thierry, dans ses *Lettres sur l'histoire de France*, a suivi avec beaucoup de sagacité les alternatives de cette longue lutte qui, dans l'espace d'un siècle, fit prévaloir la nouvelle dynastie. Il m'est impossible de ne pas emprunter quelques pages de ce beau récit. La question n'y est traitée que sous un point de vue, mais avec une netteté singulière.

« A la révolution de 888, correspond de la manière la plus précise un mouvement d'un autre genre, qui élève sur le trône un homme entièrement étranger à

---

1. *App.* 186. — 2. *App.* 187.

la famille des Carlovingiens. Ce roi, le premier auquel notre histoire devrait donner le titre de roi de France, par opposition au roi des Francs, est Ode, ou selon la prononciation romaine, qui commençait à prévaloir, Eudes, fils du comte d'Anjou Robert-le-Fort. Élu au détriment d'un héritier qui se qualifiait de légitime, Eudes fut le candidat national de la population mixte qui avait combattu cinquante ans pour former un État par elle-même, et son règne marque l'ouverture d'une seconde série de guerres civiles, terminées, après un siècle, par l'exclusion définitive de la race de Charles-le-Grand. En effet, cette race toute germanique, se rattachant, par le lien des souvenirs et les affections de parenté, aux pays de la langue tudesque, ne pouvait être regardée par les Français que comme un obstacle à la séparation sur laquelle venait de se fonder leur existence indépendante.

« Ce ne fut point par caprice, mais par politique, que les seigneurs du nord de la Gaule, Francs d'origine, mais attachés à l'intérêt du pays, violèrent le serment prêté par leurs aïeux à la famille de Pepin, et firent sacrer roi, à Compiègne, un homme de descendance saxonne. L'héritier dépossédé par cette élection, Charles, surnommé le Simple ou le Sot[1], ne tarda pas à justifier son exclusion du trône en se mettant sous le patronage d'Arnulf, roi de Germanie. « Ne pouvant tenir, dit un ancien historien, contre la puissance d'Eudes, il alla réclamer, en suppliant, la protection

1. *App.* 188.

du roi Arnulf. Une assemblée publique fut convoquée dans la ville de Worms; Charles s'y rendit, et, après avoir offert de grands présents à Arnulf, il fut investi par lui de la royauté dont il avait pris le titre. L'ordre fut donné aux comtes et aux évêques qui résidaient aux environs de la Moselle de lui prêter secours, et de le faire rentrer dans son royaume, pour qu'il y fût couronné ; mais rien de tout cela ne lui profita. »

« Le parti des Carlovingiens, soutenu par l'intervention germanique, ne réussit point à l'emporter sur le parti qu'on peut nommer français. Il fut plusieurs fois battu avec son chef, qui, après chaque défaite, se mettait en sûreté derrière la Meuse, hors des limites du royaume. Charles-le-Simple parvint cependant, grâce au voisinage de l'Allemagne, à obtenir quelque puissance entre la Meuse et la Seine. Un reste de la vieille opinion germanique qui regardait les Welskes ou Wallons comme les sujets naturels des fils des Francs, contribuait à rendre cette guerre de dynastie populaire dans tous les pays voisins du Rhin. Sous prétexte de soutenir les droits de la royauté légitime, Swintibald, fils naturel d'Arnulf et roi de Lorraine, envahit le territoire français en l'année 895. Il parvint jusqu'à Laon avec une armée composée de Lorrains, d'Alsaciens et de Flamands, mais fut bientôt forcée de battre en retraite devant l'armée du roi Eudes. Cette grande tentative ayant ainsi échoué, il se fit à la cour de Germanie une sorte de réaction politique en faveur de celui qu'on avait jusque-là qualifié d'usurpateur.

Eudes fut reconnu roi[1], et l'on promit de ne plus donner à l'avenir aucun secours au prétendant. En effet, Charles n'obtint rien tant que son adversaire vécut ; mais à la mort du roi Eudes, lorsque le changement de dynastie fut remis en question, le *Keisar*, ou empereur, prit de nouveau parti pour le descendant des rois francs.

« Charles-le-Simple, reconnu roi en 898, par une grande partie de ceux qui avaient travaillé à l'exclure, régna d'abord vingt-deux ans sans aucune opposition. C'est dans cet espace de temps qu'il abandonna au chef normand Rolf tous ses droits sur le territoire voisin de l'embouchure de la Seine, et lui conféra le titre de duc (912). Le duché de Normandie servit plus tard à flanquer le royaume de France contre les attaques de l'empire germanique et de ses vassaux lorrains ou flamands. Le premier duc fut fidèle au traité d'alliance qu'il avait fait avec Charles-le-Simple, et le soutint, quoique assez faiblement, contre Rodbert ou Robert, frère du roi Eudes, élu roi en 922. Son fils Guillaume Ier suivit d'abord la même politique, et lorsque le roi héréditaire eut été déposé et emprisonné à Laon, il se déclara pour lui contre Radulf ou Raoul, beau-frère de Robert, élu et couronné roi, en haine de la dynastie franque. Mais peu d'années après, changeant de parti, il abandonna la cause de Charles-le-

---

[1]. Il ne faut pas se représenter cet Eudes comme assis dans de paisibles possessions, ainsi que le furent après lui Hugues-le-Grand et Hugues-Capet. Il n'avait qu'un royaume flottant, ou plutôt qu'une armée. C'est un chef de partisans qu'on voit combattre tour à tour le Nord et le Midi, la Flandre et l'Aquitaine.

Simple et fit alliance avec le roi Raoul. En 936, espérant qu'un retour à ses premiers errements lui procurerait plus d'avantages, il appuya d'une manière énergique la restauration du fils de Charles, Louis, surnommé d'Outre-mer.

« Le nouveau roi, auquel le parti français, soit par fatigue, soit par prudence, n'opposa aucun compétiteur, poussé par un penchant héréditaire à chercher des amis au delà du Rhin, contracta une alliance étroite avec Othon, premier du nom, roi de Germanie, le prince le plus puissant et le plus ambitieux de l'époque. Cette alliance mécontenta vivement les seigneurs, qui avaient une grande aversion pour l'influence teutonique. Le représentant de cette opinion nationale, et l'homme le plus puissant entre la Seine et la Loire, était Hugues, comte de Paris, auquel on donnait le surnom de Grand, à cause de ses immenses domaines. Dès que les défiances mutuelles se furent accrues au point d'amener, en 940, une nouvelle guerre entre les deux partis qui depuis cinquante ans étaient en présence, Hugues-le-Grand, quoiqu'il ne prît point le titre de roi, joua contre Louis-d'Outre-mer le même rôle qu'Eudes, Robert et Raoul avaient joué contre Charles-le-Simple. Son premier soin fut d'enlever à la faction opposée l'appui du duc de Normandie; il y réussit, et, grâce à l'intervention normande, parvint à neutraliser les effets de l'influence germanique. Toutes les forces du roi Louis et du parti franc se brisèrent, en 945, contre le petit duché de Normandie. Le roi, vaincu en bataille rangée, fut pris avec seize de ses comtes, et enfermé dans la tour de Rouen, d'où il ne sortit que pour être livré aux chefs du parti national, qui l'emprisonnèrent à Laon.

« Pour rendre plus durable la nouvelle alliance de ce parti avec les Normands, Hugues-le-Grand promit de donner sa fille en mariage à leur duc. Mais cette confédération des deux puissances gauloises les plus voisines de la Germanie attira contre elles une coalition des puissances teutoniques, dont les principales étaient alors le roi Othon et le comte de Flandre. Le prétexte de la guerre devait être de tirer le roi Louis de sa prison; mais les coalisés se promettaient des résultats d'un autre genre. Leur but était d'anéantir la puissance normande, en réunissant ce duché à la couronne de France, après la restauration du roi leur allié : en retour, ils devaient recevoir une cession de territoire, qui agrandirait leurs États aux dépens du royaume de France. L'invasion, conduite par le roi de Germanie, eut lieu en 946. A la tête de trente-deux légions, disent les historiens du temps, Othon s'avança jusqu'à Reims. Le parti national, qui tenait un roi en prison et n'avait point de roi à sa tête, ne put rallier autour de lui des forces suffisantes pour repousser les étrangers. Le roi Louis fut remis en liberté, et les coalisés s'avancèrent jusque sous les murs de Rouen ; mais cette campagne brillante n'eut aucun résultat décisif. La Normandie resta indépendante, et le roi délivré n'eut pas plus d'amis qu'auparavant. Au contraire, on lui imputa les malheurs de l'invasion, et, menacé bientôt d'être pour la seconde fois déposé, il retourna au delà du Rhin pour implorer de nouveaux secours.

« En l'année 948, les évêques de la Germanie s'assemblèrent, par ordre du roi Othon, en concile, à Ingelheim, pour traiter, entre autres affaires, des griefs de Louis-d'Outre-mer contre le parti de Hugues-le-Grand. Le roi des Français vint jouer le rôle de solliciteur devant cette assemblée étrangère. Assis à côté du roi de Germanie, après que le légat du pape eut annoncé l'objet du synode, il se leva et parla en ces termes : « Personne de vous n'ignore que des messagers du comte Hugues et des autres seigneurs de France sont venus me trouver au pays d'outre-mer, m'invitant à rentrer dans le royaume qui était mon héritage paternel. J'ai été sacré et couronné par le vœu et aux acclamations de tous les chefs et de l'armée de France. Mais, peu de temps après, le comte Hugues s'est emparé de moi par trahison, m'a déposé et emprisonné durant une année entière ; enfin, je n'ai obtenu ma délivrance qu'en remettant en son pouvoir la ville de Laon, la seule ville de la couronne que mes fidèles occupassent encore. Tous ces malheurs qui ont fondu sur moi depuis mon avènement, s'il y a quelqu'un qui soutienne qu'ils me sont arrivés par ma faute, je suis prêt à me défendre de cette accusation, soit par le jugement du synode et du roi ici présent, soit par un combat singulier. » Il ne se présenta, comme on pouvait le croire, ni avocat, ni champion de la partie adverse, pour soumettre un différend national au jugement de l'empereur d'outre-Rhin, et le concile, transféré à Trèves, sur les instances de Leudulf, chapelain et délégué du César, prononça la sentence suivante : « En vertu de l'autorité apostolique, nous excommunions le comte Hugues, ennemi du roi Louis, à cause des maux de tout genre qu'il lui a faits, jusqu'à ce que ledit comte vienne à résipiscence, et donne pleine satisfaction devant le légat du souverain pontife. Que s'il refuse de se soumettre, il devra faire le voyage de Rome pour recevoir son absolution. »

« A la mort de Louis-d'Outre-mer, en l'année 954, son fils Lothaire lui succéda sans opposition apparente. Deux ans après, le comte Hugues mourut, laissant trois fils, dont l'aîné, qui portait le même nom que lui, hérita du comté de Paris, qu'on appelait aussi le duché de France. Son père, avant de mourir, l'avait recommandé à Rikard ou Richard, duc de Normandie, comme au défenseur naturel de sa famille et de son parti. Ce parti sembla sommeiller jusqu'en l'année 980. »

Ce sommeil, que M. Thierry néglige d'expliquer, ne fut autre chose que la minorité du roi Lothaire et du duc de France, Hugues-Capet, sous la tutelle de leurs mères Hedwige et Gerberge, toutes deux sœurs du Saxon Othon, roi de Germanie [1]. Ce puissant monarque

---

1. « Louis-d'Outre-mer épousa Gerberge, sœur de l'empereur Othon; le duc Hugues-le-Grand, voyant cela, afin de lui rendre coup pour coup, et de contre-balancer le crédit que Louis avait obtenu auprès d'Othon, prit pour femme l'autre sœur, Hedwige. De ces deux sœurs sortirent la race impériale de Germanie et les races royales de France et d'Angleterre. » (Albéric des Trois-Fontaines.)

semble avoir gouverné la France par l'intermédiaire de son frère, Bruno, archevêque de Cologne et duc de Lorraine et des Pays-Bas [1]. Ces relations expliquent suffisamment le caractère germanique que M. Thierry remarque dans les derniers Carlovingiens. Il était naturel que Louis-d'Outre-mer, élevé chez les Anglo-Saxons, que Lothaire, fils d'une princesse saxonne, parlassent la langue allemande. La prépondérance de l'Allemagne à cette époque, la gloire d'Othon, vainqueur des Hongrois et maître de l'Italie, justifieraient d'ailleurs la prédilection de ces princes pour la langue du grand roi. Pour être parents des Othons, les derniers Carlovingiens, les premiers Capétiens, n'en furent pas plus belliqueux. Hugues-Capet, et son fils Robert, princes voués à l'Église, ne rappellent guère le caractère aventureux de Robert-le-Fort et d'Eudes, leurs aïeux, qui s'étaient fait si peu de scrupule de guerroyer contre les évêques, nommément contre l'archevêque de Reims. Mais reprenons le récit de M. Thierry.

Après la mort d'Othon-le-Grand, « le roi Lothaire, s'abandonnant à l'impulsion de l'esprit français, rompit avec les puissances germaniques, et tenta de reculer jusqu'au Rhin la frontière de son royaume. Il entra à l'improviste sur les terres de l'Empire, et séjourna en vainqueur dans le palais d'Aix-la-Cha-

---

1. Hedwige et Gerberge se mirent ensemble sous la protection de Bruno, et il rétablit la paix entre ses neveux. (Flodoard.) Les deux sœurs vinrent rendre visite à Othon, lorsqu'il vint à Aix, en 965, et jamais, dit la chronique, ils ne ressentirent pareille joie. (Vie de saint Bruno.)

pelle. Mais cette expédition aventureuse, qui flattait la vanité française, ne servit qu'à amener les Germains, au nombre de soixante mille, Allemands, Lorrains, Flamands et Saxons, jusque sur les hauteurs de Montmartre, où cette grande armée chanta en chœur un des versets du *Te Deum*. L'empereur Othon, qui la conduisait, fut plus heureux, comme il arrive souvent, dans l'invasion que dans la retraite. Battu par les Français au passage de l'Aisne, ce ne fut qu'au moyen d'une trêve conclue avec le roi Lothaire qu'il put regagner sa frontière. Ce traité, conclu, à ce que disent les chroniques, contre le gré de l'armée française, ranima la querelle des deux partis, ou plutôt fournit un nouveau prétexte à des ressentiments qui n'avaient point cessé d'exister.

« Menacé, comme son père et son aïeul, par les adversaires implacables de la race des Carlovingiens, Lothaire tourna les yeux du côté du Rhin pour obtenir un appui en cas de détresse. Il fit remise à la cour impériale de ses conquêtes en Lorraine, et de toutes les prétentions de la France sur une partie de ce royaume. « Cette chose contrista grandement, dit un auteur contemporain, le cœur des seigneurs de France. » Néanmoins, ils ne firent point éclater leur mécontentement d'une manière hostile. Instruits par le mauvais succès des tentatives faites depuis près de cent ans, ils ne voulaient plus rien entreprendre contre la dynastie régnante, à moins d'être sûrs de réussir. Le roi Lothaire, plus habile et plus actif que ses deux prédécesseurs[1], si l'on en juge par sa conduite, se rendait un compte exact des difficultés de sa position, et ne négligeait aucun moyen de les vaincre. En 983, profitant de la mort d'Othon II et de la minorité de son fils, il rompit subitement la paix qu'il avait conclue avec l'Empire, et envahit de rechef la Lorraine, agression qui devait lui rendre un peu de popularité. Aussi, jusqu'à la fin du règne de Lothaire, aucune rébellion déclarée ne s'éleva contre lui. Mais chaque jour son pouvoir allait en décroissant; l'autorité, qui se retirait de lui, pour ainsi dire, passa tout entière aux mains du fils de Hugues-le-Grand, Hugues, comte de l'Ile-de-France et d'Anjou, qu'on surnommait *Capet* ou *Chapet*, dans la langue française du temps. « Lothaire n'est roi que de nom, écrivait dans une de ses lettres l'un des personnages les plus distingués du dixième siècle[2]; Hugues n'en porte pas le titre, mais il l'est en fait et en œuvres. »

Les difficultés de tout genre que présentait en 987 une quatrième restauration des Carlovingiens effrayè-

---

[1]. Nous remarquerons, à l'occasion de cette observation de M. Thierry, que les Carlovingiens, dans leur dégénération, ne tombèrent pas si bas que les Mérovingiens. Si Louis-le-Bègue fut surnommé *Nihil-fecit*, il faut se souvenir qu'il ne régna que dix-huit mois; et les Annales de Metz vantent sa douceur et son équité. — Louis III et Carloman remportèrent une victoire sur les Northmans (879). — Charles-*le-Sot* fit avec eux un traité fort utile (911). Il battit son rival le roi Robert, et le tua, dit-on, de sa main. — Louis-d'Outre-mer montra un courage et une activité qui n'auraient pas dû lui attirer cette satire : « Dominus in convivio, rex in cubiculo. » — Enfin, suivant l'observation de D. Vaissette, la jeunesse de Louis-*le-Fainéant* lui-même, la brièveté de son règne, et la valeur dont il fit preuve au siège de Reims, ne méritaient pas ce surnom des derniers Mérovingiens.

[2]. Gerbert.

rent les princes d'Allemagne ; ils ne firent marcher aucune armée au secours du prétendant Charles, frère de l'avant-dernier roi, et duc de Lorraine sous la suzeraineté de l'Empire. Réduit à la faible assistance de ses partisans de l'intérieur, Charles ne réussit qu'à s'emparer de la ville de Laon, où il se maintint en état de blocus, à cause de la force de la place, jusqu'au moment où il fut trahi et livré par l'un des siens. Hugues-Capet le fit emprisonner dans la tour d'Orléans, où il mourut. Ses deux fils, Louis et Charles, nés en prison et bannis de France après la mort de leur père, trouvèrent un asile en Allemagne, où se conservait à leur égard l'ancienne sympathie d'origine et de parenté.

« Quoique le nouveau roi fût issu d'une famille germanique, l'absence de toute parenté avec la dynastie impériale, l'obscurité même de son origine dont on ne retrouvait plus de trace certaine après la troisième génération, le désignaient comme candidat à la race indigène, dont la restauration s'opérait en quelque sorte depuis le démembrement de l'Empire.

« L'avènement de la troisième race est, dans notre histoire nationale, d'une bien autre importance que celui de la seconde ; c'est, à proprement parler, la fin du règne des Francs et la substitution d'une royauté nationale au gouvernement fondé par la conquête. Dès lors, notre histoire devient simple ; c'est toujours le même peuple, qu'on suit et qu'on reconnaît malgré les changements qui surviennent dans les mœurs et la civilisation. L'identité nationale est le fondement sur lequel repose, depuis tant de siècles, l'unité de dynastie. Un singulier pressentiment de cette longue succession de rois paraît avoir saisi l'esprit du peuple à l'avènement de la troisième race. Le bruit courut qu'en 981 saint Valeri, dont Hugues-Capet, alors comte de Paris, venait de faire transférer les reliques, lui était apparu en songe et lui avait dit : A cause de ce que tu as fait, toi et tes descendants vous serez rois jusqu'à la septième génération, c'est-à-dire à perpétuité[1]. »

Cette légende populaire est répétée par tous les chroniqueurs sans exception, même par le petit nombre de ceux qui, n'approuvant point le changement de dynastie, disent que la cause de Hugues est une mauvaise cause, et l'accusent de trahison contre son seigneur et de révolte contre les décrets de l'Église[2]. C'était une opinion répandue parmi les gens de condition inférieure, que la nouvelle famille régnante sortait de la classe plébéienne ; et cette opinion, qui se conserva plusieurs siècles, ne fut point nuisible à sa cause[3].

---

1. Chronique de Sithiu.
2. Acta SS. ord. S. Bened., sec. V.
3. Raoul Glaber, moine de Cluny, mort en 1048, se contente de dire : « Hugues-Capet était fils d'Hugues-le-Grand, et petit-fils de Robert-le-Fort ; mais j'ai différé de rapporter son origine, parce qu'en remontant plus haut elle est fort obscure. » — Dante a reproduit l'opinion populaire qui faisait descendre les Capets d'un boucher de Paris.

> Di me son nati i Filippi i Luigi,
> Per cui novellamente è Francia retta.
> Figliuol fui d'un beccaio di Parigi,
> Quando li regi antichi vener meno,
> Tutti fuor ch'un renduto in panni bigi.

L'avènement d'une dynastie nouvelle fut à peine remarqué dans les provinces éloignées [1]. Qu'importait aux seigneurs de Gascogne, de Languedoc, de Provence, de savoir si celui qui portait vers la Seine le titre de roi s'appelait Charles ou Hugues-Capet?

Pendant longtemps le roi n'aura guère plus d'importance qu'un duc ou un comte ordinaire. C'est quelque chose cependant qu'il soit au moins l'égal des grands vassaux, que la royauté soit descendue de la montagne de Laon, et sortie de la tutelle de l'archevêque de Reims [2]. Les derniers Carlovingiens avaient souvent lutté avec peine contre les moindres barons. Les Capets sont de puissants seigneurs, capables de faire tête par leurs propres forces au comte d'Anjou, au comte de Poitiers. Ils ont réuni plusieurs comtés dans leurs mains. A chaque avènement ils ont acquis un titre nouveau, pour rançon de la royauté, pour dédommagement de la couronne qu'ils voulaient bien ne pas prendre encore. Hugues-le-Grand obtient de Louis IV le duché de Bourgogne, et de Lothaire le titre de duc d'Aquitaine.

1. Un moine de Maillezais (Poitou) dit dans sa Chronique : ..... Regnare Francis rex Robertus ferebatur. — Le duc d'Aquitaine, c'était alors (1016) Guillaume de Poitiers, reconnaissait le roi d'Arles pour suzerain.
2. Déjà Charles-le-Chauve, dans la première époque de son règne, ne voyait que par les yeux d'Hincmar. Ce fut encore Hincmar qui dirigea Louis-le-Bègue et qui fit roi Louis III, comme il s'en vantait lui-même. — Son successeur Foulques fut le protecteur de Charles-le-Simple en bas âge. Il le couronna en 893, à l'âge de quatorze ans, traita pour lui avec le roi Arnulf et avec Eudes, et le fit enfin roi en 898. — Après lui, Herivée ramena à Charles-le-Simple, en 920, ses vassaux révoltés, et raffermit sa royauté chancelante. Seul il vint le défendre avec ses hommes contre l'invasion des Hongrois. — Louis-d'Outre-mer fit la guerre à Héribert avec l'archevêque Arnoul, et lui accorda le droit de battre monnaie.

Dans l'abaissement où l'avaient réduite les derniers Carlovingiens, la royauté n'était plus qu'un nom, un souvenir bien près d'être éteint ; transférée aux Capets, c'est une espérance, un droit vivant, qui sommeille, il est vrai, mais qui, en temps utile, va peu à peu se réveiller. La royauté recommence avec la troisième race, comme avec la seconde, par une famille de grands propriétaires, amis de l'Église. La propriété et l'Église, la terre et Dieu, voilà les bases profondes sur lesquelles la monarchie doit se replacer pour revivre et refleurir.

Parvenus au terme de la domination des Allemands, à l'avènement de la nationalité française, nous devons nous arrêter un moment. L'an 1000 approche, la grande et solennelle époque où le moyen âge attendait la fin du monde. En effet, un monde y finit. Portons nos regards en arrière. La France a déjà parcouru deux âges dans sa vie de nation.

Dans le premier, les races sont venues se déposer l'une sur l'autre, et féconder le sol gaulois de leurs alluvions. Par-dessus les Celtes se sont placés les Romains, enfin les Germains, les derniers venus du monde. Voilà les éléments, les matériaux vivants de la société.

Au second âge, la fusion des races commence et la société cherche à s'asseoir. La France voudrait devenir un monde social, mais l'organisation d'un tel monde suppose la fixité et l'ordre. La fixité, l'attachement au sol, à la propriété, cette condition impossible à remplir tant que durent les immigrations de races nouvelles, elle l'est à peine sous les Carlovingiens; elle ne le sera complètement que par la féodalité.

L'ordre, l'unité, ont été, ce semble, obtenus par les Romains, par Charlemagne. Mais pourquoi cet ordre a-t-il été si peu durable? c'est qu'il était tout matériel, tout extérieur, c'est qu'il cachait le désordre profond, la discorde obstinée d'éléments hétérogènes qui se trouvaient unis par force. Diversité de races, de langues et d'esprits, défaut de communications, ignorance mutuelle, antipathies instinctives : voilà ce que cachait cette magnifique et trompeuse unité de l'administration romaine, plus ou moins reproduite par Charlemagne. « Mortua quin etiam jungebat corpora vivis, tormenti genus. » C'était une torture que cet accouplement tyrannique de natures hostiles. Qu'on en juge par la promptitude et la violence avec laquelle tous ces peuples s'efforcèrent de s'arracher de l'Empire.

La matière veut la dispersion, l'esprit veut l'unité. La matière, essentiellement divisible, aspire à la désunion, à la discorde. Unité matérielle est un non-sens. En politique, c'est une tyrannie. L'esprit seul a droit d'unir; seul, il *comprend*, il embrasse, et, pour tout dire, il aime.

L'Église elle-même doit devenir une. L'aristocratie épiscopale a échoué dans l'organisation du monde carlovingien. Il faut qu'elle s'humilie, cette aristocratie impuissante, qu'elle apprenne à connaître la subordination, qu'elle accepte la hiérarchie, qu'elle devienne, pour être efficace, la monarchie pontificale. Alors dans la dispersion matérielle apparaîtra l'invisible unité des intelligences, l'unité réelle, celle des esprits et des volontés. Alors le monde féodal contiendra, sous l'apparence du chaos, une harmonie réelle et forte, tandis que le pompeux mensonge de l'unité impériale ne contenait que l'anarchie.

En attendant que l'esprit vienne, et que Dieu ait soufflé d'en haut, la matière s'en va et se dissipe vers les quatre vents du monde. La division se subdivise, le grain de sable aspire à l'atome. Ils s'abjurent et se maudissent, ils ne veulent plus se connaître. Chacun dit : Qui sont mes frères ? Ils se fixent en s'isolant. Celui-ci perche avec l'aigle, l'autre se retranche derrière le torrent. L'homme ne sait bientôt plus s'il existe un monde au delà de son canton, de sa vallée. Il prend racine, il s'incorpore à la terre : « Pes, modò tam velox, pigris radicibus hæret. » Naguère, il se classait, il se jugeait par la loi propre à sa race, salique ou bavaroise, bourguignonne, lombarde ou gothique. L'homme était une personne, la loi était personnelle. Aujourd'hui l'homme s'est fait terre, la loi est territoriale. La jurisprudence devient une affaire de géographie.

A cette époque, la nature se charge de régler les affaires des hommes. Ils combattent, mais elle fait les partages. D'abord elle s'essaye, et sur l'Empire dessine les royaumes à grands traits. Les bassins de Seine et Loire, ceux de la Meuse, de la Saône, du Rhône, voilà quatre royaumes. Il n'y manque plus que les noms; vous les appellerez, si vous le voulez, royaumes de France, de Lorraine, de Bourgogne, de Provence. On croit les réunir, et, loin de là, ils se divisent encore. Les rivières, les montagnes réclament contre l'unité. La division triomphe, chaque point de l'espace redevient indépendant. La vallée devient un royaume, la montagne un royaume.

L'histoire devrait obéir à ce mouvement, se disperser aussi, et suivre sur tous les points où elles s'élèvent toutes les dynasties féodales. Essayons de préparer le débrouillement de ce vaste sujet, en marquant d'une manière précise le caractère original des provinces où ces dynasties ont surgi. Chacune d'elles obéit visiblement dans son développement historique à l'influence diverse de sol et de climat. La liberté est forte aux âges civilisés, la nature dans les temps barbares; alors les fatalités locales sont toutes-puissantes, la simple géographie est une histoire.

ÉCLAIRCISSEMENTS

DE LA PREMIÈRE ÉDITION (1833)

SUR LES IBÈRES OU BASQUES
(Voy. page 8.)

Dans son livre, intitulé *Prüfung der Untersuchungen über die Urbewohner Hispaniens, vermittelst der Waskischen Sprache* [Berlin, 1821], M. W. de Humboldt a cherché à établir, par la comparaison des débris de l'ancienne langue ibérique avec la langue basque actuelle, l'identité des Basques et des Ibères. Ces débris ne sont autre chose que les noms de lieux et les noms d'hommes qui nous ont été transmis par les auteurs anciens. Encore nous sont-ils parvenus bien défigurés. Pline déclare rapporter seulement les noms qu'il peut exprimer en latin : « Ex his digna memoratu aut latiali sermone dictu facilia, etc. » Mela, Strabon, sont aussi arrêtés par la difficulté de rendre dans leur langue la prononciation barbare. Ainsi les anciens ont dû omettre précisément les noms les plus originaux. Quelques mots transmis littéralement sur les monnaies ont la plus grande importance...

Après avoir posé les principes de l'étymologie, M. de Humboldt les applique à la méthode suivante : 1° chercher s'il y a d'anciens noms ibériens qui, pour le son et la signification, s'accordent (au moins en partie) avec les mots basques usités aujourd'hui ; 2° dans tout le cours de ces recherches, et avant d'entrer dans l'examen spécial, comparer l'impression que ces anciens noms produisent sur l'oreille avec le caractère harmonique de la langue basque ; 3° examiner si ces anciens noms s'accorderaient avec les noms de lieux des provinces où l'on parle le basque aujourd'hui. Cet accord peut montrer, lors même qu'on ne trouverait pas le sens du nom, que des circonstances analogues ont tiré d'une langue identique les mêmes noms pour différents lieux.

Il a été conduit aux résultats suivants :

« 1° Le rapprochement des anciens noms de lieux de la péninsule ibérienne avec la langue basque montre que cette langue était celle des Ibères, et comme ce peuple paraît n'avoir eu qu'une langue, peuples ibères et peuples parlant le basque sont des expressions synonymes.

« 2° Les noms de lieux basques se trouvent sur toute la Péninsule sans exception, et, par conséquent, les Ibères étaient répandus dans toutes les parties de cette contrée.

« 3° Mais dans la géographie de l'ancienne Espagne, il y a d'autres noms de lieux qui, rapprochés de ceux des contrées habitées par les Celtes, paraissent d'origine celtique ; et ces noms nous indiquent, au défaut de témoignage historique, les établissements des Celtes mêlés aux Ibères.

« 4° Les Ibères non mêlés de Celtes habitaient seulement vers les Pyrénées, et sur la côte méridionale. Les deux races étaient mêlées dans l'intérieur des terres, dans la Lusitanie et dans la plus grande partie des côtes du Nord.

« 5° Les Celtes ibériens se rapportaient, pour le langage, aux Celtes, d'où proviennent les anciens noms de lieux de la Gaule et de la Bretagne, ainsi que les langues encore vivantes en France et en Angleterre. Mais vraisemblablement ce n'étaient point des peuples de pure souche gallique, rameaux détachés d'une tige qui restât derrière eux ; la diversité de caractère et d'institution témoigne assez qu'il n'en est pas ainsi. Peut-être furent-ils établis dans les Gaules à une époque anté-historique, ou du moins ils y étaient établis bien avant (avant les Gaulois ?). En tous cas, dans leur mélange avec les Ibères, c'était le caractère ibérien qui prévalait, et non le caractère gaulois, tel que les Romains nous l'ont fait connaître.

« 6° Hors de l'Espagne, vers le Nord, on ne trouve pas trace des Ibères, excepté toutefois dans l'Aquitaine ibérique, et une partie de la côte de la Méditerranée. Les Calédoniens nommément appartenaient à la race celtique, non à l'ibérienne.

« 7° Vers le sud, les Ibères étaient établis dans les trois grandes îles de la Méditerranée ; les témoignages historiques et l'origine basque des noms de lieux s'accordent pour le prouver. Toutefois, ils n'y étaient pas venus, du moins exclusivement, de l'Ibérie ou de la Gaule, ils occupaient ces établissements de tout temps ou bien ils y vinrent de l'Orient.

« 8° Les Ibères appartenaient-ils aussi aux peuples primitifs de l'Italie continentale? La chose est incertaine ; cependant on y trouve plusieurs noms de lieux d'origine basque, ce qui tendrait à fonder cette conjecture.

« 9° Les Ibères sont différents des Celtes, tels que nous connaissons ces derniers par le témoignage des Grecs et des Romains, et par ce qui nous reste de leurs langues. Cependant il n'y a aucun sujet de nier toute parenté entre les deux nations ; il y aurait même plutôt lieu de croire que les Ibères sont une dépendance des Celtes, laquelle en a été démembrée de bonne heure. »

Nous n'extrairons de ce travail que ce qui se rapporte directement à la Gaule et à l'Italie. Nous reproduirons d'abord les étymologies des noms : Basques, Biscaye, Espagne, Ibérie (p. 54).

Basoa, forêt, bocage, broussailles. Basi, basti, bastetani, basitani, bastitani (bas *eta*, pays de forêt, bascontum (comme baso-coa, appartenant aux forêts). Cette étymologie donnée par Astallos n'est pas bonne. — Les Basques s'appellent non Basocoac, mais *Euscaldunac*, leur pays *Euscalerria*, *Eusquererria*, et leur langue *euscara*, *eusquera*, *escuara*. [La terminaison *ara* indique le rapport de suite, de conséquence, d'une chose à une autre ; ainsi, *ara-uz*, conformément ; *ara-ua*, règle, rapport. Eusk-ara veut donc dire à la manière basque.] Aldunac vient d'*aldea*, côté, partie ; *duna*, terminaison de l'adjectif, et *c*, marque du pluriel[1]. Erria, ara, era, ne sont que des syllabes auxiliaires. La racine est Eusken, Esken[2], d'où les villes Vesci,

---

1. Ainsi les terminaisons *ac*, *oc*, du midi de la France, rattacheraient les noms d'hommes et de lieux à un pluriel, conformément au génie des *gentes* pélasgiques, exprimé nettement dans l'italien moderne, où les noms d'homme sont des pluriels : Alighieri, Fieschi, etc.

2. Vasco, Wasco, en langue basque, signifie *homme*, dit le dictionnaire de Laramandi (édition de 1743, sous ce titre pompeux : *El impossible vincido, arte della lingua Bascongada*, imprimé à Salamanque). Voy. aussi Laboulinière, Voyage dans les Pyrénées françaises, I, 235.

Vescelia, et la Vescitania, où se trouvait la ville d'*Osca;* deux autres *Osca* chez les Turduli et en Bœturie, et *Ileosca, Etosca* (*Etrusca ?*), *Menosca* (*Mendia*, montagne), *Virovesca ;* les *Auscii* d'Aquitaine avec leur capitale Elimberrum (Illiberris, ville neuve); *Osquidates ?* — Le nom d'*Osca*[1] doit se rapporter à tout le peuple des Ibères. Les sommes énormes d'*argentum oscense* mentionnées par Tite-Live ne peuvent guère avoir été frappées dans une des petites villes appelées *Osca*. Florez croit que la ressemblance de l'ancien alphabet ibérien avec celui des Osques italiens peut avoir donné lieu à ce nom.

Noms basques qui se retrouvent en Gaule (p. 91) :

Aquitaine : Calagorris, Casères en Comminges. — Vasates et Basabocates, de *Basoa*, forêt. — De même le diocèse de Bazas, entre la Garonne et la Dordogne. — Huro, comme la ville des Cosetans (Oléron). — Bigorra, de *bi*, deux, *gora*, haut. — Oscara, Ousche. — Garites, pays de Gavre, de *gora*, haut. — Garoceli... (Cæsar, de Bell. Gall., I, x, et non *Graioceli*). Auscii, de eusken, esken, vesci (osci?), nom des Basques (leur ville est Elimberrum comme Illiberris). — Osquidates, même racine, vallée d'Ossau, du pied des Pyrénées à Oléron. — Curianum (cap de Buch, promontoire près duquel le bassin d'Arcachon s'enfonce dans les terres), de *gur*, courbé. — Le rivage *Corense* en Bétique.) — Bercorcates, même racine ; Biscarosse, bourg du district de Born, frontières de Buch. — Les terminaisons celtiques sont *dunum*[2], *magus*, *vices* et *briga* (p. 96). Segodunum apud Rutenos appartient plus à la Narbonnaise qu'à l'Aquitaine. Lugdunum apud Convenas est mixte, comme l'indique Convenæ, Comminges. On ne les trouve pas, non plus que *briga*, chez les vrais Aquitains. La terminaison en *riges* paraît commune aux Celtes et aux Basques. Chose remarquable : le seul peuple que Strabon nous désigne comme étranger, dans l'Aquitaine, les *Bituriges*, ont un nom tout à fait basque; de même les *Catu-*

---

1. Osca, d'*eusi*, aboyer; parler? d'*otsa*, bruit? Chaque peuple barbare se considérait comme parlant seul un vrai langage d'homme. En opposition à *euscaldunac*, ils disent *er-d-al-dun-ac;* de *arra*, *erria*, terre; ainsi *erdaldunac*, qui parlent la langue du pays; les Basques français appellent ainsi les Français, les Biscayens les Castillans.

2. Toutefois, dun (dun*a*, avec l'article) est une terminaison commune de l'adjectif basque. De *arra*, ver; ar-duna, plein de vers. De *erstura*, angoisse; *erstura-dun-a*, plein d'angoisses. *Eusc-al-dun-ac*, les Basques. Cala*dunum* peut signifier en basque, contrée riche en joncs.

riges, Celtes des Hautes-Alpes; ce sont des établissement primitivement ibériens.

Côte méridionale de la Gaule : Illiberis Bebryciorum, Vasio Vocontiorum (Vaison) en Narbonnaise. Bebryces rappelle *briges*, et peut-être Allo-Broges (Étienne de Byzance écrit Allobryges; selon lui, on trouve le plus souvent, chez les Grecs, Allobryges). Cependant le scholiaste de Juvénal dit ce mot celtique (Sat. VIII, v. 234), et signifiant terre, contrée.

Dans le reste de la Gaule, on rencontre peu de noms analogues au basque, excepté Bituriges[1]. Cependant Gel*duba*, comme Corduba, Salduba, Arverni, Arvii, Ga*durci*, Caracates, Carasa, Carcaso (et Ardyes dans le Valais), Carnutes, Carocotinum (Crotoy), Carpentoracte (Carpentras), Corsisi, Carsis ou Cassis, Corbilo (Coiron-sur-Loire), (Turones?) Ces analogies avec le basque sont probablement fortuites. Le mot même de *Britannia* ne dériverait-il pas de cette racine féconde? prydain, brigantes?

Brigantium en Espagne chez les Gallaïci, *Brigœtium* en Asturie. De même en Gaule *Brigantium* et le port *Brivates*. — En Bretagne, les *Brigantes*, et leur ville Isu*brigantum*; le même nom de peuple se trouve en Irlande. — *Brigantium*, sur le lac de Constance, *Bregetium*, en Hongrie, sur le Danube. En Gaule, sur la côte sud, les Sego*briges*; dans l'Aquitaine propre, les Nitio*briges* (Agen); Samaro*briva* (Amiens); Eburo*briva* entre Auxerre et Troyes; Baudo*brica*, au-dessus de Coblentz, Bonto*brice* et ad Mageto*bria*, entre Rhin et Moselle; en Suisse, les Lato*brigi* et Lato*brogi*; en Bretagne, Duro*brivæ* et Ouro*brivæ*; Arto*briga* (Ratisbonne) dans l'Allemagne celtique.

Recherches de noms celtiques dans des noms de lieux ibériens (p. 100) : *Ebura* ou *Ebora*, en Bétique et chez les Turduli, Edetani, Carpetani, Lusitani, et Ripe*pora* en Bétique, *Eburo*britium chez les Lusitani; en Gaule, *Eburo*brica, *Eburo*dunum; sur la côte méridionale, les *Eburo*nes, sur la rive gauche du Rhin, Aulerci *Eburo*vices en Normandie; en Bretagne, *Ebora*cum, *Ebura*cum; en Autriche, *Eburo*dunum; en Hongrie, *Eburum*; en

---

1. On peut cependant citer encore Mauléon en Gascogne et en Poitou (Maulin en basque). — En Bretagne : Rennes, Batz, Alet, Morlaix. (On trouve dans les Pyrénées : Rascz, Ruedæ, pagus Redensis ou Radensis, comme Redon, Redonas, Morlaas, etc. — On trouve encore en Bretagne un Auvergnac, un Montauban du côté de Rennes.) — Les mots Auch, Occitanie, Gard, Gers, Garonne, Gironde, semblent aussi d'origine basque. — Montesquieu, Montesquiou, de Eusquen?

Lucanie, les *Eburini?* le gaulois *Eporedorix*, dans César?
Noms celtiques en Espagne.

Ebora, Ebura, Segobrigii (?), p. 102. Les *Segobriges* sur la côte sud de la Gaule. *Segobriga*, villes espagnoles des *Celtibériens; Segontia. Segedunum*, en Bretagne. *Segodunum*, en Gaule. *Segestica*, en Pannonie. — En Espagne, *Nemetobriga, Nemetates.* — *Augustonemetum*, en Auvergne, *Nemetacum, Nemetocenna*, et les *Nemètes* dans la Germanie supérieure, *Nemausus*, Nîmes; de l'irlandais *Naomhtha* (V. Lluyd), sacré, saint?

Page 106.— Recherches de noms *basques* dans les noms de lieux celtiques. En Bretagne : Le fleuve Ilas. Isca. Isurum. Verurium. Le promontoire Ocelum ou Ocellum. Sur le Danube, entre le Norique et la Pannonie, Astura et le fleuve Carpis. Urbate et le fleuve Urpanus. — En Espagne : Ula. Osca. Esurir. Le mont Solorius. Ocelum chez les Gallaïci...

Noms *basques* en Italie : *Iria* apud Taurinos, comme Iria Flavia Gallaïcorum (*iria*, ville). — *Ilienses*, en Sardaigne, Troyens? Cependant d'habit et de mœurs libyens selon Pausanias. — *Uria*, en Apulie, comme *Urium* Turdulorum. — *D'ra*, eau : *Urba Salovia* Picenorum, *Urbinum, Urcinium* de Corse, comme *Urce* Bastetanorum. — *Urgo*, île entre Corse et Étrurie, comme *Urgao* en Bétique. — *Usentini* en Lucanie, comme *Urso, Ursao*, en Bétique. — *Agurium*, en Sicile; *Argiria*, en Espagne. — *Astura*, fleuve et île près d'Antium. — D'*asta*, roche : *Asta*, en Ligurie, et *Asta Turdetanorum*, etc., etc., en Espagne. — *Osci* ne se rapporte pas à *osca*, il est contracté d'*opici*, opci (mais pourquoi opici ne serait-il pas une extension de *osci?*) — *Ausones*, analogue à l'espagnol *Ausa* et *Ausetani*. Cependant il se lie avec *Aurunci*. — *Arsia*, en Istrie; *Arsa*, en Bœturie. — *Basta*, en Calabre; *Basti* apud Bastetanos. — *Basterbini* Salentinorum, de *basoa*, montagne, et de *erbestatu*, émigrer, changer de pays (erria). — *Biturgia*, en Étrurie; *Bituris*, chez les Basques. — *Hispellum*, en Ombrie. — Le Lambrus, qui se jette dans le Pô, Lambriaca et Flavia lambris Gallaïcorum. — *Murgantia*, ville barbare en Sicile; *Murgis*, en Espagne; *Suessa* et *Suessula*, comme les *Suessetani* des Ilergètes. — *Curenses* Sabinorum, *Gurulis*, en Sardaigne, comme le littus *Corense*, en Bétique, et le prom. Curianum en Aquitaine. — *Curia*, même racine que *urbs;* urvus, curvus, urvare, urvum aratri; ὄρος, ἀρόω, κυρτός; en allemand, aëren, labourer; en basque, ara-tu, labourer (ἄρω, labourer); *gur*, courbe; *uria, iria*, ville. — L'allemand *ort* est encore de cette famille. — Les

Basques et les Romains seraient rattachés l'un à l'autre par l'intermédiaire des Étrusques. « Je ne dis pas pour cela que les Étrusques soient pères des Ibères ni leurs fils [1]. »

Page 122. — C'est à tort que les Français et Espagnols confondent les Cantabres et les Basques (Oihenart les distingue); les Cantabres en étaient séparés par les Autrigons, et les tribus peu guerrières des Caristii et Varduli. Chez les Cantabres, commence ce mélange de noms de lieux que je ne trouve point chez les Basques. Les Cantabres sont essentiellement guerriers, les Basques aussi, et même ils se vantaient de ne pas porter de casques (Sil. It., III, 358. V. 197, IX, 232). Ceci prouve cependant qu'ils avaient plus rarement la guerre. Enfermés dans leurs montagnes, ils n'eurent point de guerres contre les Romains, sauf la guerre désespérée de Calagurris (Juven., XV, 93-110).

Page 127. — Les noms basques se représentent surtout chez les Turduli et Turdetani de la Bétique. Ainsi, il n'y avait aucune contrée de la Péninsule où les noms de lieux n'indiquassent un peuple parlant et prononçant comme les Basques d'aujourd'hui. Les formes infiniment variées de la langue basque seraient inexplicables, si ce peuple n'avait été formé de tribus très nombreuses, et dispersées autrefois sur un vaste territoire. — *Atzean* signifie derrière, en arrière, et *Atzea* l'étranger; ainsi ce peuple pensait primitivement que l'étranger n'était que derrière lui : ceci fait croire que, depuis un temps immémorial, ils sont établis au bout de l'Europe.

Page 149. — Les Celtes et les Ibères sont deux races différentes (Strab.). Niebuhr pense de même contre l'opinion de Bullet, Vallancey, etc. Les Ibères étaient plus pacifiques; en effet, les *Turduli, Turdetani*. Au lieu de faire des expéditions, ils furent repoussés du Rhône à l'Ouest. Ils ne faisaient pas de ligues avec d'autres, par confiance en soi (Strab., III, 4, p. 138); aussi, point de grandes entreprises (Florus, II, 17, 3), seulement de petits brigandages; opiniâtres contre les Romains, mais surtout les *Celtibères;* poussés par la tyrannie des préteurs, par la fréquente stérilité des pays de montagnes, avec une population croissante; obligés d'éloigner

---

[1]. L'aruspicine et la flûte des Vascons étaient célèbres, comme celle des Étrusques et Lydiens, Lamprid. Alex. Sever. — *Vasca tibia* dans Solin, c. v; — Servius, XI Æn., et apud auctorem veteris glossarii latino-græci. Aujourd'hui ils n'ont pas d'autre instrument (comme les highlanders écossais la cornemuse), Strabon, l. III.

d'eux annuellement une partie des hommes en âge de porter les armes; effarouchés par l'état de guerre permanent en Espagne, sous les Romains.

Le monde Ibérien est antérieur au monde Celtique..... On n'en connaît que la décadence. Les Vaccéens (Diod., V, 34) faisaient chaque année un partage de leurs terres, et mettaient les fruits en commun, signe d'une société bien antique.

Nous ne trouvons pas chez les Ibères l'institut des Druides et Bardes. Aussi point d'union politique (les Druides avaient un chef unique). Aussi moins de régularité dans la langue basque, pour revenir des dérivés aux racines.

On accuse les Gaulois, et non les Ibères, de pédérastie (Athen. XIII, 79. Diod., V, 32); au contraire, les Ibères préfèrent l'honneur et la chasteté à la vie (Strab., III, 4, p. 164). Les Gaulois, et non les Ibères, bruyants, vains, etc. (Diod., V, 31, p. 157), les Ibères méprisent la mort, mais avec moins de légèreté que les Gaulois, qui donnaient leur vie pour quelque argent ou quelques verres de vin (Athen., IV, 40).

Diodore assimile les Celtibères aux Lusitaniens. Les uns et les autres semblent avoir déployé dans la guerre la ruse, l'agilité, caractère des Ibères (Strab., III). Mais les Celtibères craignaient moins les batailles rangées; ils avaient conservé le bouclier gaulois; les Lusitaniens en portaient un moins long (Scutatæ citerioris provinciæ, et cetratæ ulterioris Hispaniæ cohortes, Cæs. de B., lib. I, 39. Cependant id. I, 48).

Les Celtibères avaient (sans doute d'après les Ibères) des bottes tissues de cheveux (Diodore : Τριχίνας ἔχουσι κνημίδας). Les Biscayens d'aujourd'hui ont la jambe serrée de bandes de laine, qui vont joindre l'*abarca*, sorte de sandale.

Les montagnards vivaient deux tiers de l'année d'un pain de gland (nourriture des Pélasges, Dodone, etc.; glandem ructante marito. Juv. VI, 10). Les Celtibères mangeaient beaucoup de viande; les Ibères buvaient une boisson d'orge fermentée; les Celtibères, de l'hydromel.

Les ressemblances entre les Ibères et les Celtibères sont nombreuses, exemple : tout soin domestique abandonné aux femmes; force et endurcissement de celles-ci, qu'on retrouve en Biscaye et provinces voisines (et dans plusieurs parties de la Bretagne, comme à Ouessant).

Chez les Ibères et les Celtes (Aquitaine?) hommes qui dévouent leur vie à un homme (Plut. Sertor., 14, Val. Max., VII, 6, ext. 3. — Cæs. de B. Gall.). Val. Max., II, 6, 11, dit expressément que ces dévouements étaient particuliers aux Ibères.

Page 158. — Les Gaulois aimaient les habits bariolés et voyants; les Ibères, même les Celtibères, les portaient noirs de grosse laine, comme des cheveux, leurs femmes des voiles noirs. En guerre, par exemple à Cannes (Polyb., III, 114, Livius, XXII, 46), vêtements de lin blanc, et par-dessus habits rayés de pourpre (c'est un milieu entre le bariolé gaulois et la simplicité ibérienne).

Ce qu'on sait de la religion des Ibères s'applique aussi aux Celtes, sauf une exception : *Quelques-uns*, dit Strabon (III, 4, p. 164), *refusent aux Galliciens toute foi dans les dieux, et disent qu'aux nuits de pleine lune les Celtibères et leurs voisins du Nord font des danses et une fête devant leurs portes avec leurs familles, en l'honneur d'un dieu sans nom.* Plusieurs auteurs (dont Humboldt semble adopter le sentiment) croient voir un croissant et des étoiles sur les monnaies de l'ancienne Espagne. Florez (Medallas, I) remarque que dans les médailles de la Bétique (et non des autres provinces) le taureau est toujours accompagné d'un croissant (le croissant est phénicien et druidique; la vache est dans les armes des Basques, des Gallois, etc.). Dans les autres provinces, on trouve le taureau, mais non le croissant.

Nulle mention de temple, si ce n'est dans les provinces en rapport avec les peuples méridionaux (cependant quelques noms celtiques : exemple, *Nemetobriga*). — Strab. (III, 1, p. 138), dans un passage obscur où il donne les opinions opposées d'Artémidore et d'Éphore sur le prétendu temple d'Hercule au promontoire Cuneus, parle de certaines pierres qui, dans plusieurs lieux, se trouvent trois ou quatre ensemble, et qui ont rapport à des usages religieux (trad. fr., I, 385, III, 4, 5). (Un voyageur anglais en Espagne dit qu'aux frontières de Galice on rencontre de grands tas de pierres, la coutume étant que tout Galicien qui émigre pour trouver du travail y mette une pierre au départ et au retour. Arist. Polit. VII, 2, 6 : Sur la tombe du guerrier ibérien autant de lances (ὀβελίσκους) qu'il a tué d'ennemis.

Nous ne trouvons pas chez les Ibères, comme chez les Gaulois, l'usage de jeter de l'or dans les lacs ou de le placer dans les lieux sacrés, sans autre garde que la religion. Au temple d'Hercule à Cadix, il y avait des offrandes que César fit respecter après la défaite des fils de Pompée (Diod., c. XLIII, XXXIX); mais le culte de ce temple était encore phénicien, même au temps d'Appien, VI, ii, 35. — Justin, XLIV, 3 : « La terre est si riche chez les Galiciens, que la charrue y soulève souvent de l'or ; ils ont une montagne sacrée qu'il est défendu de violer par le fer ; mais si la foudre y tombe, on peut y recueillir l'or qu'elle a pu découvrir, comme un présent des dieux. » Voilà bien l'or, propriété des dieux.

Page 163. — Pour les noms de lieux, point de trace des Ibères dans la Gaule non aquitanique, ni dans la Bretagne [cependant voyez plus haut], quoique Tacite (Agric., II) croie les reconnaître dans le teint des Silures, dans leurs cheveux frisés et leur position géographique. (Mannert croit les trouver en Calédonie). Il faut attendre qu'on ait comparé le basque avec les langues celtiques. Espérons, ajoute M. de Humboldt, qu'Ahlwardt nous fera connaître ses travaux....

Page 166. — Les anciennes langues celtiques ne peuvent avoir différé du breton et gallois actuel ; la preuve en est dans les noms de lieux et de personnes, dans beaucoup d'autres mots, dans l'impossibilité de supposer une troisième langue qui eût entièrement péri.

Page 173. — On peut dire des *Ibères* ce que dit Mannert des *Ligures*, avec beaucoup de sagacité, qu'ils ne dérivent pas des Celtes que nous connaissons dans la Gaule, mais que pourtant ils pourraient être une branche sœur d'une tige orientale plus ancienne.

Page 175. — Parenté fort douteuse du basque et des langues américaines.

Nous n'avons pas cru qu'on pût nous blâmer de donner un extrait de cet admirable petit livre, qui n'est pas encore traduit.

SUR LES TRADITIONS RELIGIEUSES DE L'IRLANDE ET DU PAYS DE GALLES (*Voy. page* 39).

Nous nous sommes sévèrement interdit, dans le texte, tout détail sur les religions celtiques qui ne fût tiré des sources antiques, des écrivains grecs et romains. Toutefois, les traditions irlandaises et galloises qui nous sont parvenues sous une forme moins pure, peuvent jeter un jour indirect sur les anciennes religions de la Gaule. Plusieurs traits, d'ailleurs, sont profondément indigènes et portent le caractère d'une haute antiquité : ainsi, le culte du feu, le mythe du castor et du grand lac, etc., etc.

§ Ier.

Le peu que nous savons des vieilles religions de l'Irlande nous est arrivé altéré, sans doute, par le plus impur mélange de fables rabbiniques, d'interpolations alexandrines, et peut-être dénaturé encore par les explications chimériques des critiques modernes. Toutefois, en quelque défiance qu'on doive être, il est impossible de repousser l'étonnante analogie que présentent les noms des dieux de l'Irlande (Axire, Axcearas, Coismaol, Cabur) avec les Cabires de Phénicie et de Samothrace (Axieros, Axiokersos, Casmilos, Cabeiros). Baal se retrouve également comme Dieu suprême en Phénicie et en Irlande. L'analogie n'est pas moins frappante avec plusieurs des dieux égyptiens et étrusques. Æsar, dieu en étrusque (d'où Cæsar), c'est en irlandais le dieu qui allume le feu[1]. Le feu allumé, c'est Moloch. L'Axire irlandais, eau, terre, nuit, lune, s'appelle en même temps Ith (prononcez Iz comme Isis), Anu Mathar, Ops et Sibhol (comme Magna Mater, Ops et Cybèle). Jusqu'ici c'est la nature potentielle, la nature non fécondée : après une suite de tranformations, elle devient, comme en Égypte, Neith-Nath, dieu-déesse de la guerre, de la sagesse et de l'intelligence, etc.

M. Adolphe Pictet établit pour base de la religion primitive de l'Irlande le culte des Cabires, puissances primitives, commencement d'une série ou progression ascendante qui s'élève jusqu'au Dieu suprême, Beal. C'est donc l'opposé direct d'un système d'émanation.

« D'une dualité primitive, constituant la force fondamentale de l'univers, s'élève une double progression de puissances cosmiques, qui, après s'être croisées par une transition mutuelle, viennent toutes se réunir dans une unité suprême comme en leur principe essentiel. Tel est, en peu de mots, le caractère

---

1. Suivant Bullet, *Lar*, en celtique, signifie feu. En vieil irlandais il signifie le sol d'une maison, la terre, ou bien une famille (?). — *Lere*, tout-puissant. — *Joun, iauna*, en basque Dieu (Janus, Diana). En Irlandais, *Anu, Ana* (d'où Jona?) mère des Dieux, etc., etc.

distinctif de la doctrine mythologique des anciens Irlandais, tel est le résumé de tout notre travail. » Cette conclusion est presque identique à celle qu'a obtenue Schelling à la suite de ses recherches sur les Cabires de Samothrace. « La doctrine des Cabires, dit-il, était un système qui s'élevait des divinités inférieures, représentant les puissances de la nature, jusqu'à un Dieu supra-mondain qui les dominait toutes; » et dans un autre endroit : « La doctrine des Cabires, dans son sens le plus profond, était l'exposition de la marche ascendante par laquelle la vie se développe dans une progression successive, l'exposition de la magie universelle, de la théurgie permanente qui manifeste sans cesse ce qui, de sa nature, est supérieur au monde réel, et fait apparaître ce qui est invisible.

« Cette presque identité est d'autant plus frappante que les résultats ont été obtenus par deux voies diverses. Partout je me suis appuyé sur la langue et les traditions irlandaises, et je n'ai rapporté les étymologies et les faits présentés par Schelling que comme des analogies curieuses, non pas comme des preuves. Les noms d'Axire, d'Axcearas, de Coismaol et de Cabur se sont expliqués par l'irlandais, comme l'ont été par l'hébreu les noms d'Axieros, d'Axiokersos, de Casmilos et de Kabeiros. Qui ne reconnaîtrait là une connexion évidente?

« D'ailleurs Strabon parle expressément de l'analogie du culte de Samothrace avec celui de l'Irlande. Il dit, d'après Artémidore, qui écrivait cent ans avant notre ère : Ὅτι φασὶν εἰς νῆσον πρὸς τῇ Βρεττανικῇ, καθ' ἣν ὅμοια τοῖς ἐν Σαμοθρᾴκῃ περὶ τὴν Δήμητραν καὶ τὴν Κόρην ἱεροποιεῖται. (Ed. Casaubon, IV, p. 137.) On cite encore un passage de Denys-le-Périégète, mais plus vague et peu concluant (v, 365).

« Celui en qui ce système trouve son unité, c'est Samhan, *le mauvais esprit* (Satan), l'image du soleil (littéralement Samhan), le juge des âmes, qui les punit en les renvoyant sur la terre ou en les envoyant en enfer. Il est le *maître de la mort* (Bal-Sab). C'était la veille du 1ᵉʳ novembre qu'il jugeait les âmes de ceux qui étaient morts dans l'année : ce jour s'appelle encore aujourd'hui la nuit de Samhan (Beaufort et Vallancey, Collectanea de rebus hibernicis (t. IV, p. 83). — C'est le Cadmilos ou Kasmilos de Samothrace, ou le Camillus des Étrusques, le *serviteur* (coismaol, cadmaol, signifie en irlandais serviteur). Samhan est donc le centre d'association des Cabires (sam, sum, cum, indiquent l'union en une foule de langues). On lit dans un ancien Glossaire irlandais : « *Samhandraoic, eadhon Cabur*, la magie de Samhan, c'est-à-dire CABUR, » et il ajoute pour explication : « Association mutuelle. » Cabur, associé; comme en hébreu, *Chaberim;* les Consentes étrusques (de même encore *Kibir, Kbir* signifie Diable dans le dialecte maltais, débris de la langue punique. Creuzer, Symbolique, II, 286-8). Le système cabirique irlandais trouvait encore un symbole dans l'harmonie des révolutions célestes. Les astres étaient appelés *Cabara.* Selon Bullet, les Basques appelaient les sept planètes *Capirioa* (?) Le nom des constellations signifiait en même temps intelligence et musique, mélodie. *Rimmin, rinmin,* avaient le sens de soleil, lune, étoiles; *rimham* veut dire compter; *rimh,* nombre (en grec ῥυθμός; en français, rime, etc.).

« Il semble que la hiérarchie des druides eux-mêmes composait une véritable association cabirique, image de leur système religieux.

« Le chef des druides était appelé *Coibhi* [1]. Ce nom, qui s'est conservé dans quelques expressions proverbiales des Gaëls de l'Écosse, se lie encore à celui de *Cabire.* Chez les Gallois, les druides étaient nommés *Cowydd*, associés [2]. Celui qui recevait l'initiation prenait le titre de *Caw,* associé, cabire, et *Bardd caw* signifiait un barde gradué (Davies, Myth., 165. Owen, Welsh, Dict.). Parmi les îles de Scilly, celle de Trescaw portait autrefois le nom d'*Innis Caw,* île de l'association ; et on y trouve des restes de monuments druidiques (Davies). A Samothrace, l'initié était aussi reçu comme *Cabire* dans l'association des dieux supérieurs, et il devenait lui-même un anneau de la chaîne magique (Schelling, Samothr. Gottesd., p. 40).

« La danse mystique des druides avait certainement quelque rapport à la doctrine cabirique et au système des nombres. Un passage curieux d'un poète gallois, Cynddelw, cité par Davies,

---

[1]. Bed. Hist. Eccl., II, c. XIII : « Cui primus pontificum ipsius Coifi continuo respondit » (premier prêtre d'Edwin, roi de Northumbrie, converti par Paulinus au commencement du septième siècle). Macpherson. Dissert. on the celt. antiq. — *Coibhi-druvi,* druide coibhi, est une expresion usitée en Écosse pour désigner une personne de grand mérite (Voy. Mac Intosh's Gaelic Proverbs, p. 34. — Haddleton, Notes on Tolland, page 279). Un proverbe gaélique dit : « La pierre ne presse pas la terre de plus près que l'assistance de Coibhi (bienfaisance, attribut du chef des druides?). »

[2]. Davies Mythol., p. 271, 277. Ammian. Marcell., liv. XV : « Druidæ ingeniis celsiores, ut authoritas Pythagoræ decrevit, sodalitiis astricti consortiis, quæstionibus occultarum rerum altarumque erecti sunt, etc. »

p. 16, d'après l'Archéologie de Galles, nous montre druides et bardes se mouvant rapidement en cercle et en nombres impairs, comme les astres dans leur course, en célébrant le *conducteur*. Cette expression de nombres impairs nous montre que les danses druidiques étaient, comme le temple circulaire, un symbole de la doctrine fondamentale, et que le même système de nombres y était observé. En effet, le poète gallois, dans un autre endroit, donne au monument druidique le nom de Sanctuaire du nombre impair.

« Peut-être chaque divinité de la chaîne cabirique avait-elle, parmi les druides, son prêtre et son représentant. Nous avons vu déjà, chez les Irlandais, le prêtre adopter le nom du dieu qu'il servait; et, chez les Gallois, le chef des druides semble avoir été considéré comme le représentant du Dieu suprême (Jamieson, Hist. of the Culdees, p. 29). La hiérarchie druidique aurait été ainsi une image microcosmique de la hiérarchie de l'univers, comme dans les mystères de Samothrace et d'Éleusis...

« Nous savons que les Caburs étaient adorés dans les cavernes et l'obscurité, tandis que les feux en l'honneur de Beal étaient allumés sur le sommet des montagnes. Cet usage s'explique par la doctrine abstraite :

« Le monde cabirique, en effet, dans son isolement du grand principe de lumière, n'est plus que la force ténébreuse, que l'obscure matière de toute réalité. Il constitue comme la base ou la racine de l'univers, par opposition à la suprême intelligence, qui en est comme le sommet. C'était sans doute par suite d'une manière de voir analogue que les cérémonies du culte des Cabires, à Samothrace, n'étaient célébrées que pendant la nuit. »

On peut ajouter à ces inductions de M. Pictet que, suivant une tradition des montagnards d'Écosse, les druides travaillaient la nuit et se reposaient le jour (Logan, II, 351).

Le culte de Beal, au contraire, se célébrait par des feux allumés sur les montagnes. Ce culte a laissé des traces profondes dans les traditions populaires (Toland, XI° lettre, p. 101). Les druides allumaient des feux sur les *cairn*, la veille du 1ᵉʳ mai, en l'honneur de *Beal, Bealan* (le soleil). Ce jour garde encore aujourd'hui en Irlande le nom de *la Bealteine*, c'est-à-dire le jour du feu de Beal. Près de Londonderry, un cairn placé en face d'un autre cairn s'appelle *Bealteine*. — Logan, II, 326. Ce ne fut qu'en 1220 que l'archevêque de Dublin éteignit le feu perpétuel qui était entretenu dans une petite chapelle près de l'église de

Kildare, mais il fut rallumé bientôt et continua de brûler jusqu'à la suppression des monastères (Archdall's mon. Hib. apud Anth. Hib., III, 240). Ce feu était entretenu par des vierges, souvent de qualité, appelées *filles du feu* (inghean an dagha), ou *gardiennes du feu* (breochuidh), ce qui les a fait confondre avec les nonnes de sainte Brigitte.

Un rédacteur du *Gentleman's Magasine*, 1795, dit : que, se trouvant en Irlande la veille de la Saint-Jean, on lui dit qu'il verrait à minuit allumer les *feux en l'honneur du soleil*. Riches décrit ainsi les préparatifs de la fête : « What watching, what vattling, what tinkling upon pannes and candlesticks, what strewing of hearbes, what clamors, and other ceremonies are used. »

Spenser dit qu'en allumant le feu, l'Irlandais fait toujours une prière. A Newcastle, les cuisiniers allument les feux de joie à la Saint-Jean. A Londres et ailleurs, les ramoneurs font des danses et des processions en habits grotesques. Les montagnards d'Écosse passaient par le feu en l'honneur de Beal, et croyaient un devoir religieux de marcher en portant du feu autour de leurs troupeaux et de leurs champs. — Logan, II, 364. Encore aujourd'hui, les montagnards écossais font passer l'enfant au-dessus du feu, quelquefois dans une sorte de poche, où ils ont mis du pain et du fromage. (On dit que dans les montagnes on baptisait quelquefois un enfant sur une large épée. De même en Irlande la mère faisait baiser à son enfant nouveau-né la pointe d'une épée. Logan, I, 122.) — Id. I, 213. Les Calédoniens brûlaient les criminels entre deux feux ; de là le proverbe : « Il est entre les deux flammes de Bheil. » — Ibid., 140. L'usage de faire courir la *croix de feu* subsistait encore en 1745 ; elle parcourut dans un canton trente-six milles en trois heures. Le chef tuait une chèvre de sa propre épée, trempait dans le sang les bouts d'une croix de bois demi-brûlée, et la donnait avec l'indication du lieu de ralliement à un homme du clan, qui courait la passer à un autre. Ce symbole menaçait du fer et du feu ceux qui n'iraient pas au rendez-vous. — Caumont, I, 154 : Suivant une tradition, on allumait autrefois, dans certaines circonstances, des feux sur les *tumuli*, près de Jobourg (départem. de la Manche). — Logan, II, 64. Pour détruire les sortilèges qui frappent les animaux, les personnes qui ont le pouvoir de les détruire sont chargées d'allumer le *Needfire* ; dans une île ou sur une petite rivière ou lac, on élève une cabane circulaire de pierres ou de gazon, sur laquelle on place un soliveau de bouleau ; au centre est un poteau engagé par le haut dans cette pièce de bouleau; ce poteau perpendiculaire est tourné dans un bois horizontal au moyen de quatre bras de bois. Des hommes, qui ont soin de ne porter sur eux aucun métal, tournent le poteau, tandis que d'autres, au moyen de coins, le serrent contre le bois horizontal qui porte les bras, de manière qu'il s'enflamme par le frottement; alors on éteint tout autre feu. Ceux qu'on a obtenus de cette manière passent pour sacrés, et on en approche successivement les bestiaux.

§ II.

Dans la religion galloise (Voyez Davies, Myth. and rites of the British druids, et le même, Celtic researches), le dieu suprême, c'est le dieu inconnu, DIANA (*dianaff*, inconnu, en breton; *diana* en léonais, *dianan* dans le dialecte de Vannes). Son représentant sur la terre c'est Hu le grand, ou *Ar-bras*, autrement CADWALCADER, le premier des druides.

Le castor noir perce la digue qui soutient le grand lac, le monde est inondé; tout périt, excepté DOUYMAN et DOUYMEC'H (*man*, *mec'h*, homme, fille), sauvés dans un vaisseau sans voiles, avec un couple de chaque espèce d'animaux. Hu attelle deux bœufs à la terre pour la tirer de l'abime. Tous deux périssent dans l'effort; les yeux de l'un sortent de leurs orbites, l'autre refuse de manger et se laisse mourir.

Cependant Hu donne des lois et enseigne l'agriculture. Son char est composé des rayons du soleil, conduit par cinq génies; il a pour ceinture l'arc-en-ciel. Il est le dieu de la guerre, le vainqueur des géants et des ténèbres, le soutien du laboureur, le roi des bardes, le régulateur des eaux. Une vache sainte le suit partout.

Hu a pour épouse une enchanteresse, Ked ou Ceridgven, dans son domaine de Penlym ou Penleen, à l'extrémité du lac où il habite.

Ked a trois enfants: Mor-vran (le corbeau de mer, guide des navigateurs), la belle Creiz-viou (le milieu de l'œuf, le symbole de la vie), et le hideux Avagdu ou Avank-du (le castor noir). Ked voulut préparer à Avagdu, selon les rites mystérieux du livre de Pherylt, l'eau du vase Azeuladour (sacrifice), l'eau de l'inspiration et la science. Elle se rendit donc dans la terre du repos, où se trouvait la cité du juste, et s'adressant au petit Gouyon, le fils du héraut de Lanvair, le gardien du temple, elle le chargea de surveiller la préparation du breuvage. L'aveugle Morda fut chargé de faire bouillir la liqueur sans interruption pendant un an et un jour.

Durant l'opération, Ked ou Ceridguen étudiait les livres astronomiques et observait les astres. L'année allait expirer, lorsque de la liqueur bouillonnante s'échappèrent trois gouttes qui tombèrent sur le doigt du petit Gouyon; se sentant brûlé, il porta le doigt à sa bouche... Aussitôt l'avenir se découvrit à lui; il vit qu'il avait à redouter les embûches de Ceridguen, et prit la fuite. A l'exception de ces trois gouttes, toute la liqueur était empoisonnée : le vase se renversa de lui-même et se brisa... Cependant Ceridguen furieuse poursuivait le petit Gouyon. Gouyon, pour fuir plus vite, se change en lièvre. Ceridguen devient levrette et le chasse vigoureusement jusqu'au bord d'une rivière. Le petit Gouyon prend la forme d'un poisson; Ceridguen devient loutre et le serre de si près, qu'il est forcé de se métamorphoser en oiseau et de s'enfuir à tire-d'aile. Mais Ceridguen planait déjà au-dessus de sa tête sous la forme d'un épervier... Gouyon, tout tremblant, se laissa tomber sur un tas de froment, et se changea en grain de blé; Ceridguen se changea en poule noire, et avala le pauvre Gouyon.

Aussitôt elle devint enceinte, et Hu-Ar-Bras jura de mettre à mort l'enfant qui en naîtrait; mais au bout de neuf mois elle mit au monde un si bel enfant qu'elle ne put se résoudre à le faire périr.

Hu-Ar-Bras lui conseilla de le mettre dans un berceau couvert de peau et de le lancer à la mer. Ceridguen l'abandonna donc aux flots le 29 avril.

En ce temps-là, Gouydno avait près du rivage un réservoir qui donnait chaque année, le soir du 1er mai, pour cent livres de poisson. Gouydno n'avait qu'un fils, nommé Elfin, le plus malheureux des hommes, à qui rien n'avait jamais réussi; son père le croyait né à une heure fatale. Les conseillers de Gouydno l'engagèrent à confier à son fils l'épuisement du réservoir.

Elfin n'y trouva rien; et comme il revenait tristement, il aperçut un berceau couvert d'une peau, arrêté sur l'écluse... Un des gardiens souleva cette peau, et s'écria en se tournant vers Elfin : « Regarde, Thaliessin! quel front radieux! » — « Front radieux sera son nom, » répondit Elfin. Il prit l'enfant et le plaça sur son cheval. Tout à coup l'enfant entonna un poème de consolation et d'éloge pour Elfin, et lui prophétisa sa renommée. On apporta l'enfant à Gouydno. Gouydno demanda si c'était un être matériel ou un esprit. L'enfant répondit par une chanson où il déclarait avoir vécu dans tous les âges, et où il s'identifiait avec le soleil. Gouydno, étonné, demanda une autre chanson ; l'enfant reprit : « L'eau donne le bonheur. Il faut songer à son Dieu ; il faut prier son Dieu, parce qu'on ne saurait compter les bienfaits qui en découlent... Je suis né trois fois. Je sais comment il faut étudier pour arriver au savoir. Il est triste que les hommes ne veuillent pas se donner la peine de chercher toutes les sciences dont la source est dans mon sein ; car je sais tout ce qui a été et tout ce qui doit être. »

Cette allégorie se rapportait au soleil, dont le nom, Thaliessin (front radieux) devenait celui de son grand prêtre. La première initiation, les études, l'instruction, duraient un an. Le barde alors s'abreuvait de l'eau d'inspiration, recevait les leçons sacrées. Il était soumis ensuite aux épreuves ; on examinait avec soin ses mœurs, sa constance, son activité, son savoir. Il entrait alors dans le sein de la déesse, dans la cellule mystique, où il était assujetti à une nouvelle discipline. Il en sortait enfin, et semblait naître de nouveau ; mais, cette fois, orné de toutes les connaissances qui devaient le faire briller et le rendre un objet de vénération pour les peuples.

On connaît encore les lacs de l'Adoration, de la Consécration, du bosquet d'Ior (surnom de Diana). Ils offraient, près du lac, des vêtements de laine blanche, de la toile, des aliments. La fête des lacs durait trois jours.

Près Landélorn (Landerneau), le 1er mai, la porte d'un roc s'ouvrait sur un lac au-dessus duquel aucun oiseau ne volait. Dans une île chantaient des fées avec la chanteuse des mers : qui y pénétrait était bien reçu, mais il ne fallait rien emporter. Un visiteur emporte une fleur qui devait empêcher de vieillir ; la fleur s'évanouit. Désormais plus de passage ; un brave essaye, mais un fantôme menace de détruire la contrée... Selon Davies (Myth and rites), on trouve une tradition presque semblable dans le Brecnockshire. Il y a aussi un lac dans ce comté, qui couvre une ville. Le roi envoie un serviteur... on lui refuse l'hospitalité. Il entre dans une maison déserte, y trouve un enfant pleurant au berceau, y oublie son gant ; le lendemain, il retrouve le gant et l'enfant qui flottaient. La ville avait disparu.

SUR LES PIERRES CELTIQUES (*Voy. page* 117).

La pierre fut sans doute à la fois l'autel et le symbole de la Divinité. Le nom même de *Cromleach* (ou dolmen) signifie *pierre de Crom*, le Dieu suprême (Pictet, p. 129). On ornait souvent le Cromleach de lames d'or, d'argent ou de cuivre, par exemple le *Crum-cruach* d'Irlande, dans le district de Bresin, comté de Cavan (Toland's Letters, p. 133). — Le nombre de pierres qui composent les enceintes druidiques est toujours un nombre mystérieux et sacré : jamais moins de douze, quelquefois dix-neuf, trente, soixante. Ces nombres coïncident avec ceux des Dieux. Au milieu du cercle, quelquefois au dehors, s'élève une pierre plus grande, qui a pu représenter le Dieu suprême (Pictet, p. 134). — Enfin, à ces pierres étaient attachées des vertus magiques, comme on le voit par le fameux passage de Geoffroy de Montmouth (I. V). Aurelius consulte Merlin sur le monument qu'il faut donner à ceux qui ont péri par la trahison d'Hengist…
— « Choream gigantum [1] ex Hibernià adduci jubeas… Ne moveas, domine rex, vanum risum. Mystici sunt lapides, et ad diversa medicamina salubres, gigantesque olim asportaverunt eos ex ultimis finibus Africæ… Erat autem causa ut balnea intrà illos conficerent, cùm infirmitate gravarentur. Lavabant namque lapides et intrà balnea diffundebant, undè ægroti curabantur; miscebant etiam cum herbarum infectionibus, unde vulnerati sanabantur. Non est ibi lapis qui medicamento careat. » Après un combat, les pierres sont enlevées par Merlin. Lorsqu'on cherche partout Merlin, on ne le trouve que « *ad fontem* Galabas, quem solitus fuerat frequentare. » Il semble lui-même un de ces géants médecins.

On a cru trouver sur les monuments celtiques quelques traces de lettres ou de signes magiques. A Saint-Sulpice-sur-Rille, près de Laigle, on remarque, sur l'un des supports de la table d'un dolmen, trois petits croissants gravés en creux et disposés en

---

[1]. Sur le bord de la Seine, près de Duclair, est une roche très élevée, connue sous le nom de Chaise de Gargantua; près d'Orches, à deux lieues de Blois, la *Chaise de César;* près de Tancarville, la *Pierre Géante*, ou Pierre du géant.

triangle. Près de Loc-Maria-Ker, il existe un dolmen dont la table est couverte, à sa surface inférieure, d'excavations rondes disposées symétriquement en cercles. Une autre pierre porte trois signes assez semblables à des spirales. Dans la caverne de New-Grange (près Drogheda, comté de Meath, voy. les Collect. de reb. hib. II, p. 161, etc.), se trouvent des caractères symboliques et leur explication en ogham. Le symbole est une ligne spirale répétée trois fois. L'inscription en ogham se traduit par A È, c'est-à-dire *le Lui*, c'est-à-dire le Dieu sans nom, l'être ineffable (?). Dans la caverne, il y a trois autels (Pictet, p. 132). En Écosse, on trouve un assez grand nombre de pierres ainsi couvertes de ciselures diverses. Quelques traditions enfin doivent appeler l'attention sur ces hiéroglyphes grossiers et à peu près inintelligibles : les Triades disent que sur les pierres de Gwiddon-Ganhebon « on pouvait lire les arts et les sciences du monde; » l'astronome Gwydion ap Don fut enterré à Caernarvon « sous une pierre d'énigmes ». Dans le pays de Galles on trouve sur les pierres certains signes, qui semblent représenter tantôt une petite figure d'animal, tantôt des arbres entrelacés. Cette dernière circonstance semblerait rattacher le culte des pierres à celui des arbres. D'ailleurs l'*Ogham* ou *Ogum*, alphabet secret des druides, consistait en rameaux de divers arbres et assez analogues aux caractères runiques. Telles sont les inscriptions placées sur un monument mentionné dans les chroniques d'Écosse, comme étant dans le bocage d'Aongus, sur une pierre du *Cairn du vicaire*, en Armagh, sur un monument de l'île d'Arran, et sur beaucoup d'autres en Écosse. — On a vu plus haut que les pierres servaient quelquefois à la divination. Nous rapporterons à ce sujet un passage important de Taliesin. (N'ayant pas sous les yeux le texte gallois, je rapporte la traduction anglaise.) « I know the intent of the trees, I know which was decreed praise or disgrace, by the intention of the memorial trees of the sages, » and celebrates « the engagement of the sprigs of the trees, or of devices, and their battle with the learned. » He could « delineate the elementary trees and reeds », and tells us when the sprigs « were marked in the small tablet of devices they uttered their voice. » (Logan, II, 388.)

Les arbres sont employés encore symboliquement par les Welsh et les Gaëls; par exemple, le noisetier indique l'amour trahi. Le Calédonien Merlin (Taliesin est Cambrien) se plaint que « l'autorité des rameaux commence à être dédaignée ». Le mot irlandais *aos*, qui d'abord signifiait un arbre, s'appliquait à une personne lettrée ; *feadha*, bois ou arbre, devient la désignation des prophètes, ou hommes sages. De même, en sanskrit, *bôd'hi* signifie le figuier indien, et le bouddhiste, le sage.

Les monuments celtiques ne semblent pas avoir été consacrés exclusivement au culte. C'était sur une pierre qu'on élisait le chef de clan (Voy. p. 126, app. 58). Les enceintes de pierres servaient de cours de justice. On en a trouvé des traces en Écosse, en Irlande, dans les îles du Nord (King, I, 147 ; Martin's Descr. of the Western isles), mais surtout en Suède et en Norvège. Les anciens poèmes erses nous apprennent en effet que les rites druidiques existaient parmi les Scandinaves, et que les druides bretons en obtinrent du secours dans le danger (Ossian's Cathlin, II, p. 216, not. édit. 1765, t. II ; Warton, t. I).

Le plus vaste cercle druidique était celui d'Avebury ou Abury, dans le Wiltshire. Il embrassait vingt-huit acres de terre entourés d'un fossé profond et d'un rempart de soixante-dix pieds. Un cercle extérieur, formé de cent pierres, enfermait deux autres cercles doubles extérieurs l'un à l'autre. Dans ceux-ci, la rangée extérieure contenait trente pierres, l'intérieure douze. Au centre de l'un des cercles étaient trois pierres, dans l'autre une pierre isolée ; deux avenues de pierres conduisaient à tout le monument (Voy. O'Higgin's, Celtic druids).

Stonehenge, moins étendu, indiquait plus d'art. D'après Waltire, qui y campa plusieurs mois pour l'étudier (on a perdu les papiers de cet antiquaire enthousiaste, mais plein de sagacité et de profondeur), la rangée extérieure était de trente pierres droites ; le tout, en y comprenant l'autel et les impostes, se montait à cent trente-neuf pierres. Les impostes étaient assurés par des tenons. Il n'y a pas d'autre exemple dans les pays celtiques du style trilithe (sauf deux à Holmstad et à Drenthiem).

Le monument de Classerness, dans l'île de Lewis, forme, au moyen de quatre avenues de pierres, une sorte de croix dont la tête est au sud, la rencontre des quatre branches est un petit cercle. Quelques-uns croient y reconnaître le temple hyperboréen dont parlent les anciens. Ératosthènes dit qu'Apollon cacha sa flèche là où se trouvait un temple ailé.

Je parlerai plus loin des alignements de Carnac et de Loc-Maria-Ker (t. II. Voyez aussi le Cours de M. Caumont, I, p. 105).

Il est resté en France des traces nombreuses du culte des pierres, soit dans les noms de lieux, soit dans les traditions populaires :

1° On sait qu'on appelait *pierre fiche* ou *fichée* (en celtique, *menhir*, pierre longue, *peulvan*, pilier de pierre), ces pierres brutes que l'on trouve plantées simplement dans la terre comme des bornes. Plusieurs bourgs de France portent ce nom. *Pierre-Fiche*, à cinq lieues N.-E. de Mende, en Gévaudan. — *Pierre-Fiques*, en Normandie, à une lieue de l'Océan, à trois de Montivilliers. — *Pierrefitte*, près Pont-l'Évêque. — *Pierrefitte*, à deux lieues N.-O. d'Argentan. — *Pierrefitte*, à trois lieues de Falaise. — *Pierrefitte*, dans le Perche, diocèse de Chartres, à six lieues S. de Mortagne. — *Idem*, en Beauvoisis, à deux lieues N.-O. de Beauvais. — *Idem*, près Paris, à une demi-lieue N. de Saint-Denis. — *Idem*, en Lorraine, à quatre lieues de Bar. — *Idem*, en Lorraine, à trois lieues de Mirecourt. — *Idem*, en Sologne, à neuf lieues S.-E. d'Orléans. — *Idem*, en Berry, à trois lieues de Gien, à cinq de Sully. — *Idem*, en Languedoc, diocèse de Narbonne, à deux lieues et demie de Limoux. — *Idem*, dans la Marche, près Bourganeuf. — *Idem*, dans la Marche, près Guéret. — *Idem*, en Limousin, à six lieues de Brives. — *Idem*, en Forez, diocèse de Lyon, à quatre lieues de Roanne, etc.

2° A Colombiers, les jeunes filles qui désirent se marier doivent monter sur la pierre-levée, y déposer une pièce de monnaie, puis sauter du haut en bas. A Guérande, elles viennent déposer dans les fentes de la pierre des flocons de laine rose liés avec du clinquant. Au Croisic, les femmes ont longtemps célébré des danses autour d'une pierre druidique. En Anjou, ce sont les fées qui, descendant des montagnes en filant, ont apporté ces rocs dans leur tablier. En Irlande, plusieurs dolmens sont encore appelés les lits des amants : la fille d'un roi s'était enfuie avec son amant; poursuivie par son père, elle errait de village en village, et tous les soirs ses hôtes lui dressaient un lit sur la roche, etc., etc.

TRIADES DE L'ILE DE BRETAGNE

Qui sont des triades de choses mémorables, de souvenirs et de sciences, concernant les hommes et les faits fameux qui furent en Bretagne, et concernant les circonstances et infortunes qui ont désolé la nation des Cambriens à plusieurs époques (traduites par Probert. — *Voy. page* 423, *app.* 70).

Voici les trois noms donnés à l'île de Bretagne. — Avant qu'elle fût habitée, on l'appelait le Vert-Espace entouré des eaux de l'Océan (the Seagirt Green Space); après qu'elle fut habitée, elle fut appelée ile de Miel, et après que le peuple eut été formé en société par Prydain, fils d'Aedd-le-Grand, elle fut appelée l'île de Prydain. Et personne n'a droit sur elle que la tribu des Cambriens, car les premiers ils en prirent possession; et avant ce temps-là, il n'y eut aucun homme vivant, mais elle était pleine d'ours, de loups, de crocodiles et de bisons.

Voici les trois principales divisions de l'île de Bretagne. — Cambrie, Lloégrie et Alban, et le rang de souveraineté appartient à chacun d'eux. Et sous une monarchie, sous la voix de la contrée, ils sont gouvernés selon les établissements de Prydain, fils d'Aedd-le-Grand; et à la nation des Cambriens appartient le droit d'établir la monarchie selon la voix de la contrée et du peuple, selon le rang et le droit primordial. Et sous la protection de cette règle, la royauté doit exister dans chaque contrée de l'île de Bretagne, et toute la royauté doit être sous la protection de la voix de la contrée; c'est pourquoi il y a ce proverbe : Une nation est plus puissante qu'un chef.

Voici les trois piliers de la nation dans l'île de Bretagne. — la voix de la contrée, la royauté et la judicature d'après les établissements de Prydain, fils d'Aedd-le-Grand. Le premier fut Hu-le-Puissant, qui amena la nation le premier dans l'île de Bretagne; et ils vinrent de la contrée de l'été, qui est appelée Defrobani (Constantinople?); et ils vinrent par la mer Hazy (du Nord) dans l'île de Bretagne et dans l'Armorique, où ils se fixèrent. Le second fut Prydain, fils d'Aedd-le-Grand, qui le premier organisa l'état social et la souveraineté en Bretagne. Car avant ce temps il n'y avait de justice que ce qui était fait par faveur, ni aucune loi excepté celle de la force. Le troisième fut Dynwal Moemud; car il fit le premier des règlements concernant les lois, maximes, coutumes et privilèges relatifs au pays et à la tribu. Et à cause de ces raisons ils furent appelés les trois piliers de la nation des Cambriens.

Voici les trois tribus sociales de l'île de Bretagne. — La première fut la tribu des Cambriens, qui vint de l'île de Bretagne avec Hu-le-Puissant, parce qu'ils ne voulaient pas posséder un pays par combat et conquête, mais par justice et tranquillité. La seconde fut la tribu des Lloegriens, qui venaient de la Gascogne; ils descendaient de la tribu primitive des Cambriens. Les troisièmes furent les Brython, qui étaient descendus de la tribu primitive des Cambriens. Ces tribus étaient appelées les pacifiques tribus, parce qu'elles vinrent d'un accord mutuel, et ces tribus avaient toutes trois la même parole et la même langue.

Les trois tribus réfugiées : Calédoniens, Irlandais, le peuple de Galedin, qui vinrent dans des vaisseaux nus en l'île de Wight, lorsque leur pays était inondé ; il fut stipulé qu'ils n'auraient le rang de Cambriens qu'au neuvième degré de leur descendance.

Les trois envahisseurs sédentaires : les Coraniens, les Irlandais Pictes, les Saxons.

Les trois envahisseurs passagers : les Scandinaves ; Gadwal-l'Irlandais (conquête de 29 ans), vaincu par Caswallon, et les Césariens.

Les trois envahisseurs tricheurs : les Irlandais rouges en Alban, les Scandinaves et les Saxons.

Voici les trois disparitions de l'île de Bretagne : la première est celle de Gavran et ses hommes qui allèrent à la recherche des îles vertes des inondations ; on n'entendit jamais parler d'eux. La seconde fut Merddin, le barde d'Emrys (Ambrosius, successeur de Vortigern?), et ses neuf bardes, qui allèrent en mer dans une maison de verre ; la place où ils allèrent est inconnue. La troisième fut Madog, fils d'Owain, roi des Galles du Nord, qui alla en mer avec trois cents personnes dans dix vaisseaux ; la place où ils allèrent est inconnue.

Voici les trois événements terribles de l'île de Bretagne : le premier fut l'irruption du lac du débordement avec inondation sur tout le pays jusqu'à ce que toutes personnes fussent détruites, excepté Dwyvan et Dwyvach qui échappèrent dans un vaisseau ouvert, et par eux l'île de Prydain fut repeuplée. Le second fut le tremblement d'un torrent de feu jusqu'à ce que la terre fût déchirée jusqu'à l'abîme, et que la plus grande partie de toute vie fût détruite. Le troisième fut l'été chaud, quand les arbres et les plantes prirent feu par la chaleur brûlante du soleil, et que beaucoup de gens et d'animaux, diverses espèces d'oiseaux, vers, arbres et plantes, furent entièrement détruits.

Voici les trois expéditions combinées qui partirent de l'île de Bretagne : la première partit avec Ur, fils d'Érin, le puissant guerrier de Scandinavie (ou peut-être le vainqueur des Scandinaves, « the bellipotent of Scandinavia ») ; il vint en cette île du temps de Gadial, fils d'Érin, et obtint secours à condition qu'il ne tirerait de chaque principale forteresse plus d'hommes qu'il n'y présenterait. A la première, il vint seul avec son valet Mathata Vawr ; il en obtint deux hommes, quatre de la seconde, huit de la troisième, seize de la suivante, et ainsi de toutes en proportion, jusqu'à ce qu'enfin le nombre ne pût être fourni par toute l'île. Il emmena soixante-trois mille hommes, ne pouvant obtenir dans toute l'île un plus grand nombre d'hommes capables d'aller à la guerre : les vieillards et les enfants restèrent seuls dans l'île. Ur, le fils d'Érin, le puissant guerrier, fut le plus habile recruteur qui eût jamais existé. Ce fut par inadvertance que la tribu des Cambriens lui donna cette permission stipulée irrévocablement. Les Coraniens saisirent cette occasion d'envahir l'île sans difficulté. Aucun des hommes qui partirent ne retourna, aucun de leurs fils ni de leurs descendants. Ils firent voile pour une expédition belliqueuse jusque dans la mer de la Grèce, et s'y fixant dans les pays des Galas et d'Avène (Galitia?), ils y sont restés jusqu'à ce jour et sont devenus Grecs.

La seconde expédition combinée fut conduite par Caswallawn, le fils de Beli et petit-fils de Manogan, et par Gwenwynwyn et Gwanar, les fils de Lliaws, fils de Nwyvre et Arianrod, fille de Beli, leur mère. Ils descendaient de l'extrémité de la pente de Galedin et Siluria et des tribus combinées des Boulognèse, et leur nombre était de soixante et un mille. Ils marchèrent avec leur oncle Caswallawn, après les Césariens, vers le pays des Gaulois de l'Armorique, qui descendaient de la première race des Cambriens. Et aucun d'eux, aucun de leurs fils ne retourna dans cette île, car ils se fixèrent dans la Gascogne parmi les Césariens, où ils sont à présent; c'était pour se venger de cette expédition que les Césariens vinrent la première fois dans cette île.

La troisième expédition combinée fut conduite hors de cette île par Ellen, puissant dans les combats, et Cynan, son frère, seigneur de Meiriadog en Armorique, où ils obtinrent terres, pouvoir et souveraineté de l'empereur Maxime, pour le soutenir contre les Romains... Et aucun d'eux ne revint; mais ils restèrent là et dans Ystre Gyvaelwg, où ils formèrent une communauté. Par suite de cette expédition, les hommes armés de la tribu des Cambriens diminuèrent tellement, que les Pictes irlandais les envahirent. Voilà pourquoi Vortigern fut forcé d'appeler les Saxons pour repousser cette invasion. Les Saxons, voyant la faiblesse des Cambriens, tournèrent leurs armes perfidement contre eux, et, s'alliant aux Pictes irlandais et à d'autres traîtres, ils prirent possession du pays des Cambriens ainsi que de leurs privilèges et de leur couronne. Ces trois expéditions combinées sont nommées les trois grandes présomptions de la tribu des Cambriens, et aussi les trois Armées d'argent, parce qu'elles emportèrent de l'île tout l'or et l'argent qu'elles purent obtenir par la fraude, par l'artifice et par l'injustice, outre ce qu'elles acquirent par droit et par consentement. Elles furent aussi nommées les trois Armements irréfléchis, vu qu'elles affaiblirent l'île au point de donner occasion aux trois grandes invasions, savoir : l'invasion des Coraniens, celle des Césariens et celle des Saxons.

Voici les trois perfides rencontres qui eurent lieu dans l'île de Bretagne. — La première fut celle de Mandubratius, le fils de Lludd, et de ceux qui trahirent avec lui. Il fixa aux Romains une place sur l'étroite extrémité verte pour y aborder; rien de plus. Il n'en fallut pas davantage aux Romains pour gagner toute l'île. La seconde fut celle des Cambriens nobles et des Saxons... sur la plaine de Salisbury, où fut tramé le complot des Longs-Couteaux, par la trahison de Vortigern; car c'est par son conseil qu'à l'aide des Saxons presque tous les notables des Cambriens furent massacrés. La troisième fut l'entrevue de Medrawd et d'Iddawg Corn Prydain avec leurs hommes à Nanhwynain, où ils conspirèrent contre Arthur, et par ces moyens fortifièrent les Saxons dans l'île de Bretagne.

Les trois insignes traîtres de l'île de Bretagne. — Le premier, Mandubratius, fils de Lludd, fils de Beli-le-Grand, qui, invitant Jules César et les Romains à venir en cette île, causa l'invasion des Romains. Lui et ses hommes se firent les guides des Romains, desquels ils reçurent annuellement une quantité d'or et d'argent. C'est pourquoi les habitants de cette île furent contraints de payer en tribut annuel, aux Romains, 3,000 pièces d'argent jusqu'au temps d'Owain, fils de Maxime, qui refusa de payer le tribut. Sous prétexte de satisfaction, les Romains emmenèrent de l'île de Bretagne la plupart des hommes capables de porter les armes et les conduisirent en Aravie (Arabie), et en d'autres contrées lointaines d'où ils ne sont jamais revenus. Les Romains, qui étaient en Bretagne, marchèrent en Italie et ne laissèrent en arrière que les femmes et les petits enfants; c'est pourquoi les Bretons furent si faibles, que, par défaut d'hommes et de force, ils n'étaient pas capables de repousser l'invasion et la conquête. Le second traître fut Vortigern, qui massacra Constantin-le-Saint, saisit la couronne de l'île par la violence et par l'injustice, qui, le premier, invita les Saxons de venir en l'île comme auxiliaires, épousa Alice Rowen, la fille d'Hengist, et donna la couronne de Bretagne au fils qu'il eut d'elle et dont le nom était Gotta. De là les rois de Londres sont nommés enfants d'Alis. C'est ainsi que les Cambriens perdirent, par Vortigern, leurs terres, leur rang et leur couronne en Lloegrie. Le troisième était Médrawd, fils de Llew, fils de Cynvarch; car, lorsque Arthur marcha contre l'empereur de Rome, laissant le gouvernement de l'île à ses soins, Médrawd ôta la couronne à Arthur par usurpation et séduction; et, pour se l'assurer, il s'allia aux Saxons. C'est ainsi que les Cambriens perdirent la couronne de Lloegrie et la souveraineté de l'île de Bretagne.

Les trois traîtres méprisables qui mirent les Saxons à même d'enlever la couronne de l'île de Bretagne aux Cambriens. — Le premier était Gwrgi Garwlwgd, qui, après avoir goûté la chair humaine dans la cour d'Edelfled, roi des Saxons, y prit goût au point de ne plus vouloir d'autre viande. C'est pourquoi lui et ses gens s'unirent à Edelfled, roi des Saxons; il fit des incursions secrètes contre les Cambriens, lesquelles lui valurent chaque jour un garçon et une fille qu'il mangeait. Et toutes les mauvaises gens d'entre les Cambriens vinrent à lui et aux Saxons, et obtinrent bonne part dans le butin fait sur les naturels de l'île. Le second fut Médrawd, qui, pour s'assurer le royaume contre Arthur, s'unit avec ses hommes aux Saxons; cette trahison fut cause qu'un grand nombre de Llogriens devinrent Saxons. Le troisième fut Aeddan, le traître du Nord, qui, avec ses hommes, se soumit aux Saxons, pour pouvoir, sous leur protection, se soutenir par l'anarchie et le pillage. Ces trois traîtres firent perdre aux Cambriens leurs terres et leur couronne en Lloegrie. Sans de telles trahisons, les Saxons n'auraient jamais gagné l'île sur les Cambriens.

Les trois bardes qui commirent les trois assassinats bienfaisants de l'île de Bretagne. — Le premier fut Gall, fils de Dysgywedawg, qui tua les deux oiseaux fauves (les fils) de Gwenddolen, fils de Ceidiaw, qui avaient un joug d'or autour d'eux, et qui dévoraient chaque jour deux corps de Cambriens, un à leur dîner et un à leur souper. Le second, Ysgawnel, fils de Dysgywedawg, tua Edelfled, roi de Lloegrie, qui prenait chaque nuit deux nobles filles de la nation cambrienne et les violait, puis chaque matin les tuait et les dévorait. Le troisième, Difedel, fils de Dysgywedawg, tua Gwrgi Garwlwyd, qui avait épousé la sœur d'Edelfled, et qui commit des trahisons et des meurtres sur les Cambriens, de concert avec Edelfled. Et ce Gwrgi tuait chaque jour deux Cambriens, homme et fille, et les dévorait; et le samedi il tuait deux hommes et deux filles, afin de ne pas tuer le dimanche. Et ces trois personnes qui exécutèrent ces trois meurtres bienfaisants, étaient bardes.

Les trois causes frivoles de combat dans l'île de Bretagne. — La première fut la bataille de Godden, causée par une chienne, un chevreuil et un vanneau; soixante-onze mille hommes périrent dans cette bataille. La seconde fut la bataille d'Arderydd, causée par un nid d'oiseau; quatre-vingt mille Cambriens y périrent. La troisième fut la bataille de Camlan, entre Arthur et Médrawd, où Arthur périt avec cent mille hommes d'élite des Cambriens. Par suite de ces trois folles batailles, les Saxons ôtèrent aux Cambriens la contrée de Lloegrie, parce que les Cambriens n'avaient plus un nombre suffisant de guerriers pour s'opposer aux Saxons, à la trahison de Gwrgi Garwlwyde et à la fraude de Eiddilic-le-Nain.

Les trois recèlements et décèlements de l'île de Bretagne. — Le premier fut la tête de Bran-le-Saint, fils de Llyr, laquelle Owain, fils d'Ambrosius, avait cachée dans la colline blanche de Londres, et, tant qu'elle demeura en cet état, aucun accident fâcheux ne put arriver à cette île. Le second furent les ossements de Gwrthewyn-le-Saint, qui furent enterrés dans les principaux ports de l'île; et tandis qu'ils y restaient, aucun inconvénient ne put arriver à cette île. Le troisième furent les dragons, cachés par Lludd, fils de Beli, dans la forteresse de Pharaon, parmi les rochers de Snowdon. Et ces trois recèlements furent mis sous la protection de Dieu et des attributs divins. L'infortune devait tomber sur l'heure et sur l'homme qui les décèlerait. Vortigern révéla les dragons, pour se venger par là de l'opposition des Cambriens contre lui, et il appela les Saxons sous prétexte de combattre avec lui les Pictes irlandais. Après cela, il révéla les ossements de Gurthewyn-le-Saint, par amour pour Rowen, fille d'Hengist-le-Saxon. Et Arthur découvrit la tête de Bran-le-Saint, fils de Llyr, parce qu'il dédaignait de garder l'île autrement que par sa valeur. Ces trois choses saintes étant décelées, les envahisseurs gagnèrent la supériorité sur la nation cambrienne.

Les trois énergies dominatrices de l'île de Bretagne. — Hu-le-Puissant, qui amena la nation cambrienne de la contrée de l'été, nommée Defrobani, en l'île de Bretagne; Prydain, fils d'Aedd-le-Grand, qui organisa la nation et établit un jury sur l'île de Bretagne; et Rhitta Gawr, qui se fit faire une robe avec les barbes des rois qu'il avait faits prisonniers, en punition de leur oppression et de leur injustice.

Les trois hommes vigoureux de l'île de Bretagne. — Gwnerth-le-bon-Tireur, qui tuait avec une flèche de paille le plus grand ours qu'on eût jamais vu ; Gwgawn à la main puissante, qui roulait la pierre de Macnarch de la vallée au sommet de la montagne : il fallait soixante bœufs pour l'y traîner ; et Eidiol-le-Puissant, qui, dans le complot de Stonehenge, tua, avec une bûche de cormier, six cent soixante Saxons entre le coucher du soleil et la nuit.

Les trois faits qui causèrent la réduction de la Lloegrie et l'arrachèrent aux Cambriens. — L'accueil des étrangers, la délivrance des prisonniers et le présent de l'homme chauve (César ? ou saint Augustin ? Ce dernier excita les Saxons à massacrer les moines et à porter la guerre dans le pays de Galles).

Les trois premiers ouvrages extraordinaires de l'île de Bretagne. — Le vaisseau de Nwydd Nav Neivion, qui apporta dans l'île le mâle et la femelle de toutes les créatures vivantes, lorsque le lac de l'inondation déborda ; les bœufs aux larges cornes, de Hu-le-Puissant, qui tirèrent le crocodile du lac sur la terre, de sorte que le lac ne déborda plus ; et la pierre de Gwyddon Ganhebon, dans laquelle sont gravés tous les arts et toutes les sciences du monde.

Les trois hommes amoureux de l'île de Bretagne. — Le premier fut Caswallawn, fils de Beli, épris de Flur, fille de Mygnach-le-Nain ; il marcha pour elle contre les Romains jusque dans la Gascogne, et il l'emmena et tua six mille Césariens ; pour se venger, les Romains envahirent cette île. Le second fut Tristan, fils de Tallwch, épris d'Essylt, fille de March, fils de Meirchion, son oncle. Le troisième fut Cynon, épris de Morvydd, fille de Urien Rheged.

Les trois premières maîtresses d'Arthur. — La première fut Garwen, fille de Henyn, de Tegyrn Gwyr et d'Ystrad Tywy ; Gwyl, fille d'Eutaw, de Caervorgon, et Indeg, fille d'Avarwy-le-Haut, de Radnorshine.

Les trois principales cours d'Arthur. — Caerllion sur l'Usk en Cambrie, Celliwig en Cornwall, et Édimbourg au nord. Ce sont les trois cours où il fêtait les trois grandes fêtes : Noël, Pâques et Pentecôte.

Les trois chevaliers de la cour d'Arthur qui gardaient le Greal. — Cadawg, fils de Gwynlliw ; Ylltud, le chevalier canonisé ; et Peredur, fils d'Evrawg.

Voici les trois hommes qui portaient des souliers d'or dans l'île de Bretagne. — Caswallawn, fils de Beli, lorsqu'il alla en

Gascogne pour obtenir Flur, fille de Mygnach-le-Nain, laquelle y avait été emmenée clandestinement pour l'empereur César, par un homme nommé Mwrchan-le-Voleur, roi de cette contrée et ami de Jules César; et Caswallawn la ramena dans l'île de Bretagne. Le second Manawydan, fils de Llyr Llediaith, quand il alla aussi loin que Dyved, imposer des restrictions. Le troisième, Llew Llaw Gyfes, quand il alla avec Gwydion, fils de Don, chercher un nom et un projet de sa mère Riannon.

Les trois royaux domaines qui furent établis par Rhadri-le-Grand en Cambrie. — Le premier est Dinevor, le second Aberfraw, et le troisième Mathravael. Dans chacun de ces trois domaines, il y a un prince ceint d'un diadème; et le plus vieux de ces trois princes, quel qu'il soit, doit être souverain, c'est-à-dire roi de toute la Cambrie. Les deux autres doivent obéir à ses ordres, et ses ordres sont impératifs pour eux. Il est le chef de la loi et des anciens dans chaque réunion générale et dans chaque mouvement du pays et de la tribu. (Malédictions continuelles contre Vortigern, Rowena, les Saxons, les traîtres à la nation[1].)

SUR LES BARDES (*V. page* 423).

Les bardes étudiaient pendant seize ou vingt ans. « Je les ai vus, dit Campion, dans leurs écoles, dix dans une chambre couchés à plat ventre sur la paille et leurs livres sous le nez. » — Brompton dit que les leçons des bardes en Irlande se donnaient secrètement et n'étaient confiées qu'à la mémoire (Logan, the Scotish Gaël, t. II, p. 215). — Il y avait trois sortes de poètes : panégyristes des grands; poètes plaisants du peuple; bouffons satiriques des paysans (Toland's letters). — Buchanan prétend que les joueurs de harpe en Écosse étaient tous Irlandais. Giraldus Cambrensis dit pourtant que l'Écosse surpassait

---

[1]. Un roi d'Irlande, nommé Cormac, écrivit en 260 *de Triadibus*, et quelques triades sont restées dans la tradition irlandaise sous le nom de Fingal. Les Irlandais marchaient au combat trois par trois; les highlanders d'Écosse sur trois de profondeur. Nous avons déjà parlé de la *trimarkisia*. — Au souper, dit Giraldus Cambrensis, les Gallois servent un panier de végétaux devant chaque triade de convives; ils ne se mettent jamais deux à deux (Logan, the Scotish Gaël).

l'Irlande dans la science musicale et qu'on venait s'y perfectionner. Lorsque Pepin fonda l'abbaye de Neville, il y fit venir des musiciens et des choristes écossais (Logan, II, 251). — Giraldus compare la lente modulation des Bretons avec les accents rapides des Irlandais ; selon lui, chez les Welsh chacun fait sa partie; ceux du Cumberland chantent en parties, en octaves et à l'unisson. — Vers 1000, le Welsh Griffith ap Cynan, ayant été élevé en Irlande, rapporta ses instruments dans son pays, y convoqua les musiciens des deux contrées, et établit vingt-quatre règles pour la réforme de la musique (Powel, Hist. of Cambria).

Lorsque le christianisme se répandit dans l'Écosse et l'Irlande, les prêtres chrétiens adoptèrent leur goût pour la musique. A table, ils se passaient la harpe de main en main (Bède, IV, 24). Au temps de Giraldus Cambrensis, les évêques faisaient toujours porter avec eux une harpe. — Gunn dit dans son Enquiry : Je possède un ancien poème gallique, où le poète, s'adressant à une vieille harpe, lui demande ce qu'est devenu son premier lustre. Elle répond qu'elle a appartenu à un roi d'Irlande et assisté à maint royal banquet; qu'elle a ensuite été successivement dans la possession de Dargo, fils du druide de Beal, de Gaul, de Fillon, d'Oscar, de O'duine, de Diarmid, d'un médecin, d'un barde, et enfin d'un prêtre qui, dans un coin retiré, méditait sur un livre blanc (Logan, II, 268).

Les bardes, bien qu'attachés à la personne des chefs, étaient eux-mêmes fort respectés. Sir Richard Cristeed, qui fut chargé par Richard II d'initier les quatre rois d'Irlande aux mœurs anglaises, rapporte qu'ils refusèrent de manger parce qu'il avait mis leurs bardes et principaux serviteurs à une table au-dessous de la leur (Logan, 138). — Le joueur de cornemuse, comme celui de harpe, occupait cette charge par droit héréditaire dans la maison du chef; il avait des terres et un serviteur qui portait son instrument.

Le fameux joueur de cornemuse irlandais des derniers temps, Macdonald, avait serviteurs, chevaux, etc. Un grand seigneur le fait venir un jour pour jouer pendant le dîner. On lui place une table et une chaise dans l'antichambre avec une bouteille de vin et un domestique derrière sa chaise; la porte de la salle était ouverte. Il s'y présente, et dit en buvant : « A votre santé et à celle de votre compagnie, monsieur... » Puis, jetant de l'argent sur la table, il dit au laquais : « Il y a deux schellings pour la bouteille, et six pences pour toi, mon garçon. » Et il remonta à cheval (Ibid., 277-279). — La dernière école bardique d'Irlande, *Filean school*, se tint à Typperary, sous Charles Ier (Ibid., 247). — L'un des derniers bardes accompagnait Montrose, et pendant sa victoire d'Inverlochy il contemplait la bataille du haut du château de ce nom. Montrose lui reprochant de ne pas y avoir pris part : « Si j'avais combattu, qui vous aurait chanté ? » (Ibid., 215). — La cornemuse du clan Chattan, que Walter Scott mentionne comme étant tombée des nuages pendant une bataille en 1396, fut empruntée par un clan vaincu, qui espérait en recevoir l'inspiration du courage, et qui ne l'a rendue qu'en 1822 (Ibid., 298). — En 1745, un joueur de cornemuse composa, pendant la bataille de Falkirk, un piobrach qui est resté célèbre. — A la bataille de Waterloo, un joueur de cornemuse, qui préparait un bel air, reçoit une balle dans son instrument; il le foule aux pieds, tire sa claymore, et se jette au milieu de l'ennemi où il se fait tuer (? ibid., 273-276).

SUR LA LÉGENDE DE SAINT MARTIN (*Voy. page 94*).

Cette légende du saint le plus populaire de la France nous semble mériter d'être rapportée presque entièrement, comme étant l'une des plus anciennes, et de plus écrite par un contemporain; ajoutez qu'elle a servi de type à une foule d'autres.

Ex Sulpicii Severi Vilâ B. Martini :

Saint Martin naquit à Sabaria en Pannonie, mais il fut élevé en Italie, près du Tésin; ses parents n'étaient pas des derniers selon le monde, mais pourtant païens. Son père fut d'abord soldat, puis tribun. Lui-même, dans sa jeunesse, suivit la carrière des armes, contre son gré, il est vrai, car dès l'âge de dix ans il se réfugia dans l'église et se fit admettre parmi les catéchumènes; il n'avait que douze ans, qu'il voulait déjà mener la vie du désert, et il eût accompli son vœu, si la faiblesse de l'enfance le lui eût permis... Un édit impérial ordonna d'enrôler les fils de vétérans; son père le livra; il fut enlevé, chargé de chaînes, et engagé dans le serment militaire. Il se contenta pour sa suite d'un seul esclave, et souvent c'était le maître qui servait; il lui déliait sa chaussure et le lavait de ses propres mains; leur table était commune..... Telle était sa tempérance qu'on le regardait déjà, non comme un soldat, mais comme un moine.

« Pendant un hiver plus rude que d'ordinaire, et qui faisait mourir beaucoup de monde, il rencontre à la porte d'Amiens un pauvre tout nu; le misérable suppliait tous les passants, et tous se détournaient. Martin n'avait que son manteau; il avait donné tout le reste; il prend son épée, le coupe en deux et en donne la moitié au pauvre. Quelques-uns des assistants se mirent à rire de le voir ainsi demi-vêtu et comme écourté..... Mais la nuit suivante Jésus-Christ lui apparut couvert de cette moitié de manteau dont il avait revêtu le pauvre.

« Lorsque les barbares envahirent la Gaule, l'empereur Julien rassembla son armée et fit distribuer le *donativum*.... Quand ce fut le tour de Martin : « Jusqu'ici, dit-il à César, je t'ai servi; permets-moi de servir Dieu; je suis soldat du Christ, je ne puis plus combattre..... Si l'on pense que ce n'est pas foi, mais lâcheté, je viendrai demain sans armes au premier rang; et au nom de Jésus, mon Seigneur, protégé par le signe de la croix, je pénétrerai sans crainte dans les bataillons ennemis. » Le lendemain l'ennemi envoie demander la paix, se livrant corps et biens. Qui pourrait douter que ce fût là une victoire du saint, qui fut ainsi dispensé d'aller sans armes au combat?

« En quittant les drapeaux, il alla trouver saint Hilaire, évêque de Poitiers, qui voulut le faire diacre... mais Martin refusa, se déclarant indigne; et l'évêque, voyant qu'il fallait lui donner des fonctions qui parussent humiliantes, le fit exorciste..... Peu de temps après, il fut averti en songe de visiter, par charité religieuse, sa patrie et ses parents, encore plongés dans l'idolâtrie, et saint Hilaire voulut qu'il partît, en le suppliant avec larmes de revenir. Il partit donc, mais triste, dit-on, et après avoir prédit à ses frères qu'il éprouverait bien des traverses. Dans les Alpes, en suivant des sentiers écartés, il rencontra des voleurs.... L'un d'eux l'emmena les mains liées derrière le dos.... mais il lui prêcha la parole de Dieu, et le voleur eut foi : depuis, il mena une vie religieuse, et c'est de lui que je tiens cette histoire. Martin continuant sa route, comme il passait près de Milan, le diable s'offrit à lui sous forme humaine et lui demanda où il allait; et comme Martin lui répondit qu'il allait où l'appelait le Seigneur, il lui dit : « Partout où tu iras, et quelque chose que tu entreprennes, le diable se jettera à la traverse. » Martin répondit ces paroles prophétiques : « Dieu est

mon appui, je ne craindrai pas ce que l'homme peut faire. »
Aussitôt l'ennemi s'évanouit de sa présence. — Il fit abjurer à
sa mère l'erreur du paganisme; son père persévéra dans le
mal. — Ensuite, l'hérésie arienne s'étant propagée par tout le
monde, et surtout en Illyrie, il combattit seul avec courage la
perfidie des prêtres, et souffrit mille tourments (il fut frappé
de verges et chassé de la ville).... Enfin il se retira à Milan, et
s'y bâtit un monastère. — Chassé par Auxentius, le chef des
ariens, il se réfugia dans l'île Gallinaria, où il vécut longtemps
de racines.

« Lorsque saint Hilaire revint de l'exil, il le suivit, et se bâtit
un monastère près de la ville. Un catéchumène se joignit à
lui..... Pendant l'absence de saint Martin, il vint à mourir, et
si subitement qu'il quitta ce monde sans baptême..... Saint
Martin accourt pleurant et gémissant. — Il fait sortir tout le
monde, se couche sur les membres inanimés de son frère.....
Lorsqu'il eut prié quelque temps, à peine deux heures s'étaient
écoulées, il vit le mort agiter peu à peu tous ses membres, et
palpiter ses paupières rouvertes à la lumière. Il vécut encore
plusieurs années.

« On le demandait alors pour le siège épiscopal de Tours;
mais, comme on ne pouvait l'arracher de son monastère, un
des habitants, feignant que sa femme était malade, vint se jeter
aux pieds du saint, et obtint qu'il sortît de sa cellule. Au milieu
de groupes d'habitants disposés sur la route, on le conduisit
sous escorte jusqu'à la ville. Une foule innombrable était venue
des villes d'alentour pour donner son suffrage. Un petit nombre
cependant, et quelques-uns des évêques, refusaient Martin avec
une obstination impie : « C'était un homme de rien, indigne de
l'épiscopat, et de pauvre figure, avec ses habits misérables et
ses cheveux en désordre. »..... Mais, en l'absence du lecteur,
un des assistants, prenant le psautier, s'arrête au premier ver-
verset qu'il rencontre : c'était le psaume : *Ex ore infantium et
lactentium perfecisti laudem, ut destruas inimicum et defen-
sorem.* Le principal adversaire de Martin s'appelait précisément
Defensor. Aussitôt un cri s'élève parmi le peuple, et les ennemis du saint sont confondus.

« Non loin de la ville était un lieu consacré par une fausse
opinion comme une sépulture de martyr. Les évêques précédents y avaient même élevé un autel... Martin, debout près du
tombeau, pria Dieu de lui révéler quel était le martyr, et ses
mérites. Alors il vit à sa gauche une ombre affreuse et terrible.

Il lui ordonne de parler : elle s'avoue pour l'ombre d'un voleur mis à mort pour ses crimes, et qui n'a rien de commun avec un martyr. Martin fit détruire l'autel.

« Un jour il rencontra le corps d'un gentil qu'on portait au tombeau avec tout l'appareil de funérailles superstitieuses ; il en était éloigné de près de cinq cents pas, et ne pouvait guère distinguer ce qu'il apercevait. Cependant, comme il voyait une troupe de paysans, et que les linges jetés sur le corps voltigeaient agités par le vent, il crut qu'on allait accomplir les profanes cérémonies des sacrifices ; parce que c'était la coutume des paysans gaulois de promener à travers les campagnes, par une déplorable folie, les images des démons couvertes de voiles blancs [1]. Il élève donc le signe de la croix, et commande à la troupe de s'arrêter et de déposer son fardeau. O prodige ! vous eussiez vu les misérables demeurer d'abord roides comme la pierre. Puis, comme ils s'efforçaient pour avancer, ne pouvant faire un pas, ils tournaient ridiculement sur eux-mêmes ; enfin, accablés par le poids du cadavre, ils déposent leur fardeau, et se regardent les uns les autres, consternés et se demandant à eux-mêmes ce qui leur arrivait. Mais le saint homme, s'étant aperçu que ce cortège s'était réuni pour des funérailles et non pour un sacrifice, éleva de nouveau la main et leur permit de s'en aller et d'enlever le corps.

« Comme il avait détruit dans un village un temple très antique, et qu'il voulait couper un pin qui en était voisin, les prêtres du lieu et le reste des païens s'y opposèrent... « Si tu as, lui dirent-ils, quelque confiance en ton Dieu, nous couperons nous-mêmes cet arbre, reçois-le dans sa chute, et si ton Seigneur est comme tu le dis avec toi, tu en réchapperas... » Comme donc le pin penchait tellement d'un côté qu'on ne pouvait douter à quel endroit il tomberait, on y amena le saint, garrotté... Déjà le pin commençait à chanceler et à menacer ruine ; les moines regardaient de loin et pâlissaient. Mais Martin, intrépide, lorsque l'arbre avait déjà craqué, au moment où il tombait et se précipitait sur lui, lui oppose le signe du salut. L'arbre se releva comme si un vent impétueux le repoussait, et alla tomber de

---

1. Dans Grégoire de Tours (ap. Scr. Fr., II, 467), saint Simplicius voit de loin promener par la campagne, sur un char traîné par des bœufs, une statue de Cybèle. La Cybèle germanique, Ertha, était traînée de même. Tacit. German.

l'autre côté, si bien qu'il faillit écraser la foule qui s'était crue à l'abri de tout péril.

« Comme il voulait renverser un temple rempli de toutes les superstitions païennes, dans le village de Leprosum (le Loroux), une multitude de gentils s'y opposa, et le repoussa avec outrage. Il se retira donc dans le voisinage, et là, pendant trois jours, sous le cilice et la cendre, toujours jeûnant et priant, il supplia le Seigneur que, puisque la main d'un homme ne pouvait renverser ce temple, la vertu divine vînt le détruire. Alors deux anges s'offrirent à lui, avec la lance et le bouclier, comme des soldats de la milice céleste ; ils se disent envoyés de Dieu pour dissiper les paysans ameutés, défendre Martin, et empêcher personne de s'opposer à la destruction du temple. Il revient, et, à la vue des paysans immobiles, il réduit en poussière les autels et les idoles... Presque tous crurent en Jésus-Christ.

« Plusieurs évêques s'étaient réunis de divers endroits auprès de l'empereur Maxime, homme d'un caractère violent. Martin, souvent invité à sa table, s'abstint d'y aller, disant qu'il ne pouvait être le convive de celui qui avait dépouillé deux empereurs, l'un de son trône, l'autre de la vie. Cédant enfin aux raisons que donna Maxime ou à ses instances réitérées, il se rendit à son invitation. Au milieu du festin, selon la coutume, un esclave présenta la coupe à l'empereur. Celui-ci la fit offrir au saint évêque, afin de se procurer le bonheur de la recevoir de sa main. Mais Martin, lorsqu'il eut bu, passa la coupe à son prêtre, persuadé sans doute que personne ne méritait davantage de boire après lui. Cette préférence excita tellement l'admiration de l'empereur et des convives, qu'ils virent avec plaisir cette action même, par laquelle le saint paraissait les dédaigner. Martin prédit longtemps avant à Maxime que, s'il allait en Italie, selon son désir, pour y faire la guerre à Valentinien, il serait vainqueur dans la première rencontre, mais que bientôt il périrait. C'est en effet ce que nous avons vu.

« On sait aussi qu'il reçut très souvent la visite des anges, qui venaient converser devant lui. Il avait le diable si fréquemment sous les yeux, qu'il le voyait sous toutes les formes. Comme celui-ci était convaincu qu'il ne pouvait lui échapper, il l'accablait souvent d'injures, ne pouvant réussir à l'embarrasser dans ses pièges. Un jour, tenant à la main une corne de bœuf ensanglantée, il se précipita avec fracas vers sa cellule, et lui montrant son bras dégouttant de sang et se glorifiant d'un crime qu'il venait de commettre : « Martin, dit-il, où est donc ta vertu ?

Je viens de tuer un des tiens. » Le saint homme réunit ses frères, leur raconte ce que le diable lui a appris, leur ordonne de chercher dans toutes les cellules afin de découvrir la victime. On vint lui dire qu'il ne manquait personne parmi les moines, mais qu'un malheureux mercenaire, qu'on avait chargé de voiturer du bois, était gisant auprès de la forêt. Il envoie à sa rencontre. On trouve non loin du monastère ce paysan à demi mort. Bientôt après il avait cessé de vivre. Un bœuf l'avait percé d'un coup de corne dans l'aine.

« Le diable lui apparaissait souvent sous les formes les plus diverses. Tantôt il prenait les traits de Jupiter, tantôt ceux de Mercure, d'autres fois aussi ceux de Vénus et de Minerve. Martin, toujours ferme, s'armait du signe de la croix et du secours de la prière. Un jour, le démon parut précédé et environné lui-même d'une lumière éclatante, afin de le tromper plus aisément par cette splendeur empruntée : il était revêtu d'un manteau royal, le front ceint d'un diadème d'or et de pierreries, sa chaussure brodée d'or, le visage serein et plein de gaieté. Dans cette parure. qui n'indiquait rien moins que le diable, il vint se placer dans la cellule du saint pendant qu'il était en prière. Au premier aspect, Martin fut consterné, et ils gardèrent tous les deux un long silence. Le diable le rompit le premier : « Martin, dit-il, reconnais celui qui est devant toi. Je suis le Christ. Avant de descendre sur la terre, j'ai d'abord voulu me manifester à toi. » Martin se tut et ne fit aucune réponse. Le diable reprit audacieusement : « Martin, pourquoi hésites-tu à croire lorsque tu vois? Je suis le Christ. — Jamais, reprit Martin, notre Seigneur Jésus-Christ n'a prédit qu'il viendrait avec la pourpre et le diadème. Pour moi, je ne croirai pas à la venue du Christ, si je ne le vois tel qu'il fut dans sa Passion, portant sur son corps les stigmates de la croix. » A ces mots, le diable se dissipe tout à coup comme de la fumée laissant la cellule remplie d'une affreuse puanteur. Je tiens ce récit de la bouche même de Martin ; ainsi, que personne ne le prenne pour une fable.

« Car sur le bruit de sa religion, brûlant du désir de le voir, et aussi d'écrire son histoire, nous avons entrepris pour l'aller trouver un voyage qui nous a été agréable. Il ne nous a entretenus que de l'abandon qu'il fallait faire des séductions de ce monde, et du fardeau du siècle pour suivre d'un pas libre et léger notre Seigneur Jésus-Christ. Oh! quelle gravité, quelle dignité il y avait dans ses paroles et dans sa conversation! Quelle force, quelle facilité merveilleuse pour résoudre les questions qui touchent les divines Écritures ! Jamais le langage ne peindra cette persévérance et cette rigueur dans le jeûne et l'abstinence, cette puissance de veille et de prière, ces nuits passées comme les jours, cette constance à ne rien accorder au repos ni aux affaires, à ne laisser dans sa vie aucun instant qui ne fût employé à l'œuvre de Dieu ; à peine même consacrait-il aux repas et au sommeil le temps que la nature exigeait. O homme vraiment bienheureux, si simple de cœur, ne jugeant personne, ne condamnant personne, ne rendant à personne le mal pour le mal ! Et, en effet, il s'était armé contre toutes les injures d'une telle patience que, bien qu'il occupât le plus haut rang dans la hiérarchie, il se laissait outrager impunément par les moindres clercs, sans pour cela leur ôter leurs places ou les exclure de sa charité. Personne ne le vit jamais irrité, personne ne le vit troublé, personne ne le vit s'affliger, personne ne le vit rire ; toujours le même, et portant sur son visage une joie céleste, en quelque sorte, il semblait supérieur à la nature humaine. Il n'avait à la bouche que le nom du Christ, il n'avait dans le cœur que la piété, la paix, la miséricorde. Le plus souvent même il avait coutume de pleurer pour les péchés de ceux qui le calomniaient, et qui, dans la solitude de sa retraite, le blessaient de leur venin et de leur langue de vipère.

« Pour moi, j'ai la conscience d'avoir été guidé dans ce récit par ma conviction et par l'amour de Jésus-Christ. Je puis me rendre ce témoignage que j'ai rapporté des faits notoires et que j'ai dit la vérité. »

Ex Sulpicii Severi Historiâ sacrâ, lib. II :

« Un certain Marcus de Memphis apporta d'Égypte en Espagne la pernicieuse hérésie des gnostiques. Il eut pour disciples une femme de haut rang, Agape, et le rhéteur Helpidus. Priscillien reçut leurs leçons... Peu à peu le venin de cette erreur gagna la plus grande partie de l'Espagne. Plusieurs évêques en furent même atteints, entre autres Instantius et Salvianus... L'évêque de Cordoue les dénonça à Idace, évêque de la ville de Merida... Un synode fut assemblé à Saragosse, et on y condamna, quoique absents, les évêques Instantius et Salvianus, avec les laïques Helpidus et Priscillien. Ithacius fut chargé de la promulgation de la sentence... Après de longs et tristes débats, Idace obtint de l'empereur Gratien un rescrit qui bannit de toute terre les hérétiques... Lorsque Maxime eut pris la pourpre et fut entré vainqueur à Trèves, il le pressa de prières et de dénonciations contre Priscillien et ses complices : l'empereur ordonna d'amener au synode de Bordeaux tous ceux qu'avait infectés l'hérésie. Ainsi furent amenés Instantius et Priscillien (Salvianus était mort). Les accusateurs Idace et Ithacius les suivirent. J'avoue que les accusateurs me sont plus odieux pour leurs violences que les coupables eux-mêmes. Cet Ithacius était plein d'audace et de vaines paroles, effronté, fastueux, livré aux plaisirs de la table... Le misérable osa accuser du crime d'hérésie l'évêque Martin, un nouvel apôtre ! Car Martin, se trouvant alors à Trèves, ne cessait de poursuivre Ithacius pour qu'il abandonnât l'accusation, de supplier Maxime qu'il ne répandît point le sang de ces infortunés : c'était assez que la sentence épiscopale chassât de leurs sièges les hérétiques ; et ce serait un crime étrange et inouï qu'un juge séculier jugeât la cause de l'Église. Enfin, tant que Martin fut à Trèves, on ajourna le procès ; et, lorsqu'il fut sur le point de partir, il arracha à Maxime la promesse qu'on ne prendrait contre les accusés aucune mesure sanglante. »

Ex Sulpicii Severi Dialogo III :

« Sur l'avis des évêques assemblés à Trèves, l'empereur Maxime avait décrété que des tribuns seraient envoyés en armes dans l'Espagne, avec de pleins pouvoirs pour rechercher les hérétiques, et leur ôter la vie et leurs biens. Nul doute que cette tempête n'eût enveloppé aussi une multitude d'hommes pieux ; la distinction n'étant pas facile à faire, car on s'en rapportait aux yeux, et on jugeait d'un hérétique sur sa pâleur ou son habit, plutôt que sur sa foi. Les évêques sentaient que cette mesure ne plairait pas à Martin ; ayant appris qu'il arrivait, ils obtinrent de l'empereur l'ordre de lui interdire l'approche de la ville s'il ne promettait de s'y tenir *en paix avec les évêques*. Il éluda adroitement cette demande, et promit de venir *en paix avec Jésus-Christ*. Il entra de nuit, et se rendit à l'église pour prier ; le lendemain il vient au palais... Les évêques se jettent aux genoux de l'empereur, le suppliant avec larmes de ne pas se laisser entraîner à l'influence d'un seul homme... L'empereur chassa Martin de sa présence. Et bientôt il envoya des assassins tuer ceux pour qui le saint homme avait intercédé. Dès que Martin l'apprit, c'était la nuit, il court au palais. Il promet que, si on fait grâce, il communiera avec les évêques, pourvu qu'on rappelle les tribuns déjà expédiés pour la destruction des églises d'Espagne. Aussitôt Maxime accorda tout. Le lendemain... Martin se présenta à la communion, aimant mieux céder à l'heure qu'il était que d'exposer ceux dont la tête était sous le glaive. Cependant les évêques eurent beau faire tous leurs efforts pour qu'il signât cette communion, ils ne purent l'obtenir. Le jour suivant, il sortit de la ville, et il s'en allait le long de la route, triste et gémissant de ce qu'il s'était mêlé un instant à une communion coupable; non loin du bourg qu'on appelle Andethanna, où la vaste solitude des forêts offre des retraites ignorées, il laissa ses compagnons marcher quelques pas en avant, et s'assit, roulant dans son esprit, justifiant et blâmant tour à tour le motif de sa douleur et de sa conduite. Tout à coup lui apparut un ange. « Tu as raison, Martin, lui dit-il, de t'affliger et de te frapper la poitrine, mais tu ne pouvais t'en tirer autrement. Reprends courage; raffermis-toi le cœur, ne va pas risquer maintenant non plus seulement ta gloire, mais ton salut. » Depuis ce jour, il se garda bien de se mêler à la communion des partisans d'Ithacius. Du reste, comme il guérissait les possédés plus rarement qu'autrefois, et avec moins de puissance, il se plaignait à nous avec larmes que, par la souillure de cette communion à laquelle il s'était mêlé un seul instant, par nécessité et non de son propre mouvement, il sentait languir sa vertu. Il vécut encore seize ans, n'alla plus à aucun synode, et s'interdit d'assister à aucune assemblée d'évêques. »

Ex Sulpicii Severi Dialogo II :

« Comme nous lui faisions quelques questions sur la fin du monde, il nous dit : Néron et l'Antichrist viendront après; Néron régnera en Occident sur dix rois vaincus, et exercera la persécution jusqu'à faire adorer les idoles des gentils. Mais l'Antichrist s'emparera de l'empire d'Orient; il aura pour siège de son royaume et pour capitale Jérusalem; par lui, la ville et le temple seront réparés. La persécution qu'il exercera, ce sera de faire renier Jésus-Christ notre Seigneur, en se donnant lui-même pour le Christ, et de forcer tous les hommes de se faire circoncire selon la loi. Moi-même enfin je serai tué par l'Antichrist, et il réduira sous sa puissance tout l'univers et toutes les nations : jusqu'à ce que l'arrivé du Christ écrase l'impie. On ne saurait douter, ajoutait-il, que l'Antichrist, conçu de l'esprit malin, ne fût maintenant enfant, et qu'une fois sorti de l'adolescence il ne prît l'Empire. »

EXTRAIT DE L'OUVRAGE DE M. PRICE, SUR LES RACES DE L'ANGLETERRE
(*Voy. page* 116).

MM. Thierry et Edwards ont adopté l'opinion de la persistance des races ; M. Price adopte celle de leur mutabilité. Mais il devrait être franchement spiritualiste et expliquer les modifications qu'elles subissent par l'action de la liberté travaillant la matière. Il n'a su trouver à l'appui de son point de vue biblique que des hypothèses matérialistes.

Toutefois, nous extrairons de son ouvrage quelques résultats intéressants (An Essay on the physiognomy and physiology of the present inhabitants of Britain, with reference to their origin, as Goths and Celts, by the Rev. T. Price, London, 1829).

Tout ce que les anciens disent des yeux bleus et des cheveux blonds des Germains ne désigne pas plus les Goths que les Celtes, parce qu'il y avait des Celtes dans la Germanie. Les Cimbres étaient des Celtes ; Pline parlant de la Baltique, et citant Philémon, dit : *Morimarusam* à Cimbris vocari, hoc est, mortuum mare (en welche *Mórmarw*).

L'auteur pense qu'il y a eu un changement des cheveux, du roux au jaune et du jaune au brun : Tacite : « *Rutilæ* Caledoniam habitantium comæ, magni artus Germanicam originem asseverant. » Dans les triades bretonnes, une colonie gaélique de race scot-irlandaise est appelée : *Les rouges Gaëls d'Irlande*. Dans le vieux gaélique Duan, qui fut récité par le barde de Malcolm III en 1057, on voit que les montagnards avaient les cheveux *jaunes* :

A Eolcha Alban nile
A Shluagh fela foltbhuidle.

O ye learned Albanians all, ye learned yellow-haired hosts !

Aujourd'hui le *brun* est la couleur dominante chez les montagnards. Il ne faut pas croire que les hommes distingués soient d'origine gothique et les autres Celtes. La diversité de nourriture explique la différence, comme on le voit dans les animaux transportés dans de plus riches pâturages (par exemple de Bretagne en Normandie).

Le climat et les habitudes changent les races ; Camper

remarque que déjà les Anglo-Américains ont la face longue et étroite, l'œil serré. West ajoute qu'ils ont le teint moins fleuri que les Anglais. L'œil devient sombre dans le voisinage des mines de charbon, et partout où l'on en brûle (?).

César attribue aux Belges une origine germanique : « ...Plerosque à Germanis ortos. » Mais Strabon dit qu'ils parlaient la langue des Gaulois : « Μικρὸν ἐξαλλατοῦντας τῇ γλώσσῃ... » La chronique saxonne parle d'Hengist qui « engagea les Welsh de Kent et Sussex. » Ces Welsh étaient des Belges selon Pinkerton. Les noms des villes belges, en Angleterre, sont bretons.

On ne trouve pas en Angleterre de traces de sang danois. — Les Normands conquérants étaient un peuple mêlé de Gaulois, Francs, Bretons, Flamands, Scandinaves, etc. Les hommes du Nord n'avaient pu exterminer les habitants de la Normandie, ni même diminuer de beaucoup leur nombre, puisque en cent soixante ans ils perdirent leur langue scandinave pour adopter celle des vaincus. Il serait ridicule de chercher les traces en Angleterre d'une population aussi mêlée que l'armée de Guillaume. Il paraît que dès lors les cheveux roux étaient rares, puisque c'était l'objet d'un surnom, Guillaume-le-Roux[1].

Vers York et Lancastre, où l'influence des habitudes manufacturières ne se fait pas sentir, les Anglais sont plus grands, mais plus lourds que dans le sud; l'œil bleu prévaut dans le comté de Lancastre. Les hommes du Cumberland (ce sont des Cymry, qui ont perdu leur langue plus tôt que ceux de Cornouailles) n'ont rien qui les distingue des Anglais du Midi.

Entre l'Écossais et l'Anglais, il y a une différence indéfinissable; les traits durs et la proéminence des os des joues ne sont pas particuliers à l'Écosse. Les montagnards sont rarement grands, mais bien faits; généralement bruns, moins de vivacité qu'en Irlande, taille moins haute, population plus variée. Quoi qu'on dise des établissements des Norwégiens dans l'Ouest, c'est la même langue et la même physionomie que dans les montagnes d'Écosse.

Pays de Galles, variété infinie, nez romain très fréquent, hommes de moyenne taille, mais fortement bâtis; on dit que la milice de Coemarthenshire demande plus de place pour former

---

1. On voit, dans le moine de Saint-Gall, un pauvre qui a honte d'être roux : « Pauperculo valde rufo, galliculâ suâ quia pileum non habet, et de colore suo nimium erubuit, caput induto... » Lib. I, ap. Scr. Fr., V.

ses lignes que celle d'aucun autre comté. Dans le Nord, taille plus haute, beauté classique, mais traits petits.

L'Irlande plus mêlée que la Grande-Bretagne; aujourd'hui étonnante uniformité de caractère moral et physique; deux classes seulement, les bien nourris, les mal nourris. Chez les paysans, cheveux bruns ou noirs, noirs surtout dans une partie du sud, mais l'œil toujours gris ou bleu[1], sourcils bas, épais et noirs, face longue, nez petit, tendant à relever; grande taille généralement, tous hommes bien faits; ceci est moins vrai depuis quarante ans, par suite de la misère dans plusieurs parties, surtout au sud. Bouche ouverte, ce qui leur donne un air stupide; extraordinaire facilité du langage, qui contraste avec leurs haillons. Tout mendiant est un bel esprit, un orateur, un philosophe. Espagnols au sud de l'Irlande depuis Élisabeth. Allemands Palatins des bords du Rhin.

En France, visage rond; en Angleterre, ovale; en Allemagne, carré. Les yeux plus proéminents sur le continent qu'en Angleterre. — Ni en Normandie ni en Bourgogne il n'y a trace des hommes du Nord (excepté vers Bayeux et Vire).

Savoyards, petits, actifs; mâchoire très carrée, œil gris, cheveux noirs, sourcils bas, épais.

Suisses, même mâchoire, hommes plus grands, œil bleu ciel, avec un éclat qui ne plaît pas toujours, cheveux bruns.

Allemands, yeux gris, cheveux bruns ou blond pâle, mâchoire angulaire, nez rarement aquilin, mais bas à la racine; grande étendue entre les yeux, encore plus qu'en France.

Belges, œil d'un parfait bleu de Prusse, plus foncé autour de l'iris, visage plus long qu'en Allemagne.

Je croirais volontiers (ce que ne dit pas l'auteur) que, par l'action du temps et de la civilisation, les cheveux ont pu brunir, les yeux noircir, c'est-à-dire prendre le caractère d'une vie plus intense.

---

1.   Moi, je vueil l'œil et brun le teint,
   Bien que l'œil *verd* toute la France adore.
         Ronsard.

Ode à Jacques Lepeletier. — Legrand d'Aussy, I, 369 : « Les cheveux de ma femme, qui aujourd'hui me paraissent noirs et pendants, me semblaient alors *blonds*, luisants et bouclés. Ses yeux, qui me semblent petits, je les trouvais *bleus*, charmants et bien fendus. » (Le Mariage; Aliàs : Le Jeu d'Adam, le Bossu d'Arras.)

sur l'auvergne au cinquième siècle (*Voy. page* 144).

Au cinquième siècle, l'Auvergne se trouva placée entre les invasions du Midi et du Nord, entre les Goths, les Burgundes et les Francs. Son histoire présente alors un vif intérêt, c'est celle de la dernière province romaine.

Sa richesse et sa fertilité étaient pour les barbares un puissant attrait. Sidonius Apollin., l. IV, epist. xxi (ap. Scrip. rer. Franc., t. I, p. 793) :

« Taceo territorii (il parle de la Limagne) peculiarem jocunditatem ; taceo illud æquor agrorum, in quo sine periculo quæstuosæ fluctuant in segetibus undæ ; quod industrius quisque quo plus frequentat, hoc minùs naufragat ; viatoribus molle, fructuosum aratoribus, venatoribus voluptuosum : quod montium cingunt dorsa pascuis, latera vinetis, terrona villis, saxosa castellis, opaca lustris, aperta culturis, concava fontibus, abrupta fluminibus : quod denique hujusmodi est, ut semel visum advenis, multis patriæ oblivionem sæpè persuadeat. » — Carmen VII, p. 804 :

> . . . . Fœcundus ab urbe
> Pollet ager, primo qui vix proscissus aratro
> Semina tarda sitit, vel luxuriante juvenco,
> Arcanam exponit piceâ pinguedine glebam.

Childebert disait (en 531) : Quand verrai-je cette belle Limagne ! « Velim Arvernam Lamanem, quæ tantæ jocunditatis gratiâ refulgere dicitur, oculis cernere ! » Theuderic disait aux siens : « Ad Arvernos me sequimini, et ego vos inducam in patriam ubi aurum et argentum accipiatis, quantùm vestra potest desiderare cupiditas ; de quâ pecora, de quâ mancipia, de quâ vestimenta in abundantiam adsumatis. » (Greg. Tur., l. III, c. ix, 11.)

Les barbares alliés de Rome n'épargnaient pas non plus l'Auvergne dans leur passage. Les Huns, auxiliaires de Litorius, la traversèrent en 437 pour aller combattre les Wisigoths et la mirent à feu et à sang (Sidon. Panegyr. Aviti, p. 803. Paulin., l. VI, vers. 116). L'avènement d'un empereur auvergnat, en 455, lui laissa quelques années de relâche. Avitus fit la paix avec les Wisigoths ; Théodoric II se déclara l'ami et le soldat de Rome

(Ibid., p. 810... Romæ sum, te duce, amicus, Principe te, miles).
— Mais, à la mort de Majorien (461), il rompit le traité et prit Narbonne; dès lors, l'Auvergne vit arriver et monter rapidement le flot de la conquête barbare, et bientôt (474) la cité des Arvernes (Clermont), l'antique Gergovie, surnagea seule, isolée sur sa haute montagne (Γεργουίαν, ἐφ'ὑψηλοῦ ὄρους κειμένην). Strabon, l. IV. — Quæ posita in altissimo monte omnes aditus difficiles habebat (Cæsar, l. VI, c. XXXVI. Dio Cass., l. XL).

Sidon. Apollin., l. III, epist. IV (ann. 474 : « Oppidum nostrum, quasi quemdam sui limitis oppositi obicem, circumfusarum nobis gentium arma terrificant. Sic æmulorum sibi in medio positi lacrymabilis præda populorum, suspecti Burgundionibus, proximi Gothis, nec impugnantûm irâ nec propugnantûm caremus invidiâ. » — L. VII, ad Mamert. « Rumor est Gothos in Romanum solum castra movisse. Huic semper irruptioni nos miseri Arverni janua sumus. Namque odiis inimicorum hinc peculiaria fomenta subministramus, quia, quod necdùm terminos suos ab Oceano in Rhodanum Ligeris alveo limitaverunt, solam sub ope Christi moram de nostro tantùm obice patiuntur. Circumjectarum vero spatium tractumque regionum jampridem regni minacis importuna devoravit impressio. »

Ainsi livrée à elle-même, abandonnée des faibles successeurs de Majorien, l'Auvergne se défendit héroïquement, sous le patronage d'une puissante aristocratie. C'était la maison d'Avitus avec ses deux alliées, les familles des Apollinaires et des Ferreols; toutes trois cherchèrent à sauver leur pays, en unissant étroitement sa cause à celle de l'empire.

Aussi les Apollinaires occupaient-ils dès longtemps les plus hautes magistratures de la Gaule (l. I, Epist. III) : « Pater, socer, avus, proavus præfecturis urbanis prætorianisque, magisteriis palatinis militaribusque micuerunt. » Sidonius lui-même épousa, ainsi que Tonantius Ferréol, une fille de l'empereur Avitus, et fut préfet de Rome sous Anthemius (Scr. Fr. I, 783).

Tous ils employèrent leur puissance à soulager leur pays accablé par les impôts et la tyrannie des gouverneurs. — En 469, Tonantius Ferréol fit condamner le préfet Arvandus, qui entretenait des intelligences avec les Goths. — Sidon., l. I, ep. VII : « Legati provinciæ Galliæ Tonantius Ferreolus prætorius, Afranii Syagrii consulis è filia nepos; Thaumastus quoque et Petronius, verborumque scientiâ præditi, et inter principalia patriæ nostræ decora ponendi, prævium Arvandum publico nomine accusaturi cum gestis decretalibus insequuntur. Qui inter cætera quæ sibi provinciales agenda mandaverant, interceptuas litteras deferebant... Hæc ad regem Gothorum charta videbatur emitti, pacem cum græco imperatore (Anthemio) dissuadens, Britannos super Ligerim sitos oppugnari oportere demonstrans, cum Burgundionibus jure gentium Gallias dividi debere confirmans. » — Ferréol avait lui-même administré la Gaule et diminué les impôts. Sid., l. VII, ep. xii : « ...Prætermisit stylus noster Gallias tibi administratas tunc quùm maxime incolumes erant... propterque prudentiam tantam providentiamque, currum tuum provinciales cum plausum maximo accentu spontanies subiisse cervicibus; quia sic habenas Galliarum moderabere, ut possessor exhaustus tributario jugo relevaretur. » — Avitus, dans sa jeunesse, avait été député par l'Auvergne à Honorius, pour obtenir une réduction d'impôts (Panegyr. Aviti, vers. 207). Sidonius dénonça et fit punir (471) Seronatus, qui opprimait l'Auvergne et la trahissait comme Arvandus. L. II, ep. 1 : « Ipse Catilina sæculi nostri... implet quotidie sylvas fugientibus, villas hospitibus, altaria reis, carceres clericis : exultans Gothis, insultansque Romanis, illudens præfectis, colludensque numerariis : leges Theodosianas calcans, Theodoricianasque proponens veteresque culpas, nova tributa perquirit. — Proinde moras tuas citus explica, et quicquid illud est quod te retentat, incide... »

Ces derniers mots s'adressent au fils d'Avitus, au puissant Ecdicius... « Te expectat palpitantium civium extrema libertas. Quicquid sperandum, quicquid desperandum est, fieri te medio, te præsule placet. Si nullæ a republicà vires, nulla præsidia, si nullæ, quantùm rumor est, Anthemii principis opes : statuit te auctore nobilitas seu patriam dimittere, seu capillos. »

Ecdicius, en effet, fut le héros de l'Auvergne; il la nourrit pendant une famine, leva une armée à ses frais, et combattit contre les Goths avec une valeur presque fabuleuse : il leur opposait les Burgundes, et attachait la noblesse arverne à la cause de l'Empire, en l'encourageant à la culture des lettres latines.

Gregor. Turon., l. II, c. xxiv : « Tempore Sidonii episcopi magna Burgundiam fames oppressit, Cumque populi per diversas regiones dispergerentur... Ecdicius quidam ex senatoribus... misit pueros suos cum equis et plaustris per vicinas sibi civitates, ut eos qui hàc inopià vexabantur, sibi adducerent. At illi cuntes, cunctos pauperes quotquot invenire potuerunt, adduxêre ad domum ejus. Ibique eos per omne tempus sterilitatis pascens, ab interitu famis exemit. Fuereque, ut multi aiunt, ampliùs quàm quatuor millia... Post quorum discessum, vox ad eum è cœlis lapsa pervenit : « Ecdici, Ecdici, quia fecisti rem hanc, tibi et semini tuo panis non deerit in sempiternum. » — Sidon. l. III, epist. III : « Si quandò, nunc maxime, Arvernis meis desideraris, quibus dilectio tui immane dominatur, et quidem multiplicibus ex causis... Mitto istic ob gratiam pueritiæ tuæ undique gentium confluxisse studia litterarum, tuæque personæ debitum, quod sermonis Celtici squamam depositura nobilitas, nunc oratorio stylo, nunc etiam camœlanibus modis imbuebatur. Illud in te affectum principaliter universitatis accendit, quod quos olim Latinos fieri exegeras, barbaros deinceps esse vetuisti... Hinc jam per otium in urbem reduci, quid tibi obviàm processerit officiorum, plausuum, fletuum, gaudiorum, magis tentant vota conjicere, quàm verba reserare... Dùm alii osculis pulverem tuum rapiunt, alii sanguine ac spumis pinguia lupata suscipiunt;... hìc licet multi complexibus tuorum tripudiantes adhærescerent, in te maximus tamen lætitiæ popularis impetus congerebatur, etc... Taceo deinceps collegisse te privatis viribus publici exercitûs speciem... te aliquot supervenientibus cuneos mactâsse turmales, e numero tuorum vix binis ternisve post prælium desideratis. »

En 472, le roi des Goths, Euric, avait conquis toute l'Aquitaine, à l'exception de Bourges et de Clermont (Sidon., l. VII, Ep. v). Ecdicius put prolonger quelque temps une guerre de partisans dans les montagnes et les gorges de l'Auvergne (Scr. Fr. XII, 53... Arvernorum difficiles aditus et obviantia castella). — Renaud, selon la tradition, n'osa entrer dans l'Auvergne, et se contenta d'en faire le tour. Sans doute, comme plus tard au temps de Louis-le-Gros, les Auvergnats abandonnèrent les châteaux pour se réfugier dans leur petite mais imprenable cité (loc. cit. : Præsidio civitatis, quia peroptime erat munita, relictis montanis acutissimis castellis, se commiserunt). Sidonius en était alors évêque; il instituait, pour repousser ces Ariens, des prières publiques : « Non nos aut ambustam murorum faciem, aut putrem sudium cratem, aut propugnacula vigilum trita pectoribus confidimus opitulaturum : solo tamen invectarum te (Mamerte) auctore, Rogationum palpamur auxilio; quibus inchoandis instituendisque populus arvernus, et si non effectu pari, affectu certe non impari, cœpit initiari, et ob hoc circumfusis necdùm dat terga terroribus. « (L. VII, Ep. ad Mamert.)

On a vu qu'Ecdicius repoussa les Goths; l'hiver les força de lever le siège (Sidon., l. III, Ep. vii). Mais, en 475, l'empereur Népos fit la paix avec Euric, et lui céda Clermont. Sidonius s'en plaignit amèrement (l. VII, Ep. vii) : « Nostri hic nunc est infelicis anguli status, cujus, ut fama confirmat, melior fuit sub bello quàm sub pace conditio. Facta est servitus nostra pretium securitatis alienæ. Arvernorum, proh dolor! servitus, qui, si prisca replicarentur, audebant se quondam fratres Latio dicere, et sanguine ab Iliaco populos computare (et ailleurs : ... Tellus... quæ Latio se sanguine tollit altissimam. Panegyr. Avit., v. 139)... Hoccine meruerunt inopia, flamma, ferrum, pestilentia, pingues cædibus gladii, et macri jejuniis præliatores! »

Ecdicius, ne voyant plus d'espoir, s'était retiré auprès de l'empereur avec le titre de Patrice. (Sidon., l. V, Ep. xvi; l. VIII, ep. vii; Jornandès, c. xlv.) — Euric relégua Sidoine dans le château de Livia, à douze milles de Carcassonne, mais il recouvra la liberté en 478, à la prière d'un Romain, secrétaire du roi des Goths, et fut rétabli dans le siège de Clermont (Sidon., l. VIII, Ep. viii). Lorsqu'il mourut (484), ce fut un deuil public : « Factum est post hæc, ut accedente febre ægrotare cœpisset; qui rogat suos ut eum in ecclesiam ferrent. Cùmque illuc inlatus fuisset, conveniebat ad eum multitudo virorum ac mulierum, simulque etiam et infantium plangentium atque dicentium : « Cur nos deseris, pastor bone, vel cui nos quasi orphanos derelinquis? Numquid erit nobis post transitum tuum vita?... Hæc et his similia populis cum magno fletu dicentibus... » Greg. Tur., l. II, c. xxiii.

Malgré la conquête d'Euric, les Arvernes durent jouir d'une certaine indépendance. — Alaric, il est vrai, les enrôle dans sa milice pour combattre à Vouglé (507); mais on les voit pourtant élire successivement pour évêques deux amis des Francs, deux victimes des soupçons des Ariens, Burgundes et Goths : en 484, Apruncule, dont Sidoine mourant avait prédit la venue (Greg. Tur., l. II, c. xxiii), et saint Quintien en 507, l'année même de la bataille de Vouglé.

Les grandes familles de Clermont conservèrent aussi sans doute une partie de leur influence. On trouve parmi les évêques de Clermont un Avitus « non infimis nobilium natalibus ortus » (Scr. Fr. II, 220, note), qui fut élu par « l'assemblée de tous les Arvernes ». (Greg. Tur., l. IV, c. xxxv), et fut très populaire (Fortunat, l. III, Carm. 26). Un autre Avitus est évêque de Vienne.

— Un Apollinaire fut évêque de Reims. Le fils de Sidonius fut évêque de Clermont après saint Quintien; c'était lui qui avait commandé les Arvernes à Vouglé : « Ibi tunc Arvernorum populus, qui cum Apollinare venerat, et primi qui erant ex senatoribus, conruerunt. » Greg. Tur., l. II, c. xxxvii.

De ce passage et de quelques autres encore, on pourrait induire que cette famille avait été originairement à la tête des clans arvernes.

Greg. Tur., l. III, c. ii : « Cùm populus (Arvernorum) sanctum Quintianum, qui de Rutheno ejectus fuerat, elegisset, Alchima et Placidina, uxor sororque Apollinaris, ad sanctum Quintianum venientes, dicunt : « Sufficiat, domine, senectuti tuæ quod es episcopus ordinatus. Permittat, inquiunt, pietas tua servo tuo Apollinari locum hujus honoris adipisci... » Quibus ille : « Quid ego, inquit, præstabo, cujus potestati nihil est subditum? sufficit enim ut orationi vacans, quotidianum mihi victum præstet ecclesia. » — Les Avitus semblent n'avoir été pas moins puissants Leur terre portait leur nom (*Avitacum*. Sidonius en donne une longue et pompeuse description (carmen XVIII). Ecdicius, le fils d'Avitus, semble entouré de *dévoués*. Sidonius lui écrit (l. III, Ep. iii) : « ... Vix duodeviginti equitum sodalitate comitatus, aliquot millia Gothorum... transisti... Cùm tibi non daret tot pugna socios, quot solet mensa convivas. » — Le nom même d'Apollinaire indique peut-être une famille originairement sacerdotale. Le petit-fils de Sidonius, le sénateur Arcadius, appela en Auvergne Childebert au préjudice de Theuderic (530), préférant sans doute sa domination à celle de l'ami de saint Quintien, du barbare roi de Metz (Greg. Tur., l. III, c. ix, sqq.).

Un Ferréol était évêque de Limoges en 585 (Scr. Fr. II, 296 . Un Ferréol occupa le siège d'Autun avant saint Léger. On sait que la généalogie des Carlovingiens les rattache aux Ferréols. Un capitulaire de Charlemagne (ap. Scr. F. V, 744) contient des dispositions favorables à un Apollinaire, évêque de Riez (Riez même s'appelait *Reii Apollinares*). — Peut-être les Arvernes eurent-ils grande part à l'influence que les Aquitains exercèrent sur les Carlovingiens. Raoul Glaber attribue aux Aquitains et aux Arvernes le même costume, les mêmes mœurs et les mêmes idées (l. III, ap. Scr. Fr. X, 42).

SUR LA CAPTIVITÉ DE LOUIS II (*Voy. page* 314).

Audite omnes fines terre orrore cum tristitia,
    Quale scelus fuit factum Benevento civitas.
    Lhuduicum comprenderunt, sancto pio Augusto.
Beneventani se adunarunt ad unum consilium,
    Adalferio loquebatur et dicebant principi :
    Si nos cum vivum dimittemus, certe nos peribimus.
Celus magnum preparavit in istam provinciam,
    Regnum nostrum nobis tollit, nos habet pro nihilium,
    Plures mala nobis fecit, rectum est moriar.
Deposuerunt sancto pio de suo palatio;
    Adalferio illum ducebat usque ad pretorium,
    Ille vero gaude visum tanquam ad martyrium.
Exierunt Sado et Saducto, invocabant imperio;
    Et ipse sancte pius incipiebat dicere :
    Tanquam ad latronem venistis cum gladiis et fustibus,
Fuit jam namque tempus vos allevavit in omnibus,
    Modo vero surrexistis adversus me consilium,
    Nescio pro quid causam vultis me occidere.
Generatio crudelis veni interficere,
    Eclesieque sanctis Dei venio diligere,
    Sanguine veni vindicare quod super terram fusus est.
Kalidus ille temtador, ratum atque nomine
    Cororum imperii sibi in caput pronet et dicebat populo :
    Ecce sumus imperator, possum vobis regero.
Leto animo habebat de illo quo fecerat;
    A demonio vexatur, ad terram cecciderat,
    Exierunt multæ turmæ videre mirabilia.
Magnus Dominus Jesus Christus judicavit judicium :
    Multa gens paganorum exit in Calabria,
    Super Salerno pervenerunt, possidere civitas.
Juratum est ad Surete Dei reliquie
    Ipse regnum defendendum, et alium requirere.

« Écoutez, limites de la terre, écoutez avec horreur, avec tristesse, quel crime a été commis dans la ville de Bénévent. Ils ont arrêté Louis, le saint, le pieux Auguste. Les Bénéventins se sont assemblés en conseil; Adalfieri parlait, et ils ont dit au prince : Si nous le renvoyons en vie, sans doute nous périrons tous. Il a préparé de cruelles vengeances contre cette province :

il nous enlève notre royaume, il nous estime comme rien; il nous a accablés de maux : il est bien juste qu'il périsse. Et ce saint, ce pieux monarque, ils l'ont fait sortir de son palais; Adalfieri l'a conduit au prétoire, et lui, il paraissait se réjouir de sa persécution comme un saint dans le martyre. Sado et Saducto sont sortis en invoquant les droits de l'empire; lui-même il disait au peuple : Vous venez à moi comme au-devant d'un voleur avec des épées et des bâtons; un temps était où je vous ai soulagés, mais à présent vous avez comploté contre moi, et je ne sais pourquoi vous voulez me tuer : je suis venu pour détruire la race des infidèles; je suis venu pour rendre un culte à l'Église et aux saints de Dieu; je suis venu pour venger le sang qui avait été répandu sur la terre. Le tentateur a osé mettre sur sa tête la couronne de l'Empire; il a dit au peuple : Nous sommes empereur, nous pouvons vous gouverner, et il s'est réjoui de son ouvrage; mais le démon le tourmente et l'a renversé par terre, et la foule est sortie pour être témoin du miracle. Le grand maître Jésus-Christ a prononcé son jugement : la foule des païens a envahi la Calabre; elle est parvenue à Salerne pour posséder cette cité : mais nous jurons sur les saintes reliques de Dieu de défendre ce royaume et d'en conquérir un autre. »

SUR LES COLLIBERTS, CAGOTS, CAQUEUX, GÉSITAINS, ETC.

On retrouve dans l'ouest et le midi de la France quelques débris d'une population opprimée, dont nos anciens monuments font souvent mention, et que poursuivent encore une horreur et un dégoût traditionnels. Les savants qui ont cherché à en découvrir l'origine ne sont arrivés, jusqu'à ce jour, qu'à des conjectures contradictoires plus ou moins plausibles, mais peu décisives.

Ducange dérive le mot *Collibert* de *cum* et de *libertus*. « Il semble, dit-il, que les Colliberts n'étaient ni tout à fait esclaves, ni tout à fait libres. Leur maître pouvait, il est vrai, les vendre ou les donner, et confisquer leur terre. — « Iratus graviter contra eum, dixi ei quod meus Colibertus erat, et poteram eum vendere vel ardere, et terram suam cuicumque vellem dare, tanquam terram Coliberti mei (Charta juelli de Meduana, ap. Carpentier, Supplem. Gloss.). » On les affranchissait de la même manière que les esclaves (vid. Tabul. Burgul., Tabul. S. Albini Andegav., Chart. Lud. VI, ann. 1103, ap. Ducange). Enfin un auteur dit :

> Libertate carens Colibertus dicitur esse ;
> De servo factus liber, Libertus, etc.

(Ebrardus Betum ; ibid. Vid. Acta pontific. Cenoman., ap. Scr. Fr. X, 385). Mais, d'un autre côté, la loi des Lombards compte les Colliberts parmi les libres (l. I, tit. xxix; l. II, t. xxi, xxvii, lv). Ils étaient sans doute en général *serfs sous conditions*, et dans une situation peu différente de celle des *homines de capite*. Le Domesday Book les appelle *colons*. On les voit souvent sujets à des redevances : « Colibertis S. Cyrici, qui unoquoque anno solvere debent de capite tres denarios » (Liber chart. S. Cyrici Nivern., n° 83, ap. Ducange).

C'est surtout dans le Poitou, le Maine, l'Anjou, l'Aunis, qu'on trouve le mot de Collibert. L'auteur d'une histoire de l'île de Maillezais les représente comme une peuplade de pêcheurs qui s'était établie sur la Sèvre, et donne de leur nom une étymologie singulière. — « In extremis quoque insulæ, supra Separis alveum quoddam genus hominum, piscando quæritans victum, nonnulla tuguria confecerat, quod à majoribus Collibertorum vocabulum contraxerat. Collibertus à *cultu imbrium* descendere putatur. » Il ajoute que les Normands en détruisirent une grande quantité, et qu'on chante encore cet événement : « Deleta cantatur maxima multitudo. »

Dans la Bretagne, c'étaient les *Caqueux, Caevus, Cacous*[1], *Caquins*. On lit dans un ancien registre qu'ils ne pouvaient voyager dans le duché que vêtus de rouge (D. Lobineau, II, 1350. Marten. Anecdot., IV, 1142). Le parlement de Rennes fut obligé d'intervenir pour leur faire accorder la sépulture. Il leur était défendu de cultiver d'autres champs que leurs jardins. Mais cette disposition, qui réduisait ceux qui n'avaient pas de terre à mourir de faim, fut modifiée en 1477 par le duc François.

En Guyenne, c'étaient les *Cahets ;* chez les Basques et les Béarnais, dans la Gascogne et le Bigorre, les *Cagots, Agots, Agotas, Capots, Caffos, Crétins;* dans l'Auvergne, les *Marrons*.

---

1. Le chef suprême des Truands s'appelait dans leur langage *coërse*, et ses principaux officiers *cagoux*, ou archisuppôts.

D'après l'ancien for de Béarn, il fallait la déposition de sept Cagots ou Crétins pour valoir un témoignage (Marca, Béarn, p. 73). Ils avaient une porte et un bénitier à part, à l'église, et un arrêt du parlement de Bordeaux leur défendit, sous peine du fouet, de paraître en public autrement que chaussés et habillés de rouge (comme en Bretagne). En 1460, les États du Béarn demandèrent à Gaston qu'il fût défendu de marcher pieds nus dans les rues sous peine d'avoir les pieds percés d'un fer, et qu'ils portassent sur leurs habits leur ancienne marque d'un pied d'oie ou de canard. Le prince ne répondit pas à cette demande. En 1606, les États de Soule leur interdisent l'état de meunier (Marca, p. 71).

Marca dérive le mot Cagots de *caas goths*, chiens goths. Ce seraient alors des Goths. Cependant le nom de Cagots ne se trouve que dans la nouvelle coutume de Béarn, réformée en 1551, tandis que les anciens fors manuscrits donnent celui de *Chrestiaas*, ou chrétiens; dans l'usage on les appelle plus souvent Chrétiens que Cagots. Le lieu où ils habitent s'appelle le quartier des Chrétiens.

Oihenart conjecture que les Cagots étaient autrefois appelés Chrétiens (crétins) par les Basques, lorsque ceux-ci étaient encore païens. On les appelait aussi *pelluti* et *comati :* cependant les Aquitains laissaient également croître leurs cheveux.

Ce qui pourrait encore les faire considérer comme les débris d'une race germanique, c'est que les familles *agotes*, chez les Basques, sont généralement blondes et belles. Selon M. Barraut, médecin, les Cagots de sa ville sont de beaux hommes blonds (Laboulinière, I, 89).

Marca pense que ce sont des descendants des Sarrasins, restés après la retraite des infidèles, surnommés peut-être *Caas-Goths*, par dérision, dans le sens de chasseurs des Goths. On les aurait appelés Chrétiens en qualité de nouveaux convertis. L'isolement où ils vivent semble rappeler la retraite des catéchumènes. Il est dit dans les actes du concile de Mayence, chap. v : « Les catéchumènes ne doivent point manger avec les baptisés ni les baiser; encore moins les gentils. » Et d'un autre côté, une lettre de Benoît XII, adressée en janvier 1340 à Pierre IV d'Aragon, prouve que les habitations des Sarrasins, comme celles des Cagots, étaient situées dans des lieux écartés. « Nous avons appris, dit le pape, par le rapport de plusieurs fidèles habitants de vos États, que les Sarrasins, qui y sont en grand nombre, avaient, dans les villes et les autres lieux de leur demeure, des habitations séparées et enfermées de murailles, pour être éloignés du trop grand commerce avec les chrétiens et de leur familiarité dangereuse ; mais à présent ces infidèles étendent leur quartier ou le quittent entièrement, et logent pêle-mêle avec les chrétiens, et quelquefois dans les mêmes maisons. Ils cuisent aux mêmes feux, se servent des mêmes bancs, et ont une communication scandaleuse et dangereuse. » (Voy. Laboulinière, I, 82.)

Le mot de Crétin, selon Fodéré (ap. Dralet, t. I) vient de Chrétien, bon Chrétien, Chrétien par excellence, titre qu'on donne à ces idiots, parce que, dit-on, ils sont incapables de commettre aucun péché. On leur donne encore le nom de Bienheureux, et après leur mort on conserve avec soin leurs béquilles et leurs vêtements.

Dans une requête qu'ils adressèrent en 1514 à Léon X, sur ce que les prêtres refusaient de les ouïr en confession, ils disent eux-mêmes que leurs ancêtres étaient Albigeois. Cependant, dès l'an 1000, les Cagots sont appelés Chrétiens dans le Cartulaire de l'abbaye de Luc et l'ancien for de Navarre. Mais ce qui vient à l'appui de leur témoignage, c'est que, dans le Dauphiné et les Alpes, les descendants des Albigeois sont encore appelés *Caignards*, corruption de *canards*, parce qu'on les obligeait de porter sur leurs habits le pied de canard dont il est parlé dans l'histoire des Cagots de Béarn. Rabelais, pour la même raison, appelle *Canards de Savoie* les Vaudois Savoyards [1].

Les descendants des Sarrasins, continue Marca, auraient été aussi nommés *Gésitains*, comme ladres, du nom du Syrien Giezi, frappé de la lèpre pour son avarice. Les Juifs et les Agaréniens ou Sarrasins croyaient, selon les écrivains du moyen âge, échapper à la puanteur inhérente à leur race en se soumettant au baptême chrétien, ou en buvant le sang des enfants chrétiens. — Le P. Grégoire de Rostrenen (Dictionnaire celt.) dit que *caccod* en celtique signifie lépreux. En espagnol : *gafo*, lépreux ; *gafi*, lèpre. L'ancien for de Navarre, compilé vers 1074, du temps du roi Sanche Ramirez, parle des *Gaffos* et les traite

---

[1]. Bullet croit trouver dans ce fait un rapport avec l'histoire de Berthe, la *reine pédauque* (pes aucæ, pied d'oie. Voy. mon IIe volume). Un passage de Rabelais indique qu'on voyait une image de la reine Pédauque à Toulouse. Les contes d'Eutrapel nous apprennent qu'on jurait à Toulouse *par la quenouille de la reine Pédauque*. Cette locution rappelle le proverbe : *Du temps que la reine Berthe filait* (Bullet, Mythologie française).

comme ladres. Le for de Béarn distingue pourtant les Cagots des lépreux : le port d'armes leur est défendu, et il est permis aux ladres.

De Bosquet, lieutenant général au siège de Narbonne, dans ses notes sur les lettres d'Innocent III, croit reconnaître les *Capots* dans certains marchands juifs désignés dans les Capitulaires de Charles-le-Chauve par le nom de *Capi* (Capit. ann. 877, c. xxxi).

Dralet pense que ce furent des goîtreux qui formèrent ces races. Les premiers habitants, dit-il, durent être plus sujets aux goîtres, parce que le climat dut être alors plus froid et plus humide. En effet, on trouve peu de goîtreux sur le versant espagnol; les nuits y sont moins froides, il y a moins de glaciers et de neiges, et le vent du sud y adoucit le climat. Selon M. Boussingault, cette maladie vient de ce qu'on boit les eaux descendues des hautes montagnes, où elles sont soumises à une très faible pression atmosphérique et ne peuvent s'imprégner d'air. (De même on voit beaucoup de goîtres à Chantilly, parce qu'on y boit l'eau de conduits souterrains où la pression de l'air a peu d'action. — Annal. de Chimie, février 1832.)

Au reste, peut-être doit-on admettre à la fois les opinions diverses que nous avons rapportées; tous ces éléments entrèrent sans doute successivement dans ces races maudites, qui semblent les parias de l'Occident.

APPENDICE

1 — page 7 — ... *parleurs terribles*, etc...
Ὅσον ἄχρηστον ποιῆσαι τὸ λοιπόν, Strab., l. IV, ap. Scr. R. Fr. I, 30. — Remarquons combien les anciens ont été frappés de l'instinct rhéteur et du caractère bruyant des Gaulois. *Nata in vanos tumultus gens* (Tit. Liv. à la prise de Rome). — Les crieurs publics, les trompettes, les avocats, étaient souvent Gaulois. *Insuber, id est, mercator et præco.* Cic. Fragm. or. contra Pisonem. — Voyez aussi tout le discours *Pro Fonteio*. — *Pleraque Gallia duas res industriosissime persequitur, virtutem bellicam et argutè loqui.* (Cato). Ἀπειληταί, καὶ ἀνατατικοί, καὶ τετραγῳδημένοι. Diodor. Sic., lib. IV.

2 — page 9 — ... *dissolus par légèreté*...
Diodor. Sicul., l. V, ap. Scr. Fr., I, 310. — Strab., l. IV. — Athen., l. XIII, c. VIII. — Nous trouvons plus tard, chez les Celtes de l'Irlande et de l'Angleterre, quelque trace des mœurs dissolues de la Gaule antique. Le docteur Leland, t. I, p. 14, dit que les Irlandais regardaient l'adultère comme « une galanterie pardonnable ». O'Halloran, I, 394. — Lanfranc, saint Anselme et le pape Adrien, dans son fameux bref à Henri II, leur reprochent l'inceste. — Voy. Usser., Syl. epis., 70, 94, 95. — Saint Bernard, in Vit. S. Malach., 1932, sqq. Girald. Cambr., 742, 743.

3 — page 12 — ... *des Kymry (Cimmerii?)*...
Appien (Illyr., p. 1196, et de B. civ., I, p. 625) et Diodore (lib. V, p. 309) disent que les Celtes étaient Cimmériens. — Plutarque (in Mario) fait entendre la même chose. — « Les Cimmé-

riens, dit Éphore (apud Strab., V, p. 375), habitent des souterrains qu'ils appellent *argillas.* » Le mot *argel* veut dire souterrain, dans les poésies des Kymry de Galles (W. Archaiol., I, p. 80, 152). — Les Cimbres juraient par un taureau. Les armes de Galles sont deux vaches. — Plusieurs critiques allemands distinguent toutefois les Cimmériens des Cimbres, et ceux-ci des Kymry. Ils rattachent les Cimbres à la race germanique.

4 — page 16 — ... *des Belges*...
La fougue, la promptitude et la mobilité des résolutions caractérisent également les *Bolg* d'Irlande, de Belgique et de Picardie (Bellovaci, Bolci, Bolgæ, Belgæ, Volci, etc.), et ceux du midi de la France, malgré les mélanges divers de races.

Les Belges, dans les anciennes traditions irlandaises, sont désignés par le nom de *Fir-Bholg*. Ausone (de Clar. Urb. Narbo.,) témoigne que le nom primitif des Tectosages était Bolg : « Tectosagos primævo nomine *Bolgas*. » Cicéron leur donne celui de *Belgæ* : « Belgarum Allobrogumque testimoniis credere non timetis? » (Pro Man. Fonteio). Les manuscrits de César portent indifféremment *Volgæ* ou *Volcæ*. — Enfin saint Jérôme nous apprend que l'idiome des *Tectosages était le même que celui de Trèves*, ville capitale de la Belgique. Am. Thierry, I, 131.

5 — page 17 — *Leur brenn leur recommanda*, etc...
Ses derniers avis furent suivis pour ce qui regardait les blessés, car le nouveau brenn fit égorger dix mille hommes qui ne pouvaient soutenir la marche; mais il conserva la plus grande partie des bagages. — Diod. Sic., XXII, 870. — S'il y avait des enfants qui parussent plus gras que les autres, ou nourris d'un meilleur lait, les Gaulois, dans l'invasion de Grèce, buvaient leur sang et se rassasiaient de leur chair. Pausanias, l. X, p. 650. — Après le combat, les Grecs donnèrent la sépulture à leurs morts; mais les Kymro-Galls n'envoyèrent aucun héraut redemander les leurs, s'inquiétant peu qu'ils fussent enterrés ou qu'ils servissent de pâture aux bêtes fauves et aux vautours. Pausan., l. X, p. 619. — A Égée, ils jetèrent au vent les cendres des rois de Macédoine. Plut., Pyrrh., Diod. ex Val. — Lorsque le brenn eut connu, par les rapports des transfuges, le dénombrement des troupes grecques, pleins de mépris pour elles, il se porta en avant d'Héraclée, et attaqua les défilés, dès le lendemain, au lever du soleil, « sans avoir consulté sur le succès futur de la bataille, remarque un écrivain ancien, aucun prêtre de sa nation, ni, à défaut de ceux-ci,

aucun devin grec. » Pausan., liv. X, p. 648. Am. Thierry, *passim*.
— Le brenn dit, à Delphes : « Locupletes deos largiri hominibus oportere... eos nullis opibus egere, ut qui eas largiri hominibus soleant. » Justin, XXIV, 6.

6 — 19 — *Les Ligures...*
Florus II, 3, trad. de M. Ragon. — La vigueur des Liguriens faisait dire proverbialement : Le plus fort Gaulois est abattu par le plus maigre Ligurien. Diod., V, 39. Voy. aussi liv. XXXIX, 2. Strabon, IV. Les Romains leur empruntèrent l'usage des boucliers oblongs, *scutum ligusticum*. Liv. XLIV, 35. Leurs femmes, qui travaillaient aux carrières, s'écartaient un instant quand les douleurs de l'enfantement les prenaient, et après l'accouchement elles revenaient au travail. Strabon, III. Diod. IV. Les Liguriens conservaient fidèlement leurs anciennes coutumes, par exemple, celle de porter de longs cheveux. On les appelait *Capillati*. — Caton dit dans Servius : « Ipsi unde oriundi sint exactâ memoriâ, illiterati, mendaces, quæ sunt et vera minùs meminêre. » Nigidius Figulus, contemporain de Varron, parle dans le même sens.

7 — page 36 — *Marius enivré de sa victoire sur les barbares...*
Valer. Max., l. III, c. vii. — Sallust. de B. Jug., ad. calc : « Ex eâ tempestate spes atque opes civitatis in illo sitæ. » — Vell. Paterc., l. II, c. xii : « Videtur meruisse.... ne ejus nati rempublicam pœniteret. » — Florus, l. III, c. iii : « Tam lætum tamque felicem liberatæ Italiæ assertique imperii nuntium..... populus Romanus accepit per ipsos, si credere fas est, deos, etc. » — Plut., in Mario.

8 — page 38 — *Le terrible Kirk*, etc...
KIRK. Maxim. Tyr., Serm. 18. — Senec., Quœst. nat., l. V, c. xvii. — Posidon., ap. Strab., l. IV. — P. Oros., l. V, c. xvi. Greg. Turon, de Glor. confess., c. v. Dans le moine de Saint-Gall, *Circinus* est synonyme de *Boreas*. — TARANIS. Lucan., l. I. — VOSÈGE. Inscript. Grut., p. 94. — PENNIN, liv. XXI, c. xxxviii. — ARDOINNE. Inscript. Grut. — GENIO ARVERNORUM. Reines., app. 5.— BIBRACTE, Inscr. ap. Scr. rer. Fr., I, 24. — NEMAUSUS. Grut., p. 111. Spon., p. 169. — AVENTIA. Grut., p. 110. — BELENUS. Auson., carm. II. — Tertull., Apolog. c. xxiv. — HESUS. Dans un bas-relief trouvé sous l'église de Notre-Dame de Paris, en 1711, on voit Hésus couronné de feuillage, à demi nu, une cognée à la main, et le genou gauche appuyé sur un arbre qu'il coupe. — OGMIUS.

L'écriture sacrée des Irlandais s'appelait *Ogham*. Voy. Toland O'Halloran, et Vallancey et Beaufort, dans les *Collectanea de Rebus Hibernicis*, etc.

9 — page 41 — *L'œuf de serpent...*
Cet œuf prétendu paraît n'avoir été autre chose qu'une échinite, ou pétrification d'oursin de mer.

Durant l'été, dit Pline, on voit se rassembler dans certaines cavernes de la Gaule des serpents sans nombre, qui se mêlent, s'entrelacent, et avec leur salive, jointe à l'écume qui suinte de leur peau, produisent cette espèce d'œuf. Lorsqu'il est parfait, ils l'élèvent et le soutiennent en l'air par leurs sifflements ; c'est alors qu'il faut s'en emparer avant qu'il ait touché la terre. Un homme, aposté à cet effet, s'élance, reçoit l'œuf dans un linge, saute sur un cheval qui l'attend, et s'éloigne à toute bride, car les serpents le poursuivent jusqu'à ce qu'il ait mis une rivière entre eux et lui. Il fallait l'enlever à une certaine époque de la lune ; on l'éprouvait en le plongeant dans l'eau ; s'il surnageait, quoique entouré d'un cercle d'or, il avait la vertu de faire gagner les procès et d'ouvrir un libre accès auprès des rois. Les druides le portaient au cou, richement enchâssé, et le vendaient à très haut prix.

10 — page 45 — *Lorsque César envahit la Gaule...*
Sur les révolutions de la province romaine, entre Marius et César, voyez Am. Thierry. Une grande partie de l'Aquitaine suivit l'exemple de l'Espagne, et se déclara pour Sertorius ; c'est de la Gaule que Lépidus envahit l'Italie. Mais le parti de Sylla l'emporta. L'Aquitaine fut réduite par Pompée. Il y fonda des colonies militaires à Toulouse, à Biterræ (Béziers), à Narbonne (an 75), et réunit tous les bannis qui infestaient les Pyrénées dans sa nouvelle ville de *Convenæ* (réunion d'hommes rassemblés de tous pays) ; c'est Saint-Bertrand de Comminges. Le principal agent des violences du parti de Sylla en Gaule avait été un Fonteius, que Cicéron trouva moyen de faire absoudre. (Voy. le *Pro Fonteio*.) La Gaule romaine eut tant à souffrir que les députés des Allobroges furent au moment d'engager leur patrie dans la conjuration de Catilina. Voy. mon *Histoire romaine*.

11 — page 46, note — *Ver-go-breith...*
Cæs., l. I, c. xvi. « *Vergobretum*, qui creatur annuus et vitæ necisque in suos habet potestatem. » — L. VII, xxxiii. « Legibus Æduorum iis qui summum magistratum obtinerent, excedere ex

finibus non liceret... quùm leges duo ex unà familià, vivo utroque, non solùm magistratus creari vetarent, sed etiam in senatu esse prohiberent. » — L. V, c. vii. « Esse ejusmodi imperia, ut non minùs haberet juris in se (regulum?), multitudo, quàm se in multitudine... » *et passim.*

12 — page 62 — *Villes Juliennes, Augustales...*
César établit des vétérans de la 10ᵉ légion à Narbonne, qui prit alors les surnoms de *Julia, Julia Paterna, colonia Decumanorum.* Inscript. ap. Pr. de l'Hist. du Languedoc. — Arles, *Julia, Paterna Arelate.* — Biterræ, *Julia Biterra.* Scr. fr. I, 135. — Bibracte, *Julia Bibracte,* etc. — Sous Auguste, Nemausus joignit à son nom celui d'*Augusta*, et prit le titre de colonie romaine. Il en fut de même d'*Alba Augusta* chez les Helves; d'*Augusta*, chez les Tricastins. — *Augusto nemetum* devint la capitale des Arvernes. — Noviodunum prit le nom d'*Augusta ;* Bibracte, d'*Augustodunum*, etc. Am. Thierry, III, 281.

13 — page 73 — *Combien la Gaule était déjà romaine...*
Strab., l. IV : « Rome soumit les Gaulois bien plus aisément que les Espagnols. » — Discours de Claude, ap. Tacit., Annal. II, c. xiv : « Si cuncta bella recenseas, nullum breviore spatio quàm adversùs Gallos confectum : continua inde ac firma pax. » — Hirtius ad Cæs., l. VIII, c. xlix : « Cæsar... defessam tot adversis præliis Galliam, conditione parendi meliore, facile in pace continuit. » — Dio C., l. LII, ap. Scr. R. Fr. I, p. 520 : « Auguste défendit aux sénateurs de sortir de l'Italie sans son autorisation ; ce qui s'observe encore aujourd'hui ; aucun sénateur ne peut voyager, si ce n'est en Sicile ou en Narbonnaise. »

14 — page 73 — *Marseille, cette petite Grèce...*
Strab., l. IV, ap. Scr. Fr. I, 9. « Cette ville avait rendu les Gaulois tellement *philhellènes*, qu'ils écrivaient en grec jusqu'aux formules des contrats, et aujourd'hui elle a persuadé aux Romains les plus distingués de faire le voyage de Massalie, au lieu du voyage d'Athènes. » — Les villes payaient sur les revenus publics des sophistes et des médecins. Juvénal : « De conducendo loquitur jam rhetore Thule. » — Martial (l. VII, 87) se félicite de ce qu'à Vienne les femmes même et les enfants lisent ses poésies. — Les écoles les plus célèbres étaient celles de Marseille, d'Autun, de Toulouse, de Lyon, de Bordeaux. Ce fut dans cette dernière que persista le plus longtemps l'enseignement du grec.

15. — page 73 — ... *cette petite Grèce, plus sobre et plus modeste que l'autre...*

Strab., ibid. « Chez les Marseillais, on ne voit point de dot au-dessus de cent pièces d'or; on n'en peut mettre plus de cinq à un habit, et autant pour l'ornement d'or. » — Tacit. Vit. Agricol., c. IV : « Arcebat eum (Agricolam) ab inlecebris peccantium, præter ipsius bonam integramque naturam, quòd statim parvulus sedem ac magistram studiorum Massiliam habuerit, locum græcâ comitate et provinciali parcimoniâ mixtum ac bene compositum. » On trouve dans Athénée, l. XII, c. v, un proverbe qui semble contredire ces autorités (πλεύσαις εἰς Μασσαλίαν).

16 — page 77 — *Posthumius... le restaurateur des Gaules...*

Zozim., l. I. — P. Oros., liv. VII : « Invasit tyrannidem, multo quidem reipublicæ commodo. » — Trebell. Pollio, ad. ann. 260 : Posthumius... Gallias ab omnibus circumfluentibus barbaris validissime vindicavit. — Nimius amor ergà Posthumium omnium erat in Gallicâ gente populorum, quòd submotis omnibus germanicis gentibus, romanum in pristinam securitatem revocasset imperium. Ab omni exercitu et ab omnibus Gallis Posthumius gratanter acceptus talem se præbuit per annos septem, ut Gallias instauraverit. » — On lit sur une médaille de Posthumius : RESTITUTORI GALLIÆ. Script. Fr. I, 538.

17 — page 78 — *Les provinces respirèrent sous ces princes cruels...*

Tibère. Dans l'affaire de Sérénus, Tibère se déclara pour les accusateurs, *contrà morem suum.* Tacite, *Annal.*, l. IV, c. xxx. — « Accusatores, si facultas incideret, pœnis afficiebantur. » L. VI, c. xxx. — Les biens d'un grand nombre d'usuriers ayant été vendus au profit du fisc : « Tulit opem Cæsar, disposito per mensas millies sestertio, factâque mutuandi copiâ sine usuris per triennium, si debitor populo in duplum prædiis cavisset. Sic refecta fides. » *Annal.*, liv. VI, c. XVII. — « Præsidibus onerandas tributo provincias suadentibus rescripsit : Boni pastoris esse tondere pecus, non deglubere. » Sueton. in Tiber., c. XXXII. — « Principem præstitit, et si varium, commodiorem tamen sæpius, et ad utilitates publicas proniorem. Ac primo eatenus interveniebat, ne quid perperam fieret... Et si quem reorum elabi gratiâ rumor esset, subitus aderat, judicesque... religionis et noxæ de quâ cognoscerent, admonebat : atque etiam si qua in publicis moribus desidiâ aut malâ consuetudine labarent, corrigenda suscepit. » C. XXXIII. — « Ludorum ac munerum impensas corripuit, mercedibus scenicorum rescissis, paribusque gladiatorum ad certum numerum redactis ..; adhibendum supellectili modum censuit. Annonamque macelli, senatûs arbitratu, quotannis temperandam, etc.— Et parcimoniam publicam exemplo quoque juvit. » C. xxxiv. — « Neque spectacula omnino edidit. » C. xlvii. — « In primis tuendæ pacis à grassaturis ac latrociniis seditionumqne licentiâ, curam habuit, etc. » — « Abolevit et jus moremque asylorum, quæ usquam erant. » C. xxxvii.

Néron. « Non defuerunt qui per longum tempus vernis æstivisque floribus tumulum ejus ornarent, ac modo imagines prætextatas in Rostris præferrent, modo edicta, quasi viventis, et brevi magno inimicorum malo reversuri. Quin etiam Vologesus, Parthorum rex, missis ad senatum legatis de instaurandâ societate, hoc etiam magnopere oravit, ut Neronis memoria coleretur. Denique cùm post viginti annos exstitisset conditionis incertæ, qui se Neronem esse jactaret, tam favorabile nomen ejus apud Parthos fuit, ut vehementer adjutus, et vix redditus sit. » Suet., in Nerone, c. lvii.

18 — page 80 — *Les empereurs rendaient eux-mêmes la justice...*

Tibère. « Petitum est a principe cognitionem exciperet : quod ne reus quidem abnuebat, studia populi et patrum metuens : contra, Tiberium spernendis rumoribus validum... veraque... judice ab uno facilius discerni : odium et invidiam apud multos valere... Paucis familiarium adhibitis, minas accusantium, et hinc preces audit, integramque causam ad senatum remittit. Tacit. » *Annal.,* III, c. x.

« Messalinus... à primoribus civitatis revincebatur : iisque instantibus ad imperatorem provocavit. » Tacit. *Annal.,* l. VI, c. v. — « Vulcatius Tullinus, ac Marcellus, senatores, et Calpurnius, eques romanus, appellato principe instantem damnationem frustrati. » Ibid., l. XII, c. xxviii. — Deux délateurs puissants, Domitius Afer et P. Dolabella, s'étant associés pour perdre Quintilius Varus, « restitit tamen senatus et opperiendum imperatorem censuit, quod unum urgentium malorum suffugium in tempus erat. » Ibid., liv. IV, c. lxvi.

Claude. Alium interpellatum ab adversariis de propriâ lite, negantemque cognitionis rem, sed ordinarii juris esse, agere causam confestim apud se coegit, proprio negotio documentum daturum, quàm æquus judex in alieno negotio futurus esset. » Sueton., in Claudio, c. v.

Domitien. « Jus diligenter et industrie dixit, plerumque et in foro pro tribunali extra ordinem ambitiosas centumvirorum sententias recidit. » Suet. in Dom., c. VIII.

19 — page 85 — *Lutte meurtrière entre le fisc et la population...*
Lactant. de M. persecut. c. VII, 23. « Adeo major esse cœperat numerus accipientium quàm dantium... Filii adversus parentes suspendebantur... » — Une sorte de guerre s'établit entre le fisc et la population, entre la torture et l'obstination du silence. « Erubescit apud eos, si quis non inficiando tributa, in corpore vibices ostendat. » Ammian. Marc., in Comment. Cod. Theod., lib. XI, tit. 7, leg. 3ª.

20 — page 85 — *Sous le nom de Bagaudes...*
Prosper Aquit., in Chronic : « Omnia penc Galliarum servitia in *Bagaudam* conspiravêre. » — Ducange, vº BAGAUDÆ, BACAUDÆ, ex Paul. Oros., l. VII, c. XV; Eutrop., lib. IX; Hieronymus in Chronico Euseb. : « Diocletianus consortem regni Herculium Maximianum assumit, qui, rusticorum multitudine oppressa, quæ factioni suæ Bacaudarum nomen indiderat, pacem Gallis reddit. » Victor Scotti : « Per Galliam excita manu agrestium ac latronum, quos Bagaudas incolæ vocant, etc. » Pæanius Eutropii interpres Gr. : « Στασιάζοντος δὲ ἐν Γάλλοις τοῦ ἀγροικικοῦ, καὶ Βακαύδας καλοῦντας τοὺς συγκροτηθέντας, ὄνομα δὲ ἔστι τοῦτο τυράννους δηλοῦν ἐπιχωρίους... » Βαγεύειν est vagari apud Suidam. At cùm Gallicam vocem esse indicet Aurelius Victor, quid si à *Bagat, vel Bagad,* quæ vox Armoricis et Wallis, proinde veteribus Gallis, turmam sonat, et hominum collectionem ? — Catholicum Armoricum : « *Bagat,* Gall., assemblée, multitude de gens, troupeau. — Cæterum *Baogandas,* seu *Baogaudas* habet prima Salviani editio, ann. 1530. — *Baugaredos* vocat liber de castro Ambasiæ, num. 8. *Baccharidas,* Idacius in Chronico, in Diocletiano. — Non desunt, qui Parisienses vulgo *Badauts* per ludibrium appellant, tanquam à primis Bagaudis ortum duxerint. — Turner, Hist. of A. I. *Bagach,* in Irish, is warlike. *Bagach,* in Erse, is fighting. — *Bagad,* in Welsh, is multitude. — Saint-Maur-des-Fossés, près Paris, s'appelait le château des Bagaudes. Voy. Vit. S. Baboleni.

21 — page 86 — *Constantin, né en Bretagne...*
Schæpflin adopte cependant une autre opinion. V. sa dissertation : *Constantinus Magnus non fuit Britannicus.* Bâle, 1741, in-4º.

22 — page 87 — *Lois de Constantin...*
« Cessent jam nunc rapaces officialium manus... » Lex Constan-

tini in Cod. Theod., lib. I, tit. vii, leg. 1ª. — Si quis est cujuscumque loci, ordinis, dignitatis, qui se in quemcumque judicum, comitum, amicorum, vel palatinorum meorum, aliquid... manifeste probare posse confidit, quod non integre, atque juste gessisse videatur, intrepidus et securus accedat; interpellet me, ipse audiam omnia;... si probaverit, ut dixi, ipse me vindicabo de eo, qui me usque ad hoc tempus simulatâ integritate deceperit. Illum autem, qui hoc prodiderit, et comprobaverit, in dignitatibus et rebus augebo. » (Ex lege Constantini in Cod. Theod., lib. I, tit. i, leg. 4ª.) — « Si pupilli, vel viduæ, aliique fortunæ injuriâ miserabiles, judicium nostræ serenitatis oraverint, præsertim cùm alicujus potentiam perhorrescant, cogantur eorum adversarii examini nostro sui copiam facere. » Ex lege Constantini, lib. I, tit. leg. 2ª. — « A sextâ indictione... ad undecimam nuper transactam, tàm curiis, quàm possessori... reliqua indulgemus : ita ut quæ in istis viginti annis... sive in speciebus, sive pecuniâ... debentur, nomine reliquorum omnibus concedantur : nihil de his viginti annis speret publicorum cumulus horreorum, nihil arca amplissimæ præfecturæ, nihil utrumque nostrum ærarium. « Constantini in Cod. Theod., lib. XI, tit. xxviii, leg. 16ª. — » Quinque annorum reliqua nobis remisisti », dit Eumène à Constantin. (V. Ammian. Marc. in Comm. Cod. Theod., lib. XI, tit. xxviii, leg. 1ª.)

23 — page 87. — *Tantôt la loi essayait de protéger le colon contre le propriétaire... tantôt elle le livrait...*

« Quisquis colonus plus a domino exigitur, quàm ante consueverat et quam in anterioribus temporibus exactum est, adeat judicem... et facinus comprobet : ut ille qui convincitur ampliùs postulare, quàm accipere consueverat, hoc facere in posterum prohibeatur, prius reddito quod superexactione perpetratâ noscitur extorsisse. » (Constant. in Cod. Justinian., lib. XI, tit. xlix.)

« Apud quemcumque colonus juris alieni fuerit inventus, is non solùm eumdem origini suæ restituat... ipsos etiam colonos, qui fugam meditantur, in servilem conditionem ferro ligari conveniet, ut officia quæ liberis congruunt, merito servilis condemnationis compellantur implere » Ex lege Constantini in Cod. Theod., lib. V, leg. 9ª, l. I. — « Si quis colonus originalis, vel inquilinus, ante triginta annos de possessione discessit, neque ad solum genitale... repetitus est, omnis ab ipso, vel a quo forte possidetur, calumnia penitus excludatur... » Ex lege Hon. et Theod. in Cod. Theod., lib. V, tit. x, leg. 1ª. — « In causis civilibus hujusmodi hominum generi adversus dominos, vel patronos aditum intercludimus, et vocem negamus (exceptis superexactionibus in quibus retro principes facultatem eis super hoc interpellandi præbuerunt). » Arc. et Hon., in Cod. Justin., lib. XI, tit. XLIX. — « Si quis alienum colonum suscipiendum, retinendumve crediderit, duas auri libras ei cogatur exsolvere, cujus agros transfugâ cultore vacuaverit : ita ut eumdem cum omni peculio suo et agnitione restituat ». Theod. et Valent., in Cod. Just., lib. XI. tit. LI, leg. 1ª.

La loi finit par identifier le colon à l'esclave : « Le colon change de maître avec la terre vendue. » Valent. Theod. et Arc., in Cod. Justin., lib. XI, tit. XLIX, leg. 2ª. — Cod. Just., LI. « Que les colons soient liés par le droit de leur origine, et bien que, par leur condition, ils paraissent des ingénus, qu'ils soient tenus pour serfs de la terre sur laquelle ils sont nés. » — Cod. Justin., tit. XXXVII. « Si un colon se cache ou s'efforce de se séparer de la terre où il habite, qu'il soit considéré comme ayant voulu se dérober frauduleusement à son patron, ainsi que l'esclave fugitif. » Voyez le Cours de Guizot, t. IV. — M. de Savigny pense que leur condition était, en un sens, pire que celle des esclaves ; car il n'y avait, à son avis, aucun affranchissement pour les colons.

24 — page 88 — *... la morale sacrifiée à l'intérêt de la population...*

Par la loi Julia, le cœlebs ne peut rien recevoir d'un étranger, ni de la plupart de ses *affines*, excepté celui qui prend « concubinam, liberorum quærendorum causâ ».

25 — page 88 — *Probus, etc..., transplantèrent des Germains pour cultiver la Gaule...*

Probi Epist. ad senatum, in Vopisc. « Arantur Gallicana rura barbaris bobus, et juga germanica captiva præbent nostris colla cultoribus. »

Voyez Aurel. Vict., in Cæsar. — Vopisc. ad ann. 281. — Eutrop. lib. IX. — Euseb. Chronic. — Sueton., in Domit., c. VII.

Eumen., Panegyr. Constant. : « Sicut tuo, Maximiane Auguste, nutu Nerviorum et Treverorum arva jacentia letus postliminio restitutus, et receptus in leges Francus excoluit : ita nunc per victorias tuas, Constanti Cæsar invicte, quidquid infrequens Ambiano et Bellovaco et Tricassino solo Lingonicoque restabat, barbaro cultore revirescit... » etc.

26 — page 89 — *Les Curiales...*

Cod. Theod., l. X, t. XXXI. « Non ante discedat quàm, insinuato judici desiderio, proficiscendi licentiam consequatur. »

Ibid., l. XII, t. XVIII. « Curiales omnes jubemus interminatione moneri, ne civitates fugiant aut deserant, rus habitandi causâ; fundum quem civitati prætulerint scientes fisco esse sociandum, eoque rure esse carituros, cujus causâ impios se, vitando patriam, demonstrarint. »

L. *si cohortalis* 30. Cod. Theod., l. VIII, t. IV. « Si quis ex his ausus fuerit affectare militiam... ad conditionem propriam retrahatur. — Cette disposition désarmait tous les propriétaires.

« Quidam ignaviæ sectatores, desertis civitatum muneribus, captant solitudines ac secreta... » L. *quidam* 63, Cod. Theod., l. XII, t. I. — « Nec enim eos aliter, nisi contemptis patrimoniis, liberamus. Quippe animos divinâ observatione devinctos non decet patrimoniorum desideriis occupari. » L. *curiales*, 104, ibid.

27 — page 90 — *Le désert s'étendit chaque jour...*
Constantini, in Cod. Justin., l. XI, t. LVIII, lex. 1. « Prædia deserta decurionibus loci cui subsunt assignari debent, cum immunitate triennii. »

« Honorii indulgentiâ Campaniæ tributa, aliquot jugerum velut desertorum et squalidorum... Quingena viginti octo millia quadraginta duo jugera, quæ Campania provincia, juxta inspectorum relationem et veterum monumenta chartarum, in desertis et squalidis locis habere dignoscitur, iisdem provincialibus concessimus, et chartas superfluæ descriptionis cremari censemus. » Arc. et Hon., in Cod. Theod., lib. XI, tit. XXVIII, l. II.

28 — page 90 — *Gratien, etc... hasardèrent des assemblées...*
En 382, une loi porta : « Soit que toutes les provinces réunies délibèrent en commun, soit que chaque province veuille s'assembler en particulier, que l'autorité d'aucun magistrat ne mette ni obstacle ni retard à des discussions qu'exige l'intérêt public. » L. *sive integra*, 9, Cod. Theod., l. XX, t. XII. Voyez Raynouard, Histoire du Droit municipal en France, I, 192.

Voici les principales dispositions de la loi de 418 : — I. L'assemblée est annuelle. — II. Elle se tient aux ides d'août. — III. Elle est composée des honorés, des possesseurs et des magistrats de chaque province. — IV. Si les magistrats de la Novempopulanie et de l'Aquitaine, qui sont éloignées, se trouvent retenus par leurs fonctions, ces provinces, selon la coutume, enverront des députés. — V. La peine contre les absents sera de cinq livres d'or pour les magistrats, et de trois pour les honorés et les curiales. — VI. Le devoir de l'assemblée est de délibérer sagement sur les intérêts publics. Ibid., p. 199.

29 — page 90 — *Le peuple implorait l'invasion des barbares...*

Mamertin., in Panegyr. Juliani : « Aliæ, quas a vastitate barbaricâ terrarum intervalla distulerant, judicum nomine a nefariis latronibus obtinebantur ingenua indignis cruciatibus corpora (lacerabantur); nemo ab injuriâ liber... ut jam barbari desiderarentur, ut præoptaretur a miseris fortuna captorum. » — P. Oros... « Ut inveniantur quidam Romani, qui malint inter barbaros pauperem libertatem, quàm inter Romanos tributariam servitutem. » — Salvian. de Provid., l. V. « Malunt enim sub specie captivitatis vivere liberi, quàm sub specie libertatis esse captivi... nomen civium Romanorum aliquando... magno æstimatum... nunc ultro repudiatur. — Sic sunt... quasi captivi jugo hostium pressi : tolerant supplicium necessitate, non voto : animo desiderant libertatem, sed summam sustinent servitutem. Leviores his hostes, quàm exactores sunt, et res ipsa hoc indicat; ad hostes fugiunt, ut vim exactionis evadant. Una et consentiens illic Romanæ plebis oratio, ut liceat eis vitam... agere cum barbaris... Non solum transfugere ab eis ad nos fratres nostri omnino nolunt, sed ut ad eos confugiant, nos relinquunt; et quidam mirari satis non possunt, quod hoc non omnes omnino faciunt tributarii pauperes... nisi quod una causa tantum est, quâ non faciunt, quia transfere illuc... habitatiunculas familiasque non possunt; nam cùm plerique eorum agellos ac tabernacula sua deserant, ut vim exactionis evadant... Nonnulli eorum... qui... fugati ab exactoribus deserunt... fundos majorum expetunt, et coloni divitum fiunt. » — V. aussi, dans Priscus, l'Histoire d'un Grec réfugié près d'Attila.

30 — page 92 — *La primatie de Rome commence à poindre...*

Au commencement du cinquième siècle, Innocent Ier avance quelques timides prétentions, invoquant la coutume et les décisions d'un synode. (Epist. 2 : « Si majores causæ in medium fuerint devolutæ, ad sedem apostolicam, sicut synodus statuit et beata consuetudo exigit, post judicium episcopale referantur. — Epist. 29 : Patres non humanâ sed divinâ decrevere sententiâ, ut quidquid, quamvis de disjunctis remotisque provinciis ageretur, non prius ducerent finiendum, nisi ad hujus sedis notitiam pervenirent). » — On disputait beaucoup sur le sens du célèbre passage : *Petrus es*, etc., et saint Augustin et saint Jérôme ne l'interprétaient pas en faveur de l'évêché de Rome. (Augustin, de divers. Serm., 108. Id., in Evang. Joan., tract. 124. — Hieronym., in Amos, 6, 12. Id. adv. Jovin., l. I). Mais saint Hilaire, saint Grégoire de Nysse, saint Ambroise, saint Chrysostome, etc., se prononcent pour la prétention contraire. A mesure qu'on avance dans le cinquième siècle, on voit peu à peu tomber l'opposition ; les papes et leurs partisans élèvent plus haut la voix (Concil., Ephes. ann. 431, actio III. — Leonis I, Epist. 10 : « Divinæ cultum religionis ita Dominus instituit, ut veritas per apostolicam tubam in salutem universitatis exiret... ut (id officium) in B. Petri principaliter collocaret. — Epist. 12 : Curam quam universis ecclesiis principaliter ex divinâ institutione debemus, etc., etc. » — Enfin Léon-le-Grand prit le titre de *chef de l'Église universelle* (Leonis I epist., 103, 97).

31 — page 92 — *Le premier exemple du travail accompli par des mains libres...*

Regula S. Bened., c. 48 : Otiositas inimica est animæ... « L'oisiveté est ennemie de l'âme : aussi les frères doivent être occupés, à certaines heures, au travail des mains ; dans d'autres, à de saintes lectures. » — Après avoir réglé les heures du travail, il ajoute : « Et si la pauvreté du lieu, la nécessité ou la récolte des fruits tient les frères constamment occcupés, qu'ils ne s'en affligent point, car ils sont vraiment moines s'ils vivent du travail de leurs mains, ainsi qu'ont fait nos pères et les apôtres. »

Ainsi, aux Ascètes de l'Orient, priant solitairement au fond de la Thébaïde, aux Stylites, seuls sur leur colonne, aux Εὐχῖται errants, qui rejetaient la loi et s'abandonnaient à tous les écarts d'un mysticisme effréné, succédèrent en Occident des communautés attachées au sol par le travail. L'indépendance des cénobites asiatiques fut remplacée par une organisation régulière, invariable ; la règle ne fut plus un recueil de conseils, mais un code.

32 — page 93 — *Le druidisme proscrit s'était réfugié dans le peuple...*

Ælianus Spartianus, in Pescenn. Nigro. Vopisc, in Numeriano : « Cùm apud Tungros in Galliâ, quâdam in cauponâ moraretur, et cum druide quâdam muliere rationem convictûs sui quotidiani faceret, at illa diceret : Diocletiane, nimium avarus, nimium parcus es; joco, non serio, Diocletianum respondisse fertur : Tunc ero largus, cùm imperator fuero. Post quod verbum druida dixisse fertur : Diocletiane, jocari noli : nam imperator eris, cùm Aprum occideris. — Id. in Diocletiano. Dicebat (Diocletianus) quodam tempore Aurelianum Gallicanas consuluisse druidas, sciscitantem utrum apud ejus posteros imperium permaneret : tùm illas respondisse dixit : Nullius clarius in republicâ nomen quàm Claudii posterorum futurum. »

Æl. Lamprid. in Alex. Sever. « Mulier druida eunti exclamavit gallico sermone : Vadas, nec victoriam speres, nec militi tuo credas. »

33 — page 94 — *Saint Pothin fonda l'Église de Lyon...*
C'est à cette époque, vers 177, sous le règne de Marc-Aurèle, que l'on place les premières conversions et les premiers martyrs de la Gaule. Sulpic. Sever., Hist. sacra, ap. Scr. fr. I, 573 : Sub Aurelio... persecutio quinta agitata ac tùm primùm intrà Gallias martyria visa. — Avec saint Pothin moururent quarante-six martyrs. Gregor. Turonens. de Glor. martyr., l. I, c. xlix. — En 202, sous Sévère, saint Irénée, d'abord évêque de Vienne, puis successeur de saint Pothin, souffrit le martyre avec neuf mille (selon d'autres, dix-huit mille) personnes de tout sexe et de tout âge. Un demi-siècle après lui), saint Saturnin et ses compagnons auraient fondé sept autres évêchés. Passio S. Saturn., ap. Greg. Tur., l. I, c. xxviii : « Decii tempore, viri episcopi ad prædicandum in Gallias missi sunt : ... Turonicis Gatianus, Arelatensibus Trophimus, Narbonæ Paulus, Tolosæ Saturninus, Parisiacis Dionysius, Arvernis Stremonius, Lemovicinis Martialis, destinatus episcopus. — Le pape Zozime réclame la suprématie pour Arles. Epist. I, ad. Episc. Gall.

34 — page 95 — *Saint Martin. — Saint Ambroise...*
Id. ibid., ap. Scr. Fr. I, 573. V. aussi Grég. de Tours, l. X, c. xxxi. — Saint Ambroise, qui se trouvait en même temps à Trèves, se joignit à lui (Ambros., Epist. 24, 26). Saint Martin avait fondé un couvent à Milan, dont saint Ambroise occupa bientôt le siège (Greg. Tur., l. X, c. xxxi). On sait quelle résistance Ambroise opposa aux Milanais qui l'appelaient pour évêque. Il fallut aussi employer la ruse, et presque la violence, pour faire accepter à saint Martin l'évêché de Tours. (Sulp. Sev., loco citato.)

35 — page 97 — *Pourquoi y a-t-il du mal au monde...*
Euseb. Hist. eccl.. V, 37, ap. Gieseler's Kirchengeschichte, I, 139. Πολυθρύλλητον παρὰ τοῖς αἱρετιώταις ζήτημα τὸ πόθεν ἡ κακία; — Tertullian., de præscr. hæret., c. vii, ibid. : « Eædem materiæ hæreticos et philosophos volutantur, iidem retractus implicantur, unde malum et quare? et unde homo et quomodo? »

36 — page 97 — *Origène...*
S. Hieronym. ad Pammach. : « In libro Περὶ ἀρχῶν loquitur :... quod in hoc corpore quasi in carcere sunt animæ relegatæ, et

antequàm homo fieret in Paradiso, inter rationales creaturas in cœlestibus commoratæ sunt. » — Saint Jérôme lui reproche ensuite d'allégoriser tellement le Paradis, qu'il lui ôte tout caractère historique (quod sic Paradisum allegoriset, ut historiæ auferat veritatem, pro arboribus angelos, pro fluminibus virtutes cœlestes intelligens, totamque Paradisi continentiam tropologicâ interpretatione subvertat). Ainsi, Origène rend inutile, en donnant une autre explication de l'origine du mal, le dogme du péché originel, et en même temps il en détruit l'histoire. Il en nie la nécessité, puis la réalité. — Il disait aussi que les démons, anges tombés comme les hommes, viendraient à résipiscence, et seraient heureux avec les saints (et cum sanctis ultimo tempore regnaturos). Ainsi cette doctrine, toute stoïcienne, s'efforçait d'établir une exacte proportion entre la faute et la peine; elle rendait l'homme seul responsable; mais la terrible question revenait tout entière; il restait toujours à expliquer comment le mal avait commencé dans une vie antérieure.

37 — page 99 note — *Pélage, en niant le péché originel*, etc...
« Quærendum est, peccatum voluntatis an necessitatis est! Si necessitatis est peccatum, non est; si voluntatis, vitari potest. » Donc, ajoutait-il, l'homme peut être sans péché; c'est le mot de Théodore de Mopsueste : « Quærendum utrum debeat homo sine peccato esse? Procul dubio debet. Si debet, potest. Si præceptum est, potest. » — Origène aussi ne demandait pour la perfection que « la liberté aidée de la loi et de la doctrine ».

38 — page 106, note — ... *les dévoués des Galls et des Aquitains*...
Cæsar, B. Gall., l. III, c. xxii : « Devoti, quos illi soldurios appellant... Neque adhùc repertus est quisquam qui, eo interfecto, cujus se amicitiæ devovisset, mori recusaret. » — Athenæus, l. VI, c. xiii :... Ἀδιάτομον τὸν τῶν Σωτιανῶν βασιλέα (ἔθνος δὲ τοῦτο Κελτικὸν) ἑξακοσίους ἔχειν λογάδας περὶ αὐτόν, οὓς καλεῖσθαι ὑπὸ Γαλατῶν Σιλοδούρους ἑλληνιστὶ εὐχωλιμαίους. — Zaldi ou Saldi, cheval, dans la langue basque.

39 — page 109 — *Quelques mots grecs dans l'idiome celtique*...
M. Champollion-Figeac en a reconnu jusque dans le Dauphiné. — On retrouve à Marseille, sous forme chevaleresque, la tradition de la reconnaissance d'Ulysse et de Pénélope. — Naguère encore l'Église de Lyon suivait les rites de l'Église grecque. — Il paraît que les médailles celtiques antérieures à la conquête romaine offrent une

grande ressemblance avec les monnaies macédoniennes. Caumont, Cours d'Antiq. monument., I, 249. — Tout cela ne me semble pas suffisant pour conclure que l'influence grecque ait modifié profondément, intimement, le génie gaulois. Je crois plutôt à l'analogie primitive des deux races qu'à l'influence des communications.

40 — page 110 — *Si nous en croyons les Romains, leur langue prévalut dans la Gaule...*

S. August., de Civ. Dei, l. XIX, c. vii : « At enim opera data est ut imperiosa civitas non solùm jugum, verum etiam linguam suam domitis gentibus, per pacem societatis, imponeret. »

Val. Max., l. II, c. ii : « Magistratus verò prisci, quantopere suam populique romani majestatem retinentes se gesserint, hinc cognosci potest, quod, inter cætera obtinendæ gravitatis indicia, illud quoque magnà cum perseverantià custodiebant, ne Græcis unquam nisi latine responsa darent. Quin etiam ipsà linguæ volubilitate, quà plurimum valent, excussà, per interpretem loqui cogebant; non in urbe tantùm nostrà, sed etiam in Græcià et Asià; quo scilicet latinæ vocis honos per omnes gentes venerabilior diffunderetur. »

L. *Decreta*, D. l. XLII, t. I : « Decreta a prætoribus latine interponi debent. » — Tibère s'excusa auprès du sénat d'employer le mot grec de *monopole...* « Adeo ut monopolium nominaturus, prius veniam postularit quòd sibi verbo peregrino utendum esset; atque etiam in quodam decreto patrum, cùm ἐμβλημα recitaretur, commutandam censuit vocem. » Suet. in Tiber., c. lxxi.

41 — page 112 — *Dans le langage... des traces de l'idiome national...*

Dès le huitième siècle, le mariage des deux langues gauloise et latine paraît avoir donné lieu à la formation de la langue romane. Au neuvième siècle, un Espagnol se fait entendre d'un Italien (Acta SS. Ord. S. Ben., sec. III, P. 2ª, 258). C'est dans cette langue romane *rustique* que le concile d'Auxerre défend de faire chanter par des jeunes filles des cantiques mêlés de latin et de roman, tandis qu'au contraire ceux de Tours, de Reims et de Mayence (813, 847) ordonnent de traduire les prières et les homélies ; c'est enfin dans cette langue qu'est conçu le fameux serment de Louis-le-Germanique à Charles-le-Chauve, premier monument de notre idiome national. — Le latin et le gaulois durent, sans aucun doute, y entrer, suivant les localités, dans des proportions très différentes. Un Italien a pu écrire, vers 960 : « Vulgaris nostra lingua quæ latinitati vicina est » (Martène, Vet. Scr. I, 298) : ce qui explique pourquoi la langue vulgaire provençale était commune à une partie de l'Espagne et de l'Italie ; mais rien ne nous dit qu'il en fût de même de la langue vulgaire du milieu et du nord de la Gaule. Grégoire de Tours (l. VIII), en racontant l'entrée de Gontran à Orléans, distingue nettement la langue latine de la langue vulgaire. En 995, un évêque prêche en gaulois (gallice. Concil. Hardouin, V, 734). Le moine de Saint-Gall donne le mot *veltres* (levriers) pour un mot de la langue gauloise (gallica lingua). On lit dans la vie de saint Columban (Acta SS. sec. II, p. 17) : « Ferusculam, quam vulgo homines *squirium* vocant (un écureuil). » Il est curieux de voir poindre ainsi peu à peu, dans un patois méprisé, notre langue française.

42 — page 113 — *La langue vulgaire des Gaulois, analogue aux dialectes gallois*, etc...

Alb, d'où : Alpes, Albanie ; *penn*, pic, d'où Apennins, Alpes Pennines. — *Bardd*, Βάρδοι, ap. Strab., l. IV, et Diod., l. V. Bardi, ap. Amm. Marc., l. XV, etc. — *Derwydd* (V. note, p. 43); aujourd'hui encore en Irlande, *Drui* signifie magicien ; *Druid-heacht*, magie; Toland's Letters, p. 58. Dans le pays de Galles, on appelle les amulettes de verre : *gleini na Droedh*, verres des druides. — *Trimarkisia*, de *tri*, trois, et *marc*, cheval. Owen's welsch Dictionn. Armstrong's gael dict. « Chaque cavalier gaulois, dit Pausanias, l. X, ap. Scr. fr. I, 469) est suivi de deux serviteurs qui lui donnent au besoin leurs chevaux; c'est ce qu'ils appellent dans leur langue Trimarkisia (τριμαρκίσια), du mot celtique marca. » — A ces exemples, on en pourrait joindre beaucoup d'autres. On retrouve le *gæsum* (javelot gaulois) des auteurs classiques dans les mots galliques : *gaisde*, armé; *gaisg*, bravoure, etc. Le *cateia*, dans *gath-teht* (prononcez ga-té). La *rotta*, ou *chrotta* (Fortunat., VII, 8), dans le gaélique *cruit*, le cymrique *crwdd*, est la *roite* du moyen âge. — Le *sagum*, dans l'armoric *sae*, etc., etc.

43 — page 113 — *Le premier vers de l'Énéide, le Fiat lux*, etc...

Il n'y a pas un homme illettré en Irlande, Galles et Écosse du Nord, qui ne comprenne :

	Arma	virumque(ac)	cano	Trojæ	qui	primus	ab oris.
GAELIQ.	Arm	agg fer	can		pi	pim	fra or.
GALLOIS.	Arvau	ac gwr	canwyv	Troiau	cw	priv	o or.

Γηνητήθω	φάος	καὶ	ἐγένετο	φάος.
G'ennet	*pheor*	*agg*	*genneth*	*pheor,*
Ganed	*fawdd*	*ac y*	*genid*	*fawdd*
Fiat	lux	et (ac) lux		facta fuit.
Feet	*lur*	*agg lur*		*feet fet.*
Tydded	*lluch*	*a*	*lluch a*	*feithied.*

Cambro-Briton, janvier 1822.

44 — page 113 — *Analogies dans les mots,* etc...

ARDENNÆ : l'article *ar*, et *den* (cymr.), *don* (bas-bret.), *domhainn* (gaël.), profond. — ARELATE : *ar*, sur, et *lath* (gaël), *llaeth* (cymr.), marais. — AVENIO : *abhainn* (gaël), *avon* (cymr.), eau. — BATAVIA : *bat*, profond, et *av*, eau. — GENABUM (Orléans, et de même GENÈVE) : *cen*, pointe, et *av*, eau. — MORINI (le Boulonnais) : *môr*, mer. — RHODANUS : *rhed-an*, *rhod-an*, eau rapide (Adelung. Dict. gaël. et welsch.), etc.

45 — pages 114 — *... le même mot plus rapproché des dialectes celtiques que du latin...*

On peut citer les exemples suivants :

	Breton.	*Gallois.*	*Irlandais.*	*Latin.*
Bâton.			batta	baculus.
Bras.		braich		brachium.
Carriole, chariot.	carr.		carr.	currus.
Chaîne	chadden.		caddan	catena.
Chambre	cambr.			camera.
Cire.			ceir.	cera.
Dent.		dant.		dens.
Glaive.	Glaif.			gladius.
Haleine	halan.	alan.		halitus.
Lait.		laeth.	laith.	lac, lactis.
Matin.	mintin		madin.	manè, matutinus.
Prix.	pris.		pris.	pretium.
Sœur	choar.		seuar.	soror.

46 — page 115 — *... à une époque où l'union du monde celtique n'était pas rompue encore...*

Ces idées que je hasarde ici trouvent leur démonstration complète et invincible dans le grand ouvrage que M. Edwards va publier sur les langues de l'occident de l'Europe. Puisque j'ai rencontré le nom de mon illustre ami, je ne puis m'empêcher d'exprimer mon admiration sur la méthode vraiment scientifique qu'il suit depuis vingt ans dans ses recherches sur l'histoire naturelle de l'homme. Après avoir pris d'abord son sujet du point de vue extérieur (*Influence des agents physiques sur l'homme*), il l'a considéré dans son principe de classification (*Lettres sur les races humaines*). Enfin il a cherché un nouveau principe de classification dans le *langage*, et il a entrepris de tirer du rapprochement des langues les lois philosophiques de la parole humaine. C'est avoir saisi le point par où se confondent l'existence extérieure de l'homme et sa vie intime. — Ceci était écrit en 1832. — En 1842, nous avons eu le malheur de perdre cet excellent ami. — M. Edwards, né dans les colonies anglaises, était originaire du pays de Galles.

47 — page 117 — ... *les églises servaient de tribunaux en Irlande*...
Partout où le christianisme ne détruisit pas les cercles druidiques, ils continuèrent à servir de cours de justice. — En 1380, Alexandre lord de Stewart Badenach tint cour *aux pierres debout* (the Standing Stones) du conseil de Kingusie. — Un canon de l'Église écossaise défend de tenir des cours de justice dans les églises.

48 — page 118 — ... *en Bretagne... une douzaine de femmes*...
Guillelm. Pictav., ap. Scr. Fr. XI, 88 : « La confiance de Conan II était entretenue par le nombre incroyable de gens de guerre que son pays lui fournissait ; car il faut savoir que dans ce pays, d'ailleurs fort étendu, un seul guerrier en engendre cinquante ; parce que, affranchis des lois de l'honnêteté et de la religion, ils ont chacun dix femmes, et même davantage. » — Le comte de Nantes dit à Louis-le-Débonnaire : « Coeunt frater et ipsa soror, etc. » Ermold. Nigellus, l. III, ap. Scr. Fr. VI, 52. — Hist. Brit. Armoricæ, ibid. VII, 52 : « Sorores suas, neptes, consanguineas, atque alienas mulieres adulterantes, necnon et hominum, quod pejus est, interfectores... diabolici viri. » — César disait des Bretons de la Grande-Bretagne : « Uxores habent deni duodenique inter se communes, et maxime fratres cum fratribus et parentes cum liberis. Sed si qui sunt ex his nati, eorum habentur liberi, a quibus primùm virgines quæque ductæ sunt. » Bell. Gall., l. V, c. XIV. — V. aussi la lettre du synode de Paris à Nomenoé (849), ap. Scr. Fr. VII, 504, et celle du concile de Savonnières aux Bretons (859), ibid., 584.

49 — page 118 — *Les Bretons qui se louaient partout…*

Ducange, Glossarium. On disait : un *Breton* pour un soldat, un routier, un brigand. Guibert, de Laude B. Mariæ, c. x. — Charta an. 1395 : « Per illas partes transierunt gentes armorum, Britones et pillardi, et amoverunt quatuor jumenta. » — On disait aussi *Breton*, pour : conseiller de celui qui se bat en duel. Édit de Philippe-le-Bel : « … et doit aler cius ki a apelet devant, et ses *Bretons* porte sen escu devant lui. » Carpentier, Supplément au Glossaire de Ducange. — (Breton, bretteur? bretailleur?) — Willelm. Malmsbur., ap. Scr. Fr. XIII, 13 : « Est illud genus hominum egens in patriâ, aliàsque externo ære laboriosæ vitæ mercatur stipendia; si dederis, nec vilia, sine respectu juris et cognationis, detrectans prælia; sed pro quantitate nummorum ad quascumque voles partes obnoxium. »

50 — page 118 — *… la femme, objet du plaisir…*

Elle est esclave chez les Germains même, comme chez les Celtes. C'est la loi commune des âges où règne sans partage la brutalité de la force.

Strabon, Dion, Solin, saint Jérôme, s'accordent sur la licence des mœurs celtiques. — O'Connor dit que la polygamie était permise chez eux; Derrick, qu'ils changeaient de femme une fois ou deux par an; Campion, qu'ils se mariaient pour un an et un jour. — Les Pictes d'Écosse prenaient leurs rois de préférence dans la ligne féminine (Fordun, apud Low, Hist. of Scotland); de même chez les Naïrs du Malabar, dans le pays le plus corrompu de l'Inde, la ligne féminine est préférée, la descendance maternelle semblant seule certaine. — C'est peut-être comme mères des rois que Boadicea et Cartismandua sont reines des Bretons, dans Tacite. — Les lois galloises limitent à trois cas le droit qu'a le mari de battre sa femme (lui avoir souhaité malheur à sa barbe, avoir tenté de le tuer, ou commis adultère). Cette limitation même indique la brutalité des maris. — Cependant l'idée de l'égalité apparaît de bonne heure dans le mariage celtique. Les Gaulois, dit César (B. Gall., lib. VI, 17) apportaient une portion égale à celle de la femme, et le produit du tout était pour le survivant. Dans les lois de Galles, l'homme et la femme pouvaient également demander le divorce. En cas de séparation, la propriété était divisée par moitié. Enfin dans les poésies ossianiques, bien modifiées il est vrai par l'esprit moderne, les femmes partagent l'existence nuageuse des héros. Au contraire, elles sont exclues du Walhalla scandinave.

51 — page 119 — ... *qu'un seul doive posséder...*

Le partage égal tombe de bonne heure en désuétude dans l'Allemagne; le Nord y reste plus longtemps fidèle. V. Grimm, Alterthümer, p. 475, et Mittermaier, Grundsatze des deutschen Privatrechts, 3ᵉ ausg., 1827, p. 730. — J'ai lu dans un voyage (de M. de Staël, si je ne me trompe) une anecdote fort caractéristique. Le voyageur français, causant avec des ouvriers mineurs, les étonna fort en leur apprenant que beaucoup d'ouvriers français avaient un peu de terre qu'ils cultivaient dans les intervalles de leurs travaux. « Mais quand ils meurent, à qui passe cette terre ? — Elle est partagée également entre leurs enfants. » Nouvel étonnement des Anglais. Le dimanche suivant, ils mettent aux voix entre eux les questions suivantes : « Est-il bon que les ouvriers aient des terres ? » Réponse unanime : « Oui. » « Est-il bon que ces terres soient partagées et ne passent pas exclusivement à l'aîné ? » Réponse unanime : « Non. »

52 — page 119 — *Cette loi de succession égale*, etc...

V. mon IIIᵉ vol. et les ouvrages de Sommer, Robinson, Palgrave, Dalrymple, Sullivan, Hasted, Low, Price, Logan, les *Collectanea de Rebus Hibernicis*, et les Usances de Rohan, Brouerec, etc. Blackstone n'y a rien compris.

53 — page 120 — ... *une cause continuelle de troubles...*

Suivant Turner (Hist. of the Anglo-Saxons, I, 233), ce qui livra la Bretagne aux Saxons, ce fut la coutume du gavelkind, qui subdivisait incessamment les héritages des chefs en plus petites tyrannies. Il en cite deux exemples remarquables.

54 — page 120 — *La petite société du clan*, etc...

On sait qu'en Bretagne on donne le titre d'oncle au cousin qui est supérieur d'un degré. Cette coutume tendait évidemment à resserrer les liens de parenté. — En général, l'esprit de clan a été plus fort en Bretagne qu'on ne l'imagine, bien qu'il domine moins chez les Kymry que chez les Gaëls.

55 — page 121, note — *Les cousins du chef...*

Logan, I, 192. Le jeune chef de clan Rannald, venant prendre possession et voyant la quantité de bêtes qu'on avait tuées pour célébrer son arrivée, remarqua que quelques poules auraient suffi. Tout le clan s'insurgea, et déclara qu'il ne voulait rien avoir à faire avec un chef de poules. Les Frasers, qui avaient élevé le jeune chef, livrèrent un combat sanglant où ils furent défaits et le chef tué.

56 — page 122 — ... *ils avaient essayé une sorte de république...*

Suivant Gildas, p. 8, les Saxons avaient une prophétie selon laquelle ils devaient ravager la Bretagne cent cinquante ans et la posséder cent cinquante (interpolation cambrienne?).

> A serpent with chains
> Towering and plundering
> With armed wings
> From Germania...
> (Taliesin, p. 94, et apud Turner, I, p. 312.)

Nous rapporterons aussi la fameuse prophétie de Myrdhyn, d'après Geoffroi de Montmouth, qui nous a transmis les traditions religieuses de la Bretagne renfermées autrefois dans les livres d'exaltation, comme disaient les Latins (*libri exaltationis*) :

« Wortigern étant assis sur la rive d'un lac épuisé, deux dragons en sortirent, l'un blanc et l'autre rouge. » Le rouge chasse le blanc ; le roi demande à Myrdhyn ce que cela signifie.... Myrdhyn pleure ; le blanc c'est le Breton, le rouge c'est le Saxon... — « Le sanglier de Cornouailles foulera leurs cols sous ses pieds. Les îles de l'Océan lui seront soumises, et il possédera les ravins des Gaules. Il sera célèbre dans la bouche des peuples, et ses actions seront la nourriture de ceux qui les diront. Viendra le lion de la justice ; à son rugissement trembleront les tours des Gaules et les dragons des îles. Viendra le bouc aux cornes d'or, à la barbe d'argent. Le souffle de ses narines sera si fort qu'il couvrira de vapeurs toute la surface de l'île. Les femmes auront la démarche des serpents, et tous leurs pas seront remplis d'orgueil. Les flammes du bûcher se changeront en cygnes qui nageront sur la terre comme dans un fleuve. Le cerf aux dix rameaux portera quatre diadèmes d'or. Les six autres rameaux seront changés en cornes de bouviers, qui ébranleront, par un bruit inouï, les trois îles de Bretagne. La forêt en frémira, et elle s'écriera par une voix humaine : « Arrive, Cambrie, ceins Cornouailles à ton côté, et dis à Guintonhi : La terre t'engloutira. »

Ce qui précède est emprunté à la traduction qu'en a donnée Edgar Quinet dans les épopées françaises inédites du douzième siècle. Voici la suite :

« Alors il y aura massacre des étrangers. Les fontaines de l'Armorique bondiront, la Cambrie sera remplie de joie, les chênes de Cornouailles verdiront. Les pierres parleront; le détroit des Gaules sera resserré... Trois œufs seront couvés dans le nid, d'où sortiront renard, ours et loup. Surviendra le géant de l'iniquité, dont le regard glacera le monde d'effroi. »

(Galfrid. Monemutensis, l. IV.)

57 — page 123 — *En attendant... elle chante cette grande race...*

Voici la plus populaire des chansons galloises : elle est mêlée d'anglais et de gallois.

> Doux est le champ du joyeux barde,
>   *Ar hyd y Nôs* (toute la nuit);
> Doux le repos des pasteurs fatigués,
>   *Ar hyd y Nôs;*
> Et pour les cœurs oppressés de chagrin,
> Obligés d'emprunter le masque de la joie,
> Il y a trêve jusqu'au matin,
>   *Ar hyd y Nôs.*
>   (Cambro-Briton, novembre 1819.)

58 — page 124 — *... la puissance de faire des rois, etc...*

On couronnait le roi d'Irlande sur une pierre noirâtre, appelée la Pierre du Destin. Elle rendait un son clair, si l'élection était bonne. (Voyez Toland, p. 138.) D'Iona elle fut transportée dans le comté d'Argyle, puis à Scone, où l'on inaugurait les rois d'Écosse. Édouard Ier la fit placer, en 1300, à Westminster, sous le siège du couronnement. Les Écossais conservent l'oracle suivant : « Le peuple libre de l'Écosse fleurira, si cet oracle n'est point menteur : partout où sera la pierre fatale, il prévaudra par le droit du ciel. » Logan, I, 197. — En Danemark et en Suède, comme dans l'Irlande et l'Écosse, c'était sur une pierre qu'on faisait l'inauguration des chefs. — Id., page 198. Sur une belle colline verte, aux environs de Lanark, est une pierre creusée de main d'homme, où siégeait Wallace pour conférer avec ses chefs.

59 — page 125 — *Une moitié du monde celtique perd sa langue, etc...*

Voyez le Cambro-Briton (avec cette épigraphe : KYMRI FU, KYMRI FUD). — Plusieurs lois défendaient aux Irlandais de parler le celtique, et de même aux Gallois, vers 1700. — Cambro-Briton, déc. 1821. Dans les principales écoles galloises, surtout dans le

Nord, le gallois, loin d'être encouragé, a été depuis plusieurs années défendu sous peine sévère. Aussi les enfants le parlent incorrectement, n'en connaissent point la grammaire, et sont incapables de l'écrire. Mais il semble que les langues celtiques se soient réfugiées dans les académies. En 1711, le pays de Galles avait soixante-dix ouvrages imprimés dans sa langue : il en a aujourd'hui plus de dix mille. Logan, the Scotish Gaël, 1831. — Le costume n'a pas été moins persécuté que la langue. En 1585, le parlement défendit de paraître aux assemblées en habit irlandais. (Toutefois les Irlandais ont quitté leur costume au milieu du dix-septième siècle, plus aisément que les highlanders d'Écosse.) — On lit dans un journal écossais, de 1750, qu'un meurtrier fut acquitté parce que sa victime portait la tartane.

60 — page 125 — ... *l'Irlande, l'île des Saints*...
Giraldus Cambrensis (Topograph. Hiberniæ, III, c. XXIX) reproche à l'Irlande de ne pas compter parmi ses saints un seul martyr. « Non fuit qui faceret hoc bonum : non fuit usque ad unum ! » Moritz, archevêque de Cashel, répondit que l'Irlande pouvait du moins se vanter d'un grand nombre de personnages dont la science avait éclairé l'Europe. « Mais peut-être, ajouta-t-il, aujourd'hui que votre maître, le roi d'Angleterre, tient la monarchie entre ses mains, nous pourrons ajouter des martyrs à la liste de nos saints. » — O'Halloran, Introduct. to the hist. of Ireland. Dublin, 1803, p. 177.

61 — page 126 — *Quatre cent mille Irlandais dans nos armées*..
O'Halloran prétend que, d'après les registres du ministère de la guerre, depuis l'an 1691 jusqu'à l'an 1745 inclusivement, quatre cent cinquante mille Irlandais se sont enrôlés sous les drapeaux de la France. Peut-être ceci doit-il s'entendre de tous les Irlandais entrés dans nos armées jusqu'en 1789.

62 — page 131 — *Chez les Germains, le culte des éléments*...
Lorsque saint Boniface alla convertir les Hessois... « alii lignis et fontibus clanculo, alii autem aperte sacrificabant, etc. » Acta SS. ord. S. Ben., sect. III, in S. Bonif.
Tacit. Germania, c. XL : « Ils adorent ERTHA, c'est-à-dire la Terre-Mère. Ils croient qu'elle intervient dans les affaires des hommes et qu'elle se promène quelquefois au milieu des nations. Dans une île de l'Océan est un bois consacré, et dans ce bois un char couvert dédié à la déesse. Le prêtre seul a le droit d'y toucher ; il connaît le

moment où la déesse est présente dans ce sanctuaire; elle part traînée par des vaches, et il la suit avec tous les respects de la religion. Ce sont alors des jours d'allégresse; c'est une fête pour tous les lieux qu'elle daigne visiter et honorer de sa présence. Les guerres sont suspendues; on ne prend point les armes; le fer est enfermé. Ce temps est le seul où ces barbares connaissent, le seul où ils aiment la paix et le repos; il dure jusqu'à ce que, la déesse étant rassasiée du commerce des mortels, le même prêtre la rende à son temple. Alors le char et les voiles qui le couvrent, et si on les en croit, la divinité elle-même, sont baignés dans un lac solitaire. Des esclaves s'acquittent de cet office, et aussitôt après le lac les engloutit. De là une religieuse terreur et une sainte ignorance sur cet objet mystérieux, qu'on ne peut voir sans périr. »

Le *Castum nemus* de Tacite ne serait-il pas l'île Sainte des Saxons, *Heiligland*, à l'embouchure de l'Elbe, appelée aussi *Fosetesland*, du nom de l'idole qu'on y adorait (... a nomine dei sui falsi FOSETE, Fosetesland est appellata. Acta SS. ord. S. Bened., sect. 1, p. 25)? Les marins la révéraient encore au onzième siècle, selon Adam de Brême. Pontanus la décrit en 1530 — Les Anglais possèdent depuis 1814 cette île danoise, berceau de leurs aïeux (elle a pour armes un vaisseau voguant à pleines voiles); mais la mer, qui a anéanti North-Strandt en 1634, a presque détruit Heiligland en 1649. Elle est formée de deux rocs, comme le Mont-Saint-Michel et le rocher de Delphes. V. Turner, Hist. of the Anglo-Saxons, I, 125.

63 — page 132 — ... *des Amali, des Balti*...

Jornandès (c. XIII, XIV) a donné la généalogie de Théodoric, le quatorzième rejeton de la race des AMALI, depuis Gapt, l'un des Ases ou demi-dieux. — BALTHA ou BOLD (hardi, brave). « Origo mirifica », dit le même auteur, c. XXIX. C'est à cette race illustre qu'appartenait Alaric. — La famille des Baux, de Provence et de Naples, se disait issue des Balti. Voyez Gibbon, V, 430.

64 — page 134 — *Saxons, Ases*...

Saxones, Saxen, Sacæ, Asi, Arii? — Turner, I, 115. Saxones, i. e. *Sakai-Suna*, fils des Sacæ, conquérants de la Bactriane. — Pline dit que les Sakai établis en Arménie s'appelaient *Saccassani* (l. VI, c. XI); cette province d'Arménie s'appela *Saccasena* (Strab., l. XI, p. 776-8). On trouve des *Saxoi* sur l'Euxin (Stephan de urb. et pop., p. 657). Ptolémée appelle *Saxons* un peuple scythique sorti des Sakai.

65 — page 136 — ... *l'esprit de la race germanique*...

Distinguons soigneusement de la Germanie primitive deux formes sous lesquelles elle s'est produite à l'extérieur ; premièrement, les bandes aventureuses des barbares qui descendirent au Midi, et entrèrent dans l'Empire comme conquérants et comme soldats mercenaires ; deuxièmement, les pirates effrénés qui, plus tard, arrêtés à l'ouest par les Francs, sortirent d'abord de l'Elbe, puis de la Baltique, pour piller l'Angleterre et la France. Les uns et les autres commirent d'affreux ravages. Au premier contact des races, lorsqu'il n'y avait encore ni langues, ni habitudes communes, les maux furent grands sans doute, mais les vaincus n'oublièrent aucune exagération pour ajouter eux-mêmes à leur effroi.

66 — page 136 — ... *le mysticisme et l'idéalisme*, etc...

J'ai parlé dans un autre ouvrage de la profonde impersonnalité du génie germanique et j'y reviendrai ailleurs. Ce caractère est souvent déguisé par la force sanguine, qui est très remarquable dans la jeunesse allemande ; tant que dure cette ivresse de sang, il y a beaucoup d'élan et de fougue. L'impersonnalité est toutefois le caractère fondamental (V. mon *Introduction à l'Histoire universelle*). C'est ce qui a été admirablement saisi par la sculpture antique, témoin les bustes colossaux des captifs Daces, qui sont dans le Bracchio Nuovo du Vatican et les statues polychromes qu'on voit dans le vestibule de notre Musée. Les Daces du Vatican, dans leurs proportions énormes, avec leur forêt de cheveux incultes, ne donnent point du tout l'idée de la férocité barbare, mais plutôt celle d'une grande force brute, comme du bœuf et de l'éléphant, avec quelque chose de singulièrement indécis et vague. Ils voient sans avoir l'air de regarder, à peu près comme la statue du Nil dans la même salle du Vatican, et la charmante Seine de Vietti, qui est au Musée de Lyon. Cette indécision du regard m'a souvent frappé dans les hommes les plus éminents de l'Allemagne.

67 — page 138 — *Élevée par un guerrier, la vierge*, etc...

V. le commencement du Nialsaga. — Salvian. de Provident., liv. VII. « Gotorum gens perfida, sed pudica est. Saxones crudelitate efferi, sed castitate mirandi. »

68 — page 139 — .... *la femme cultivait la terre*...

Tacit. Germ., c. xv. « Fortissimus quisque... nihil agens, delegatâ domûs et penatium et agrorum curâ feminis senibusque, et infirmissimo cuique ex familiâ. »

69 — page 140 — *Mellobaud, Arbogast,* etc...

Zozim., l. IV, ap. Script. Fr. I, 584 : — Paul. Oros., l. VII, c. xxxv : « Eugenium tyrannum creare ausus est, legitque hominem, cui titulum imperatoris imponeret, ipse acturus imperium. » Prosper. Aquitan., ann. 394. Marcelin. Chron. ap. Scr. Fr. I, 640. — Claudien (IV Consul. Honor. v. 74) dit dédaigneusement :

> Hunc sibi Germanus famulum delegerat exul.

70 — page 140 — *Mériadec, ou Murdoch,*...

Triades de l'île de Bretagne, trad. par Probert, p. 381. « La troisième expédition combinée fut conduite hors de cette île par Ellen, puissant dans les combats, et Cynan, son frère, seigneur de Meiriadog, en l'Armorique, où ils obtinrent terres, pouvoir et souveraineté de l'empereur Maxime, pour le soutenir contre les Romains... et aucun d'eux ne revint, mais ils restèrent là et dans Ystre Gyvaelwg, où ils formèrent une communauté. » — En 462, on voit au concile de Tours un évêque des Bretons. — En 468, Anthemius appelle de la Bretagne et établit à Bourges douze mille Bretons. Jornandès, de Reb. Geticis, c. xlv. — Suivant Turner (Hist. of the Anglo-Sax., p. 282), les Bretons ne s'établirent dans l'Armorique qu'en 532, comme le dit la Chronique du Mont-Saint-Michel. — Au reste, il y eut sans doute de toute antiquité, entre la Grande-Bretagne et l'Armorique, un flux et reflux continuel d'émigrations, motivé par le commerce et surtout par la religion (V. César). On ne peut disputer que sur l'époque d'une colonisation conquérante.

71 — page 145 — ... *la bande de plus en plus gagnée à la civilisation romaine*...

Procope oppose les Goths aux nations germaniques. De Bello Gothico, l. III, c. xxxiii, ap. Scr. Fr. II, 41. — Paul Orose, ap. Scr. Fr. I. « Blande, mansuete, innocenterque vivunt, non quasi cum subjectis, sed cum fratribus. »

72 — page 146 — *Le nom oriental d'Attila, Etzel*...

« Etzel, Atzel, Athila, Athela, Ethela. — Atta, Atti, Aetti, Vater, signifient, dans presque toutes les langues, et surtout en Asie, père, juge, chef, roi. — C'est le radical des noms du roi marcoman Attalus, du Maure Attala, du Scythe Atheas, d'Attalus de Pergame, d'Atalrich, Eticho, Ediko. — Mais il y a un sens plus profond et plus large. ATTILA est le nom du Volga, du Don, d'une montagne de la province d'Einsiedeln, le nom général d'un mont ou d'un fleuve. Il aurait ainsi un rapport intime avec l'ATLAS des mythes grecs. » Jac. Grimm, Altdeutsche Walder, I, 6.

73 — page 146 — ... *Attila, avide comme les éléments...*
On voit dans Priscus et Jornandès les Grecs et les Romains l'apaiser souvent par des présents (Priscus, in Corp. Hist. Byzantinæ, I, 72. — Genséric le détermine, par des présents, à envahir la Gaule. — Pour réparation d'un attentat à sa vie, il exige une augmentation de tribut, etc.). — Dans le Wilkina-saga, c. LXXXVII, il est appelé le plus avide des hommes ; c'est par l'espoir d'un trésor que Chriemhild le décide à faire venir ses frères dans son palais.

74 — page 147 — ... *le front percé de deux trous ardents...*
Jornandes, de rebus Getic, ap. Duchesne, I, 226 : « Formâ brevis, lato pectore, capite grandiori, minutis oculis, rarus barbâ, canis aspersus, simo naso, teter colore, originis suæ signa referens. » — Amm. Marcel., XXXI, 1. « Hunni... pandi, ut bipedes existimes bestias : vel quales in commarginandis pontibus effigiati stipites dolantur incompti. » — Jornandès, c. XXIV. « Species pavendâ nigredine, sed veluti quædam (si dici fas est) offa, non facies, habensque magis puncta quàm lumina. »

75 — page 148 — ... *appelé par son compatriote Aétius...*
Greg. Tur., l. II, ap. Scr. Fr. I, 163 : « Gaudentius, Aetii pater, Scythiæ provinciæ primoris loci. » — Jornandès dit (ap. Scr. Fr. I, 22) : « Fortissimorum Mœsiorum stirpe progenitus, in Dorostenâ civitate. » — Aétius avait été otage chez les Huns (Greg. Tur., loc. cit.). — Parmi les ambassadeurs d'Attila étaient Oreste, père d'Augustule, le dernier empereur d'Occident, et le Hun Édecon, père d'Odoacre, qui conquit l'Italie. Voyez la relation de Priscus.

76 — page 150 — *Le chant d'Hildebrand et Hadubrand...*
Le chant d'Hildebrand et Hadubrand a été retrouvé et publié en 1812 par les frères Grimm. Ils le croient du huitième siècle. Je ne puis m'empêcher de reproduire ce vénérable monument de la primitive littérature germanique. Il a été traduit par M. Gley (Langue des Francs, 1814) et par M. Ampère (Études hist. de Chateaubriand). J'essaye ici d'en donner une traduction nouvelle.

« J'ai ouï dire qu'un jour, au milieu des combattants, se défièrent Hildibraht et Hathubraht, le père et le fils... Ils arrangeaient leurs armures, se couvraient de leurs cottes d'armes, se ceignaient, bouclaient leurs épées ; ils marchaient l'un sur l'autre. Le noble et sage Hildibraht demande à l'autre, en paroles brèves : Qui est ton père entre les hommes du peuple, et de quelle race es-tu? Si tu veux me l'apprendre, je te donne une armure à trois fils. Je connais toute race d'hommes. — Hathubraht, fils d'Hildibraht, répondit : Les hommes vieux et sages qui étaient jadis me disaient que Hildibraht était mon père; moi, je me nomme Hathubraht. Un jour il s'en alla vers l'Orient, fuyant la colère d'Othachr (Odoacre?); il alla avec Théothrich (Théodoric?) et un grand nombre de ses serviteurs. Il laissa au pays une jeune épouse assise dans sa maison, un fils enfant, une armure sans maître, et il alla vers l'Orient. Le malheur croissant pour mon cousin Dietrich, et tous l'abandonnant, lui, il était toujours à la tête du peuple, et mettait sa joie aux combats. Je ne crois pas qu'il vive encore. — Dieu du ciel, seigneur des hommes, dit alors Hildibraht, ne permets point le combat entre ceux qui sont ainsi parents ! Il détache alors de son bras une chaîne travaillée en bracelet que lui donna le roi, seigneur des Huns. Laisse-moi, dit-il, te faire ici ce don ! — Hathubraht répondit : C'est avec le javelot que je puis recevoir, et pointe contre pointe ! Vieux Hun, indigne espion, tu me trompes avec tes paroles. Dans un moment je te lance mon javelot. Vieil homme, espérais-tu donc m'abuser? Ils m'ont dit, ceux qui naviguaient vers l'Ouest, sur la mer des Vendes, qu'il y eut une grande bataille où périt Hildibraht, fils d'Heeribraht. — Alors, reprit Hildibraht, fils d'Heeribraht : Je vois trop bien à ton armure que tu n'es point un noble chef, que tu n'as pas encore vaincu... Hélas ! quelle destinée est la mienne ! J'erre depuis soixante étés, soixante hivers, expatrié, banni. Toujours on me remarquait dans la foule des combattants; jamais ennemi ne me traîna, ne m'enchaîna dans son fort. Et maintenant, il faut que mon fils chéri me perce de son glaive, me fende de sa hache, ou que moi je devienne son meurtrier. Sans doute, il peut se faire, si ton bras est fort, que tu enlèves à un homme de cœur son armure, que tu pilles son cadavre; fais-le, si tu en as le droit, et qu'il soit le plus infâme des hommes de l'Est, celui qui te détournerait du combat que tu désires. Braves compagnons, jugez dans votre courage lequel aujourd'hui sait le mieux lancer le javelot, lequel va disposer des deux armures. — Là-dessus, les javelots aigus volèrent et s'enfoncèrent dans les boucliers; puis ils en vinrent aux mains, les haches de pierre sonnaient, frappant à grands coups les blancs boucliers. Leurs membres en furent quelque peu ébranlés, non leurs jambes toutefois... »

77 — page 151 — *Les Goths, détestés du clergé des Gaules...*

« Cùm jam terror Francorum resonaret in his partibus, et omnes eos amore desiderabili cuperent regnare, sanctus Aprunculus, Lingonicæ civitatis episcopus, apud Burgundiones cœpit haberi suspectus. Cùmque odium de die in diem cresceret, jussum est ut clàm gladio feriretur. Quo ad eum, perlato nuntio, nocte a castro Divionensi... demissus, Arvernis advenit ibique... datus est episcopus. — Multi jam tunc ex Galliis habere Francos dominos summo desiderio cupiebant. Unde factum est, ut Quintianus Ruthenorum episcopus... ab urbe depelleretur. Dicebant enim ei : « quia desiderium tuum est, ut Francorum dominatio teneat terram hanc... » Orto inter eum et cives scandalo, Gotthos qui in hâc urbe morabantur, suspicio attigit, exprobrantibus civibus quod velit se Francorum ditionibus subjugare; consilioque accepto, cogitaverunt eum perfodere gladio. Quod cùm viro Dei nuntiatum fuisset, de nocte consurgens, ab urbe Ruthenâ egrediens, Arvernos advenit. Ibique à sancto Eufrasio episcopo... benigne susceptus est, decedente ab hoc mundo Apollinari, cùm hæc Theodorico regi nuntiata fuissent, jussit inibi sanctum Quintianum constitui... dicens : Hic ob nostri amoris zelum ab urbe suâ ejectus est. — Hujus tempore jam Chlodovechus regnabat in aliquibus urbibus in Galliis, et ob hanc causam hic pontifex suspectus habitus à Gotthis, quod se Francorum ditionibus subdere vellet, apud urbem Tholosam exilio condemnatus, in eo obliit... Septimus Turonum episcopus Volusianus... et octavus Verus... pro memoratæ causæ zelo suspectus habitus à Gotthis in exilium deductus vitam finivit. » Greg. Tur., lib. II, c. xxiii, xxvi; l. X, c. xxxi. V. aussi c. xxvi et Vit. Fartr. ap. Scr. Fr., t. III, p. 408.

78 — page 152 — ... *les Francs...*

En 254, sous Gallien, les Francs avaient envahi la Gaule et percé à travers l'Espagne jusqu'en Mauritanie. (Zozime, l. I, p. 646. Aurel. Victor, c. xxxiii.) En 277, Probus les battit deux fois sur le Rhin et en établit un grand nombre sur les bords de la mer Noire. On sait le hardi voyage de ces pirates, qui partirent, ennuyés de leur exil, pour aller revoir leur Rhin, pillant sur la route les côtes de l'Asie, de la Grèce et de la Sicile, et vinrent aborder tranquillement dans la Frise ou la Batavie (Zozime, I, 666). — En 293, Constance transporta dans la Gaule une colonie franque. — En 358, Julien repoussa les Chamaves au delà du Rhin et soumit les Saliens, etc. — Clovis (ou mieux Hlodwig) battit Syagrius en 486. — Greg. Tur., l. II, c. ix : « Tradunt multi eosdem de Pannoniâ fuisse digressos, et primùm quidem litora Rheni amnis incoluisse : dehinc transacto Rheno, Thoringiam transmeasse. »

79 — page 152 — ... *les Francs dans les armées impériales*...
Amm. Marcellin, l. XV, ad ann. 355... « Franci, quorum eâ tempestate in Palatio multitudo florebat... » — Lorsque l'empereur Anastase envoya plus tard à Clovis les insignes du consulat, les titres romains étaient déjà familiers aux chefs des Francs. — Agathias dit, peu après, que les Francs sont les plus civilisés des barbares, et qu'ils ne diffèrent des Romains que par la langue et le costume. — Ce n'est pas à dire que ce costume fût dépourvu d'élégance. « Le jeune chef Sigismer, dit Sidonius Apollinaris, marchait précédé ou suivi de chevaux couverts de pierreries étincelantes ; il marchait à pied, paré d'une soie de lait, brillant d'or, ardent de pourpre ; avec ces trois couleurs s'accordaient sa chevelure, son teint et sa peau.. Les chefs qui l'entouraient étaient chaussés de fourrures. Les jambes et les genoux étaient nus. Leurs casaques élevées, étroites, bigarrées de diverses couleurs, descendaient à peine aux jarrets, et les manches ne couvraient que le haut du bras. Leurs saies vertes étaient bordées d'une bande écarlate. L'épée, pendant de l'épaule à un long baudrier, ceignait leurs flancs couverts d'une rhénone. Leurs armes étaient encore une parure. » Sidon. Apollin., l. IV, Epist. XX, ap. Scr. Fr. I, 793. — « Dans le tombeau de Childéric Ier, découvert en 1653 à Tournai, on trouva autour de la figure du roi son nom écrit en lettres romaines, un globe de cristal, un stylet avec des tablettes, des médailles de plusieurs empereurs... Il n'y a rien dans tout cela de trop barbare. » Chateaubriand, Études historiques, III, 212. — Saint Jérôme (dans Frédégaire) croit les Francs, comme les Romains, descendants des Troyens, et rapporte leur origine à un Francion, fils de Priam. « De Francorum vero regibus, beatus Hieronimus, qui jam olim fuerant, scripsit quod prius... Priamum habuisse regem... cùm Troja caperetur... Europam media ex ipsis pars cum Francione eorum rege ingressa fuit... cum uxoribus et liberis Rheni ripam occuparunt... Vocati sunt Franci, multis post temporibus, cum ducibus externas dominationes semper negantes. » Fredeg., c. II. — On sait combien cette tradition a été vivement accueillie au moyen âge.

80 — page 154 — *Ce n'est pas en qualité de chef national*, etc...
Plusieurs critiques anglais et allemands pensent maintenant, comme l'abbé Dubos, que la royauté des Francs n'avait rien de ger-

manique, mais qu'elle était une simple imitation des gouverneurs impériaux, *præsides*, etc. Voy. Palgrave, Upon the Commonwealth of the England, 1832, Ier vol. — En 406, les Francs avaient tenté vainement de défendre les frontières contre la grande invasion des barbares, et à plusieurs reprises ils avaient obtenu des terres comme soldats romains. Sismondi, I, 174. — Enfin, les Bénédictins disent dans leurs préface (Scr. r. Fr. I, LIII) : « Il n'y a rien, ni dans l'histoire, ni dans les lois des Francs, dont on puisse inférer que les habitants des Gaules aient été dépouillés d'une partie de leurs terres pour former des terres saliques aux Francs. »

81 — page 155 — *Les Francs s'unissaient sous le chef le plus brave...*

Les passages suivants montrent à quel point ils étaient indépendants de leurs rois : « Si tu ne veux pas aller en Bourgogne avec tes frères, disent les Francs à Théodoric, nous te laisserons là et nous marcherons avec eux. » Greg. Tur., l. III, c. XI. — Ailleurs les Francs veulent marcher contre les Saxons qui demandent la paix. — « Ne vous obstinez pas à aller à cette guerre où vous vous perdrez, leur dit Clotaire Ier ; si vous voulez y aller, je ne vous suivrai pas. » Mais alors les guerriers se jetèrent sur lui, mirent en pièces sa tente, l'en arrachèrent de force, l'accablèrent d'injures, et résolurent de le tuer s'il refusait de partir avec eux. Clotaire, voyant cela, alla avec eux, malgré lui. » Ibid., l. IV, c. XIV. — Le titre de roi était primitivement de nulle conséquence chez les barbares. Ennodius, évêque de Paris, dit d'une armée du grand Théodoric : *Il y avait tant de rois* dans cette armée, que leur nombre était au moins égal à celui des soldats qu'on pouvait nourrir avec les subsistances exigées des habitants du district où elle campait »

82 — page 155 — *Clovis embrassa le culte de la Gaule romaine...*

Greg. Tur., l. II, c. XXXI. — Sigebert et Chilpéric n'épousent Brunehaut et Galswinthe qu'après leur avoir fait abjurer l'arianisme. — Chlotsinde, fille de Clotaire Ier; Ingundis, femme d'Ermengild; Berthe, femme du roi de Kent, convertirent leurs maris.

83 — page 161 — *Clovis fit périr tous les petits rois des Francs...*

« Il envoya secrètement dire au fils du roi de Cologne, Sigebert-le-Boiteux : « Ton père vieillit et boite de son pied malade. S'il mourait, je te rendrais son royaume avec mon amitié... » Chlodéric envoya des assassins contre son père et le fit tuer, espérant obtenir son royaume... Et Clovis lui fit dire : « Je rends grâces à ta bonne volonté, et je te prie de montrer tes trésors à mes envoyés; après quoi tu les posséderas tous. » Chlodéric leur dit : « C'est dans ce coffre que mon père amassait ses pièces d'or. » Ils lui dirent : « Plonge ta main jusqu'au fond pour trouver tout. » Lui l'ayant fait et s'étant tout à fait baissé, un des envoyés leva sa hache et lui brisa le crâne. — Clovis, ayant appris la mort de Sigebert et de son fils, vint dans cette ville, convoqua le peuple, et dit : « Je ne suis nullement complice de ces choses, car je ne puis répandre le sang de mes parents; cela est défendu. Mais puisque tout cela est arrivé, je vous donnerai un conseil; voyez s'il peut vous plaire. Venez à moi, et mettez-vous sous ma protection. » Le peuple applaudit avec grand bruit de voix et de boucliers, l'éleva sur le pavois, et le prit pour roi. — Il marcha ensuite contre Chararic..., le fit prisonnier avec son fils, et les fit tondre tous les deux. Comme Chararic pleurait, son fils lui dit : « C'est sur une tige verte que ce feuillage a été coupé, il repoussera et reverdira bien vite. Plût à Dieu que pérît aussi vite celui qui a fait tout cela! » Ce mot vint aux oreilles de Clovis... Il leur fit à tous deux couper la tête. Eux morts, il acquit leur royaume, et leurs trésors, et leur peuple. — Ragnacaire était alors roi à Cambrai... Clovis, ayant fait faire des bracelets et des baudriers de faux or (car ce n'était que du cuivre doré), les donna aux leudes de Ragnacaire pour les exciter contre lui... Ragnacaire fut battu et fait prisonnier avec son fils Richaire... Clovis lui dit : « Pourquoi as-tu fait honte à notre famille en te laissant enchaîner ? Mieux valait mourir. » Et levant sa hache, il la lui planta dans la tête. Puis se tournant vers Richaire, il lui dit : « Si tu avais secouru ton père, il n'eût pas été enchaîné. » Et il le tua de même d'un coup de hache — Rignomer fut tué par son ordre dans la ville du Mans... Ayant tué de même beaucoup d'autres rois et ses plus proches parents, il étendit son royaume sur toutes les Gaules. Enfin, ayant un jour assemblé les siens, il parla ainsi de ses parents qu'il avait lui-même fait périr : « Malheureux que je suis, resté comme un voyageur parmi des étrangers, et qui n'ai plus de parents pour me secourir si l'adversité venait! » Mais ce n'était pas qu'il s'affligeât de leur mort; il ne parlait ainsi que par ruse et pour découvrir s'il avait encore quelque parent, afin de le tuer. » Greg. Tur., l. II, XLII.

84 — page 168 — *Le climat fit justice de ces barbares...*
L'expédition de Theudebert ne fut pas la dernière des Francs en

Italie. En 584, le roi Childebert alla en Italie ; ce qu'apprenant les Lombards, et craignant d'être défaits par son armée, ils se soumirent à sa domination, lui firent beaucoup de présents, et promirent de lui demeurer fidèles et soumis. Le roi, ayant obtenu d'eux ce qu'il désirait, retourna dans les Gaules, et ordonna de mettre en mouvement une armée qu'il fit marcher en Espagne. Cependant il s'arrêta. L'empereur Maurice lui avait donné, l'année précédente, cinquante mille sols d'or pour chasser les Lombards de l'Italie. Ayant appris qu'il avait fait la paix avec eux, il redemanda son argent ; mais le roi, se confiant en ses forces, ne voulut pas seulement lui répondre là-dessus. » Greg. Tur., l. VI, c. XLII.

85 — page 169 — *Les Saxons se tourneront vers l'Océan...*
Sidon. Apollin., l. VIII, Epist. IX : « Istic (à Bordeaux) Saxona cærulum videmus assuetum antè salo, solum timere. « Carmen VIII :

> Quin et Armoricus piratam Saxona tractus
> Sperabat, cui pelle salum sulcare Britannum
> Ludus, et assuto glaucum mare findere lembo.

86 — page 169 — *Les successeurs de Clovis s'abandonnent aux conseils des Romains...*
Clovis lui-même choisit des Romains pour les envoyer en ambassade, Aurelianus en 481, Paternus en 507 (Greg. Tur. Epist., c. XVIII, XXV). On rencontre une foule de noms romains autour de tous les rois germains : un Aridius est le conseiller assidu de Gondebaud (Greg. Tur., l. II, c. XXXII). — Arcadius, sénateur arverne, appelle Childebert Ier dans l'Auvergne et s'entremet pour le meurtre des enfants de Clodomir (Id., l. III, c. IX, XVIII). — Asteriolus et Secundinus, « tous deux sages et habiles dans les lettres et la rhétorique, » avaient beaucoup de crédit (en 547) auprès de Theudebert (Ibid., c. XXXIII). — Un ambassadeur de Gontran se nomme Félix (Greg. Tur., l. VIII, c. XIII) ; son *référendaire*, Flavius (l. V, c. XLVI). Il envoie un Claudius pour tuer Eberulf dans Saint-Martin de Tours (l. VII, c. XXIX). — Un autre Claudius est *chancelier* de Childebert II (Greg. de Mirac. S. Martini, l. IV). — Un *domestique* de Brunehaut se nomme Flavius (Greg. Tur., l. IX, c. XIX). A son favori Protadius succède « le Romain Claudius, fort lettré et agréable conteur » (Fredegar., c. XXVIII). Dagobert a pour ambassadeurs Servatus et Paternus, pour généraux Abundantius et Venerandus, etc. (Gesta Dagoberti, *passim*)... etc., etc. — Sans doute plus d'un roi mérovingien perdit dans ce contact avec les

vaincus la rudesse barbare, et voulut apprendre avec ses favoris l'élégance latine : Fortunat écrit à Charibert :

> Floret in eloquio lingua latina tuo.
> Qualis es in propriâ docto sermone loquelâ
> Qui nos Romano vincis in eloquio?

— « Sigebertus erat elegans et versutus. » — Sur Chilpéric, V. plus bas. — Les Francs semblent avoir eu de bonne heure la perfidie byzantine : « Franci mendaces, sed hospitales (sociables?). » Salvian., l. VII, p. 169. « Si pejeret Francus, quid novi faceret ; qui perjurium ipsum sermonis genus esse putat, non criminis. » Salvian., l. IV, c. xiv. — « Franci, quibus familiare est ridendo fidem frangere. » Flav. Vopiscus in Proculo.

87 — page 171 — *Le Romain Mummole bat les Saxons...*
Lorsque les Saxons rentrèrent dans leur pays, ils trouvèrent la place prise : « Au temps du passage d'Alboin en Italie, Clotaire et Sigebert avaient placé, dans le lieu qu'il quittait, des Suèves et d'autres nations ; ceux qui avaient accompagné Alboin, étant revenus du temps de Sigebert, s'élevèrent contre eux et voulurent les chasser et les faire disparaître du pays ; mais eux leur offrirent la troisième partie des terres, disant : « Nous pouvons vivre ensemble sans nous combattre. » Les autres, irrités parce qu'ils avaient auparavant possédé ce pays, ne voulaient aucunement entendre à la paix. Les Suèves leur offrirent alors la moitié des terres, puis les deux tiers, ne gardant pour eux que la troisième partie. Les autres le refusant, les Suèves leur offrirent toutes les terres et tous les troupeaux, pourvu seulement qu'il renonçassent à combattre ; mais ils n'y consentirent pas, et demandèrent le combat. Avant de le livrer, ils traitèrent entre eux du partage des femmes des Suèves, et de celle qu'aurait chacun après la défaite de leurs ennemis qu'ils regardaient déjà comme morts ; mais la miséricorde de Dieu, qui agit selon sa justice, les obligea de tourner ailleurs leurs pensées ; le combat ayant été livré, sur vingt-six mille Saxons, vingt mille furent tués, et des Suèves, qui étaient six mille quatre cents, quatre-vingts seulement furent abattus, et les autres obtinrent la victoire. Ceux des Saxons qui étaient demeurés après la défaite jurèrent, avec des imprécations, de ne se couper ni la barbe ni les cheveux jusqu'à ce qu'ils se fussent vengés de leurs ennemis ; mais ayant recommencé le combat, ils éprouvèrent encore une plus grande défaite, et ce fut ainsi que la guerre cessa. » Greg. Tur.,

l. V, c. xv. V. aussi Paul Diacre, De Gestis Langobardorum, ap. Muratori, I.

88 — page 173 — *Frédégonde, entourée de superstitions païennes...*
Une affranchie, possédée de l'esprit de Python, riche, vêtue d'habits magnifiques, se réfugie auprès de Frédégonde. (Greg. Tur., l. VII, cxliv.) — Claudius promet à Frédégonde et à Gontran de tuer Eberulf, meurtrier de Chilpéric, dans la basilique de Tours : « Et cùm iter ageret, ut consuetudo est barbarorum, auspicia intendere cœpit. Simulque interrogare multos si virtus beati Martini de præsenti manifestaretur in perfidis. » C. xxix.

Le paganisme est encore très fort à cette époque. Dans un concile où assistèrent Sonnat, évêque de Reims, et quarante évêques, on décide « que ceux qui suivent les augures et autres cérémonies païennes, ou qui font des repas superstitieux avec des païens, soient d'abord doucement admonestés et avertis de quitter leurs anciennes erreurs; que s'ils négligent de le faire, et se mêlent aux idolâtres et à tous ceux qui sacrifient aux idoles, ils soient soumis à une pénitence proportionnée à leur faute. » Flodoard, l. II, c. v. — Dans Grégoire de Tours (l. VIII, c. xv), saint Wulfilaïc, ermite de Trèves, raconte comment il a renversé (en 585) la Diane du lieu et les autres idoles. — Les conciles de Latran, en 402, d'Arles, en 452, défendent le culte des pierres, des arbres et des fontaines. On lit dans les canons du concile de Nantes, en 658 : « Summo decertare debent studio episcopi et eorum ministri, ut arbores dæmonibus consecratæ quas vulgus colit, et in tantâ veneratione habet ut nec ramum nec surculum indè audeat amputare, radicitus excindantur atque comburantur. Lapides quoque quos in ruinosis locis et silvestribus dæmonum ludificationibus decepti venerantur, ubi et vota vovent et deferunt, funditus effodiantur, atque in tali loco projiciantur, ubi nunquàm a cultoribus suis inveniri possint. Omnibusque interdicatur ut nullus candelam vel aliquod munus alibi deferat nisi ad ecclesiam Domino Deo suo... » Sirmund., t. III, Conc. Galliæ. V. aussi le vingt-deuxième canon du Concile de Tours, en 567, et les Capitulaires de Charlemagne, ann. 769.

89 — page 176 — *Chilpéric faisait des vers en langue latine...*
Greg. Tur., liv. VII, cxlv. — « Sed versiculi illi, dit Grégoire de Tours, nulli penitus metricæ conveniunt rationi. » Liv. V, c. xlv. — Cependant la tradition lui attribue l'épitaphe suivante sur Saint-Germain-des-Prés :

> Ecclesiæ speculum, patriæ vigor, ara reorum,
>   Et pater, et medicus, pastor amorque gregis,
> Germanus virtute, fide, corde, ore beatus,
>   Carne tenet tumulum, mentis honore polum.
> Vir cui dura nihil nocuerunt fata sepulcri :
>   Vivit enim, nam mors quem tulit ipsa timet.
> Crevit adhùc potiùs justus post funera; nam qui
>   Fictile vas fuerat, gemma superna micat.
> Hujus opem et meritum mutis data verba loquuntur,
>   Redditus et cæcis prædicat ore dies.
> Nunc vir apostolicus, rapiens de carne trophæum,
>   Jure triumphali considet arce throni.
>   (Apud Aimoin., l. III, c. x.)

Il ajouta des lettres à l'alphabet... « et misit epistolas in universas civitates regni sui, ut sic pueri docerentur, ac libri antiquitus scripti, planati pumice rescriberentur. » Greg. Tur., l. V, xlv.

90 — page 176 — ... *combien il ménageait l'Église*...
Voy. dans Grég. de Tours (l. VI, c. xxii) sa clémence envers un évêque qui avait dit, entre autres injures, qu'en passant du royaume de Gontran dans celui de Chilpéric, il passait de paradis en enfer. — Cependant, ailleurs il se plaint amèrement des évêques (ibid., l. VI, c. xlvi) : « Nullum plus odio habens quàm ecclesias: aiebat enim plerùmque : Ecce pauper remansit fiscus noster, ecce divitiæ nostræ ad ecclesias sunt translatæ; nulli penitus, ni soli episcopi regnant : periit honor noster, et transiit ad episcopos civitatum. »

91 — page 186. — *Les grands du Midi accueillirent Gondovald*...
« Comme Gondovald cherchait de tous côtés des secours, quelqu'un lui raconta qu'un certain roi d'Orient, ayant enlevé le pouce du martyr saint Serge, l'avait implanté dans son bras droit, et que lorsqu'il était dans la nécessité de repousser ses ennemis, il lui suffisait d'élever le bras avec confiance; l'armée ennemie, comme accablée de la puissance du martyr, se mettait en déroute. Gondovald s'informa avec empressement s'il y avait quelqu'un en cet endroit qui eût été jugé digne de recevoir quelques reliques de saint Serge. L'évêque Bertrand lui désigna un certain négociant nommé Euphron, qu'il haïssait, parce qu'avide de ses biens, il l'avait fait raser autrefois, malgré lui, pour le faire clerc, mais Euphron passa dans une autre ville et revint lorsque ses cheveux

eurent repoussé. L'évêque dit donc : « Il y a ici un certain Syrien nommé Euphron, qui, ayant transformé sa maison en une église, y a placé les reliques de ce saint ; et, par le pouvoir du martyr, il a vu s'opérer plusieurs miracles, car, dans le temps que la ville de Bordeaux était en proie à un violent incendie, cette maison, entourée de flammes, en fut préservée. » Aussitôt Mummole courut promptement avec l'évêque Bertrand à la maison du Syrien, y pénétra de force, et lui ordonna de montrer les saintes reliques. Euphron s'y refusa ; mais, pensant qu'on lui tendait des embûches par méchanceté, il dit : « Ne tourmente pas un vieillard et ne commets pas d'outrages envers un saint ; mais reçois ces cent pièces d'or et retire-toi. » Mummole insistant, Euphron lui offrit deux cents pièces d'or ; mais il n'obtint point à ce prix qu'ils se retirassent sans avoir vu les reliques. Alors Mummole fit dresser une échelle contre la muraille (les reliques étaient cachées dans une châsse au haut de la muraille, contre l'autel), et ordonna au diacre d'y monter. Celui-ci, étant donc monté au moyen de l'échelle, fut saisi d'un tel tremblement lorsqu'il prit la châsse, qu'on crut qu'il ne pourrait descendre vivant. Cependant, ayant pris la châsse attachée à la muraille, il l'emporta. Mummole, l'ayant examinée, y trouva l'os du doigt du saint, et ne craignit pas de le frapper d'un couteau. Il avait placé un couteau sur la relique et frappait dessus avec un autre. Après bien des coups qui eurent grand'peine à le briser, l'os, coupé en trois parties, disparut soudainement. La chose ne fut pas agréable au martyr, comme la suite le montra bien. » — Ces Romains du Midi respectaient les choses saintes et les prêtres bien moins que les hommes du Nord. On voit un peu plus loin qu'un évêque ayant insulté le prétendant à table, les ducs Mummole et Didier l'accablèrent de coups. — Greg. Tur., l. VII, ap. Scr. Rer. Fr., t. II, p. 302.

92 — page 197 — *Dagobert, le Salomon des Francs...*
Fredegar., c. LX : « Luxuriæ suprà modum deditus, tres habebat, ad instar Salomonis, reginas, maximè et plurimas concubinas... Nomina concubinarum, eó quod plures fuissent, increvit huic chronicæ inseri. »

93 — page 198 — *Les Saxons défaits par les Francs, etc...*
Gesta Dagob., c. I. ap. Scr. Rer. Fr., II, 580. « Clotharius tum præcipue illud memorabile suæ potentiæ posteris reliquit indicium, quod rebellantibus adversus se Saxonibus, ita eos armis perdomuit,

ut omnes virilis sexus ejusdem terræ incolas, qui gladii, quem tùm forte gerebat, longitudinem excesserint, peremerit. »

94 — page 198 — ... *le Franc Samo...*
Fredegar., c. XLVIII. « Homo quidam, nomine Samo, natione Francus, de pago Sennonago, plures secum negotiantes adscivit; ad exercendum negotium in Sclavos, cognomento Winidos, perrexit. Sclavi jàm contra Avaros, cognomento Chunos... cœperant bellare... Cùm Chuni in exercitu contra gentem quamlibet adgrediebant, Chuni pro castris adunato illorum exercitu stabant; Winidi vero pugnabant, etc... Chuni ad hyemandum annis singulis in Sclavos veniebant; uxores Sclavorum et filias eorum stratu sumebant... Winidi, cernentes utilitatem Samonis, eum super se eligunt regem. Duodecim uxores ex genere Winidorum habebat. »

95 — page 198 — *Les Avares défaits par une perfidie...*
Fredegar., c. LXXII : « Cùm dispersi per domos Bajoariorum ad hyemandum fuissent, consilio Francorum Dagobertus Bajoariis jubet ut Bulgaros illos cum uxoribus et liberis unusquisque in domo suâ in unâ nocte Bajoarii interficerent : quod protinùs a Bajoariis est impletum. »

96 — page 199 — *... des chorévêques...*
Τοῦ χώρου ἐπίσκοποι, — Dans les Capitulaires de Charlemagne, on les nomme : « Episcopi villani; » — Hincmar, opusc. 33, c. XVI : *vicani*. — Canones Arabici Nicænæ Synodi : « Chorepiscopus est loco episcopi, super villas et monasteria, et sacerdotes villarum. » — Voy. le Glossaire de Ducange, t. II.

97 — page 199 — *Les évêques du Midi, trop civilisés...*
Saint Domnole, aimé de Clotaire pour avoir souvent caché ses espions du vivant de Childebert, allait en récompense être élevé au siège d'Avignon. Mais il supplie le roi « ne permitteret simplicitatem illius inter senatores sophisticos ac judices philosophicos fatigari ». Clotaire le fit évêque du Mans. Greg. Turon., l. VI, c. IX.

98 — page 207 — « *Les Irlandais sont meilleurs astronomes, etc... »*
Dans l'île d'Anglesey, il y a deux places appelées encore le Cercle de l'Astronome, *Cærrig-Bruydn*, et la Cité des Astronomes, *Cær-Edris*. Rowland, Mona antiqua, p. 84. Low, Hist. of Scotl., p. 277.

99 — page 207 — *En Irlande on baptisait avec du lait...*

Carpentier, Suppl. au Gloss. de Ducange : In Hyberniâ lac adhibitum fuisse ad baptizandos divitum filios, qui domi baptizabantur, testis est Bened, abbas Petroburg. » T. I, p. 30. (On plongeait trois fois les enfants dans de l'eau, ou dans du lait si les parents étaient riches ; le Concile de Cashel (1171) ordonna de baptiser à l'église.) — Ex Concil. Neocesariensi, in vet. Pœnitentiali, discimus infantem posse baptizari inclusum in utero materno, cujus hæc sunt verba : « Prægnans mulier baptizetur, et postea infans. » — On voyait souvent en Irlande des évêques mariés. O'Halloran, t. III. — Au neuvième siècle, les Bretons se rapprochaient par la liturgie et la discipline de l'Église bretonne anglaise. Louis-le-Débonnaire, remarquant que les religieux de l'abbaye de Landévenec portaient la tonsure dans la forme usitée chez les Bretons insulaires, leur ordonna de se conformer en cela, comme en tout, aux décisions de l'Église de Rome. D. Lobineau, preuves II, 26. —D. Morice, preuves I, 228.

100 — page 210 — *Saint Colomban dans les Vosges,* etc...

Nous avons son éloquente réponse à un concile assemblé contre lui. — Biblioth. max. Patrum, III, Epist. 2, ad Patres cujusdam gallicanæ super quæstiones paschæ congregatæ : « Unum deposco a vestrâ sanctitate ut... quia hujus diversitatis author non sim, ac pro Christo salvatore, communi Domino ac Deo, in has terras peregrinus processerim, deprecor vos per communem Dominum qui judicaturum... ut mihi liceat cum vestrâ pace et charitate in his sylvis silere et vivere juxtà ossa nostrorum fratrum decem et septem defunctorum, sicut usque nunc licuit nobis inter vos vixisse duodecim annis... Capiat nos simul, oro, Gallia, quos capiet regnum cœlorum, si boni simus meriti. Confiteor conscientiæ meæ secreta. quod plus credo traditioni patriæ meæ... »

101 — page 213 — *La règle de saint Colomban...*

Bibl. max. PP., XII, p. 2. La base de la discipline est l'obéissance absolue, jusqu'à la mort. « Obedientia usque ad quem modum definitur? Usque ad mortem certe, quia Christus usque ad mortem obedivit Patri pro nobis. » — Quelle est la mesure de la prière? : « Est vera orandi traditio, ut possibilitas ad hoc destinati sine fastidio voti prævaleat. » Celui qui perd l'hostie aura pour punition un an de pénitence. — Qui la laisse manger aux vers, six mois. — Qui laisse le pain consacré devenir rouge, vingt jours. — Qui le ette dans l'eau par mépris, quarante jours. — Qui le vomit par faiblesse d'estomac, vingt jours; — par maladie, dix jours. — Six coups, douze coups, douze psaumes à réciter, etc., pour celui qui n'aura pas répondu amen au bénédicité, qui aura parlé en mangeant, qui n'aura pas fait le signe de la croix sur sa cuiller (qui non signaverit cochlear quo lambit), ou sur la lanterne allumée par un plus jeune frère. — Cent coups à celui qui fait un ouvrage à part. — Dix coups à celui qui a frappé la table de son couteau ou qui a répandu de la bière. — Cinquante à celui qui ne s'est pas courbé pour prier, qui n'a pas bien chanté, qui a toussé en entonnant les psaumes, qui a souri pendant l'oraison, ou qui s'amuse à conter des histoires. — Celui qui raconte un péché déjà expié sera mis au pain et à l'eau pour un jour (pour que l'on ne réveille pas en soi les tentations passées?). — « Si quis monachus dormierit in unâ domo cum muliere, duos dies in pane et aquâ; si nescivit quod non debet, unum diem. — Castitas vera monachi in cogitationibus judicatur... et quid prodest virgo corpore, si non sit virgo mente? »

102 — page 213 — *Saint Gall resta en Suisse...*
Pour se dispenser de suivre Colomban en Italie, saint Gall prétendait avoir la fièvre... « Ille vero existimans eum pro laboribus ibi consummandis amore loci detentum, viæ longioris detrectare laborem, dicit ei : Scio, frater, jam tibi onerosum esse tantis pro me laboribus fatigari; tamen hoc discessurus denuntio, ne, vivente me in corpore, missam celebrare præsumas. » — Un ours vint servir saint Gall dans sa solitude, et lui apporter du bois pour entretenir son feu. Saint Gall lui donna un pain : « Hoc pacto montes et colles circumpositos habeto communes. » Poétique symbole de l'alliance de l'homme et de la nature vivante dans la solitude.

103 — page 216 — *Le maire du palais choisi par le roi...*
« In infantiâ Sigiberti omnes Austrasii, cùm eligerent Chrodinum majorem domûs... Ille respuens?.. Tunc Gogonem eligunt. » Greg. Tur., Epitom., c. LVIII. — Ann. 628. « Defuncto Gundoaldo..., Dagobertus rex Erconaldum, virum illustrem, in majorem domûs statuit... » — 656. « Defuncto Erconaldo..., Franci, in incertum vacillantes, præfinito consilio Ebruino hujus honoris altitudine majorem domo in aulâ regis statuunt » (Dagobert était mort et ils avaient *élu* pour roi Clotaire III). Gesta Reg. Fr., c. XLII, XLV. — 626. « Clotarius II... cum proceribus et leudis Burgundiæ Trecassis conjungitur, cùm eos sollicitâsset, si vellent mortuo jàm Warna-

chario, alium in ejus honoris gradum sublimare. Sed omnes, unanimiter denegantes, se nequaquàm velle majorem domus eligere, regisgratiam obnixe petentes cum rege transigere... » Fredegar., c. LIV, ap. Scr. Fr., II, 435. — 641. « Flaochatus, genere Francus, Major domùs in regnum Burgundiæ, electione pontificum et cunctorum ducum, à Nantichilde reginâ in hunc gradum honoris nobiliter stabilitur. » Id. c. LXXXIX, ibid. 447. — M. Pertz, dans son ouvrage intitulé : « Geschichte der Merowingischen Hausmeier (1819), » a réuni tous les noms par lesquels on désignait les maires du palais : — Major domùs regiæ, domùs regalis, domùs palatii, domùs in palatio, palatii, in aulâ. — Senior domùs. — Princeps domûs. — Princeps palatii. — Præpositus palatii. — Præfectus domûs regiæ. — Præfectus palatii. — Præfectus aulæ. — Rector palatii. — Nutritor et bajulus regis? (Fredeg. c. LXXXVI.) — Rector aulæ, imo totius regni. — Gubernator palatii. — Moderator palatii. — Dux palatii, Custos palatii et Tutor regni. — Subregulus. — Ainsi le maire devient presque le roi, et réciproquement *gouverner le royaume* s'exprima par *gouverner le palais*. « Bathilda regina, quæ cum Chlotario, filio Francorum, regebat palatium. »

104 — page 221 — *Frédégaire exprime cet affaissement...*
Fredegarius, ap. Scr. Rer. Fr. II, 414 : « Optaveram et ego ut mihi succumberet talis dicendi facundia, ut vel paululum esset ad instar. Sed rarius hauritur, ubi non est perennitas aquæ. Mundus jàm senescit, ideoque prudentiæ acumen in nobis tepescit, nec quisquam potest hujus temporis, nec præsumit oratoribus præcedentibus esse consimilis. »

105 — page 223 — *Arnulf né d'un père aquitain et d'une mère suève...*
Acta SS. ord. S. Ben., sæc. II. — Dans une Vie de saint Arnoul, par un certain Umno, qui prétend écrire par ordre de Charlemagne, il est dit : « Carolus... cui fuerat privatus Arnolfus. — ... regem Chlotarium, cujus filiam, Bhlithildem nomine, Ansbertus, vir aquitanicus præpotens divitiis et genere, in matrimonium accepit, de quâ Burtgisum genuit, patrem B. hujus Arnulfi. » — Et plus loin : « Natus est B. Arnulfus aquitanico patre, sueviâ matre in castro Lacensi (à Lay, diocèse de Tulle), in comitatu Calvimontensi. »

106 — page 223 — ... *la famille des Ferroli...*
V. Lefebvre, Disquisit., et Valois, Rerum. Fr. lib. VIII et XVII.

On trouve dans l'ancienne vie de saint Ferreol : « Sanctus Ferreolus, natione Narbonensis a nobilissimis parentibus originem duxit; hujus genitor Anspertus, ex magno senatorum genere prosapiam nobilitatis deducens, accepit Chlotarii, regis Francorum, filiam, vocabulo Blitil. » — Le moine Ægidius, dans ses additions à l'histoire des évêques d'Utrecht, composée par l'abbé Harigère, dit que Bodegisile ou Boggis, fils d'Anspert, possédait cinq duchés en Aquitaine. D'après cette généalogie, les guerres de Charles-Martel et Eudes, de Pepin et d'Hunald, auraient été des guerres de parents.

107 — page 223 — ... *des mariages des familles ostrasiennes et aquitaines...*

V. l'importante charte de 845 (Hist. du Lang., I, preuves, p. 85, et notes, p. 688. L'authenticité en a été contestée par M. Rabanis). Les ducs d'Aquitaine Boggis et Bertrand épousèrent les Ostrasiennes Ode et Bhigberte. Eudes, fils de Boggis, épousa l'Ostrasienne Waltrude. Ces mariages donnèrent occasion à saint Hubert, frère d'Eudes, de s'établir en Ostrasie, sous la protection de Pepin, et d'y fonder l'évêché de Liège.

108 — page 224 — *Cette maison épiscopale de Metz...*

La maison Carlovingienne donne trois évêques de Metz en un siècle et demi, Arnulf, Chrodulf et Drogon. Les évêques étant souvent mariés avant d'entrer dans les ordres, transmettaient sans peine leur siège à leurs fils ou petits-fils. Ainsi les Apollinaires prétendaient héréditairement à l'évêché de Clermont. Grégoire de Tours dit au sujet d'un homme qui voulait le supplanter : « Il ne savait pas, le misérable, qu'excepté cinq, tous les évêques qui avaient occupé le siège de Tours étaient alliés de parenté à notre famille. » (L. V, c. L, ap. Scr. Fr. II, 264.)

109 — page 226 — *Charles-Martel, physionomie très peu chrétienne...*

A en croire quelques auteurs, la France, à cette époque, eût pensé devenir païenne. — Bonifac., Epist. 32, ann. 742 : « Franci enim, ut seniores dicunt, plus quàm per tempus LXXX annorum synodum non fecerunt, nec archiepiscopum habuerunt, nec Ecclesiæ canonica jura alicubi fundabant vel renovabant. » — Hincmar., epist. 6, c. XIX. « Tempore Caroli principis... in Germanicis et Belgicis ac Gallicanis provinciis omnis religio Christianitatis pene fuit abolita, ita ut... multi jàm in orientalibus regionibus idola adorarent, et sine baptismo manerent. »

110 — page 227 — *Ce choc de deux races... immense massacre...*

Selon Paul Diacre (l. VI) les Sarrasins perdirent trois cent soixante-quinze mille hommes. — Isidore de Béja a raconté cette guerre vingt-deux ans après la bataille, dans un latin barbare. Une partie de son récit est en rimes, ou plutôt en assonances. (On retrouve l'assonance dans la chanson des habitants de Modène, composée vers 924) :

> Abdirraman multitudine repletam
> Sui exercitûs prospiciens terram,
> Montana Vaccorum disecans,
> Et fretosa et plana percalcans,
> Trans Francorum intus experditat
> . . . .
> (Isidor. Pacensis, ap. Scr. Rer. Fr. II, 721.)

111. — page 228 — ... *Charles-Martel distribuait les dépouilles des évêques...*

Chronic. Virdun., ap. Scr. Fr., III, 364. « Tantâ enim profusione thesaurus totius ærarii publici dilapidatus est, tanta dedit militibus, quos soldarios vocari mos obtinuit (soldarii, soldurii? on a vu que les dévoués de l'Aquitaine s'appelaient ainsi)..., ut non ei suffecerit thesaurus regni, non deprædatio urbium... non exspoliatio ecclesiarum et monasteriorum, non tributa provinciarum. Ausus est etiam, ubi hæc defecerunt, terras ecclesiarum diripere, et eas commilitonibus illis tradere, etc.. » — Flodoard, l. II, c. xii : Quand Charles-Martel eut défait ses ennemis, il chassa de son siège le pieux Rigobert, son parrain, qui l'avait tenu sur les saints fonts de baptême, et donna l'évêché de Reims à un nommé Milon, simple tonsuré qui l'avait suivi à la guerre. Ce Charles-Martel, né du concubinage d'une esclave, comme on le lit dans les Annales des rois Francs, plus audacieux que tous les rois ses prédécesseurs, donna non seulement l'évêché de Reims, mais encore beaucoup d'autres du royaume de France, à des laïques et à des comtes; en sorte qu'il ôta tout pouvoir aux évêques sur les biens et les affaires de l'Église. Mais tous les maux qu'il avait faits à ce saint personnage et aux autres Églises de Jésus-Christ, par un juste jugement, le Seigneur les fit retomber sur sa tête; car on lit dans les écrits des Pères que saint Euchère, jadis évêque d'Orléans, dont le corps est déposé au monastère de Saint-Trudon, s'étant mis un jour en prière, et absorbé dans la méditation des choses célestes, fut ravi dans l'autre vie; et là, par révélation du Seigneur, vit Charles tourmenté au plus bas des enfers. Comme il en demandait la cause à l'ange qui le conduisait, celui-ci répondit que, par la sentence des saints qui, au futur jugement, tiendront la balance avec le Seigneur, il était condamné aux peines éternelles pour avoir envahi leurs biens. De retour en ce monde, saint Euchère s'empressa de raconter ce qu'il avait vu à saint Boniface, que le saint-siège avait délégué en France pour y rétablir la discipline canonique; et à Fulrad, abbé de Saint-Denis et premier chapelain du roi Pepin, leur donnant pour preuve de la vérité de ce qu'il rapportait sur Charles-Martel, que, s'ils allaient à son tombeau, ils n'y trouveraient point son corps. En effet, ceux-ci étant allés au lieu de la sépulture de Charles, et ayant ouvert son tombeau, il en sortit un serpent, et le tombeau fut trouvé vide et noirci comme si le feu y avait pris. »

112 — page 228 — *L'Église anglo-saxonne, romaine d'esprit...*

Acta SS. ord. S. Ben., sæc. III. Le Pape Zacharie écrit à saint Boniface : « Provincia in quâ natus et nutritus es, quam et in gentem Anglorum et Saxonum in Britanniâ insulâ primi prædicatores ab apostolicâ sede missi, Augustinus, Laurentius, Justus et Honorius, novissime vero tuis temporibus Theodorus, ex græco latinus, arte philosophus et Athenis eruditus, Romæ ordinatus, pallio sublimatus, ad Britanniam præfatam transmissus, judicabat et gubernabat... » Ce Théodore, moine grec de Tarse en Cilicie, avait été envoyé pour remplir le siège de Kenterbury, par le pape Vitalien; il était fort savant en astronomie, en musique, en métrique, en langues grecque et latine; il apporta un Homère et un saint Chrysostome. Il était conduit par Adrien, moine napolitain, né en Afrique, non moins savant, et qui avait été deux fois en France. (Usque hodie supersunt de eorum discipulis, qui latinam græcamque linguam æque ut propriam norunt.) Sous eux, le moine northumbrien Benedict Biscop fit venir des artistes de France, et bâtit dans le Northumberland le monastère de Weremouth, selon l'architecture romaine; les murs étaient ornés de peintures achetées à Rome et de vitres apportées de France. Un maître chanteur avait été appelé de Saint-Pierre de Rome. (Beda, Hist. Abbat. Viremuth.) — Théodore et Adrien eurent pour élèves Alcuin et Aldhelm, parent du roi Ina, le premier Saxon qui ait écrit en latin, selon Camden; il chantait lui-même ses *Cantiones Saxonicæ* dans les rues, à la populace. Guill. Malmesbury le qualifie : « Ex acumine Græcum, ex nitore Romanum, ex pompâ Anglum. » (Warton, Diss. on the introd. of learning into England, I, cxxii.)

113 — page 230 — *Boniface se voue au pape...*
Bonifac., Epist. 105 : « Decrevimus in nostro synodali conventu et confessi sumus fidem catholicam, et unitatem, et subjectionem Romanæ Ecclesiæ, fine tenus vitæ nostræ, velle servare : sancto Petro et vicario ejus velle subjici... Metropolitanos pallia ab illà sede quærere : et per omnia, præcepta Petri Canonice sequi desiderare, ut inter oves sibi commendatas numeremur. »

114 — page 230 — *Il demande au pape, dans sa simplicité,* etc...
Le pape écrit à Boniface : « Talia nobis a te referuntur, quasi nos corruptores simus canonum et Patrum rescindere traditiones studeamus : ac per hoc (quod absit) cum nostris clericis in simoniacam hæresim incidamus, expetentes et accipientes ab illis præmia, quibus tribuimus pallia. Sed hortamur, carissime frater, ut nobis deinceps tale aliquid minime scribas... » Acta SS. ord. S. Ben., sæc. III, 75.

115 — page 230 — *Adalbert,* etc...
Saint Boniface écrit au pape Zacharie : « Maximus mihi labor fuit adversus duos hæreticos pessimos..., unus qui dicitur Adelbert, natione Gallus, alter qui dicitur Clemens, genere Scotus. — Fecit quoque (Adelbert) cruciculas et auratoriola in campis et ad fontes...; ungulas quoque et capillos dedit ad honorificandum et portandum cum reliquiis S. Petri, principis apostolorum. » Epist. 135.

116 — page 233, note — ... *un tribut de trois cents chevaux...*
Annal. Met., ap. Script. Fr., V, 336. Le cheval était la principale victime qu'immolaient les Perses et les Germains. Le pape Zacharie (Epist. 142) recommande à Boniface d'empêcher qu'on ne mange de chair de cheval, sans doute comme viande de sacrifice.

117 — page 234 — *Les Francs contre les Vasques,* etc ..
Fredegar. Scholast., c. XXI. Je doute fort que les Francs, qui furent battus par eux dans la jeunesse de leur empire, leur aient imposé un tribut, comme le prétend Frédégaire, sous les faibles enfants de Brunehaut.

118 — page 238 — *Guaifer repoussa ces demandes...*
Voy. aussi Eginhard, Annal., ibid., 199 : « Cùm res quæ ad ecclesias... pertinebant, reddere noluisset. — Spondet se ecclesiis sua jura redditurum, etc. »

119 — page 239 — *Pepin portant les reliques...*
Secunda S. Austremonii translatio, ap. Scr. Rer. Fr. V, 433. « Rex, ad instar David regis... oblita regali purpurâ, præ gaudio omnem illam insignem vestem lacrymis perfundebat, et antè sancti martyris exequias exultabat, ipsiusque sacratissima membra propriis humeris evehebat. Erat autem hiems. » — Translat. S. Germani Pratens., ibid., 428 « ...mittentes, tàm ipse quàm optimates ab ipso electi, manus ad feretrum. »

120 — page 239, note 3 — *Charlemagne...*
Les Chroniques de Saint-Denys disent elles-mêmes Challes et Challemaines, pour Charles et Carloman (maine, corruption française de *mann;* comme *lana,* laine, etc.). On trouve dans la Chronique de Théophane un texte plus positif encore. Il appelle Carloman Καρουλλόμαγνος; Scr. Fr., V, 187. Les deux frères portaient donc le même nom. — Au dixième siècle, Charles-le-Chauve gagna aussi à l'ignorance des moines latins le surnom de Grand, comme son aïeul. Épitaph., ap. Scr. Fr., VII, 322 :

> ... Nomen qui nomine duxit
> De magni magnus, de Caroli Carolus.

C'est ainsi que les Grecs se sont trompés sur le nom d'Élagabal, dont ils ont fait, bon gré, mal gré, Héliogabal, du grec *Hélios*, soleil.

121 — page 241 — *... dans ces déserts ils élevaient quelque place forte...*
Fronsac (Francicum ou Frontiacum) en Aquitaine (Eginh., Annal., ap. Scr. Fr., V, 201); et en Saxe, la ville que les chroniques désignent sous le nom de *Urbs Karoli* (Annal. Franc., ibid., p. 11), un fort sur la Lippe (p. 29), Ehresburg, etc.

122 — page 242 — *Charlemagne confirma la dîme...*
Capitulare ann. 789, c. VII. « De decimis, ut unusquisque suam decimam donet, atque per jussionem pontificis dispensetur. » — Capitulatio de Saxon., ann. 791, c. XVI : « Undecunque censùs aliquid ad fiscum pervenerit..., decima pars ecclesiis et sacerdotibus reddatur. » C. XVII : « Omnes decimam partem substantiæ et laboris sui dent, tàm nobiles quàm ingenui, similiter et liti. » — Voy. aussi Capitul. Francoford., ann. 794, c. XXIII. — Dès l'an 567, on trouve mention de la dîme dans une lettre pastorale des évêques de Touraine ; une constitution de Clotaire et les Actes du concile de

Mâcon, en 588, la prescrivent expressément. Ducange, II, 1334, v° Decimæ.

123 — page 242 — ... *affranchit l'Église de la juridiction séculière.*
Capitul. add. ad leg. Langob., ann. 801, c. i. « Volumus primo, ut neque abbates, neque presbyteri, neque diaconi, neque subdiaconi, neque quislibet de clero, de personis suis ad publica, vel ad secularia judicia trahantur vel distringantur, sed a suis episcopis judicati justitiam faciant. » — Cf. Capitul. Aquisgr., ann. 789, c. xxxvii. — Capitul. Francoford., ann. 794, c. iv : « Statutum est a domino rege et S. Synodo, ut episcopi justitias faciant in suas parochias... Comites quoque nostri veniant ad judicium episcoporum. »

124 — page 245 — ... *la première victoire des Germains sur l'Empire.*
Stapfer, art. Arminius, dans la Biogr. univers. : « Les lieux voisins de Dethmold sont encore pleins de souvenirs de ce mémorable événement. Le champ qui est au pied de Teutberg s'appelle encore Wintfeld, ou Champ de la Victoire ; il est traversé par le Rodenbeck, ou Ruisseau de sang, et le Knochenbach, ou Ruisseau des os, qui rappelle ces ossements trouvés, six ans après la défaite de Varus, par les soldats de Germanicus venus pour leur rendre les derniers honneurs. Tout près de là est Feldrom, le champ des Romains ; un peu plus loin, dans les environs de Pyrmont, le Herminsberg, ou mont d'Arminius, couvert des ruines d'un château qui porte le nom de Harminsbourg, et sur les bords du Weser, dans le même comté de la Lippe, on trouve Varenholz, le bois de Varus.

125 — page 245 — ... *la victoire des Francs sanctifiée par un miracle*, etc...
Eginhard. Annal., ap. Script. Fr., V, 201. « Ne diutius siti confectus laboraret exercitus, divinitus factum creditur ut quàdam die, cùm juxta morem, tempore meridiano, cuncti quiescerent, prope montem qui castris erat contiguus tanta vis aquarum in concavitate cujusdam torrentis eruperit, ut exercitui cuncto sufficeret. » — Poetæ Saxonici Annal., l. I.

126 — page 248 — *Le nom du fameux Roland...*
Eginhard, vita Karoli, ap. Scr. Fr., V, 93. — Voy. aussi Eginhard.

Annal., ibid., 203. — Poet. Sax., l. I, ibid., 143. — Chroniques de Saint-Denys, l. I, c. vi. — Les autres chroniques ne parlent point de cette déroute. — Sur les poèmes carlovingiens, voyez le cours de M. Fauriel, et l'excellente thèse de M. Monin : *Sur le Roman de Roncevaux*, 1832.

127 — page 249 — ... *un système de conversion*...

Il prit pour otages quinze des plus illustres, et les remit à la garde de l'archevêque de Reims, Vulfar, auquel il accordait la plus grande confiance. Vulfar avait été précédemment revêtu des fonctions de Missus Dominicus en Champagne. Flodoard. Hist. Remens., l. II, c. xviii. « Le très sage et très habile Charles, dit le biographe de Louis-le-Débonnaire, savait s'attacher les évêques. Il établit par toute l'Aquitaine des comtes et des abbés, et beaucoup d'autres encore, qu'on nomme des *Vassi*, de la race des Francs ; il leur confia le soin du royaume, la défense des frontières et le gouvernement des fermes royales. » Astronom. Vita Ludov. Pii. c. 3, ap. Scr. Fr., VI, 88. — Les abbés remplissent ici des fonctions militaires. Charlemagne écrit à un abbé de Saxe de venir avec des hommes bien armés et des vivres pour trois mois. Caroli M. Epist., 21, ap. Scr. Fr., V, 633.

Vita S. Sturmii, abbat. Fuld., ap. Scr. Fr., V, 447. « Karolus... assumptis universis sacerdotibus, abbatibus, presbyteris... totam illam provinciam in parochias episcopales divisit... Tunc pars maxima beato Sturmio populi et terræ illius ad procurandum committitur. » Annal. Franc., ap. Scr. Fr., V, 26. » Divisitque ipsam patriam inter presbyteros et episcopos, seu et abbates, ut in eis baptizarent et prædicarent. — Idem, Chron. Moissiac., ibid. 71.

128 — page 253 — ... *le camp des Avares*...

Monach. S. Galli, l. II, c. ii. « Terra Hunorum novem circulis cingebatur... Tàm latus fuit unus circulus... quantùm est spatium de castro Turonico ad Constantiam... Ita vici et villæ erant locatæ, ut de aliis ad alias vox humana posset audiri. Contra eadem quoque ædificia, inter inexpugnabiles illos muros, portæ non satis latæ erant constitutæ... Item de secundo circulo, qui similiter ut primus erat exstructus ; viginti miliaria Teutonica quæ sunt quadraginta Italica, ad tertium usque tendebantur; similiter usque ad nonum ; quamvis ipsi circuli alius alio multo contractiores fuerunt... Ad has ergo munitiones per ducentos et eo ampliùs annos, qualescumque omnium occidentalium divitias congregantes... orbem occiduum pene vacuum dimiserunt. »

129 — page 255 — ... *un canal du Rhin au Danube...*
Eginh. Annal., ad ann. 793. « On avait persuadé au roi que si l'on creusait entre le Rednitz et l'Altmul un canal assez grand pour contenir des vaisseaux, on pourrait naviguer facilement du Rhin au Danube, parce que l'une de ces rivières se jette dans le Danube et l'autre dans le Mein. Aussitôt il vint dans ce lieu avec toute sa cour, y réunit une grande multitude, et employa à cette œuvre toute la saison de l'automne. Le canal fut donc creusé sur deux mille pas de longueur et trois cents pieds de largeur, mais en vain, car au milieu d'une terre marécageuse déjà imprégnée d'eau par sa nature, et inondée par des pluies continuelles, l'entreprise ne put s'achever : autant les ouvriers avaient tiré de terre pendant le jour, autant il en retombait pendant la nuit, à la même place. Pendant ce travail, on lui apporta deux nouvelles fort déplaisantes : les Saxons s'étaient révoltés de tous côtés ; les Sarrasins avaient envahi la Septimanie, engagé un combat avec les comtes et les gardes de cette frontière, tué beaucoup de Francs, et ils étaient rentrés chez eux victorieux. »

130 — page 257, note — *Charlemagne et le pape Adrien...*
Eginh. Kar. M. c. 19 : « Nuntiato Adriani obitu, quem amicum præcipuum habebat, sic flevit, ac si fratrem aut carissimum filium amisisset. » C. XVII : « Nec ille toto regni sui tempore quicquam duxit antiquius, quàm ut urbs Roma suâ operâ suoque labore veteri polleret auctoritate... » — Voy. les lettres d'Adrien à Charlemagne. (Scr. Fr. V, 403, 544, 545, 546, etc.)

131 — page 257 — ... *le couronnement de Charlemagne...*
Eginh. Annal., p. 215. « Coram altari, ubi ad orationem se inclinaverat, Leo papa coronam capiti ejus imposuit. » — Eginh. Vit. Kar. M., ibid. 100. « Quod primo in tantum adversatus est, ut affirmaret se eo die, quamvis præcipua festivitas esset, ecclesiam non intraturum fuisse, si pontificis consilium præscire potuisset. »

132 — page 258. — *Les présents d'Haroun...*
« Ce que le poète disait impossible :

Aut Ararim Parthus bibet, aut Germania Tigrim,

parut alors, dit le moine de Saint-Gall, une chose toute simple, à cause des relations de Charles avec Haroun. En témoignage de ce fait, j'appellerai toute la Germanie, qui, du temps de votre glorieux père Louis (il s'adresse à Charles-le-Chauve), fut contrainte de payer un denier par chaque tête de bœuf et par chaque manse dépendant du domaine royal, pour le rachat des chrétiens qui habitaient la terre sainte. Dans leur misère, ils imploraient leur délivrance de votre père, comme anciens sujets de votre bisaïeul Charles et de votre aïeul Louis. » Monach. Sangall., l. II, c. xiv.

133 — page 258 — *Charlemagne actif dans son repos même*, etc... Eginh. in Karol. M., c. xxv. « Il apprit la grammaire sous le diacre Pierre de Pise, et eut pour maître, dans les autres études, Albinus, surnommé Alcuin, également diacre, né en Bretagne, et de race saxonne, homme d'une science universelle, et sous la direction duquel il donna beaucoup de temps et de travail à la rhétorique et à la dialectique, mais surtout à l'astronomie. Il apprenait aussi le calcul et étudiait le cours des astres avec une curieuse et ardente sagacité. » — « Dans les dernières années de sa vie, il ne fit plus que s'occuper de prières et d'aumônes et corriger des livres. La veille de sa mort, il avait soigneusement corrigé, avec des Grecs et des Syriens, les évangiles de saint Matthieu, de saint Marc, de saint Luc et de saint Jean. » Thegan. de Gestis Ludov. Pii, c. vii, ap. Scr. Fr. VI, 76. — Il envoya aussi « à son meilleur ami », le pape Adrien, un Psautier en latin, écrit en lettres d'or, et avec une dédicace en vers. (Eginh. ap. Script. Rer. Franc., t. V, p. 402.) Aussi l'ensevelit-on avec un Évangile d'or à la main. (Monach. Engolism. in Kar. M., ibid. 186.)

134 — page 259 — *Il se piquait de bien chanter au lutrin...* Eginh. in Kar. M., c. xxvi. « Il perfectionna soigneusement la lecture et le chant sacrés, car il s'y entendait admirablement, quoiqu'il ne lût jamais lui-même en public, et qu'il ne chantât qu'à demi voix et en chœur. » — Mon. Sangall., l. I, c. vii. « Jamais, dans la basilique du docte Charles, il ne fut besoin de désigner à chacun le passage qu'il devait lire, ni d'en marquer la fin avec de la cire ou avec l'ongle ; tous savaient si bien ce qu'ils avaient à lire, que si on leur disait à l'improviste de commencer, jamais il ne les trouvait en faute. Lui-même, il levait le doigt ou un bâton, ou envoyait quelqu'un aux clercs, assis loin de lui, pour désigner celui qu'il voulait faire lire. Il marquait la fin, par un son guttural, que tous attendaient en suspens, tellement que, soit qu'il fît signe après la fin d'un sens, ou à un repos au milieu de la phrase, ou même avant le repos, personne ne reprenait trop haut ou trop bas, quelque étrange commencement que cela pût faire. En sorte que, bien que tous ne comprissent pas, c'était dans son palais que se trouvaient

les meilleurs lecteurs, et nul n'osa entrer parmi ses choristes (fût-il même connu d'ailleurs) qui ne sût bien lire et bien chanter. »

135 — page 259 — ... *pour observer ceux qui entraient*...
Mon. S. Galli, l. I, c. xxxii. « Quæ (mensiones) ita circa palatium peritissimi Caroli ejus dispositione constructæ sunt, ut ipse per cancellos solarii sui cuncta posset videre, quæcumque ab intrantibus vel exeuntibus quasi latenter fierent. Sed et ita omnia procerum habitacula a terrâ erant in sublime suspensa, ut sub eis non solum militum milites et eorum servitores, sed omne genus hominum ab injuriis imbrium vel nivium, vel gelu, caminis possent defendi, et nequaquàm tamen ab oculis acutissimi Caroli valerent abscondi. »

136 — page 259 — *La nuit, il se levait pour les matines*...
Eginh. in Kar. M., c. xxvi. « Ecclesiam mane et vespere, item nocturnis horis et sacrificii tempore, quoad eum valetudo permiserat, impigrè frequentabat. » — Mon. Sangall., l. I, c. xxxiii : « Gloriosissimus Carolus ad nocturnas laudes pendulo et profundissimo pallio utebatur. »

137 — page 259 — *Portrait de Charlemagne*...
Eginh. in Kar. M., c. xxii. « Corpore fuit amplo atque robusto, staturâ eminenti, quæ tamen justam non excederet... apice corporis rotundo, oculis prægrandibus ac vegetis, naso paululum mediocritatem excedente... Cervix obesa et brevior, venterque projectior... Voce clarâ quidem, sed quæ minùs corporis formæ conveniret. — Medicos pene exosos habebat, quod ei in cibis assas, quibus assuetus erat, dimittere, et elixis adsuescere suadebant. » — Permis aux grandes Chroniques de Saint-Denys, écrites si longtemps après, de dire qu'il fendait un chevalier d'un coup d'épée, et qu'il portait un homme armé debout sur la main. On a proportionné l'empereur à l'empire, et conclu que celui qui régnait de l'Elbe à l'Èbre devait être un géant.

138 — page 259 — *C'était plaisir de les voir cavalcader derrière lui*...
Id. ibid., c. xix : « Numquàm iter sine illis faceret. Adequitabant ei filii, filiæ verò pone sequebantur... Quæ cùm pulcherrimæ essent et ab eo plurimum diligerentur, mirum dictu quod nullam earum cuiquam aut suorum aut exterorum nuptum dare voluit. Sed omnes secum usque ad obitum suum in domo suâ retinuit, dicens se

earum contubernio carere non posse. Ac propter hoc, alias felix, adversæ fortunæ malignitatem expertus est. Quod tamen ita dissimulavit, ac si de eis nunquam alicujus probri suspicio exorta, vel fama dispersa fuisset. »

139 — page 260 — ... *la dissonance reparaissait toujours...*
V. un passage curieux d'une vie de saint Grégoire, ap. Scrip. Rer. Fr. t. V, p. 445. — V. aussi la vie de Charlemagne, par un moine d'Angoulême (ap. Scr. Fr. V, 185). — Mon. Sangall., l. I, c. x. « Voyant avec douleur que le chant était divers selon les diverses provinces, il demanda au pape douze clercs instruits dans la psalmodie. Mais, par malice, lorsqu'on les eut dispersés de côté et d'autre, ils se mirent à enseigner tous des méthodes différentes. Charles indigné se plaignit au pape, et le pape les mit en prison. »

140 — page 265 — *Charlemagne fit recueillir les vieux chants nationaux de l'Allemagne...*
Eginh. in Kar. M., c. xxix. « Barbara et antiquissima carmina, quibus veterum regum actus ac bella canebantur, scripsit, memoriæque mandavit. Inchoavit et grammaticam patrii sermonis. » — Suivant Éginhard (c. xiv) Charlemagne donna au mois des noms significatifs dans la langue allemande (mois d'hiver, mois de boue, etc.); mais, selon la remarque de M. Guizot, on les trouve en usage chez différents peuples germains avant le temps de Charlemagne.

141 — page 266 — ... *parlant souvent la langue latine...*
Eginh. in Kar. M. c. xxv. « Latinam ita didicit, ut æque, illà ac patriâ linguâ orare esset solitus; græcam vero melius intelligere quam pronunciare poterat. » — Poeta Saxon., l. V, ap. Scr. Fr. V, 176 :

..... Solitus linguâ sæpe est orare latinâ;
Nec græcæ prorsus nescius extiterat.

« Telle était sa faconde, qu'il en ressemblait à un pédagogue (ut didasculus appareret; alibi dicaculus, petit plaisant). »

142 — page 270 — *Dans les Capitulaires, le ton pédantesque...*
On pourrait multiplier les exemples. Capitul. anni 802, ap. Scr. Fr. V, 659. « Placuit ut unusquisque ex propriâ personâ se in

sancto Dei servitio secundum Dei præceptum et secundum sponsionem suam pleniter conservare studeat secundum intellectum et vires suas; quia ipse domnus imperator non omnibus singulariter necessariam potest exhibere curam. » Capitul. anni 806, ibid. 677. « Cupiditas in bonam partem potest accipi et in malam. In bonam juxta apostolum, etc. — Avaritia est alienas res appetere, et adeptas nulli largiri. Et juxta apostolum, hæc est radix omnium malorum. Turpe lucrum exercent qui per varias circumventiones lucrandi causâ inhoneste res quaslibet congregare decertant. »

143 — page 270 — *Les livres Carolins contre l'adoration des images...*
Carol. libr. I, c. xxi. « Solus igitur Deus colendus, solus adorandus, solus glorificandus est, de quo per prophetam dicitur : exaltatum est nomen ejus solius, etc. »

144 — p. 271 — *... son fils Louis ayant restitué toutes les spoliations de Pepin...*
Je crois qu'il faut entendre ainsi cette dilapidation du domaine que Charlemagne reprocha à son fils. Ce domaine avait dû se former de toutes les violences de la conquête. Le caractère scrupuleux de Louis, et les réparations qu'il fit plus tard à d'autres nations maltraitées par les Francs, autorisent à interpréter ainsi sa conduite en Aquitaine. Voici le texte de l'historien contemporain : « In tantum largus, ut antea nec in antiquis libris nec in modernis temporibus auditum est, ut villas regias quæ erant et avi et tritavi (Pepin et Charles-Martel), fidelibus suis tradidit eas in possessiones sempiternas... Fecit enim hoc diu tempore. » Theganus, de gestis Ludov. Pii, c. xix, ap. Scr. Fr. VI, 78.

145 — page 273 — « *L'Empereur assemble des hommes en Gaule, en Germanie...* »
Annal. Franc., ad ann. 810, ap. Scr. Fr. V, 59. « Nuntium accepit classem cc navium de Nortmannia Frisiam appulisse... Missis in omnes circumquaque regiones ad congregandum exercitum nuntiis... » — Ibid., ad ann. 809. Cumque ad hoc per Galliam atque Germaniam homines congregasset... »

146 — page 273 — « *Le roi des Northmans, Godfried*, etc... »
Eginh. in Kar. M., c. xiv. « Godefridus adeo vanâ spe inflatus erat, ut totius sibi Germaniæ promitteret potestatem, etc. » — V. aussi Annal. Franc., ap. Scr. Fr. V, 57, Hermann. Contract., ibid. 366.

147 — page 275 — *Le saint Louis du neuvième siècle...*

Il y a une singulière ressemblance entre les portraits que l'histoire nous a laissés de Louis-le-Débonnaire et de saint Louis. « Imperator erat... manibus longis, digitis rectis, tibiis longis et ad mensuram gracilibus, pedibus longis. » Theganus, de Gest. Ludov. Pii, c. xix, ap. Scr. Fr. VI, 78. — « Ludovicus (saint Louis) erat subtilis et gracilis, macilentus, convenienter et longus, habens vultum anglicum (angelicum?), et faciem gratiosam. » Salimbeni, 302; ap. Raumer, Geschichte der Hohenstauffen, IV, 271. — L'un et l'autre se gardaient soigneusement de rire aux éclats. « Numquam in risu imperator exaltavit vocem suam, nec quando in festivitatibus ad lætitiam populi procedebant themilici, scurræ et mimi cum choraulis et citharistis ad mensam coram eo : tunc ad mensuram coram eo ridebat populus; ille numquam vel dentes candidos suos in risu ostendit. » Thegan. ibid. — Sur la gravité de saint Louis et son horreur pour les baladins et les musiciens, V. le IIe vol. — Enfin les deux saints ont montré le même désir de réparer par des restitutions les injustices de leurs pères.

148 — page 276 — *Réforme des monastères*, etc...

Acta SS. ord. S. Bened., sec. IV, p. 195. « Regulam B. Benedicti tironibus seu infirmis positam fore contestans, ad beati Basilii dicta necnon Pachomii regulam scandere nitens. » — Astronom., c. xxxviii, ap. Scr. Fr. VI, 100 : « Ludovicus... fecit componi ordinarique librum canonicæ vitæ normam gestantem; misit... qui transcribi facerent ... itidemque constituit Benedictum abbatem, et cum eo monachos strenuæ vitæ per omnia, qui per omnia monachorum euntes redeuntesque monasteria, uniformem cunctis traderent monasteriis, tam viris quàm feminis, vivendi secundum regulam S. Benedicti incommutabilem morem. »

149 — page 276 — *Louis renvoya dans leur couvent Adalhard et Wala...*

S. Adhalardi Vita, ibid., 277. « Invidià... pulsus præsentibus bonis, dignitate, exutus vulgi existimatione fœdatus... exilium tulit. » — Acta SS. ord. S. Bened, sec. IV, p. 464 : « Wala... cujus Augustus, efficaciam auspicatus ingenii, licet consobrinus ipsius esset, patrui ejus filius, decrevit humiliari, cujuslibet instinctu, et redigi inter infimos. » — P. 492. Un jour il dit à Louis-le-Débonnaire : « Velim, reverendissime imperator Auguste, dicas nobis tuis quid est quod tantùm propriis interdum relictis officiis, ad divina te transmittis. » — Astronom., c. xxi : « Timebatur quàm maxime Wala, summi apud Carolum imperatorem habitus loci, ne forte aliquid sinistri contra imperatorem moliretur. »

150 — page 276 — *Le palais impérial eut sa réforme...*
Astronom., c. xxi : « Moverat ejus animum jamdudum, quanquam naturâ mitissimum, illud quod a sororibus illius in contubernio exercebatur paterno ; quo solo domus paterna inurebatur nævo... Misit... qui... aliquos stupri immanitate et superbiæ fastu, reos majestatis caute ad adventum usque suum adservarent. » — C. xxiii : « Omnem cœtum femineum, qui permaximus erat, palatio excludi judicavit præter paucissimas. Sororum autem quæque in sua, quæ a patre acceperat, concessit. »

151 — page 276 — *Roi d'Aquitaine, il s'était réduit à une telle pauvreté...*
Astronom., c. vii. — Le roi Louis donna bientôt une preuve de sa sagesse, et fit voir la tendresse de miséricorde qui lui était naturelle. Il régla qu'il passerait les hivers dans quatre lieux différents ; après trois ans écoulés, un nouveau séjour devait le recevoir pour le quatrième hiver ; ces habitations étaient : Doué, Chasseneuil, Audiac et Ébreuil. Ainsi chacune, quand son tour revenait, pouvait suffire à la dépense du service royal. Après cette sage disposition, il défendit qu'à l'avenir on exigeât du peuple les approvisionnements militaires, qu'on appelle vulgairement *foderum*. Les gens de guerre furent mécontents ; mais cet homme de miséricorde, considérant et la misère de ceux qui payaient cette taxe, et la cruauté de ceux qui la percevaient, et la perdition des uns et des autres, aima mieux entretenir ses hommes sur son bien que de laisser subsister un impôt si dur pour ses sujets. A la même époque, sa libéralité déchargea les Albigeois d'une contribution de vin et de blé... Tout cela plut tellement, dit-on, au roi son père, qu'à son exemple il supprima en France l'impôt des approvisionnements militaires, et ordonna encore beaucoup d'autres réformes, félicitant son fils de ses heureux progrès. » — Voy. aussi Thegan, De gestis, etc.

152 — page 276 — *Empereur, il rendit aux Saxons le droit de succéder...*
Astronom , c. xxiv. « Saxonibus atque Frisonibus jus paternæ hæreditatis, quod sub patre ob perfidiam legaliter perdiderant, imperatoriâ restituit clementiâ... Post hæc easdem gentes semper sibi devotissimas habuit. »

153 — page 277 — ... *confirma les droits des chrétiens d'Espagne...*

Diplomata Ludov. Imperat., ann. 816, ap. Scr. Fr. VI, 486, 487 : « Jubemus ut hi, qui vel nostrum vel domini et genitoris nostri præceptum accipere meruerunt, hoc quod ipsi cum suis hominibus de deserto excoluerunt, per nostram concessionem habeant. Hi vero qui postea venerunt, et se aut comitibus aut vassis nostris aut paribus suis se commendaverunt, et ab eis terras ad habitandum acceperunt, sub quali convenientiâ atque conditione acceperunt, tali eas in futurum et ipsi possideant, et suæ posteritati derelinquant, etc. »

154 — page 277, note 3 — ... *premier essai de l'Italie pour se délivrer des barbares...*

« Omnes civitates regni et principes Italiæ in hæc verba conjuraverunt, sed et omnes aditus, quibus in Italiam intratur, positis obicibus et custodiis obserarunt. » — Astronom., c. XXIX. — V. aussi Eginh. Annal., ap. Scr. F. VI, 177.

155 — page 278 — *Charlemagne avait désigné Louis*, etc...

Thegan., c. VI. « Cùm intellexisset appropinquare sibi diem obitus sui, vocavit filium suum Ludovicum ad se cum omni exercitu, episcopis, abbatibus, ducibus, comitibus, loco positis... interrogans omnes a maximo usque ad minimum, si eis placuisset ut nomen suum, id est imperatoris, filio suo Ludovico tradidisset. Illi omnes responderunt Dei esse admonitionem illius rei. » — Il avait aussi consulté Alcuin au tombeau de saint Martin de Tours : « Quo in loco tenens manum Albini, ait secrete : Domine magister, quem de his filiis meis videtur tibi in isto honore quem indigno quanquam dedit mihi Deus, habere me successorem? At ille vultum in Ludovicum dirigens, novissimum illorum, sed humilitate clarissimum, ob quam a multis despicabilis notabatur, ait : Habebis Ludovicum humilem successorem eximium. » Acta SS. ord. S. Bened., sec. IV, p. 156.

156 — page 278 — *Louis ne pouvait consentir à l'exécution de Bernard*, etc...

Astron., c. XXX. « Cum lege judicioque Francorum deberent capitali invectione feriri, suppressâ tristiori sententiâ, luminibus orbari consensit, licet multis obnitentibus, et adnimadverti in eos totâ severitate legali cupientibus. » Thegan., ibid., 79. « Judicium mortale imperator exercere noluit; sed consiliarii Bernhardum luminibus privârunt... Bernhardus obiit. Quod audiens imperator, magno cum dolore flevit multo tempore. »

157 — page 278 — *La Suède eut un évêque dépendant de l'archevêque de Reims...*
S. Anscharii vita, ibid., 305. « In civitate Hammaburg sedem constituit archiepiscopalem. » — Ibid., 306. « Ebo (archiep. Remensis) quemdam... pontificali insignitum honore, ad partes direxit Sueonum, etc. »

158 — page 279 — *Louis choisit la plus belle. Judith*, etc...
Astron., c. LXXX. « Undecumque abductas procerum filias inspiciens, Judith. » — Thegan., c. XXVI. « Accepit filiam Velfi ducis, qui erat de nobilissimâ stirpe Bavarorum, et nomen virginis Judith, quæ erat ex parte matris nobilissimi generis Saxonici, eamque reginam constituit. Erat enim pulchra valde. » — L'évêque Friculfe lui écrit : « Si agitur de venustate corporis, pulchritudine superas omnes, quas visus vel auditus nostræ parvitatis comperit, reginas. » Scr. Fr. VI, 355.

159 — page 279 — *Savante...*
V. les épîtres dédicatoires du célèbre Raban de Fulde et de l'évêque Friculfe. Celui-ci lui écrit : « In divinis et liberalibus studiis, ut tuæ eruditionis cognovi facundiam, obstupui. » Script. Fr. VI, 355, 356. — Walafrid versus, ibid., 268 :

> Organa dulcisono percurrit pectine Judith.
> O si Sappho loquax, vel nos inviseret Holda.
> Ludere jam pedibus...
> Quidquid enim tibimet sexùs subtraxit egestas,
> Reddidit ingeniis culta atque exercita vita.

— Annal. Met., ibid., 212. « Pulchra nimis et sapientiæ floribus optime instructa. »

160 — page 282 — *Une diète fut assemblée à Nimègue...*
Astron., c. XLV. « Hi qui imperatori contraria sentiebant, alicubi in Franciâ conventum fieri generalem volebant. Imperator autem clanculo obnitebatur, diffidens quidem Francis, magisque se credens Germanis. Obtinuit tamen sententia imperatoris, ut in Neomago populi convenirent... Omnisque Germania eo confluxit, imperatori auxilio futura. » Louis se réconcilie avec son fils ; le peuple, furieux, menace de massacrer et l'empereur et Lothaire. On saisit

les mutins. — « Quos postea ad judicium adductos, cum omnes juris censores filiique imperatoris judicio legali, tanquam reos majestatis, decernerent capitali sententià feriri, nullum ex eis permisit occidi. » — Voy. aussi Annal. Bertinian., ibid. 193.

161 — page 282 — ... *l'empereur se voyant abandonné*, etc...
Thegan., c. XLII. « Dicens : Ite ad filios meos. Nolo ut ullus propter me vitam aut membra dimittat. Illi infusi lacrymis recedebant ab eo. »

162 — page 284 — *Ebbon, l'un de ces fils de serfs*, etc...
Thegan., c. XLIV. « Hebo Remensis episcopus, qui erat ex originalium servorum stirpe... O qualem remunerationem reddidisti ei. Vestivit te purpurà et pallio, et tu eum induisti cilicio... Patres tui fuerunt pastores caprarum, non consiliarii principum !... Sed tentatio piissimi principis... sicut et patientia beati Job. Qui beato Job insultabant, reges fuisse leguntur; qui istum vero affligebant, legales servi ejus erant ac patrum suorum. — Omnes enim episcopi molesti fuerunt ei, et maxime hi quos ex servili conditione honoratos habebat, cum his qui ex barbaris nationibus ad hoc fastigium perducti sunt. » — Id., c. XX : « Jamdudum illa pessima consuetudo erat, ut ex vilissimis servis summi pontifices fierent, et hoc non prohibuit... » Puis vient une longue invective contre les parvenus.

163 — page 285, note — *Tous se trouvaient d'accord...*
Nithardi historiæ, l. I, c. IV, ap. Scr. Fr. VII, 12. « Occurrebat universæ plebi verecundia et pœnitudo, quod bis imperatorem dimiserant. » — C. V : « Franci, eo quod imperatorem bis reliquerant, pœnitudine correpti; ad defectionem impelli dedignati sunt. » — Tous les peuples revenaient à Louis : « Gregatim populi tam Franciæ quam Burgundiæ, necnon Aquitaniæ sed et Germaniæ coeuntes, calamitatis querelis de imperatoris infortunio querebantur, etc. » Astronom., c. XLIX.

164 — page 286 — *Wala... « un homme de discorde...* »
Acta SS. ord. S. Bened., sec. IV, p. 453 : « Virum rixæ virumque discordiæ se progenitum frequenter ingemuerit. » — Pascase Radbert, auteur de la vie de Wala, qui écrivait sous Louis-le-Débonnaire et sous son fils Charles-le-Chauve, crut prudent de déguiser ses personnages sous des noms supposés. Wala s'appelle *Arsenius;* Adhalard, *Antonius;* Louis-le-Débonnaire, *Justinianus;* Judith,

Justina; Lothaire, *Honorius;* Louis-le-Germanique, *Gratianus;* Pepin, *Melanius;* Bernard de Septimanie, *Naso* et *Amisarius.*

165 — page 286 — *Le vieil empereur aurait dit à Lothaire...*
Nithard., l. I, c. xii : « Ecce, fili, ut promiseram, regnum omne coram te est; divide illud prout libuerit. Quod si tu diviseris, partium electio Caroli erit. Si autem nos illud diviserimus, similiter partium electio tua erit. — Quod idem cum per triduum dividere vellet, sed minime posset, Josippum atque Richardum ad patrem direxit, deprecans ut ille et sui regnum dividerent, partiumque electio sibi concederetur... Testati quod pro nullâ re aliâ, nisi solâ ignorantiâ regionum, id peragere differret. Quamobrem pater, ut ægrius valuit, regnum omne absque Bajoariâ cum suis divisit; et a Mosâ partem Australem Lodharius cum suis elegit Occiduam verò, ut Carolo conferretur, consensit. »

166 — page 288 — *... bataille si sanglante qu'elle eût épuisé l'Empire...*
Annal. Met., ap. Scr. Fr. VII, 184. « In quâ pugnâ itâ Francorum vires attenuatæ sunt..., ut nec ad tuendos proprios fines in posterum sufficerent. » — « Dans cette bataille, dit une autre chronique écrite au temps de Philippe-Auguste, presque tous les guerriers de la France, de l'Aquitaine, de l'Italie, de l'Allemagne, de la Bourgogne, se tuèrent mutuellement. » Hist. reg. Franc., 259.

167 — page 290 — *Serment de Louis-le-Germanique et de Charles-le-Chauve...*
Nithard., l. III, c. v. ap. Scr. Fr. VII, 27, 35. — J'emprunte la traduction de M. Aug. Thierry (Lettres sur l'Histoire de France). Mais je n'ai pas cru devoir adopter ses restitutions. Il est trop hasardeux de changer les mots latins qui se rencontrent dans les monuments d'une époque semblable. Le latin devait se trouver mêlé selon des proportions différentes dans les langues naissantes de l'Europe. (Voy., aux Éclaircissements, le chant barbare composé sur la captivité de Louis II.)

168 — page 293 — *Le secours que Lothaire avait demandé aux païens...*
Voy. aussi les Annales de Saint-Bertin, an 841, les Annales de Fulde, an 842, la Chronique d'Hermann. Contract., ap. Scr. Fr. VII, 232, etc.

169 — page 293 — *Charles-le-Chauve qui ressemblait à Bernard...*

Thegan., c. xxxvi. « Impii... dixerunt Judith reginam violatam esse à duce Bernhardo. » — Vita venerab. Walæ, ap. Scr. Fr. VI, 289. — Agobardi Apolog., ibid., 248. — Ariberti Narratio, ap. Scr. Fr. VII, 286 : « Et os ejus mire ferebat, naturâ adulterium maternum prodente. »

170 — page 293 — *Pepin n'avait pas hésité à appeler les Sarrasins, les Normands...*

Annal. Bertin, ap. Scr. Fr. VII, 66. Chronic. S. Benigni Divion., ibid. 229. — Translat. S. Vincent, 353. « Nortmanni... a Pippino conducti mercimoniis, pariter cum eo ad obsidendam Tolosam adventaverant. »

171 — page 296 — *Les moines avaient demandé à Louis-le-Débonnaire, etc...*

Nithard., l. I, c. iii. « Percontari... si respublica ei restitueretur, an eam erigere ac fovere vellet, maximeque cultum divinum. »

Les évêques interrogent de même Charles-le-Chauve, etc... Nithard, l. IV, c. i. « Palam illos percontati sunt... an secundum Dei voluntatem regere voluissent. Respondentibus... se velle... aiunt : Et auctoritate divinâ ut illud suscipiatis, et secundum Dei voluntatem illud regatis monemus, hortamur atque præcipimus. »

Plus tard les évêques sont d'avis que la paix règne entre les trois frères. Nithard, ibid., c. iii. « Solito more, ad episcopos sacerdotesque rem referunt. Quibus cum undique ut pax inter illos fieret melius videretur, consentiunt, legatos convocant, postulata concedunt. »

172 — page 297 — *Le Capitulaire d'Épernay, etc...*

C'est par erreur qu'un historien récent a dit que ce pouvoir avait été conféré aux évêques exclusivement. Baluz., t. II, p. 31, Capitul. Sparnac. ann. 846, art. 20. « Missos ex utroque ordine... mittatis... »

Le Capitulaire de Kiersy, etc. Capitul. Car. Calvi; ap Scr. Fr. VII, 630. « Ut unusquisque presbyter imbreviet in suâ parrochiâ omnes malefactores, etc., et eos extra ecclesiam faciat... Si se emendare noluerint, ad episcopi præsentiam perducantur. »

173 — page 300 — *La plainte de Charles-le-Chauve contre Venilon, etc...*

Baluz., Capitul., ann. 859, p. 127. — Hincmar dit plus tard

expressément qu'il a *élu* Louis III. Hincmari ad Ludov. III epist. (ap. Hinc. op. II, 198) : « Ego cum collegis meis et cæteris Dei ac progenitorum vestrorum fidelibus, vos elegi ad regimen regni, sub conditione debitas leges servandi. »

174 — page 302 — *Gotteschalk avait professé la doctrine de la prédestination...*

Voy. sur cette affaire les textes qu'a réunis Gieseler, Kirchengeschichte, II, 101, sqq.

175 — page 305 — *Pour Jean Érigène l'Écriture est un texte livré à l'interprétation...*

J. Erig. De nat. divis., l. I, c. LXVI... « Il ne faut pas croire que, pour faire pénétrer en nous la nature divine, la sainte Écriture se serve toujours des mots et des signes propres et précis ; elle use de similitudes, de termes détournés et figurés, condescend à notre faiblesse, et élève, par un enseignement simple, nos esprits encore grossiers et enfantins. » Dans le Traité Περὶ φύσεως μερισμοῦ, l'autorité, est dérivée de la raison, nullement la raison de l'autorité. Toute autorité qui n'est pas avouée par la raison paraît sans valeur, etc.

176 — p. 306, note. — *Les pirates... que la famine avait chassés du gîte paternel...*

La faim fut le génie de ces rois de la mer. Une famine qui désola le Jutland fit établir une loi qui condamnait tous les cinq ans à l'exil les fils puînés. Odio Cluniac., ap. Scr. Fr. VI, 318. Dodo, de Mor. Duc. Normann., l. I. Guill. Gemetic., l. I, c. IV, 5. — Un Saga irlandais dit que les parents faisaient brûler avec eux leur or, leur argent, etc., pour forcer leurs enfants d'aller chercher fortune sur mer. Watzdæla, ap. Barth., 438.

« Olivier Barnakall, intrépide pirate, défendit le premier à ses compagnons de se jeter les enfants les uns aux autres sur la pointe des lances : c'était leur habitude. Il en reçut le nom de Barnakall, sauveur des enfants. » Bartholin., p. 457. — Lorsque l'enthousiasme guerrier des compagnons du chef s'exaltait jusqu'à la frénésie, ils prenaient le nom de *Bersekir* (insensés, fous furieux). La place du Bersekir était la proue. Les anciens Sagas font de ce titre un honneur pour leurs héros (V. l'Edda Sæmundar, l'Hervarar-Saga, et plusieurs Sagas de Snorro). Mais dans le Vatzdæla-Saga, le nom de Bersekir devient un reproche. Barthol., 345. — « Furore bersekico si quis grassetur, relegatione puniatur. » Ann. Kristni-Saga. Turner, Hist. of the Anglo-Saxons, I, 463, sqq.

177 — page 308 — *Depuis qu'Harold eut obtenu de Louis une province pour un baptême*, etc...

Thegan., XXXIII, ap. Scr. Fr. VI, 80. « Quem imperator elevavit de fonte baptismatis... Tunc magnam partem Frisonum dedit ei. » Astronom., c. XL, ibid., 107. — Eginh. Annal., ibid., 187. — Annal. Bertin., ann. 870. « Cependant furent baptisés quelques Normands, amenés pour cela à l'empereur par Hugues, abbé et marquis : ayant reçu des présents, ils s'en retournèrent vers les leurs, et après le baptême ils se conduisirent de même qu'auparavant, en Normands et comme des païens. »

178 — page 313 — *Ce roi peut disposer de quelques évêchés*, etc...

Annal. Bertin, ann. 859. « Charles distribua aux laïques certains monastères, qui n'étaient jamais accordés qu'à des clercs. — Ann. 862 : L'abbaye de Saint-Martin, qu'il avait donnée déraisonnablement à son fils Hludowic, il la donna sans plus de raison à Hubert, clerc marié. » Pendant longtemps il avait laissé vacante la place d'abbé, et l'avait gardée à son profit. En 861, il en avait fait autant des abbayes de Saint-Quentin et de Saint-Waast. — Ann. 876. Il récompensait, en leur donnant des abbayes, les transfuges qui passaient dans son parti. — Ann. 865. « Il nomma de sa pleine autorité, avant que la cause eût été jugée, Vulfade à l'archevêché de Bourges, etc., etc... » — Flodoard, l. II, c. XVII. Le synode de Troyes, qui avait désapprouvé la nomination de Vulfade, envoyait au pape le compte rendu de ses délibérations. Charles exigea que la lettre lui fût remise, et brisa, pour la lire, les sceaux des archevêques, etc. — Voyez aussi dans les Annales de Saint-Bertin, an 876, sa conduite dure et hautaine envers les évêques assemblés au concile de Ponthion. — En 867, il avait exigé des évêques et des abbés un état de leurs possessions, afin de savoir combien il pouvait en exiger de serfs pour les employer à des constructions. Dix ans après, il fit contribuer tout le clergé pour le payement d'un tribut aux Normands. Ann. Bertin. — Dans ses expéditions militaires, il se fit peu de scrupule de piller les églises. Ibid., ann. 851. — On alla jusqu'à douter de la pureté de sa foi (Lotharius adversus Karolum occasione suspectæ fidei queritur... Multa catholicæ fidei contrario in regno Karli, ipso quoque non nescio, concitantur. Ibid., ann. 855).

— Nous le voyons même humilier l'archevêque de Reims, auquel il devait tout, en donnant la primatie à celui de Sens. — Hincmar avait plusieurs côtés faibles et vulnérables. D'une part, il avait succédé à l'archevêque Ebbon, dont plusieurs désapprouvaient la déposition. De l'autre, il s'était compromis dans l'affaire de Gotteschalk, et par des procédés illégaux envers l'hérétique, et par son alliance avec Jean Scot. On lui reprochait aussi ses violences à l'égard de son neveu Hincmar, évêque de Laon, jeune et savant prélat, qu'il ne trouvait pas assez soumis à la primatie de Reims.

179 — page 313 — *Charles-le-Chauve sous la dalmatique grecque...*
Annal. Fuld., ap. Scr. Fr. VII, 27. « De Italiâ in Galliam rediens, novos et insolentes habitus assumpsisse perhibetur : nam talari dalmaticâ indutus et balteo desuper accinctus pendente usque ad pedes, necnon capite involuto serico velamine, ac diademate desuper imposito, dominicis et festis diebus ad ecclesiam procedere solebat... Græcas glorias optimas arbitrabatur... »

180 — page 313 — *Louis-le-Bègue avoue qu'il ne tient la couronne que de l'élection...*
Annal. Bertin., ap. Scr. Fr. VIII, 27. « Ego Ludovicus misericordiâ Domini Dei nostri et electione populi rex constitutus... polliceor servaturum leges et statuta populo, etc. »

181 — page 316 — *Le moine de Saint-Gall fait dire à un soldat de Charlemagne*, etc...
Mon. Sangall., l. II, c. xx. Is cum Behemanos, Wilzoz et Avaros in modum prati secaret, et in avicularum modum de hastili suspenderet... aiebat : « Quid mihi ranunculi isti? Septem vel octo, vel certe novem de illis hastâ meâ perforatos et nescio quid murmurantes, huc illucque portare solebam. »

182 — page 318 — *Le duché de Gascogne est rétabli*, etc...
Voy. la charte de 845, par laquelle Charles-le-Chauve refuse de *confisquer* les dons prodigieux que le comte des Gascons Vandregisile et sa famille (comtes de Bigorre, etc.) avaient faits à l'église d'Alahon (diocèse d'Urgel). Histoire du Lang., I, note, p. 688 et p. 85 des preuves. — Il ne donnait pas moins que tout l'ancien patrimoine de ses aïeux en France, tout ce qu'ils avaient eu de propriétés et *de droits* dans le *Toulousan*, l'*Agénois*, le *Quercy*, le *pays d'Arles*, le *Périgueux*, la *Saintonge* et le *Poitou*. Les bénédictins ne trouvent dans l'état matériel et la forme de cette pièce aucun motif d'en suspecter l'authenticité. Ce serait le testatament de l'ancienne dynastie aquitanique, réfugiée chez les Basques, léguant à l'Église espagnole tout ce qu'elle a jamais possédé

en France. Du tiers de la France, le don est réduit par Charles-le-Chauve à quelques terres en Espagne, sur lesquelles il n'avait pas grand'chose à prétendre (1833). M. Rabanis a contesté l'authenticité de la charte d'Alahon (1841).

183 — page 319 — *Le Breton Noménoé veut faire de la Bretagne un royaume...*
Histor Britann., ap. Scr. Fr. VII, 49. « ... In corde suo cogitavit ut se regem faceret. . Reperit ut episcopos totius suæ regionis manu Francorum regiâ factos, aliquâ seductione a sedibus suis expelleret, et alios concessione suâ constitutos in locis illorum subrogaret, et si sic fierit posset, faciliter per hoc ad regiam dignitatem ascenderet. »

184 — page 319 — *En 859, les seigneurs avaient empêché le peuple de s'armer contre les Northmans...*
Annal. Bertin., ap. Scr. Fr. VII, 74 : « Vulgus promiscuum inter Sequanam et Ligerim, inter se conjurans adversus Danos in Sequanâ consistentes, fortiter resistit. Sed quia incaute suscepta est eorum conjuratio, a potentioribus nostris facile interficiuntur. »

185 — page 320 — *Eudes rentre à Paris à travers le camp des Northmans...*
Annal. Vedast., ap. Scr. Fr. VIII, 85 : « Nortmanni, ejus reditum præscientes, accurerunt ei ante portam Turris; sed ille, emisso equo, a dextris et sinistris adversarios cædens, civitatem ingressus. »

186 — page 323 — *Torthulf...*
Gesta consulum Andegav., c. 1, 2, ap. Scr. Fr. VII, 256. « Torquatus... seu Tortulfus... habitator rusticanus fuit, ex copiâ silvestri et venatico exercitio victitans, etc. » Voy. aussi (ibid.) Pactius Lochiensis, de Orig. comitum Andegavensium.

187 — page 323 — *Les Capets... des chefs saxons au service de Charles-le-Chauve...*
Aimoin de Saint-Fleury, qui écrivit en 1005, dit formellement Rotbert... homme de race saxonne... Il eut pour fils Eudes et Rotbert. Acta SS. ord. S. Bened., P. II, sec. IV, p. 357. Albéric des Trois-Fontaines, qui écrivit deux siècles plus tard, n'a donc pas été, comme l'a cru M. Sismondi, le premier à donner cette généalogie. Les rois Robert et Eudes furent fils de Robert-le-Fort, marquis de

la race des Saxons... Mais les historiens ne nous apprennent rien de plus sur cette race. » Ibid., 285. — Guillaume de Jumièges : « Robert, comte d'Anjou, homme de race saxonne, avait deux fils, le prince Eudes et Robert, frère d'Eudes. » Item, Chron. de Strozzi, ap. Scr. Fr. X, 278. — Un anonyme, auteur d'une vie de Louis VIII : « Le royaume passa de la race de Charles à celle des comtes de Paris, qui provenaient d'origine saxonne. » — Helgald, Vie de Robert, c. I. « L'auguste famille de Robert, comme lui-même l'assurait en saintes et humbles paroles, avait sa souche en Ausonie. » (Ausoniâ, il faut peut-être lire Saxoniâ?) — Quelques historiens font naître Robert en Neustrie; les uns à Seez (Saxia, civitas Saxonum), les autres à Saisseau (Saxiacum). V. la préface du tome X des Historiens de France. Toutes ces opinions se concilient et se confirment par leur divergence même, en admettant que Robert-le-Fort descendait des Saxons établis en Neustrie, et particulièrement à Bayeux. Tout le rivage s'appelait *littus Saxonicum*. Les noms de *Séez*, de *Saisseau*, de la rivière de *Sée*, etc., ont évidemment la même origine.

188 — page 324 — *Charles, surnommé le Simple ou le Sot*... Chronic. Ditmari, ap. Scr. Fr. X, 119 : « Fuit in occiduis partibus quidam rex ab incolis Karl *Sot*, id est *Stolidus*, ironice dictus. » Rad. Glaber, l. I, c. I, ibid., IV : « Carolum *Hebetem* cognominatum. » Chronic. Strozzian., ibid., 273 : ... Carolum *Simplicem*. » — Chron. S. Maxent., ap. Scr. Fr. IX, 8 : « Karolus *Follus*. » Richard. Pictav., ibid., 22 : « Karolus Simplex, sive *Stultus*. »

FIN DU TOME PREMIER.

TABLE DES MATIÈRES

	Pages
PRÉFACE DE 1869.	I
Table de la Préface.	XLVI

LIVRE I. — CELTES. — IBÈRES. — ROMAINS.

CHAPITRE Iᵉʳ. *Celtes et Ibères.* 5

Race gauloise ou celtique; génie sympathique; tendance à l'action: ostentation et rhétorique. . . . . *ibid.*
Race ibérienne; génie moins sociable; esprit de résistance. . . . 8
Les Galls refoulent les Ibères et les suivent au delà des Pyrénées et des Alpes 9
Colonies dans le midi de la Gaule. 10
1° Établissements des Phéniciens 11
2° Établissements des Ioniens de Phocée. Marseille. . . . . *ibid.*
Invasions celtiques dans le nord de la Gaule. 12
1° Invasion et établissement des Kymry. Supériorité morale des Kymry sur les Galls. Druidisme. 12
Passage des Galls, puis des Kymry, en Italie. Guerre contre les Étrusques. Lutte de la tribu contre la cité. 13
Intervention des Romains. Prise de Rome, 388 15
Revers des Gaulois; victoires de la cité sur la tribu. . . . . . . *ibid.*
2° Invasion des Belges ou Bolg. Leurs établissements dans le Languedoc 16
Expéditions des Gaulois en Grèce et en Asie. 18
Gaulois mercenaires. 19
Insurrection des Gaulois d'Italie, Boïes et Insubres 19

	Pages
222. Rome accable les Boïes, puis les Insubres.	22
Hannibal relève les Gaulois.	23
201-170. Ruine des Boïes et Insubres. *L'Italie fermée aux Gaulois*.	23
Rome accable les Gaulois d'Asie ou Galates.	24
Première expédition des Romains dans la Gaule.	*ibid.*
112. Invasion des Cimbres et des Teutons. Défaites des Romains	28
102-101. Marius. Extermination des Teutons et des Cimbres.	32

Chapitre II. *État de la Gaule dans le siècle qui précède la conquête. — Druidisme. — Conquête de César*........ 37

Première religion des Galls. Culte de la nature.	38
Religion des Kymry ou druidisme. Dogme moral de l'immortalité de l'âme, des peines et des récompenses.	39
Science druidique. Astrologie, médecine. Samolus, gui, œuf de serpent.	40
Prêtresses et prophétesses. Vierge de Sein. Sacrifices humains.	41
Hiérarchie sacerdotale. Druides, Ovates, Bardes	43
Assemblées des druides dans le pays des Carnutes.	44
Impuissance du druidisme pour fonder une société. La Gaule lui échappe. Triomphe de l'esprit de clan.	45
César. — État intérieur de la Gaule. Deux partis : 1° le parti gallique ou des chefs de clans (Arvernes et Séquanes); 2° le parti kymrique ou du druidisme (Édues, etc.); l'hérédité et l'élection.	46
Les Séquanes appellent contre les Édues les Suèves, qui oppriment les uns et les autres.	47
Un Édue, Dumnorix, appelle les Helvètes.	48
Un Druide, frère de Dumnorix, appelle les Romains	*ibid.*
58. César repousse les Helvètes.	48
et chasse les Suèves.	49
Les Gaulois du nord se coalisent contre César, appelé par les Édues, les Sénons et les Rhèmes	*ibid.*
57. Guerre pénible de César contre les peuples de la Belgique.	50
56. Il réduit les tribus des rivages et l'Armorique.	51
55. Il fallait frapper les deux partis qui divisaient la Gaule, dans la Germanie et dans la Bretagne.	
1° César passe le Rhin.	52
2° Il passe en Bretagne.	53
54-53. L'insurrection éclate en Gaule de toutes parts.	55
Soulèvement et extermination des Éburons	*ibid.*

TABLE DES MATIÈRES

		Pages
52.	Soulèvement des deux partis, kymrique et gallique (Carnutes, Arvernes, etc.).	56
	César accourt de l'Italie, prend Genabum et Noviodunum.	*ibid.*
	Soulèvement des Édues	57
	César assiège dans Alésia le Vercingétorix.	58
51.	Il la prend et réduit rapidement la Gaule.	59

CHAPITRE III. *La Gaule sous l'Empire. — Décadence de l'Empire. — Gaule chrétienne.* 61

César, génie cosmopolite, favorable aux vaincus, fait entrer les Gaulois dans la cité. . . . . *ibid.*
Antoine, imitateur de César. Réaction d'Octave ; il repousse les Gaulois de la cité, et impose à la Gaule la forme romaine . . . 62
Association du paganisme romain à la religion gallique. 63
Persécution du druidisme. La Gaule soulevée par les Trévires et les Édues. . . . . *ibid.*
Caligula, Claude, Néron, descendants d'Antoine, favorables aux vaincus 67
Caligula, né à Trèves, institue les jeux du Rhône à Lyon . . . *ibid.*
Claude, né à Lyon ; il rouvre la cité aux Gaulois. 68
Persécution des druides. Réduction de la Bretagne 70
Néron. La Gaule prend parti pour Galba et pour Vitellius . . . 71
Révoltes de Civilis et de Sabinus contre Vespasien. 72
Relations de Rome et de la Gaule. Action réciproque 74
Influence de la Gaule sur les destinées de l'Empire. Empereurs gaulois. 76
Essai d'un empire gallo-romain. Posthumius, etc. 77
Décadence de l'Empire. La faute n'en est point aux Empereurs ni à l'administration. 78
Substitution des esclaves aux petits cultivateurs. Extinction graduelle et nécessaire de la population esclave. 81
Point d'industrie. La société absorbe et ne produit point. Misère universelle, fiscalité intolérable. 83
Révolte des *Bagaudes*. 85
Constantin. Espoir de l'Empire. 86
Dépopulation croissante. Misère des Curiales 88
Condamnation de la société antique. 91
Toutefois Rome laisse en Gaule l'ordre civil, la *Cité*. . . . . *ibid.*
Gaule chrétienne 92
Le christianisme y a mis l'ordre ecclésiastique 92
Les moines de Saint-Benoît commencent le travail libre . . . *ibid.*
La nationalité gauloise se réveille dans le christianisme . . . 94
Un Grec fonde la mystique Église de Lyon 95
Saint Irénée, saint Hilaire, saint Ambroise, saint Martin. . . *ibid.*

	Pages
Idée de la personnalité libre, loi de la philosophie celtique, posée par le Breton Pélage.	98
Les Pélagiens, disciples d'Origène. Sympathie du génie grec et du génie gaulois.	98
Lutte de saint Augustin contre les Pélagiens	99
Semi-pélagianisme de la Provence.	100
Le rationalisme des Pélagiens était prématuré.	ibid.

CHAPITRE IV. *Récapitulation. — Systèmes divers. — Influence des races indigènes, — des races étrangères. — Sources celtiques et latines de la langue française. — Destinée de la race celtique.* 102

Systèmes divers. Les uns rapportent tout le développement de la nationalité française à l'élément indigène, les autres à l'influence étrangère.	103
Défaut commun de ces deux systèmes exclusifs	104
Récapitulation. Gaëls, Ibères, Kymry, Bolg, Grecs, Romains	105
La France résulte du travail de la liberté sur ces éléments.	109
N'a-t-on pas exagéré l'influence grecque?	ibid.
et l'influence romaine?.	110
Est-il vrai que la langue latine ait été universelle?	111
De la langue vulgaire gauloise et de l'analogie qu'elle a pu présenter avec les modernes dialectes celtiques.	113
Ténacité des races celtiques.	115
Destinée malheureuse des races restées pures.	118
Galles et Bretagne, Irlande et Highland d'Écosse	ibid.

LIVRE II. — Les Allemands.

CHAPITRE Ier. *Monde germanique. — Invasion. — Mérovingiens* . . 128

Monde germanique, flottant et vague.	ibid.
Première Allemagne, ou Allemagne suévique	131
L'invasion des tribus odiniques (Goths, Lombards, Burgundes; — Saxons) y apporte une civilisation plus haute.	ibid.
Goths, Lombards et Burgundes; chefs militaires	132
Saxons; Ases, descendants des dieux	134
Génie impersonnel de la race germanique.	135
L'héroïsme commun aux barbares n'a-t-il pas été pris à tort pour le caractère propre des Germains?.	ibid.

	TABLE DES MATIÈRES	467
		Pages

    Esprit d'aventure des temps héroïques. Sigurd   137
    But des courses héroïques : l'Or et la Femme. Brunhild.   138

375. Première migration des barbares dans l'Empire. Invasion des Goths.   139

383. Soulèvement des populations celtiques de Gaule et de Bretagne ; Maxime, Constantin.   140

412. Établissement des Goths dans l'Aquitaine. Désorganisation de la tyrannie impériale.   142

413. Établissement des Burgundes à l'ouest du Jura.   144

451. Invasion des Huns dans la Gaule. Attila.   146
    Résistance des Goths. Bataille de Châlons. Combat fratricide des tribus germaniques. Retraite des Huns   149
    Civilisation romaine des Goths. Résurrection de la tyrannie impériale.   150
    Le clergé appelle les Francs dans la Gaule   151
    L'Église soutient les Francs catholiques contre les Goths et Burgundes ariens.   153

486. Commencement de l'invasion franque. Syagrius vaincu.   154

496. Clovis. Il repousse les tribus suéviques (Allemands) et embrasse le christianisme.   155

507. Victoire des Francs sur les Goths.   156
    L'invasion franque achève la dissolution de l'organisation romaine.   157

511. Les fils de Clovis (Theuderic, Clotaire, Childebert, Clodomir) se partagent les conquêtes, ou plutôt l'armée.   162

523-534. Guerres contre les Thuringiens et les Burgundes   163
    Mort de Clodomir. Meurtre de ses enfants.   164
    Expédition de Theuderic en Auvergne.   166

539. Expédition de Theudebert en Italie. — Revers des Francs   167
    Les tribus germaniques se soulèvent contre les Francs.   168

558-561. Réunion sous Clotaire Ier   170

561. Partage entre les quatre fils de Clotaire (Sigebert, Chilpéric, Gontran, Charibert). . . . .   *ibid.*
    Les Francs livrés à l'influence romaine et ecclésiastique . . . . .   *ibid.*
    Frédégonde, femme de Chilpéric, roi de Neustrie. Brunehaut, femme de Sigebert, roi d'Ostrasie.   172
    Sigebert appelle les Germains contre Chilpéric ; meurt assassiné.   173
    En Neustrie, essai de résurrection du gouvernement impérial. Fiscalité oppressive.   175

584. Meurtre de Chilpéric.   179
    Gontran, roi de Bourgogne, protège Frédégonde et son fils Clotaire II contre l'Ostrasie   180
    La Gaule méridionale essaye de se donner un roi, Gondovald. . .   181

	Pages
Childebert, roi d'Ostrasie, soutient Gondovald contre Gontran. . .	184
Gontran se réconcilie avec Childebert. Abandon et mort de Gondovald.	185
Mort de Gontran, de Frédégonde et de Childebert.	191
Theudebert II en Ostrasie, Theuderic II en Bourgogne, Clotaire II en Neustrie.	191
Victoires de Theuderic II sur Theudebert II. L'Ostrasie réunie à la Bourgogne. Puissance de Brunehaut.	192
613. Abandon, défaite et mort de Brunehaut.	194
Victoire de la Neustrie, c'est-à-dire des Gaulois-Romains.	196
613-638. Clotaire II. Dagobert. — Faiblesse réelle de la Neustrie . . .	197
Règne de l'Église. L'Église asile des races vaincues.	198
Centres ecclésiastiques de la Gaule, Reims et Tours.	200
L'Église absorbe tout, se matérialise, et devient barbare	203
Le spiritualisme se réfugie dans les moines.	206
La réforme vient de l'Église celtique, éclairée et florissante. . . .	ibid.
Arrivée de saint Colomban.	207
Règle de saint Colomban (mort en 615)	209
Impuissance de cette réforme.	212
Dissolution de la monarchie neustrienne.	213
Clovis II réunit les trois royaumes. Minorité de ses trois fils. Puissance des maires du Palais, Erchinoald et Ébroin	215
660-681. Lutte d'Ébroin contre l'Ostrasie et la Bourgogne. Mort de saint Léger (678).	216
687. Victoire des grands d'Ostrasie sur la Neustrie et le parti populaire. Bataille de Testry.	219
Dégénération des Mérovingiens.	220
Chapitre II. — *Carlovingiens*. — *Huitième, neuvième et dixième siècles*.	222
Origine ecclésiastique des Carlovingiens.	223
La bataille de Testry achève et légitime la dissolution	224
Impuissance de Pepin et de l'Ostrasie.	225
715-741. Carl Martel. Physionomie païenne de ce chef des Francs . . .	ibid.
Il bat les Neustriens, les Aquitains, les Sarrasins.	226
732. Bataille de Poitiers.	227
Il refoule les Frisons, les Saxons, les Allemands.	228
Il dépouille le clergé	ibid.
Puis il se réconcilie avec l'Église. Mission de saint Boniface dans la Germanie.	229
752. Saint Boniface sacre roi Pepin au nom du pape	231

TABLE DES MATIÈRES

Pages

    Guerres de Pepin contre les ennemis de l'Église, Saxons, Lombards, Aquitains 232
    Situation de l'Aquitaine. Progrès des Basques. 233
    Amandus (628). Puissance de son arrière-petit-fils Eudes. . . . 234
    Eudes s'allie aux Sarrasins, est battu par Charles-Martel. 35

741. Arrestation et défaite d'Hunald. 236

745. Guaifer, fils d'Hunald. 237

739. Pepin défait Guaifer et ravage le midi de la Gaule. 238
    Puissance de Pepin, fondée sur l'appui de l'Église . . . . *ibid.*

768. Charlemagne et Carloman. Révolte d'Hunald. Charlemagne, roi des Lombards. 239
    La faiblesse des nations environnantes, la vieillesse du monde barbare, la longueur des règnes de Pepin et de son fils, n'ont-elles pas fait illusion sur la grandeur réelle de Charles?. . . . 241
    La grande guerre fut contre les Saxons. La cause fut-elle l'imminence d'une invasion?. 243

772. Première expédition en Saxe. Charles fixe sa résidence à Aix-la-Chapelle. 245

775-777. Passage du Weser. Soumission des Saxons Angariens. Charlemagne baptise les vaincus à Paderborn 246

778. Guerre d'Aquitaine et d'Espagne. Défaite de Roncevaux. 247

779. Reprise de la guerre de Saxe. Victoire de Buckholz. 249
    Organisation ecclésiastique de la Saxe. Fondation de huit évêchés. Tribunaux d'inquisiteurs. . . . . *ibid.*

782. Witikind descend du Nord, et défait les Francs à Sonnethal. . . 250
    Massacre de Verden. Victoires de Dethmold et d'Osnabruck. Soumission de Witikind 251
    Conjuration contre Charlemagne. . . . . *ibid.*

787. Ligue des Bavarois et des Lombards 252
    Guerre contre les Slaves; l'empire Franc s'étend et s'affaiblit. Guerre contre les Avares. 253

791. Révolte des Saxons. Invasion des Sarrasins. 254

796-797. Charlemagne entreprend la dépopulation de la Saxe 255

800. Voyage de Charlemagne à Rome. Le pape le proclame empereur. 256
    Pâle représentation de l'Empire. — Ambassade d'Haroun-al-Raschid. 257
    Zèle de Charlemagne pour la culture des lettres latines et les cérémonies du culte. 258
    Ses femmes et ses filles 259
    Réforme des moines par saint Benoît d'Aniane 260
    Littérature pédantesque et vide . . . . *ibid.*

Pages

Préférence de Charlemagne pour les étrangers et les gens de basse condition. 260
Apparences d'administration 267
Misère de l'Empire.. 268
Que penser de la gloire législative de Charlemagne? . . . . *ibid.*
Caractère ecclésiastique des Capitulaires. 269
Intervention de Charlemagne dans les affaires de dogme 270
La domination des Francs s'écroule 271
Premières apparitions des pirates du Nord 272
L'Empire se met vainement en défense. 273

CHAPITRE III. *Dissolution de l'Empire carlovingien*. 274

L'empire Franc aspire à se diviser. . . . . *ibid.*
814. Louis réforme les évêques, les monastères, le palais impérial. . . 275
Il se montre favorable aux vaincus, veut réparer et restituer. . . 276
Insurrection de l'Italie sous Bernard, neveu de Louis. Supplice de Bernard. 277
Soulèvement des Slaves, des Basques, des Bretons 278
Mariage de Louis avec Judith. 279
822. Il veut faire une pénitence publique. 280
820-829. Incursions des Northmans. . . . . *ibid.*
830. Conjuration des grands et des fils de l'empereur, Lothaire, Louis, Pepin. 280
Lothaire enferme Louis dans un monastère 281
Les Germains le délivrent . . . . *ibid.*
833. Lothaire redevient maître de son père. 282
et lui impose une pénitence publique . . . . *ibid.*
Indignation et soulèvement de l'Empire. 283
834-835. Lothaire, abandonné, s'enfuit en Italie 285
839. L'empereur partage ses États entre ses fils. 286
Il meurt, et avec lui l'unité de l'Empire. . . . . *ibid.*
841. Pepin et l'Aquitaine se joignent à Lothaire contre les rois de Germanie et de Neustrie. Défaite de Lothaire à Fontenaille. . . 387
842. Alliance et serment de Charles et Louis. 389
Les évêques lui confèrent le droit de régner. 390
843. Partage de l'Empire. Traité de Verdun. 291
L'appui de l'Église fait prévaloir Charles et Louis sur Lothaire et Pepin. 293
Puissance de l'Église dans la Neustrie. Reims, la ville épiscopale sous la seconde race. Laon, la ville royale. 295
Charles-le-Chauve remet la plus grande partie du pouvoir à l'Église 296

TABLE DES MATIÈRES

Pages

Le vrai roi est l'archevêque de Reims. Hincmar. 298
Le royaume de Neustrie était une république théocratique 300
Deux événements brisent ce gouvernement spirituel et temporel :
1° les hérésies ; 2° les incursions des Northmans 301
Question de l'Eucharistie. . . . . *ibid.*
Question de la prédestination. L'Allemand Gotteschalk.. 302
Hincmar défend le libre arbitre, et appelle à son aide Jean-le-Scot. 303
Les Northmans. Caractère de leurs incursions 305
Impuissance du roi et des évêques. 310
Charles-le-Chauve s'éloigne des évêques et n'en est que plus faible. 313

875-877. Il se fait empereur et meurt en Italie. . . . . *ibid.*
Louis-le-Bègue et ses fils. . . . . *ibid.*

884. Charles-le-Gros réunit tout l'empire de Charlemagne. 314
Siège de Paris par les Normands. . . . . *ibid.*
Faiblesse et lâcheté de Charles-le-Gros.. 315

888. Déposition de Charles-le-Gros. Extinction de la dynastie carlovingienne. 316
Fondation des diverses dominations locales ; féodalité. . . . . . *ibid.*
Les fondateurs de la féodalité ferment la France aux incursions barbares 317
Les Northmans renoncent au brigandage et s'établissent en France (Normandie). 321
Au milieu du morcellement de l'Empire, grands centres ecclésiastiques. 322
Les deux familles des Capets et des Plantagenets. 323
La famille populaire et nationale des Capets succède aux Carlovingiens. 325
Charles-le-Simple se met sous la protection du roi de Germanie. *ibid.*
Le parti carlovingien l'emporte. . . . . *ibid.*

898. Charles-le-Simple reconnu roi 326
936. Louis-d'Outre-mer s'allie au roi de Germanie, Othon. 327
Opposition d'Hugues-le-Grand, soutenu par les Normands . . . . *ibid.*
954. Minorité de Lothaire et d'Hugues-Capet. Prépondérance de la Germanie. 330
987. Hugues-Capet. Avènement de la troisième race 334

ÉCLAIRCISSEMENTS 341

Sur les Ibères et les Basques. 341
Sur les traditions religieuses de l'Irlande et du pays de Galles.. 350
Sur les pierres celtiques. 359

TABLE DES MATIÈRES

	Pages
Triades de l'île de Bretagne	362
Sur les Bardes	367
Sur la légende de saint Martin	372
Extrait de l'ouvrage de M. Price, sur les races de l'Angleterre	381
Sur l'Auvergne au cinquième siècle	384
Sur la captivité de Louis II	390
Sur les Colliberts, Cagots, Caqueux, Gésitains, etc.	391
APPENDICE. — Notes	397

FIN DE LA TABLE DU TOME PREMIER.

IMPRIMERIE E. FLAMMARION, 26, RUE RACINE, PARIS.

www.ingramcontent.com/pod-product-compliance
Lightning Source LLC
Chambersburg PA
CBHW051125230426
43670CB00007B/682